CARACTÈRES

Moindres lumières à Hollywood

DU MÊME AUTEUR

GOODIS, *La vie en noir et blanc*, biographie, Le Seuil, 1984 ; 10/18, 1991 ; L'Olivier, 1998.

MAQUIS, *Aperçu d'un autre paysage américain,* Payot, 1993.

BON PIED, BON ŒIL, *Deux rencontres avec André DeToth, le dernier borgne d'Hollywood,* Actes Sud, 1993.

HONNI SOIT QUI MALIBU, *Quelques écrivains à Hollywood,* Grasset, 1996.

LES COINS COUPÉS, *Sous le rock : une allégorie,* Grasset, 2001.

PHILIPPE GARNIER

CARACTÈRES

Moindres lumières à Hollywood

BERNARD GRASSET
PARIS

Photos : collections de l'auteur
Couverture : Edward Everett Horton
Dos : Mischa Auer, Billy Gilbert, Eugene Pallette et Edgar Kennedy
(*Sandy is a Lady*, Universal, 1940).

Aux trois hommes qui ont rendu ce livre envisageable .
Col Needham, Ted Turner et Jean-Claude Fasquelle

REMERCIEMENTS

Marc Dolezal (Danger & Despair), Alan Rode (Widows, Daughters & Girlfriends), Eddie Muller (Dark City, Ink.), Claude Ventura (carrosseries, cutting-room floor), François Cognard (psychotronics), Randy Davis (*Apolo y las putas*), Ned Comstock à l'USC Cinema Library, Gwen à l'American Cinematheque, Eddie Brandt's Saturday Matinee Videos, Philippe Nieto, Ariane Fasquelle, Georges Tritter, Alain Ronay, Michel Massuyeau, Michel Aphesbero.

Introduction

“IN THE LEAK LIGHT”

“Regardez ! Tout le monde qui fait attention à moi. C’est la première fois que je me sens important.”

John Carradine, “Tom”,
en train de mourir dans *Johnny Guitar.*

“Acteurs de second plan”, “rôles secondaires”, la langue française ne rend pas compte du caractère dans le terme anglais *character actor.* L’Academy of Motion Pictures and Television Arts seconde cette injustice : on décerne des oscars pour le “Best Supporting Actor” de l’année. Ce qui suppose que ces acteurs ou actrices primés supportent les rôles principaux, et leur prêtent assistance – ce qui est rarement le cas, vu que si un *character actor* a du caractère, il roule pour lui seul. Demandez à Eve Arden si elle se sentait une âme de tuteur, même en face d’une bête de cinéma comme Joan Crawford, dans *Mildred Pierce.* Une des plus grandes de toutes, Thelma Ritter, roulait allègrement sur Richard Widmark, Montgomery Clift, Marilyn Monroe, ou sur le King lui-même, Clark Gable. A la niche, tous, et n’oubliez pas de m’acheter une cravate, mister.

Contrairement à ses collègues, Thelma Ritter peut arriver bourrée au travail et insulter le liftier, comme la femme de ménage qu'elle joue dans *Pillow Talk*[1], raccrocher son tablier et le remettre si ça lui chante (comme dans l'amusante comédie de Mitchell Leisen, *The Mating Season*[2], où elle sauve la mise à sa belle-fille Gene Tierney dans la cuisine lors d'une réception), et même mourir par balle ("*Make it quick, mister*" – la balance dans *Pickup On South Street*[3], son plus beau rôle). Pour la peine, son nom a été retenu six fois en treize ans comme "Best Supporting Actress", sans jamais gagner. Autre preuve de caractère. Les tuteurs gagnent les prix, pas les personnages. Qui d'autre que Thelma pourrait éclipser Burt Lancaster dans une entreprise entièrement bâtie sur lui, et par lui ? Pourtant tout le monde se souvient d'elle dans *Birdman of Alcatraz*[4], d'autant plus glaçante d'amour maternel possessif qu'elle reste Thelma Ritter, le petit chapeau, la robe à fleurs, le sourire en coin, la vie dure.

Mais qu'est-ce qu'un *character* ? A l'origine, un malfrat. Un mot d'argot qui vous date un homme. Dashiell Hammett les appelait ainsi ; ou *yeggs*. "*You know, in this racket you meet a lot of characters, some are good, some are bad, some are right guys, some are wrong*[5]." Duke Martin parle ainsi, joué par John Ireland, dans un des premiers bons films noirs d'Anthony Mann (*Railroaded*, en 1947).

A Londres, où le mot gangster n'a guère cours qu'à la télévision, on dit *chap*, ou *face – performer*, si c'est quelqu'un envoyé pour effrayer un débiteur ou un juré, (*Performance*, le film de Donald Cammell et Nick Roeg, a

1. *Confidences sur l'oreiller* – Michael Gordon, 1959.
2. *La mère du marié*, 1951.
3. *Le port de la drogue* – Sam Fuller, 1953.
4. *Le prisonnier d'Alcatraz* – Frankenheimer, 1962.
5. "Tu sais, dans ce milieu tu rencontres des tas de numéros, des bons, des mauvais, certains sont des mecs bien, d'autres non."

ainsi ce sens double : James Fox joue un gangster, Mick Jagger un chanteur de rock, ils fusionnent à la fin). Mais au cinéma, le *character* c'est une qualité qu'on a ou qu'on n'a pas. Walter Brennan est un *character*, toujours. Jay C. Flippen, Noah Beery Jr., Leonard Bremen aussi : le préposé aux tickets d'autocars dans *Dark Passage* [1]. Celui qui file le train à Mike Hammer dans *Kiss Me Deadly* [2], avec lequel il a une explication – pauvre Lenny. Le chauffeur de taxi dans *The Man With the Golden Arm* [3]. Le sergent d'intendance dans *Attack* [4] *!* Et "Lempke", laissé à son triste sort dans une cave du Bradbury Building par les malfrats de *M*, le remake angeleno de *M le maudit* par Losey. Lui oui. Paul Stewart oui. Paul Douglas, non.

C'est surtout une question de plaisir : celui qu'on aura toujours à voir certaines tronches, entendre certaines voix. Nat Pendleton, par exemple, avec son air con et sa vue basse, est un délice garanti dans les films des années trente. Et un *character* intégral. Son visage lisse. Ses oreilles décollées. Ses yeux rapprochés. Dans *Lady for a Day* [5], il est "Shakespeare". Toujours le fidèle second, toujours le muscle. Surtout entre les oreilles, le muscle. Mais toujours mémorable, toujours attachant. "Hé, patron, est-ce que je peux avoir une idée ?" Pendleton avait gagné la médaille d'argent de lutte aux Jeux olympiques d'Anvers en 1920. Un mètre quatre-vingt-deux, cent vingt kilos. Un fait moins connu, mais pour le coup vraiment dingue, c'est que dix ans plus tard June Miller l'a brièvement emballé au Pepper Pot, le bouge qu'elle fréquentait à Manhattan quand Henry travaillait à la compagnie du télégraphe. June voulait devenir actrice à Hollywood et se disait que "Shakespeare" pourrait lui ouvrir les portes. Elle

1. *Les passagers de la nuit* – Delmer Daves, 1947.
2. *En quatrième vitesse* – Robert Aldrich, 1955.
3. *L'homme au bras d'or* – Otto Preminger, 1955.
4. *Attaque* – Robert Aldrich, 1956.
5. *Grande dame d'un jour* – Frank Capra, 1933.

a dû se contenter d'être la vedette de *Tropique du Cancer*. Il lui a fallu attendre un sacré bout de temps. Et c'est Uma Thurman qui a finalement joué son rôle au cinéma. Pas si mal, on dira.

Secondaire ou pas, un *character actor* peut faire un film : malgré sa bonne réputation, il n'y a pas grandes raisons de revoir *Crossfire* [1], sinon pour Paul Kelly, l'inconnu qui s'invite chez Gloria Grahame et prétend au jeune soldat qu'il est son mari. Le rôle n'ajoute rien à l'histoire, c'est une séquence "throwaway", comme on dit, généralement une des premières à gicler du montage quand il faut resserrer le minutage. Mais Paul Kelly est là, miraculeusement. Il ne supporte rien, ni le jeune GI venu se réfugier chez Grahame ("Je réchauffe du café, vous en voulez ?"), ni Gloria. Est-il vraiment le mari évincé ? Souffre-t-il, plus probablement, d'illusions obsessives ? On ne le saura jamais. On oublie tout de suite son nom dans le film (Tremaine). Il est juste là, dans la meilleure scène, celle dont on se souvient après avoir oublié toutes les autres : Robert Ryan, sa fausse sollicitude et sa haine raciste ; Mitchum et son flegme ; Robert Young et sa pipe. Tous excellents dans leur genre. Même Grahame, en entraîneuse maussade, qui remporte une première nomination aux oscars à sa troisième sortie du box seulement. Pourtant Paul Kelly ne fait que rester piqué là, grand, anguleux, gênant tout le monde. Les scénaristes l'abandonnent dès qu'humainement possible. Il faut donc croire que Kelly a du caractère, puisque sa présence inexpliquée nous trouble autant.

Et effectivement, s'il paraît dans le film débarqué de quelque galère, c'est que c'était le cas ; et San Quentin le nom du rafiot. Sauf que ça s'était passé vingt ans avant. En 1925, Kelly, qui a débuté enfant dans le cinéma mais est

1. *Feux croisés* – Dmytryk, 1947.

vite devenu un habitué du costume croisé des deux côtés de la loi dans les films policiers, a tué à mains nues un autre acteur de seconde zone pour les faveurs de son épouse Dorothy Mackaill, vedette First National à l'époque du muet. L'ancienne danseuse des Ziegfeld Follies, bien que mariée au trucidé Ray Raymond, avait couvert son amant durant l'enquête. Une lettre anonyme les a fait arrêter tous les deux peu après, Kelly purgeant un peu plus de deux ans à San Quentin pour crime passionnel, Mackaill juste quelques mois. L'affaire ne semble pas avoir affecté leur carrière : Dorothy est encore avec First National quand elle fait *Safe in Hell* pour Wellman en 1932, un drame tropical particulièrement déluré. Ayant épousé Kelly l'année précédente, elle est restée avec lui jusqu'à sa mort en 1940. Ce qui explique peut-être l'air hanté du veuf dans cette scène de *Crossfire*, six ans plus tard. Paul Kelly aura joué dans cent vingt films en quarante ans, travaillant jusqu'à sa crise cardiaque en 1956.

*

Si les drames personnels ou coïncidences biographiques (qui émailleront ce livre) peuvent jouer un rôle dans ce qui les rend marquants pour nous, les *character actors* sont aussi des plantons de studio. Il y a un délicieux effet "jeu des sept familles" avec eux, qu'on peut aujourd'hui apprécier en s'envoyant de fortes doses de vieux films sur les chaînes câblées comme Turner Classic Movies, dont la filmothèque réunit une grande partie de la production MGM, Warner, RKO, Columbia, United Artists et Universal (pré-1956), permettant d'approcher les conditions dans lesquelles les gens allaient au cinéma dans les années trente ou quarante. Le "block-booking" n'était pas encore interdit par les lois antitrust, et la programmation des salles changeait trois fois la semaine. A ce rythme, on devenait vite plus familier avec les utilités des studios qu'avec leurs vedettes : l'épouse évaporée, la bonne qui bégaie, le pied-plat irlandais qui finit invariablement sa ronde au bistrot, sans parler de la valetaille.

Beaucoup de ces acteurs travaillaient en rotation, sinon en free-lance, mais certains étaient sous contrats exclusifs. Fritz Feld, l'ancien assistant de Max Reinhardt et de Lubitsch (avant de devenir acteur mascotte de Billy Wilder et Jerry Lewis), l'a très bien dit une fois : "Chaque studio avait sa façon de m'employer dans un rôle bien précis. A Universal, je jouais les majordomes. A Paramount, surtout des nobles à monocles. Chez MGM, des chefs d'orchestre symphonique. RKO me confinait dans les rôles de joueurs et de personnages fantasques. Chez Twentieth Century Fox, je jouais des chefs de gare, des facteurs et des pasteurs. Encore et toujours."

Si on allait voir un film de la famille Warner-First National, on s'attendait à piocher Frank McHugh plus souvent encore que Cagney ou George Brent. Ou pire, écoper du pénible Hugh Herbert. Le premier avec son infernal *hin-hin-hin* en guise de signature; l'autre avec ses jeux de mains et son air de sous-Harry Langdon perpétuellement éberlué. *Footlight Parade* [1] réunissait pourtant les deux, sans trop en souffrir – McHugh en répétiteur de chorus geignard ("*It can't be done !*"), Herbert en planqué espion de la direction.

Alan Hale était le gros baraqué, jovial et gonflant. Allen Jenkins était son contraire : longue trogne à cran d'arrêt, le pessimisme personnifié, l'éternel râleur. Bouche en coin : "*Let's get outta here !*" Dans un petit *programmer* oublié de Ray Enright sur des installateurs de téléphones (*I've Got Your Number*), Jenkins fait équipe avec Pat O'Brien.

1. *Prologue* – Lloyd Bacon, 1933.

"*Un de ces quatre, on nous donnera un job où y aura pas de gonzesses*", bougonne Jenkins, sans trop y croire. Eugene Pallette est leur patron, Joan Blondell la dame en détresse, jolie comme un sou neuf. Le genre de film amusant et osé comme il y en avait avant le code de production, dont certains valent finalement plus, dans leur modestie crasse, que tous les trésors de la Sierra Madre. A un moment, les deux compères arrivent dans une chambre d'hôtel où sont entassées quatre filles, de toute évidence des call-girls. "*Whataya need?*", qu'est-ce qui vous faut, grince Jenkins comme une scie à métaux. "*Un fil plus long*", minaudent les filles. "*A longer cord you get*", rétorque Jenkins, sans même la jouer salace.

Aussi cynique soit-il, Jenkins serait presque humain comparé à l'autre tronche en faucille, Ned Sparks : ce Canadien ancien chercheur d'or est un habitué des premières comédies musicales Warner (*42nd Street*, *Gold Diggers of 1933*, etc.), et il est de toutes les comédies sur les gangsters. Sorte d'ulcère ambulant à physique de vautour, il moule sa personnalité autour d'un cigare éteint, et sa voix en cisaille appelle souvent les répliques mémorables. Dans *Sing and Like It*, une indigente comédie RKO dans laquelle un gangster (Nat Pendleton) – tel un Charles Foster Kane de bas étage – s'obstine à vouloir faire de ZaSu Pitts une chanteuse de music-hall, Sparks joue "Toots", le stoïque et acerbe lieutenant, dont le rôle est surtout de faire le pont entre son patron et le monde extérieur. Quand le producteur Adam Frink (Everett Horton) lui déclare que s'il tient vraiment à lancer sa protégée dans le show-business, "*faites-la tatouer sur tout le corps et placez-la dans un cirque*", Ned Sparks doit traduire pour le Boss, tout en diphtongues : "*The gentleman thinks the lady's a gorgonzola* [1]."

1. "Le monsieur dit qu'elle craint un max."

Will Wright semble lui aussi être né un cigare vissé au coin du bec, et prête sa longue face de furet à tous les personnages douteux, même s'il s'appelle souvent "Pop" dans les fims. Il était inévitable que Paramount, derrière le dos de Chandler (qui ne sentait plus la douleur), se rabatte sur lui pour fournir un coupable au pied levé à la fin de *The Blue Dahlia* [1] – la censure s'opposant à ce qu'un GI démobilisé (même aussi sensationnellement frappé que Bill Bendix) puisse tuer une femme, fût-elle garce patentée et épouse d'Alan Ladd (Doris Dowling, quand tu nous tiens). C'est donc sur le détective d'hôtel que retombe le meurtre – tour de passe-partout scénaristique un brin cavalier. Mais si quelqu'un peut faire avaler la pilule, c'est bien une face de hareng comme Will Wright. Il a aussi eu sa ration de croque-morts et de joueurs professionnels dans des centaines de westerns.

Donald Crisp, ancien méchant patenté (et parfois réalisateur) du muet, joue toujours les personnages amidonnés, comme son nom. Même raideur des principes : toujours à soudoyer la fille gênante, faire annuler le mariage, pour ensuite lui rendre hommage, pieusement, une fois qu'il est trop tard pour réparer l'injustice. Robert Barrat est un grand escogrife qui ressemble à un rat de laboratoire et fait toujours *tut-tut-tut*, un alarmant claquement de bec ou de râtelier, dans chaque film où il apparaît (sauf deux, l'étonnant *Fog Over Frisco* [2], et *Baby Face* [3], où il joue le père de Barbara Stanwyck qui tient un speakeasy chez lui et meurt brûlé vif quand son alambic clandestin explose dans la cave). Guy Kibbee amenait ses couperoses et son sourire de président de chambre de commerce à tous ses rôles pas très ragoûtants – épicier, maître chanteur, bonimenteur, voyageur de commerce, geôlier. On le réveille

1. *Le dahlia bleu* – George Marshall, 1946.
2. William Dieterle, 1934.
3. Alfred E. Green, 1933.

souvent, juge de paix en bonnet de nuit, pour un mariage impromptu.

On pourrait encore aligner l'horrible Gene Lockhart – le Fernand Ledoux américain, qui se taillait la part du traître dans *Hangmen Also Die !* [1] mais celle du cocu dans ses autres films – ou Donald Meek, le démarcheur en whisky dans la diligence de *La poursuite infernale*, et son inépuisable capacité à supporter toutes les indignités. Ou encore Warren Hymer – un Nat Pendleton en plus sonné, plus gentil et plus bête. Il est le cancre de la classe de malfrats pas très doués dans *You and Me* [2], de Fritz Lang. La présence du cabot Henry Hull dans un film est toujours un avertissement (le démon des rotatives cher à John Ford n'est pas pour tous les goûts), celle de Robert Warwick, toujours un bonheur. Il joue l'acteur imbibé dans *In a Lonely Place* [3], le plus beau film jamais produit par Hollywood. Ces noms sont évidemment connus des seuls timbrés qui veulent bien s'encombrer les méninges de telles balivernes, et encore. Mais dès qu'on voit ces têtes, elles vous reviennent. Qui oublierait une seconde le pif au carré de Margaret Hamilton, l'éternelle harpie, sorcière, gouvernante ou paysanne, et encore plus souvent derrière un comptoir d'épicerie ? C'est elle qui dans *Nothing Sacred* [4] donne du "yep" et du "nope" mieux que Gary Cooper, devant un Fredric March excédé qui essaie de lui soutirer des informations sur Carole Lombard dans un patelin du New Hampshire, où on fait payer le verre d'eau, et les mots encore plus cher. "*J'ai toujours la même tête, sèche ou mouillée. Yep.*" Ces acteurs jamais chantés font parfois un film en une seule scène : Granville Bates en juge je-sais-tout qui perd son latin devant Irene Dunne

1. *Les bourreaux meurent aussi* – Fritz Lang, 1943.
2. *Casier judiciaire* – 1938.
3. *Le violent* – Nicholas Ray, 1950.
4. *La joyeuse suicidée* – William Wellman, 1937.

dans *My Favorite Wife*[1], et, dans la même comédie, Donald MacBride en directeur d'hôtel perpétuellement éberlué (voire envieux) devant les allées et venues de Cary Grant entre ses deux épouses.

Bien sûr, même avec les sans-grade, il y a toujours des caporaux. Un Edward Everett Horton vaudra toujours mieux qu'un Bruce Bennett, ou qu'un David Landau. Une Aline MacMahon aura droit à quelques rôles en vedette dans des films bâtis sur elle, sur son personnage, donc, celui qu'elle a fini par représenter pour tout le monde au bout de toutes ces années. De même, Paramount savait reconnaître un prince comme Akim Tamiroff, lui donnant la vedette dans quelques films (dont le passionnant *Dangerous to Know*[2], supérieur aux deux versions de *La clé de verre* du studio dont s'inspire clairement le film, dans lequel Tamiroff joue un gangster à l'âme artistique, comiquement tiraillé entre Anna May Wong et une oie blanche de la Haute jouée par Gail Patrick, la garce de sœur dans *My Man Godfrey*).

Eric Blore, Eugene Pallette, Franklin Pangborn, William Demarest, étaient les aristocrates du métier – presque tous réunis dans ce livre, mais aussi dans *The Lady Eve*[3], un film qui a pourtant Henry Fonda et Barbara Stanwyck pour vedettes nominales. Le critique Manny Farber fait astucieusement remarquer que Preston Sturges s'amuse à moquer le jeu de Fonda, notoirement réticent, connu pour ne jamais réagir directement, *one-on-one*, avec un ou une partenaire dans la même scène – en l'opposant à tous ces merveilleux acteurs de second plan. "Fonda en 'Hopsy' est un bâtonnet glacé, une menace de maladresse, alors qu'Eric Blore et Eugene Pallette sont des derviches d'habileté jouant des personnages scintillants (...) Pallette

1. *Mon épouse favorite* – Garson Kanin, 1940.
2. Robert Florey, 1938.
3. *Un cœur pris au piège*, 1941.

est un acteur magique, et rien dans le vocabulaire dépouillé de Fonda n'est équipé pour produire ce genre de fraîcheur et de pétillant."

*

On n'a pas assez écrit sur les acteurs, d'un point vue non biographique. Personne n'a beaucoup relevé le défi mi-figue mi-raisin lancé par Luc Moullet avec son livre *La politique des acteurs*. Mais les *character actors*, en plus d'avoir souvent des vies hautes en couleur et en contradictions (ils finissent souvent par écrire et même diriger des films, ou pire, vivre leurs rôles), existent aussi à travers leurs personnages, plus que les vedettes. C'est Donald Crisp qui a peut-être le mieux défini cette différence cruciale. S'apprêtant à fêter ses cinquante ans de métier au Nouveau-Mexique sur le tournage de *The Man From Laramie* [1], dans lequel il joue un éleveur qui ne laisse rien entraver ses ambitions baronniales, Crisp déclarait : "La meilleure façon de végéter dans ce métier est d'accepter tous les rôles qu'on vous offre. Si un acteur qui n'est pas bon juge des rôles et des scripts qui lui passent entre les mains, il est mal parti. Un acteur doit absolument créer une illusion qui accroche le public. S'il détruit cette illusion, il trahit son public, qui ne le lui pardonnera pas. Dans *The Man From Laramie*, par exemple, je joue un homme dur, égoïste, aveuglé par l'amour monstrueux qu'il porte à un mauvais fils, qu'il a gâté et dont il se sent en partie responsable. Il n'y a rien d'admirable dans le personnage, mais il est humain, on peut le comprendre, ce qui le rend au final digne de sympathie. Les rôles que j'ai joués au cours de ma carrière ont toujours possédé cette qualité rédemptrice, que mon public a fini par reconnaître et à laquelle il

1. *L'homme de la plaine* – Anthony Mann, 1955.

m'identifie. Croyez-le si vous voulez, mais je reçois encore des lettres d'admirateurs, même à mon âge, et c'est cette petite étincelle de bonté ou de droiture dans mes rôles qui fait que les gens continuent de m'écrire."

Bien sûr, tous les *character actors* n'ont pas le discernement de ce raide vétéran – ou ne peuvent s'en permettre le luxe. Il sévit parmi les plus féroces et les plus séduisants d'entre eux – ceux qui nous occupent ici – une sorte d'osmose fatale entre ce genre d'acteurs et les rôles de clowns psychopathes qu'ils ont à jouer. Comme tout le monde dans le métier, ils ont soif d'accolades et de reconnaissance – et encore plus de sécurité financière. Ils ont tendance à trop boire, à trop s'éclater, à faire trop d'erreurs de jugement. C'est toujours l'agent qui foire le coup, ou le directeur de casting qui les a dans le nez. Bien sûr, ils n'auraient peut-être pas dû baiser leur femme, ou essayer de négocier derrière leur dos. Mais de toutes manières, le timing était mauvais. Et si le timing n'est pas de votre côté, le temps ne le sera pas non plus. Bon nombre d'entre eux, surtout ceux qu'on apprécie le plus, deviennent si aigris que leur mauvaiseté de cinéma se retourne contre eux, comme des ongles incarnés. Et là les ennuis commencent. Les mauvais rôles suivent, et les galères dont on revient rarement. Ce livre s'intéresse aussi à cet aléa du métier.

*

Mais tout *character* qu'il puisse être, un acteur est aussi un être humain et a droit à se laisser rouler une pelle à l'écran, ne serait-ce qu'une fois dans sa vie. Le terne Regis Toomey, qui joue Bernie Ohls, le flic copain de Marlowe dans *The Big Sleep* [1], a fait toute une carrière de planton au

1. *Le grand sommeil* – Howard Hawks, novembre 1945 (première version) et septembre 1946 (version définitive).

cinéma, tant en civil qu'en uniforme. On peut bien dire qu'il n'a jamais eu le feu sacré, ni aux fesses, ni dans la profession. Dans *The Big Sleep* il s'est même fait sucrer le plus gros de ses scènes quand Warner a décidé d'en tourner de nouvelles et de refaire le montage du film pour capitaliser sur la romance (entre-temps devenue mariage) entre Bacall et Bogart. Dans la version originale, Toomey emmenait Marlowe s'expliquer devant le procureur, ou le chef de la police, et avait lui-même droit à quelques confidences gardées du privé. De ce fait, on y voyait même un peu plus clair que dans le roman de Chandler. Pour accommoder les nouvelles séquences sexy, on a évidemment taillé un costume au limier. La plupart de ses scènes ont disparu, et les explications de Marlowe du même coup. Toomey n'était pas sexy pour deux ronds, lui. Il n'en gagnait pas moins bien sa vie. Mais il n'en a pas toujours été ainsi. Au début du parlant, on l'a même marié à Mary Astor de façon plutôt convaincante dans *Other Men's Women*, une obscure merveille de William Wellman, son meilleur film. Et dans l'archi-fauché *I Wouldn't Be in Your Shoes* [1] (curieuse adaptation d'une histoire de chaussons de danse incriminants, signée Cornell Woolrich), il est carrément joli-cœur, même si Elyse Knox lui fait du gringue seulement pour que le policier l'aide à innocenter son mari Don Castle.

Parfois, un *character* peut en cacher un autre, derrière une silhouette remarquée dans un unique film. Mais "Doc" Riedenschneider (Sam Jaffe) serait sans doute encore à Mexico, avec les diamants cousus dans la doublure de son pardessus et en train de se taper de très jeunes filles, s'il n'avait reluqué si longtemps Helene Stanley dans ce café de *The Asphalt Jungle* [2]. La "bobby-soxer" qui dansait le jitterbug devant le juke-box avait pourtant l'air un brin

1. *Le condamné de la cellule 5* – William Nigh, 1948.
2. *Quand la ville dort* – John Huston, 1950.

greluche, tout juste un peu sensuelle sous sa lourde jupe mi-longue en laine, mais les voyeurs professionnels ne s'y trompaient pas. Il y avait ce qu'il fallait sous le pull. Auparavant, Helene avait fait une petite carrière de délinquante juvénile, débutant à 14 ans dans une misère PRC sur une maison de redressement, *Girl's Town*, en 1942. Née Dolores Diane Freymouth, elle jouait sous le nom de Dolores Diane. Puis MGM l'a lancée sous le nom d'Helene Stanley. Sans plus de succès. *The Asphalt Jungle* était son dernier film pour Metro, et on ne l'a plus revue à l'écran après *Carnival Story*, l'horrible film que Steve Cochran (autre connaisseur en chouettes petits lots) est allé faire en Allemagne pour les frères King en 1954. Ensuite elle a été la femme de Davy Crockett dans d'innombrables épisodes du feuilleton Disney à la télévision. Mais là où le caractère va vraiment se nicher, c'est que Disney l'a également utilisée comme modèle vivant pour les animateurs de Cendrillon, de La Belle au bois dormant, et de la jeune femme dans *Les 101 dalmatiens*. Qui avait deviné le péché sous le pull d'Helene et derrière les mouvements de la Belle au bois dormant ? Les deux Doc, évidemment : le cerveau des Sept Nains, et celui du gang de *The Asphalt Jungle*. Mais qui encore ? Nul autre que Johnny Stompanato, amateur de chair fraîche et lieutenant du gangster Mickey Cohen à Los Angeles (un vrai *character*, lui, pour le coup). Stompanato a brièvement fait d'Helene sa troisième épouse, avant de périr sous les coups de couteau répétés de la fille de sa maîtresse Lana Turner. On dit que le second mariage d'Helene, avec un docteur de Beverly Hills, a été moins mouvementé, mais durable et plus heureux. Elle est morte en 1990.

Pour ceux qui déploreraient le grand âge de tout ce monde-là, et la relative absence de seconds couteaux récents, disons tout de suite que ce n'est pas une question de caractère, c'est au contraire l'époque qui flageole. Il y a évidemment des gens qu'on est toujours content de voir dans les films d'aujourd'hui, même s'il s'agit souvent plus d'une prestation que d'un acteur en particulier. La rapière efféminée mais létale que campe Tim Roth dans *Rob Roy*, par exemple. Vincent d'Onofrio en "Pooh Bah", avec ou sans prothèse nasale, dans *The Salton Sea.* Jon Polito ou Steven Hill dans n'importe quoi. Steve Buscemi. Ou les sans-grade du *Parrain*, Al Lettieri, Joe Spinell, Richard Bright – aussi fantassins préférés de Peckinpah (Richard Bright et ses yeux morts, dès *Panic in Needle Park* en 1968, dans lequel il jouait Hank, le copain cambrioleur de Pacino. C'est lui aussi qui dans *The Getaway* [1] n'en croit pas son bonheur d'avoir piqué le sac d'Ali MacGraw dans la gare, avec tous ces billets de banque dedans. Jusqu'à ce que Steve McQueen le rattrape dans le train et le travaille un peu au corps... Dans *Once Upon a Time in America* [2], il menace de transformer le syndicaliste Treat Williams en torchère).

Même Val Kilmer, dans ses rôles les plus marginaux et baroques (la scène de la timbale dans *Tombstone*, en Doc Holliday mou du poignet, ou son discours sur les animaux dans *Masked and Anonymous*), est un caractère. Mais soyons franc du passéisme : mis à part les souvent réjouissantes resucées des frères Coen (toujours meilleurs dialoguistes que cinéastes), dans quel film contemporain trouverait-on une perle comme ce que dit William Powell à sa femme, dans *I Love You Again* [3] ? "*Tu auras cette chemise de nuit neuve, dussé-je commencer à zéro avec deux vers à soie !*"

Quant à ceux qui chercheraient les cadors de la catégorie (où sont Elisha Cook Jr. ? Aldo Ray ? William Demarest ? Lionel Stander ? Lee Marvin ? Tony Musante ?

1. *Le guet-apens* – Peckinpah, 1972.
2. *Il était une fois en Amérique* – Sergio Leone, 1984.
3. Van Dyke, 1940.

Anthony Zerbe ? Richard Jaeckel ? J.T. Walsh ? M. Emmett Walsh ?), disons qu'on ne peut pas tout faire, et qu'on s'est surtout concentré sur ceux qui avaient des vies surprenantes. Ironiquement, certains des plus roués et plus flamboyants mécréants du cinéma étaient des gens rangés dans la vie, tels Sydney Greenstreet ou Dan Duryea. Et on aime comme tout un chacun Warren Oates ou Harry Dean Stanton, mais, ayant eu l'occasion de les effleurer, on n'a jamais eu très envie de les fréquenter. Ils étaient pourtant de magnifiques bêtes d'écran. On aurait pu faire un chapitre entier sur ce salon des refusés. Sauf qu'il a déjà été fait, en 1962, sous le titre de *Hero's Island.* On les trouvait presque tous internés dans ce curieux film de Leslie Stevens, produit par James Mason. Tourné en Floride, c'est l'histoire d'une famille de Quakers juste après l'indépendance, à qui l'on vient d'accorder des terres sur Bull's Island, au large de la côte de Caroline du Sud, pour y établir une ferme. Ils sont repoussés par les pêcheurs, puis pris en otages par une sorte de Barbe-Noire, pirate vermoulu joué par Mason, qui finit par les aider. Des cadavres et des naufragés moribonds s'échouent régulièrement sur la plage. Le film est d'une lenteur presque comique – la parcimonie des dialogues et son style hiératique feraient presque croire à un film de Monte Hellman. Il sied en tout cas à l'homme qui nous a donné *Incubus*, le seul film jamais tourné en espéranto, ou l'encore plus bizarre *Private Property*, que Stevens avait fait en 1960 chez lui avec sa femme Kate Manx, Warren Oates et Corey Allen (en vagabonds voyeurs). Mais la distribution de *Hero's Island* est réellement étonnante, réunissant Neville Brand (dans son jus, parce qu'il porte un plastron d'armure espagnole malgré la chaleur), Warren Oates, Harry Stanton, exhibant déjà sa curieuse virilité non virile (le bras passé sur l'épaule de Rip Torn, qui est de la partie aussi). C'était un pique-nique de famille également, puisque le fils de Mason joue dedans, ainsi que la femme de Leslie Stevens, qui devait plus tard se suicider. Tout ce monde-là à la dérive sur le même radeau.

*

> *"Why, a movie actor's getting five, ten thousand dollars a week, and for what? For acting tough, for pushing girls in the face. What do they do I can't do [1]?"*
>
> Dan Duryea, "Johnny Prince"
> dans *Scarlett Street.*

Il y a des *characters* intéressants, d'autres non. Et pas besoin d'être très connu pour être intéressant. Nedrick Young, qui joue parfois sous le nom de Ned Young, n'est pas un nom qui vient immédiatement à l'esprit. On voit sa sale trombine dès *Border Incident* (1949) et *Gun Crazy* ("Dave Allister"), et même avant ça dans des westerns. Andre DeToth et Joseph Lewis en particulier l'avaient à la bonne. Dans *Crime Wave* [2] Young joue "Gat Morgan", et pour ne pas faire mentir son surnom (Gat voulant dire flingue), il tue un motard dans la station-service que sa bande est en train de dévaliser. Blessé lui aussi, il finit chez Gene Nelson, un ancien compagnon de cellule, qui se passerait bien de la visite. Mais c'est encore dans *Terror in a Texas Town* qu'il est le plus mémorable, jouant un tueur à gages nommé Johnny Crale, tout de noir vêtu, y compris le gant de cuir qui recouvre sa prothèse en acier. Loin d'être un tueur primaire, c'est un "gunslinger" qui doute – convaincu d'être une espèce en voie de disparition, et n'ayant que mépris pour son gros tas d'employeur, peut-

1. "Un acteur gagne quoi, cinq, dix mille dollars la semaine, et pour faire quoi ? Faire le dur, malmener les gonzesses. Qu'est-ce qu'ils font que je suis pas capable de faire ?"

2. *Chasse au gang* – 1954.

être aussi pour lui-même. L'homme qu'il doit éliminer est un Suédois têtu tout juste descendu de son baleinier. Ce qui nous donne un combat final d'anthologie, entre Sterling Hayden armé d'un harpon, et Young de son six-coups et de son bras d'acier, dont il se sert aussi comme d'une massue !

Le film est une drôle de chose, comme si Polanski avait fait un western derrière les studios Hal Roach à Culver City, juste après *Cul-de-sac.* Produit par l'intéressant producteur indépendant Frank Seltzer, c'est une constante dent de scie entre le sublime et le ridicule (l'accent scandinave de Sterling Hayden quand il dit "*I got a yob to do*", ou quand il parle d'aquavit, vingt ans avant *The Long Goodbye*[1]). La musique sautillante de Gerald Fried (guitare et trompette dissonantes) accentue le côté insolite de ce western qui se situe plus du côté de Samuel Beckett que du train sifflant trois fois. En fait, c'est le western le plus bizarre de l'histoire, avec le *Day of the Outlaw*[2] d'Andre DeToth, réalisé l'année suivante. Joseph H. Lewis était pratiquement à la retraite lorsque Young lui a amené l'histoire. Le script est de "Ben L. Perry", autrement dit Dalton Trumbo. Les deux hommes étaient blacklistés à l'époque, mais Lewis, en fin de carrière, se fichait bien des répercussions. Young avait d'abord servi de prête-nom à des scénaristes blacklistés (Alvah Bessie pour *Passage West*, par exemple), avant de le devenir lui-même et de devoir écrire sous pseudonyme. C'est comme "Nathan E. Douglas" qu'il a signé le scénario de deux films de Stanley Kramer, *The Defiant Ones*[3] et *Inherit the Wind*[4]. Et c'est sous ce nom qu'il a partagé l'oscar du meilleur scénario pour le premier, l'Academy ayant négocié avec lui pour

1. *Le privé* – Altman, 1973.
2. *La chevauchée des bannis* – DeToth, 1959.
3. *La chaîne* – Stanley Kramer, 1958.
4. *Procès de singe* – 1960.

qu'il dise juste "merci bien" sans plus faire d'histoires. Kramer s'est fait un malin plaisir de mettre un plan de chauffeur routier (joué par Ned Young) juste au moment où le nom Nathan E. Douglas apparaît au générique.

On lui doit pourtant des choses moins édifiantes et plus réjouissantes aussi, comme l'histoire originale de *Jailhouse Rock* pour Elvis, ou le scénario de *Decoy*, sur une idée démente du prolifique Stanley Rubin, futur producteur de *The Narrow Margin* [1] et de *River of No Return* [2]. Ce petit film Monogram indifféremment dirigé par Jack Bernhard peut se résumer par la publicité sur l'affiche : "*Elle traite les hommes comme on traite les femmes depuis des années*", valant par son intrigue abracadabrante (un condamné à mort ressuscité après la chambre à gaz par une bande de malfrats qui veulent l'accompagner jusqu'à un butin planqué), mais surtout par le jeu hystérique et amusant de Jean Gillie, une actrice anglaise qu'on n'a revue ensuite que dans *The Macomber Affair* [3] (calmée, derrière un comptoir de bar exotique), mais qui dans *Decoy* joue une furie qui ferait passer Ann Savage pour une volontaire de l'Armée du Salut. Cette actrice à la carrière un peu mystérieuse est morte de pneumonie en 1949, à trente-quatre ans. Sur la seule foi de sa prestation dans *Decoy*, on aimerait en savoir plus. *Characters are funny that way.*

Et qui chantera les Brad Dexter, Harry Guardino, James Best ou Robert F. Lyons de ce bas monde ? Guardino est l'éternel partenaire en civil, soit de Madigan, soit de Harry Callahan, également toujours bien en bidasse plus ou moins galonné (*Hell Is for Heroes*, *Pork Chop Hill*, *Purple Heart Diary*, etc.), et en veston sport dans le commissariat. Mais que faisait-il sur la croix en Barabbas dans *King of Kings* ? James Best est l'invertébré marlou rigolard,

1. *L'énigme du Chicago-Express* – Richard Fleischer, 1952.
2. *Rivière sans retour* – Otto Preminger, 1954.
3. *L'affaire Macomber* – Zoltan Korda, 1947.

inoubliable au début de *Ride Lonesome* [1] quand il attire Randolph Scott dans un guet-apens. Il fait mine d'être seul devant son feu de camp, alors que ses frères sont disséminés dans les collines. "Ça fait de moi comme qui dirait un menteur, non ?" Toujours avec le fou rire. Best était tout indiqué pour jouer ce mauvais garçon de western même pas bon à pendre : à la fin, n'ayant plus besoin d'appât devant le "hanging tree", Scott confie la fiotte sans histoires à Pernell Roberts. Lui et son compagnon pas très finaud (un très jeune James Coburn) le veulent depuis le début pour la récompense. Né James Guy dans l'Indiana, Best a grandi dans le Sud profond, et ceci, plus son physique de beau gosse, mais voûté, explique sans doute qu'il n'ait jamais joué que des lâches, des ploucs ignards ou des idiots consanguins. Ceci depuis *Winchester 73*, en 1950. Boetticher l'avait déjà en caporal dans *Seminole* [2] (sous les ordres du sergent Lee Marvin), et on le retrouve dans les films de guerre et les westerns des années cinquante, ainsi que dans d'innombrables feuilletons télé, toujours avec plaisir malgré la qualité fluctuante de ces œuvres. Typiquement, le seul rôle qui lui aura apporté un peu de notoriété dans son pays est celui du shérif Roscoe P. Coltrane, dans le débile feuilleton télévisé *Shérif fais-moi peur*. Sa dernière apparition respectable date de 1977, dans *Rolling Thunder*. Best, malgré ses airs de taré congénital, était un acteur consommé, et a longtemps donné des cours à Los Angeles.

Robert Lyons, lui, est l'original de Kevin Bacon, pas moins, même si lui-même se croyait visiblement l'original de Jack Nicholson. Dans *Pendulum*, un film Columbia de 1968, il est à George Peppard ce que Don Stroud sera à Madigan quelques années plus tard. Lyons est une lope si révoltante et si vicieuse que sa mère, qui pourtant l'adore

1. *La chevauchée de la vengeance* – Boetticher, 1959.
2. *L'expédition du fort King* – 1953.

et l'a couvé toute sa vie, finit par lui ouvrir le crâne avec une bûche. Crime de charité s'il en fut jamais. *Pendulum* est une relique des Sixties, les hommes portent encore des chapeaux, ouvrent et referment des portes couleur de fiente molle. Les flics sont invariablement mariés à des traînées adultères aux lèvres nacrées (Lee Remick dans *The Detective*[1], Susan Clark dans *Madigan*, ici Jean Seberg en salope nympho sans logique ni épaisseur). George Peppard, lui-même prisonnier des Sixties avec ses éternelles chemises blanches ouvertes sur sa poitrine glabre, est accusé d'avoir tué sa femme infidèle et son amant. Il est procureur. Le scénario est ambitieux, plus didactique encore que dialectique, et s'en prend aux agissements du ministère de la Justice américain, avec vues libérales sur les libertés civiques. Au début, on croit à un précurseur de *Dirty Harry*. Las, le "pendulum swings both ways", comme le bêle l'horrible chanson sur le générique de fin, et le film cherche à jouer sur les deux tableaux idéologiques. Doit-on ou non accorder à une saloperie humaine ses droits civiques ? Cette question traitée de façon mitigée n'est rendue pertinente que par Lyons, sensationnel en psychopathe fils-à-sa-maman, que tout le monde aimerait écraser comme une blatte. Madeleine Sherwood est particulièrement bonne en mère ivrogne, surtout dans sa scène finale infanticide.

Lyons finira par jouer les instructeurs militaires et les Marines endurcis, mais il a auparavant campé plusieurs désaxés notables. Dans le méconnu *Black Oak Conspiracy*, un classique du drive-in produit par l'acteur cascadeur Jesse Vint pour New World, la compagnie de Roger Corman, Lyons écrase son cigare contre la joue du héros, et finit avec une décharge de chevrotine dans le dos, expédiée par le shérif de Black Oak County, un pensionné

1. *Le détective* – Gordon Douglas, 1968.

de chez Jim Thompson grandement aussi dérangé que lui. Le shérif n'a que meurtre dans son cœur et est joué par le saturnin Albert Salmi, un Finlandais de Brooklyn qui a joué les shérifs toute sa vie ; à la poursuite de sous-Burt Reynolds au volant de "muscle-cars" à moteurs gonflés dans les films ruraux si à la mode dans les années soixante-dix. Le 23 avril 1990, lui et sa femme ont été retrouvés morts dans leur maison à Spokane, tous les deux tués par des armes différentes, un colt .45 et un de .22. *Black Oak Conspiracy* a été tourné entre deux épisodes de "Charlie's Angels" par Bob Kelljan, un habitué des drive-in lui aussi (*Count Yorga*, *Blacula*, *Rape Squad*, etc.). Quant à Lyons, il oscille plus tard entre l'exceptionnel et l'imbuvable : il a un rôle important et très voyant dans *Shootout*, un des derniers westerns de Hathaway avec Gregory Peck, mais le joue à tue-tête du début jusqu'à la fin. Pourri jusqu'à l'os, il mène un trio de vauriens qui tuent le barman infirme incarné par Jeff Corey, collent un œil au beurre noir à la prostituée Alma (Susan Tyrrell), et jouent à Guillaume Tell avec les enfants d'une fermière. John Davis Chandler, un vétéran de chez Peckinpah, fait partie du trio. Tout comme cet acteur aux yeux liquides insistait pour partager la couche de la mariée au camp de mineurs de *Guns in the Afternoon* [1], il couche avec Lyons et Tyrrell pendant que le troisième larron tient la chandelle dans le couloir du bordel. Le film, qui a de bons moments et de fichus quarts d'heure (dont un des plus horribles flash-back du cinéma), bénéficie de scènes assez dures et bien vues, comme en écrivait souvent la rude scénariste Marguerite Roberts pour John Wayne et Hathaway. Mais ce dernier était ici de toute évidence en pilotage automatique. Lyons finit avec une balle dans le ventre. Pas trop tôt.

Il est par contre remarquable dans *Getting Straight*, un

1. *Coups de feu dans la sierra* – Peckinpah, 1962.

des premiers films de Richard Rush – inégal et trop long d'une bonne demi-heure, mais néanmoins un document sociologique intéressant. Elliott Gould y joue un vétéran des droits civiques et du "dropout" qui a décidé de réintégrer les rangs de l'enseignement à Berkeley. Le script ambitieux de Robert Kaufman n'atteint pas tous les buts fixés (surtout avec Candice Bergen et l'aspect "Lauréat" du film), mais il y a des moments très forts, comme la scène de lit entre Gould et une jeune Noire, qui le pompe sur ses goûts en littérature ("Qu'est-ce que tu penses de James Baldwin?"). Quand elle lui demande si c'est la première fois qu'il couche avec une "sister", il avoue que oui. "J'essayais de rejouer les World Series de 1955 dans ma tête, pour pouvoir durer plus longtemps." Et il y a un bel échange entre Gould et un agitateur noir sur la futilité du militantisme étudiant. Lyons joue Nick, le copain de Gould, le "stoner" constamment dans un nuage de marijuana, qui devient tour à tour religieux pacifique, ardent conscrit dans les Marines, avant de redevenir l'ingouvernable déjanté d'avant, doublé d'un déserteur. L'acteur a ensuite sombré dans les désirs de mort, jouant les utilités dans les films de Charles Bronson.

Et Brad Dexter? Qui se souvient de Brad Dexter? Comme on oublie toujours un des sept nains de *Blanche-Neige* quand il s'agit de les énumérer, Brad Dexter est invariablement le septième mercenaire dont on n'arrive pas à se rappeler le nom. Contrairement à Yul Brynner, Steve McQueen, Robert Vaughn, James Coburn ou Charles Bronson, Dexter ("Harry Luck") ne va pas défendre le village mexicain pour la bonne cause, mais parce qu'il est persuadé qu'il y a une histoire d'or ou de trésor enfoui quelque part. Et contrairement à Horst Buchholz, il n'était pas non plus un Allemand jouant un Mexicain, ni un Russe de Mandchourie cow-boy comme Brynner. Avec le grand Anthony Zerbe, Brad Dexter est le seul acteur d'extraction serbe à avoir fait carrière comme méchant de cinéma. Né Boris Milanovich en 1917 au Nevada, Dexter a d'abord été boxeur amateur, puis s'est enrôlé dans une troupe de théâtre aux armées. Sa participation à une pièce de Moss Hart, *Winged Victory*, lui vaut un petit rôle dans le film de Cukor du même titre à la Fox, parmi un tas de vedettes. Il fait une carrière balbutiante au cinéma sous le nom de Barry Mitchell, mais est presque aussitôt remarqué dans une pièce par John Huston, qui lui fait jouer le rôle important de Brannom dans *The Asphalt Jungle*, tout en lui donnant un autre nom de scène qui fleure plus le ring : Brad Dexter. Brannom est le détective qu'emploie l'avocat véreux Emmerich (Louis Calhern) pour se faire rembourser plusieurs dettes et lui permettre de servir lui-même de fourgue aux voleurs de diamants. Quand Brannom revient bredouille, c'est lui qui suggère à l'avocat de griller les autres et de garder le butin. Avec sa carrure et ses yeux pâles, Dexter est très crédible en louche opérateur – une nouvelle tête, paraissant également très capable. Pas suffisamment néanmoins pour tenir en joue à la fois Sam Jaffe et Sterling Hayden. Le premier lui jette les diamants, le second l'abat, tout en se prenant une balle. C'était un baptême du feu tout à fait honorable pour l'acteur, au milieu d'une distribution comptant la crème de la malfaisance hollywoodienne d'après guerre, dont Marc Lawrence, Barry Kelley et Anthony Caruso. Mais il était déjà plus du genre “poli”, plus du côté des Calhern et Jaffe du crime. S'ensuit un quasi sans-faute de carrière : *99 River Street*, *House of Bamboo*, *Last Train from Gun Hill*, *The Magnificent Seven*, *Johnny Cool*, *Invitation to a Gunfighter* (Yul Brynner encore, et un sillage de *characters*, Pat Hingle, Janice Rule, etc.), *Von Ryan's Express*, et *Shampoo*, le meilleur film jamais fait sur le smog, le sexe, les années soixante-dix et Los Angeles. Dexter a fini par produire les films de Sidney Furie, et par mourir à Palm

Springs, où il avait fait fortune dans l'immobilier. Mais comme on le verra, les Brad Dexter ou Donald Crisp sont rares, qui avaient une claire idée de qui ils étaient. John Boorman dans ses mémoires [1] met le doigt dessus lorsqu'il raconte une anecdote sur Sean Connery, avec qui il s'apprêtait à faire *Zardoz*. "Sean était à l'aise avec lui-même, bien dans son corps, sachant exactement qui il était. Il avait joué bien des nationalités dans sa carrière, mais toujours avec l'accent écossais : y compris le sheik arabe de *The Wind and the Lion*, ou le flic irlandais qu'il joue dans *The Untouchables* (ce qui ne l'a pas empêché de remporter l'oscar du meilleur second rôle). Une fois je lui ai demandé s'il n'avait jamais songé à essayer un autre accent que le sien. Il m'a dit : 'Si je ne parlais pas à ma façon je ne saurais plus qui je suis.'" Et c'est bien là le mystère : la vedette de cinéma peut jouer des tas de rôles tout en restant ce qu'elle est, alors que le *character actor* habite ses personnages, se perd en eux, et n'a plus aucune idée de qui il est vraiment.

*

Aux temps héroïques du muet et au début du parlant, les vieux routiers du cacheton et du rôle de cinq secondes conseillaient toujours aux nouveaux venus d'apprendre vite à travailler "in the leak light". Les projecteurs favorisant toujours la vedette, tout ce qui fuit ou bave autour, c'est là-dessous que travaille l'acteur de second plan. *In the leak light*. En bordure du projo. Expression terrible, réductrice, que le présent livre s'efforcera de corriger un tant soit peu.

1. *Adventures of a Suburban Boy* – Faber and Faber, 2003.

PREMIÈRE PARTIE

Second Bananas

1 / LA CONFRÉRIE DE LA REDINGOTE

"Permettez-nous de nous présenter, sir. Nous sommes Bates."

Eric Blore, valet de Fred Astaire dans *Top Hat.*

On pourrait dire, sans trop d'excès, que le déclin du cinéma hollywoodien a commencé avec la disparition des gens de maison en Amérique. Nulle bonne mexicaine en baskets ou jardinier coréen en t-shirt des Dodgers ne remplacera jamais les Robert Greig, Arthur Treacher, Barnett Parker, Ernest Cossart, Leonard Carey ou Eric Blore d'antan. Ces "gentlemen's gentlemen" étaient souvent anglais, mais pas toujours; l'immense et hautain Robert Greig était australien. Et ils ne figuraient que rarement au générique. Pourtant, un génie comique comme Eric Blore pouvait vous illuminer un film comme personne. Voir ce qu'il fait de "Jamison", le majordome du Lone Wolf dans la série Columbia, à partir de *The Lone Wolf Strikes* en 1940. Le personnage s'appelait auparavant Jenkins, et était joué par Leonard Carey (notoirement triste de la redingote, peut-être à cause de ses cent vingt films en trente-six ans, dans lesquels il semble perpétuellement enrhumé). Mais Blore a immédiatement apporté au rôle son extravagante férocité, son art (martial) des plosives, et son élocution particulière. En 1935, il avait déjà joué le majordome d'un autre détective de série, Philo Vance.

Quand il n'est pas majordome ou valet, il est maître d'hôtel. Et les rares fois où il se retrouve maître, voire même pair du royaume comme dans *The Lady Eve*, c'est en imposteur : sir Alfred McGlennon Keith est en fait "Curly", un tricheur aux cartes. Comme beaucoup de ces gens de service, Blore a eu une carrière intéressante en Angleterre avant de faire du cinéma. Son père était professeur de lettres classiques à Trinity College. "Il lisait le grec et le latin comme je lis *Blondie*." Né à Londres, Blore a d'abord travaillé dans les assurances, avant de se faire danseur de chorus dans une comédie musicale, "à 32/6p la semaine". Il est resté un an dans la pièce, avant de se lancer dans des tournées en province et en Australie. Il écrivait aussi des romans à l'eau de rose et des paroles de chansons populaires, doublant comme chanteur de music-hall à Londres. Il était souvent l'auteur des chansons dans les comédies musicales où il figurait, du genre *Nuts and Wine*. Tout comme cette autre jaquette flottante, Franklin Pangborn, Blore a servi au front durant la Grande Guerre, d'abord dans les South Wales Borderers, puis comme observateur dans un ballon au-dessus des tranchées. On l'a finalement retiré du service actif pour lui faire organiser la troupe de théâtre de la 38e division.

Il arrive en Amérique en 1923 avec la troupe de *Little Miss Bluebeard*, et reste quelques années sur Broadway : *The Ghost Train*, *Here's How*, *Angela*, etc. Lorsque l'éminent cinéaste Herbert Brenon (*Peter Pan*) filme la première version (muette) de *The Great Gatsby* dans le New Jersey, Blore est de la partie, campant "Lord Digby". Mais Blore n'est rien sans sa voix, excitable et zozotante. Il sera bientôt de toutes les comédies sophistiquées écrites ou adaptées par Donald Ogden Stewart : *Laughter*, *Tarnished Lady*, *My Sin,* etc. Il est soit vendeur de bijouterie, soit pilier de bar. A Londres il avait joué le maître d'hôtel dans *Flying Down to Rio*[1] avec Fred Astaire, et quand RKO fait venir le danseur, Blore suit le mouvement vers la Californie. Il apparaîtra dans vingt-six films durant ses deux premières années à Hollywood. En plus des comédies musicales Astaire-Rogers, il scintille en "Dr Metz" dans l'hilarante comédie de Molnár, *The Good Fairy,* que Wyler adapte pour Universal. Sinon, en valet ou majordome, il s'appelle diversement Benson, Currie, Grove, Edmund, Stokes, Lucius, Digges, Butch, Jamison, et, bien sûr, "Bates", sa création inégalée dans *Top Hat*[2]. Il est dans pratiquement tous les premiers films de Rogers et Astaire : en propriétaire de cours de danse, sur le point de renvoyer Ginger pour incompétence et insolence, dans *Swing Time*[3]*;* rivalisant de ridicule avec Erik Rhodes ("*Your wife is safe with Pi-NE-tti. HE prefers spa-GHE-tti*") dans *The Gay Divorcee*[4], en serveur qui parle constamment de cailloux. Son plus beau moment est pourtant quand il se retrouve en gondole dans un faux décor vénitien. Même dans une comédie aussi faiblarde que *Joy of Living*[5], Blore peut apporter une seconde de joie pure : quand juste à la fin il apporte, sans un mot mais avec un regard dédaigneux qui en dit long, non pas le whisky coutumier de Guy Kibbee (un géranium en guise de *swizzle-stick*), mais un véritable broc de whisky, avec géranium. Kibbee le suit dans la pièce voisine, sans un mot non plus. Il aura bien besoin de ça, vu que sa fille chanteuse Irene Dunne vient de se libérer des sangsues qu'elle a pour famille, dont Kibbee n'est pas la moindre.

On peut aussi observer une grande "bataille des redingotes" dans *Sullivan's Travels*[6]. Cette fois, le metteur en

---

1. *La Carioca* – Freeland, 1933.
2. *Le danseur du dessus* – Mark Sandrich, 1935.
3. *Sur les ailes de la danse* – George Stevens, 1936.
4. *La joyeuse divorcée* – Sandrich, 1934.
5. *Quelle joie de vivre* – Tay Garnett, 1938.
6. *Les voyages de Sullivan* – Preston Sturges, 1941.

scène joué par Joel McCrea possède valet et majordome, respectivement Eric Blore et Robert Greig, qui échangeaient déjà des œillades assassines dans *The Lady Eve*. Blore objecte aux premiers costumes de vagabond essayés par McCrea ("*Vous ne trouvez pas que ça fait un peu beaucoup, sir? Pas besoin de leur briser le cœur*", dit-il aussi sèchement qu'il peut se le permettre). Et c'est lui qui pense à glisser un badge du studio sous la semelle de son maître. Mais c'est Greig ("Burroughs") qui apporte toute son autorité – et pas qu'un peu de dédain professionnel – pour s'opposer catégoriquement à l'aventure. "*I have never been sympathetic to the caricaturing of the poor and needy, sir*", dit-il, avant de se lancer dans une longue diatribe sur la pauvreté, de cette voix exacte et pompeuse qui le maintenait dans les meilleures maisons de Hollywoodland. "Il serait pas un peu morbide sur les bords?" demande McCrea à Blore, une fois Greig parti. Blore répond en tordant les lèvres comme lui seul savait le faire : "*Books, sir. Always reading books* [1]." Plus tard, lorsque les deux faux clodos font étape à Beverly Hills, il faut voir Greig tenir Veronica Lake par les chevilles. Maîtres et valets se retrouvent tous les quatre dans la piscine. Car loin de n'être que des potiches dans le décor, les gens de maison apportent souvent un tramé dramatique savoureux, basé sur le snobisme foncier des domestiques.

Marié et divorcé d'une Violet Winter en Angleterre, Blore avait épousé l'ancienne actrice Clara Mackin en 1926, et elle était encore Mme Blore lorsque l'acteur est mort d'une crise cardiaque en mars 1959. Ils avaient un fils, Eric Jr., et habitaient Santa Monica depuis leur arrivée à Hollywood en 1934. Répondant à un questionnaire de magazine à la fin des années trente, il donnait Jean Negulesco comme peintre favori, Dickens et Ibsen comme

1. "Ce sont les livres, sir. Toujours le nez dans les livres."

auteurs, et “aucune” comme forme d’exercice préférée, bien qu’on l’ait vu une fois en position incriminante, maillet de croquet en main. Quant à la personne vivante qu’il admirait le plus, il répondait emphatiquement : “moi”. Pas “nous”, notez bien. Dans le civil, il n’appartenait qu’à lui-même. A Londres il était membre du Devonshire Club, et à New York du Lotus Club. Son film préféré déclaré était *The Thin Man*, dans lequel il n’y a aucun majordome, et où il n’apparaît pas. Mais il avait été au service de William Powell dans *The Ex-Mrs. Bradford*[1], une imitation de ce grand succès. Et quand on est un “gentleman’s gentleman”, on le reste pour la vie. En 1939, Eric Blore a même tenu son seul rôle vedette dans un film portant ce titre, une comédie de Roy William Neill basée sur la pièce du prolifique écrivain écossais Philip MacDonald[2], dans lequel Blore joue un valet nommé Heppelwhite qui accuse son maître de l’avoir empoisonné, et essaie ensuite de le faire chanter. *A Gentleman’s Gentleman* n’a pas fait beaucoup d’argent pour First National, et Roy William Neill aura nettement plus de succès avec ses Sherlock Holmes.

Le filiforme Leonard Carey est tout de même plus représentatif de la valetaille hollywoodienne : on ne le voit pratiquement pas. Cent douze films pourtant, débutant en 1930 avec le parlant, dans l’intéressant *Laughter* de d’Abbadie d’Arrast, dans lequel il joue Benham, le majordome de Frank Morgan et Diane Ellis. Il ne quittera guère son office – à part dans *Shanghai Express*, où il joue un pasteur. Il avait d’ailleurs la tête de l’emploi, grand nez, narines ouvertes à tous vents, air chafouin, voix plaintive. Il sera notamment le majordome de Jean Harlow (*Bombshell*), de Barbara Stanwyck (*Gambling Lady*) et de

1. *Mon ex-femme détective* – Stephen Roberts, 1936.
2. Auteur de *The Lost Patrol* et de *The List of Adrian Messenger*, adaptés à l’écran par Ford et Huston, il a aussi été collaborateur de Hitchcock et scénariste à Hollywood.

Lady Beldon dans *Mrs Miniver.* Hitchcock l'avait à la bonne : Carey sert Dame May Whitty dans *Suspicion* [1], Lady Anthony dans *Strangers on a Train* [2], et il est "Ben" dans *Rebecca.* Carey servait les hommes aussi, valet de Clark Gable dans l'incomparable *Wife vs. Secretary.* Et "Steven", celui de Vincent Price dans *While the City Sleeps* [3] – son dernier film.

*

Franklin Pangborn, "Pangie" pour les intimes, est l'autre génie absolu de la queue-de-pie. Comme Eric Blore, il a débuté en vendant des assurances-vie, mais à Newark, dans le New Jersey. Né en 1888, il prétendait avoir eu une "enfance normale." Son père était ingénieur en électricité. C'est à dix-sept ans que son train-train a déraillé : au cours d'une party à New York, le jeune Pangborn a fait la connaissance de Mildred Holland, alors grande vedette sur Broadway, et s'est retrouvé à tourner quinze jours dans *Catherine of Russia*, à douze dollars la semaine. Il est resté quatre ans avec Holland, puis avec la troupe du Bonstelle Theatre à Detroit, quand William Powell en faisait encore partie. Il a ensuite tenu un grand rôle en face de Nazimova dans *The Marionnettes*, tout en lui servant de régisseur (déjà les hurlements, comme dans *Hail, the Conquering Hero* [4]. "*Quieeeeeeet !*"). Puis le légendaire George M. Cohan lui donne "*a gor-geous part*" dans une comédie musicale. La Grande Guerre interrompt sa carrière. Il passe quatorze mois au front, il est gazé et médaillé. Chose qu'il rappellera souvent plus tard, toujours prêt à démolir celui qui le traiterait de fiotte.

Démobilisé, il part en tournée avec une grande vedette

1. *Soupçons* – 1941.
2. *L'inconnu du Nord-Express* – 1951.
3. *La cinquième victime* – 1956.
4. *Héros d'occasion* – Preston Sturges, 1944.

de l'époque, Trixie Friganza, et arrive ainsi en Californie. Il y restera jusqu'à sa mort. Son premier film, en 1925, est aussi celui de Beatrice Lillie, fabuleuse comédienne très populaire au théâtre, sur laquelle Thalberg prend quand même un gros risque en lui donnant la vedette de *Exit Smiling*. Lillie avait un physique ingrat : bâtie comme une bouteille de vin d'Alsace, bouche à la Goulue. Ce film, inaugural autant pour Pangborn que pour elle, leur rappelait leurs jours de vaches maigres, quand ils faisaient du théâtre de burlesque itinérant. Lillie est la cinquième roue de la troupe, et quand elle joue Shakespeare, pour citer un des cartons fendards que Joe Farnham écrit pour *Exit Smiling*, "elle joue Rien dans *Beaucoup de bruit pour rien*". Son ambition est pourtant de remplacer un jour la vedette du spectacle. Sauf que lorsque l'occasion se présente, les robes glissent de ses épaules vertigineuses, sans parler des boas. Lillie est un clown magnifique, également capable d'émouvoir. Comme Keaton, elle est constamment vaincue par les objets, qui la laissent plus perplexe que déconfite. Pangborn, qui ici joue "Cecil Lovelace", un des cabots de la troupe, a des expressions similaires, mais avec ses vapeurs coutumières. On dirait "flummoxed", si en français on avait ce mot dans le carquois. Chaviré, peut-être. Tout retourné. C'est son expression dominante, qui le restera tout au long de sa carrière. Une de ses rares répliques dans *Exit Smiling* est un carton qui indique : "Si cela continue, je vais *exploser* !" Déjà.

Dans le film, Beatrice Lillie s'éprend de Jack Pickford, devenu fugitif depuis qu'il s'est vu accuser d'avoir piqué dans la caisse de la banque où il était guichetier. Son mariage avec la fille du banquier en est d'autant compromis. Quand le train de la tournée le ramène fortuitement à sa ville, il ne peut plus se produire sur scène, et Lillie le remplace, costumée en homme. Puis, pour sauver son chéri, elle se déguise en vamp et séduit le méchant de l'histoire, citant une réplique de la pièce qu'ils jouent, "juste une heure pour sauver mon bien-aimé". Lequel est finalement innocenté et peut convoler. Lillie reste en rade. Elle l'aime toujours autant. Le dernier plan est inoubliable, défiant les conventions de l'époque, le visage de cette grande comédienne exprimant deux, trois sentiments à la fois, comme chez Ozu ou Chaplin. Le film de Sam Taylor, qui dirigeait habituellement Mary Pickford, fut un échec commercial, et Lillie ne connut le succès qu'avec le parlant. Mais *Exit Smiling* est un pur chef-d'œuvre.

Pangborn, lui, fut enchanté par la Californie dès le début. "*Glo-rious living !*" Il ne fut pas long à amener père et mère à Santa Monica. Après la mort du père, Pangborn a habité longtemps avec maman dans la communauté artistique (et en majorité homosexuelle) de Laguna Beach. Comme beaucoup de ses congénères, Pangborn est resté free-lance, jouant les tatillons ou les évaporés dans tous les studios de la ville, y compris les tiroirs du bas comme Republic, Monogram, ou même Mascot (niche natale de Rin-tin-tin). Fritz Feld, l'homme qui épluchait les romans et les pièces de théâtre pour Lubitsch lorsqu'il était chef de production à la Paramount, avait une théorie sur les acteurs qui jouaient les eunuques ou les folles à l'écran. Peut-être son vrai nom, Fritz Feilchenfeld (phonétiquement, champ de violettes), lui en donnait-il le droit. "Everett Horton, Franklin Pangborn et moi étions les seuls acteurs à qui les producteurs pouvaient faire confiance – parce qu'on n'en faisait jamais trop. C'est différent aujourd'hui, où ils jouent les homosexuels de façon bien trop outrée. A l'époque, il fallait faire attention. Bien sûr, les gens sophistiqués savaient, mais le plus gros du public n'y voyait que du feu." Ceci venant d'un homme qui servait des fourmis chocolatées à Jerry Lewis dans *Who's Minding the Store* [1].

1. *Un chef de rayon explosif* – Frank Tashlin, 1963.

Le chef de cérémonie nettement dépassé par la chasse au trésor de *My Man Godfrey*; le chef de fanfare sur le quai de gare dans *Hail the Conquering Hero*; "J. Pinkerton Snoopington", qui vient examiner les comptes dans *The Bank Dick* [1]; "Billy Moon", le commentateur de radio dans le premier *A Star Is Born* [2]; le producteur d'"Esoteric Studios" dans *Never Give a Sucker an Even Break* [3]; le tailleur énervé qui prend les mesures de Gary Cooper dans *Mister Deeds Comes to Town* [4] – Pangborn a beau avoir joué dans près de deux cents films parlants, il était essentiellement un comique de cinéma muet. Son faciès déjà l'y prédisposait : enfariné à bajoues, bouche en cœur comme un Harry Langdon ménopausé, mâtiné de Bela Lugosi. Quand en 1928 il joue dans une farce Pathé sans conséquence comme *Blonde For a Night*, il a déjà quarante ans. Il est en frac et haut-de-forme, propriétaire d'un salon de couture à Paris, où, dit l'intertitre, "tous les hommes sont modistes". Il faut le voir improvisant un drapé sur la boulotte Marie Prevost. Notant sans doute sa notoire absence de cou, il lui met une volumineuse perruque blonde frisée, "pour habiller un peu là-haut". En fin de pantalonnade, il sera tombé dans la baignoire de Prevost, réapparaîtra dans son pyjama chinois, pour finir sous le lit. Dans ses films parlants, il avait bien moins de temps d'écran.

Pangborn a fait la transition en même temps que Marion Davies et King Vidor. *Not So Dumb* sera la dernière des trois comédies de Vidor avec Davies (après *The Patsy* et *Show People*), et aussi la meilleure. Il suit en gros la carrière de Gloria Swanson (que Davies parodie sauvagement), l'histoire d'une brave fille qui commence comme

1. *Mines de rien* – Eddie Cline, 1940.
2. *Une étoile est née* – William Wellman, 1937.
3. *Passez muscade* – Eddie Cline, 1941.
4. *L'extravagant M. Deeds* – 1936.

“bathing beauty” chez Mack Sennett, devient grande vedette, et sombre dans la pire prétention (Swanson avait épousé le marquis de la Falaise). Pour plus de véracité, Vidor tournait même à Edendale dans les vieux studios de Sennett, sous l’œil d’aigle du vieux Hearst, qui était absolument contre la scène finale que Vidor et son scénariste Laurence Stalling avaient peaufinée – à leurs yeux la seule raison de faire le film. A un moment, Marion devait recevoir une tarte à la crème en pleine figure. L’actrice était partante, mais Hearst refusait de céder. Finalement, Vidor dut se contenter d’asperger Davies avec un siphon d’eau gazeuse. Mais le film est très amusant, Davies en particulier, blonde et pétillante, et elle n’arrête pas de parler. Le film compte aussi un très jeune William Holden et le scénariste dramaturge Donald Ogden Stewart parmi les acteurs. Pangborn joue un scénariste nommé Leach, avec de grosses lunettes rondes, et toujours son air effaré ; son don de la formule à l’envers, aussi (“*I’ve always known there was a woodpile in the nigger* [1] *!*”, ce qui, avouons-le, n’est pas pareil que de dire “je savais bien qu’il y avait roche sous anguille”). Pangborn tortille toujours autant du cul, mais il embrasse – *gasp !* – une fille, pour la première et seule fois de sa carrière. Peut-être est-ce pour cela que Vidor lui donne le vrai état civil de Cary Grant, le roi des simulateurs, pour lui donner du cœur au ventre. Qu’importe si Julia Faye ressemble à un pékinois – Franklin en reste néanmoins tout chose. Sinon, il continue à tenir la chandelle : lorsque les amoureux s’enfuient pour se marier en douce, ils perdent Pangborn en route, qui se trouvait sur le siège rétractable à l’arrière.

Pangborn était bien sûr un des acteurs réguliers des deux génies autochtones de la comédie hollywoodienne, Gregory LaCava et Preston Sturges, sans parler du génie impor-

1. “Je savais bien qu’il y avait un tas de bois dans le nègre !”

té, Ernst Lubitsch. Dans *Design for Living* [1], Pangborn, en directeur de théâtre, a un visible haut-le-corps quand Miriam Hopkins lui recommande la pièce de Fredric March en disant que "c'est une pièce pour les femmes". Dans *The Half-Naked Truth*, en manager du Savoy-Ritz, il se fait gruger par le diabolique agent de presse Lee Tracy, qui lui fait loger Lupe Velez et sa suite à l'œil en lui faisant croire qu'elle est une princesse turque ; elle est danseuse de cirque, originaire de Tallahassee. Pangborn sera souvent dans l'hôtellerie, mais aussi chef de rayon et sommelier. Tout ce qui requiert une queue-de-pie. Son heure de gloire chez LaCava est évidemment comme arbitre de la course au trésor, au début de *My Man Godfrey*, questionnant William Powell sur ses adresse et qualité, lui tirant sa barbe de huit jours pour vérifier son authenticité de clochard. LaCava lui fera ensuite jouer les valets deux fois consécutives. Dans *Stage Door* [2], il est Harcourt, au service de l'impresario chaud lapin joué par Adolphe Menjou. A la pension des artistes, la hautaine Gail Patrick prévient Ginger Rogers que Menjou est un coureur effréné, et que son valet est un de ces "butlers who stalk backward" – qui s'amènent en douce, et à reculons. Une fois dans le *penthouse* de Menjou, et passablement torchée au champagne, la toujours acide Rogers est fascinée par Pangborn : "Je ne sais jamais s'il entre ou s'il sort", remarque-t-elle, faisant allusion à la curieuse démarche du larbin. C'est toujours cul en proue qu'il apporte les seaux à champagne. Pangborn est ici à son plus éberlué, surtout quand Rogers le fusille du regard en partant : "Et toi aussi, REPTILE !"

Pangborn, qui marchait pourtant à voile et à vapeur, n'était pas aussi flagrant que les folles patentées comme

1. *Sérénade à trois* – Lubitsch, 1933.
2. *Pension d'artistes* – LaCava, 1937.

Rex O'Malley ou autres invertis de cinéma. Il faisait plutôt asexué, juste "gêné de s'asseoir", comme il dit à son maître Walter Connolly dans *Fifth Avenue Girl* [1]. Connolly, un inventeur qui a eu le malheur de faire fortune dans les pompes, rentre chez lui croyant fêter son anniversaire en famille, mais ne trouve que le majordome Higgins à la maison. Ils ont une très amusante conversation "cœur à cœur", au cours de laquelle Connolly ordonne à Pangborn de s'asseoir, ce que celui-ci ne consent à faire qu'avec la plus grande réticence. Quand son maître lui demande ce que font les gens "normaux" pour s'occuper, Higgins lui dit que, personnellement, il se promène dans le parc, histoire d'admirer les arbres. "Les érables, particulièrement, qui sont en bourgeons juste en ce moment." Et, dans un moment de rare abandon, de confier à Connolly pourquoi il est si content de son sort : "Je trouve mon travail très satisfaisant. Pour tout vous dire, monsieur, nous les domestiques jouissons de tout le luxe des gens riches, sans en avoir les responsabilités." Ce qui résume un peu la philosophie politique de LaCava, fumeuse certes, mais propice à la comédie. Il en fait la pierre de touche de *My Man Godfrey* – peut-être le fin du fin du film domestique, avec l'incomparable Jean Dixon dans la cuisine. Mais la Fifth Avenue Girl est aussi une sorte de Godfrey en jupon, même si elle ne fait pas partie du personnel : la fille de Connolly, Katherine, finit par demander conseil à l'intruse au sujet de sa passion sans issue pour le chauffeur, Mike – qui récite *Le capital* comme un perroquet. Connolly, lui, suit les conseils de Pangborn, va dans le parc en face de chez lui, trouve Ginger Rogers sur un banc, et l'invite à fêter son aniversaire avec lui dans un nightclub très cher. Ils dansent la rumba, font un esclandre, et à eux deux forgent une alliance contre le reste de la famille

1. LaCava, 1939.

égoïste du riche industriel. Lorsque après la nouba Connolly revient avec un œil au beurre noir, Pangborn en a un aussi, qu'il explique au petit déjeuner. “Mais cela fait plaisir de voir Monsieur s'amuser, pour une fois. Cela vaut bien la décoloration”, ajoute-t-il d'un air de martyr en montrant son œil. Franklin Pangborn est le seul acteur capable de montrer son œil avec l'autre, sans les mains.

Preston Sturges, lui, met Pangborn dans sa troupe de réguliers dès *Chrismas in July* [1], son deuxième film. Pangborn est le producteur de l'émission de radio sponsorisée par la marque de café qui lance le concours de slogans que Dick Powell croit avoir gagné. Mais Pangborn ne fera jamais exactement partie du “pack” de Sturges proprement dit, telle la meute qui ravage le train de nuit au début de *The Palm Beach Story* [2] : Frank Moran, Dewey Robinson, Robert Warwick, Jack Norton, Roscoe Ates, le petit mecton à nez pointu Jimmy Conlin, Harry Rosenthal, tous ces grands “caractères” américains, sans oublier les périphériques Chester Conklin, Farrell MacDonald (un transfuge de chez Ford), le toujours déclamatoire Raymond Walburn, le grinçant Lionel Stander, le nasillard Robert Dudley (le “Weenie King” dans *Palm Beach*), et le toujours soupçonneux William Demarest (“*I still say it's the same girl!*”). Mais Sturges peut compter sur Pangborn et son sifflet pour ajouter aux pandémoniums qu'il affectionne, comme le comité de réception pour le soldat sur le quai de gare de *Hail the Conquering Hero*. “*Quiet! QUIEEEEET!*” hurle-t-il à la fanfare, bien en vain. Au début de *Palm Beach*, c'est Pangborn qui fait visiter l'appartement dont McCrea et Colbert viennent de se faire expulser. Dans *The Sin of Harold Diddlebock* [3], Harold Lloyd s'entend dire par son patron E.J. Waggleberry (Ray

1. *Le gros lot* – 1940.
2. *Madame et ses flirts* – 1942.
3. *Quel mercredi !* – 1947.

Walburn) : "Vous êtes devenu un embouteillage à vous tout seul." Pangborn travaille aussi dans la compagnie, "Formfit Franklin", nom d'oiseau qu'on peut supposer affectueux de la part de Sturges.

Pangborn trimbale sa face de sphincter dans plus de deux cents films. Il est chef d'orchestre à plusieurs reprises : dans *Broadway Serenade*, mais surtout dans *Joy of Living*, comédie pas drôle de Tay Garnett qu'il éclaire de ses deux minutes de présence, sans prononcer le moindre mot. Irene Dunne est dans un studio radiophonique, Pangborn l'accompagne avec sa baguette. Lorsque sa camériste (fabuleuse Jean Dixon) lui fait signe que son chéri est sur le point d'embarquer pour l'Europe, Dunne en perd les paroles de sa chanson, puis la finit à toute vitesse. Pangborn passe de l'extase à la surprise, puis à la furie, de manière inimitable.

Le top absolu du film en livrée doit néanmoins être *His Butler's Sister* [1], comédie très mineure du grand Borzage avec Deanna Durbin, qui ne compte pas moins de cinq valets dans l'immeuble de Franchot Tone, tous aux pieds du rossignol de la Universal, laquelle fait aussi la bonne tout en essayant de se placer comme chanteuse auprès de son "employeur", qui ne veut rien entendre. Alan Mowbray, Akim Tamiroff, Frank Jenks, Hans Conried et Sig Arno (l'inénarrable "Toto" de *The Palm Beach Story*), les cinq vieux garçons majordomes respectivement nommés Jenkins ("mes amis m'appellent Buzz"), Popoff, Emmett, Reeves et Moreno, sont amoureux de Deanna et se bousculent pour porter ses sacs à provisions. Il est étonnant que Pangborn ait raté ce congrès des redingotes et chapeaux melons.

Son tout dernier rôle sera en 1957, tristement dans un des pires films de l'histoire du cinéma, le colossalement

1. *La sœur de mon valet* – 1943.

laid et stupide *The Story of Mankind*, d'Irwin Allen – le seul navet qui pouvait réunir Marie Windsor et Dennis Hopper en Joséphine et Napoléon, un concept diabolique. Pangborn, en marquis de Varenne, jabote près de Marie-Antoinette comme un très vieux cacatoès.

Le grand comique s'éteindra un an après, d'une tumeur au cerveau. Il repose près de sa mère et de ses tantes, au Grand Mausolée de Forest Lawn – dans une section appelée "Columbarium de la Sécurité". On ignore s'il y est entré à reculons.

2 / THE GREAT MORGAN

"*That's WON-derful!*" était son exclamation signature, mais c'est plutôt lui qui était merveilleux homme. Je défie quiconque de ne pas aimer ne serait-ce qu'un peu tout film dans lequel apparaît cette preuve du génie humain qu'était Frank Morgan. Il a aussi la particularité de n'avoir jamais joué un homme vraiment mauvais de toute sa carrière (une centaine de films), même dans *The Affairs of Cellini* quand, en duc de Médicis aussi cyclothymique qu'incompétent, il signe les condamnations à mort par paquets de dix au petit déjeuner. Cela n'empêche pas Fay Wray de l'appeler affectueusement "Bumpy". Un petit nom innocent, à moins qu'il ne se réfère à ce que le duc fait de mieux, buter les gens.

Excellent comédien au timing impeccable, il pouvait tout jouer, du drame au slapstick le plus échevelé – en haut-de-chausse ou collerette (Louis XIII dans *The Three Musketeers*) –, mais il avait fini par se spécialiser dans les personnages qu'on roulait dans la farine : de l'impresario de *The Half-Naked Truth* au négociant de *Boom Town* [1], dans lequel il n'arrête pas de se faire flouer par les deux

1. *La fièvre du pétrole* – Jack Conway, 1940.

foreurs de pétrole Gable et Tracy en leur prêtant du matériel. Mais il pouvait aussi se montrer cachottier, voire égrillard, comme le joueur invétéré qu'il incarnait dans *Lady Luck*[1], ou le père-éponge de Jean Harlow dans *Bombshell.* Quand il n'était pas carrément coureur de jupons, comme dans *The Good Fairy*. On pouvait tout attendre de Frank Morgan, qui était capable de sortir du pire navet en sentant la rose. Qui d'autre aurait pu poursuivre une carrière après avoir figuré dans un film muet Vitagraph intitulé *The Golden Shower*? [2]

Morgan, né à New York le 1er juin 1890, venait d'une famille de onze enfants dont la modeste fortune était basée sur la distribution en exclusivité mondiale des bitters Angostura, plus tard si chers à Buñuel et Hemingway pour leurs cocktails. Son frère aîné, Ralph Morgan, l'avait précédé sur les planches, même si la carrière au cinéma de ce dernier devait être plus tardive et bien plus terne que la sienne. Dès 1916 à New York, Frank joue dans des films Vitagraph, ou pour des maisons éphémères comme Hyclass Productions (en face de John Barrymore, dans *Raffles*). Une fois transplanté à Hollywood, il est sous contrat à la Paramount, notamment dans *Manhandled*, une des plus fameuses comédies d'Allan Dwan avec ce grand clown qu'était la minuscule Gloria Swanson.

La trame de son premier film parlant, *Queen High*, en dit suffisamment sur ses rôles de l'époque : lui et Charlie Ruggles sont dans la confection de jarretelles pour dames; ne pouvant plus se sentir, ils vont chez un avocat pour dissoudre l'association. Celui-ci suggère à ses clients de jouer au contraire toute l'affaire sur un unique coup de poker, le perdant devant en plus servir de valet au gagnant pour un an. Charlie se retrouvera plus tard dans une situa-

1. Edwin L. Marin, 1946.
2. L'époque, comme Morgan, était encore innocente, et l'expression impliquait une pluie d'or, pas l'ondinisme.

tion similaire dans *Ruggles of Red Gap*. Pourtant, la même année (1930), Morgan figure dans une comédie aussi distinguée et sophistiquée que le nom de son auteur, Harry d'Abbadie d'Arrast : *Laughter* est l'histoire d'une danseuse des Follies qui, ayant épousé un millionnaire gentil mais ennuyeux (comme Morgan en jouera des douzaines par la suite), reprend une vieille liaison avec un compositeur (Fredric March) "qui sait la faire rire". C'est pourtant Morgan qui nous fait le plus bidonner.

Pour son premier film MGM il tire un bon numéro, et encore un rôle de cocu hébété, avec *Reunion in Vienna* [1] – charmante comédie de Robert Sherwood dans laquelle John Barrymore joue un chauffeur de taxi briseur de cœurs et de ménages. Morgan est encore meilleur la même année (1933) dans *The Nuisance*, pourtant un film écrit sur mesure pour l'incomparable Lee Tracy, ici en avocat d'enfer, le genre qui poursuit les ambulances. Cette comédie hilarante comptait d'autres clients pas manchots non plus au rayon comique, comme Charles Butterworth en abonné aux fausses déclarations d'accident, ou Herman Bing, la mascotte de Lubitsch. Mais Frank Morgan enfonce toute la compagnie, en docteur alcoolique qui aime Tracy comme un fils et protège ses manigances.

L'acteur a beau rapidement devenir un luminaire de la MGM très apprécié des foules (qui ne le connaissent malheureusement plus aujourd'hui que sous le nom du Magicien d'Oz), c'est quand il est prêté par le studio à Universal en 1934 qu'il trouve son rôle définitif, celui d'un millionnaire bon vivant frappé par le démon d'onze heures qui se dit prêt à tout pour avoir Margaret Sullavan, jusqu'à faire la fortune de son mari. Qu'elle n'a pas. Le film est *The Good Fairy*, de William Wyler. Même si la pièce de Ferenc Molnár – un cynique avertissement sur les

1. *Réunion à Vienne* – Sidney Franklin, 1933.

dangers de faire le bien – a dû fatalement être édulcorée pour Hollywood par son adaptateur Preston Sturges, celui-ci n'en a pas moins écrit un scénario plein de charme et de piquant. On reconnaît aussi déjà son goût pour les noms importables dont il tapissera ses propres comédies à venir : Sullavan, la "bonne fée" de l'histoire, s'appelle Luisa Ginglebusher. Et, mise en demeure de fournir un nom pour son inexistant mari, c'est tout naturellement qu'elle déniche dans le dictionnaire "Dr Max Sporum", avant de s'ingénier à lui trouver succès et fortune. Joué par l'ineffable Herbert Marshall comme s'il était encore sur une gondole de Lubitsch, cet avocat pauvre comme Job se voit aussitôt bombarder exclusif représentant étranger de la compagnie de Konrad (Morgan). Mais pas avant d'avoir rasé la hideuse barbiche qui faisait jusqu'ici sa fierté. Ce qui nous vaut une scène d'anthologie avec Luis Alberini, en barbier qui se désole de devoir commettre pareil crime contre la pilosité. Une si belle barbe. Le dialogue de Sturges est un modèle du genre : "*Off?*" "*Off*[1]."

The Good Fairy est une sorte de congrès pour acteurs de second plan qu'on adore, puisqu'en plus de Morgan et d'Alberini il réunit Reginald Owen (en serveur excentrique qui ne décolère pas) et Eric Blore (en ministre du Commerce constamment bourré). Owen, que Sturges appelle "Detlaff", est une des inventions les plus singulières d'un scénario pourtant riche en excentriques, et une nouvelle déclinaison sur l'infinie comédie fournie à Hollywood par les gens de maison. Et même si Frank Morgan fait ici usage de tout son considérable arsenal de comédien, le film permet en tout cas d'identifier sa botte secrète, qui n'appartient à personne d'autre : si Everett Horton est le roi incontestable du *slow-burn* visuel, Morgan, lui, niche le sien dans le dialogue même, gardant son

1. "On enlève ?" "On enlève."

sourire béat une seconde de trop tout en réalisant ce qui vient d'être dit – généralement une remarque désobligeante. "*Er, yes, yes.*"

Preston Sturges a beau avoir dû mettre de l'eau dans le vitriol de Molnár, le Code de censure en prend néanmoins un sacré coup dans les enjoliveurs. Il y a d'abord ces constantes allusions égrillardes au taille-crayon fétiche de Herbert Marshall. "*What do you mean, his pencil-sharpener?*" s'étrangle son rival Morgan, qui, de petit salon privé en onéreux restaurants, s'épuise à séduire sa Luisa sans parvenir à même se faire tailler la mine. Et de s'indigner en voyant la misérable fourrure que son "mari" a offerte à Luisa avec ses premiers émoluments : "FOXINE véritable ! Je t'en ficherais, oui, c'est de la feutrine de CHAT !" Se contenant à peine en attendant la venue de sa promise dans son appartement, il tourne en rond, modifie la position des fauteuils, des verres, du seau à champagne. Il s'épile les sourcils devant un miroir. Enfin seuls tous les deux, il s'exclame : "*It's MAR-velous ! You and me we... no?*" Tout l'art incomparable de Frank Morgan est dans ce "Toi et moi... non?" plaintif. Dans ce "*no?*" il y a déjà toute la résignation à laquelle Morgan est toujours prêt, comme s'il n'avait jamais vraiment cru à sa chance. En ce sens il fait des cocus magnifiques, à la fois drôles et touchants. Comme ces merveilleux lapsus, qui ont toujours été sa marque de fabrique : "Je tape dur, oui, mais toujours au-dessous de la ceinture. Je veux dire, *au-dessus.*" La demande en mariage du vieux fêtard est à fendre l'âme : "Je veux entendre le bruit de petits petons qui marchent, je veux entendre des voix appeler Poppa, je veux *traîner à la maison les bretelles baissées...*" Et pour finir, plus péremptoire que bon perdant, et plus drôle dans l'anglais original : "*If there's got to be one good fairy here, it's me* [1] *!*"

1. "S'il doit y avoir une bonne fée ici, c'est moi !" (*fairy* veut aussi dire tantouze).

Preston Sturges écrira encore pour Carl Laemmle Jr., et pour Frank Morgan : *Port of Seven Seas*, l'adaptation du *Fanny* de Pagnol produite par Junior à la Metro en 1938, son dernier film, à l'âge de trente ans. En fait, le nabab le plus sous-estimé de Hollywood (quand même responsable pour *A l'ouest, rien de nouveau*, *Dracula* et *Frankenstein* et autres babioles pour Universal) quittera la production avant qu'elle soit terminée, prenant à vingt-neuf ans une retraite anticipée qui devait en durer plus de quarante. La maussade Maureen O'Sullivan faisait une Fanny acceptable, mais Morgan était bien meilleur en Panisse que Wallace Beery en César, et aurait probablement pu jouer les deux rôles. Sans l'assent. Pour autant, après la consécration populaire du *Magicien d'Oz* (oscar 1939), et après avoir éclipsé des acteurs aussi considérables que Spencer Tracy et John Garfield dans *Tortilla Flat* en 1942 (dans le rôle de "Pirate"), Frank faisait tellement partie des meubles à la MGM qu'en 1946 le studio ira jusqu'à concocter un film autour de lui intitulé *The Great Morgan*. Morgan y joue un acteur que le studio autorise, de guerre lasse, à produire et réaliser un film. Il se révèle évidemment inepte et mélange tout dans la salle de montage : numéros musicaux coupés d'autres films, courts-métrages de Pete Smith, chutes diverses. Un *Hellzapoppin* du pauvre, et juste un bon prétexte pour accommoder les restes pour le marché européen, pas trop regardant et particulièrement vorace en cette période d'après guerre. MGM avait fait un peu pareil, mais involontairement cette fois, dans une délicieuse série B de la même époque qui avait aussi Morgan pour vedette. Au beau milieu de *Washington Melodrama*, film plus grave que comique, surgissait tout à coup un ballet nautique merveilleusement déplacé.

Codétenteur du record avec l'infâme Lionel Barrymore, Frank Morgan est resté à la Metro dix-sept ans sans interruption. Durant les années quarante, des comédies entières étaient bâties sur lui, des quasi-séries B souvent pénibles, mais parfois divertissantes. *Beg, Borrow and Steal* le trouve en arnaqueur sur la Riviera. Il est plusieurs fois fantôme, qui rentre chez lui dans des états divers – en travelo dans *The Ghost Comes Home*, en père adoré dans *The Cockeyed Miracle*. Dans *A Stranger in Town*, il est juge de Cour suprême aidant incognito une petite ville à se débarrasser d'un conseil municipal corrompu. Dans le très amusant *Wild Man of Borneo,* il est le père indigne (bon et aimé, naturellement) qui se prétend grand promoteur pour épater sa fille et la pension de famille qu'elle habite. Lorsqu'il commet l'imprudence de déclarer vouloir payer le mariage de sa fille, il doit prendre emploi dans une foire et devenir le Sauvage de Bornéo du titre. Qu'importe, il demeure la prunelle des yeux de sa fille, et aussi de ceux de Billie Burke, qui tient la pension. Frank Morgan est ce genre d'heureux bonimenteur. Ces comédies, à usage essentiellement domestique, étaient dirigées plus souvent qu'à leur tour par S. Sylvan Simon ou Roy Rowland, autant dire par personne. Pour tout le monde, c'étaient des "Frank Morgan movies".

Mais il sait aussi être grave à l'occasion, et plus touchant encore. Dans *Washington Melodrama* il joue un sénateur qui trompe sa solitude (mais pas sa femme) avec une danseuse. Quand celle-ci est retrouvée trucidée dans sa chambre, les ennuis commencent. Frank Borzage avait déjà su trouver cette veine en 1940, plaçant Morgan dans l'œil de *The Mortal Storm* [1], en professeur adoré de ses élèves qui se voit mis sur la touche par les nazis, et interdit d'enseignement. Mais un an auparavant, Lubitsch lui-même avait découvert ce timbre de voix, ces hésitations et raclements de gorge, qui font de Frank Morgan un acteur unique. *The Shop Around the Corner* [2] était pourtant une

1. *La tempête qui tue* – 1940.
2. *Le rendez-vous* – 1940.

comédie, et Monsieur Matuschek nominalement un objet de ridicule. Mais Lubitsch et Morgan font de Matuschek un des cocus les plus touchants du cinéma – touchant dans ses erreurs, dans ses emportements injustes, dans ses remords, et finalement dans sa solitude. "Qu'est-ce que vous faites pour Noël ?"

Tout comme on ne voit jamais ni la femme abusive ni la famille de Matuschek, on ne sait pratiquement rien de la vie du Great Morgan non plus, sinon qu'il est mort le 18 septembre 1949, littéralement debout dans ses bottes (sinon en selle), durant le tournage de la comédie musicale *Annie Get Your Gun* [1]. Il jouait un Buffalo Bill sur le retour, remplacé dans le film par Louis Calhern. Frank Morgan est enterré au Greenwood Cemetery de Brooklyn, section 168, concession 14447. He was WON-derful.

1. *Annie la reine du cirque* – George Sidney, 1950.

3 / OISIFS ET OISEUX

"Nice women don't get insulted."

Edward Everett Horton dans *But The Flesh is Weak.*

Ils arrivaient toujours à l'improviste, mais avec un frac de rechange, et équipés pour la chasse à courre. Souvent lords anglais, faux ou authentiques. On ne les voyait jamais travailler. Juste parfois mettre un chapeau melon, peut-être assister à un conseil d'administration. Mais toujours "*cocktails at 5*". C'étaient les hommes de loisirs. Amis de la famille ou quatorzièmes à table. Dans la famille Paramount, c'était souvent John Halliday, celui qu'on voit toujours avec le plus de plaisir. Garantie de qualité. Et pourtant, Halliday prétendait avoir appris à s'habiller au Nevada, parmi les ruffians de la ruée vers l'or. Son père était écossais, graveur de son état. La famille était à Brooklyn quand John est né, mais l'a ramené en Europe, où il a grandi. Il est reparti à dix-huit ans chercher fortune à Goldfield, au Nevada, l'a trouvée (aux alentours de 80 000 $), et immédiatement perdue en grand style. "C'est là que j'ai appris à porter l'habit, le smoking et le frac." Puis, à Sacramento, il se joint à la troupe de Nat Goodwin, une idole de l'époque. *The Whip*, *The Circle*,

When We Were 21, les pièces se succèdent à Broadway. Mais on n'est qu'au tournant du siècle. Pas étonnant que Halliday nous paraisse toujours venir d'un autre âge. Il a cinquante ans au moment de ses premiers films parlants. Auparavant, de 1911 à 1928, il a figuré dans des douzaines de muets sous le nom de Jack Halliday – jamais grand-chose de reluisant.

Son épouse est Eleanor Griffith, grande vedette du muet. Comme il s'est retiré du métier en 1940, Halliday n'a eu que dix ans pour nous ravir dans une cinquantaine de films. Il est mort à soixante-sept ans le 17 octobre 1947, d'une hémorragie cérébrale. Après s'être fait la voix dans des films dispensables chez Warner et First National, il trouve ses marques en 1931 dans *Transatlantic*, un film ambitieux de William K. Howard chez Fox – première d'une longue série de traversées romantiques dont Hollywood gardera le secret (de *One Way Passage* [1] à l'inégalé *History Is Made at Night* [2], en passant par tous les *Titanic*). Dans *Transatlantic*, Halliday jouait déjà "l'autre homme", aux côtés d'Edmund Lowe, Lois Moran et Myrna Loy. Ce qui l'amène tout naturellement, la même année, chez son âme sœur Gregory LaCava, toujours sur un pont de première classe. Dans *Smart Woman*, Halliday est vraiment chez lui, parmi d'autres hommes de loisirs comme Edward Everett Horton. Pas pour la dernière fois, il joue un lord anglais en goguette qui sympathise avec Mary Astor sur le paquebot qui la ramène à son mari adoré. Lorsqu'elle trouve ce dernier sur le point de la quitter pour une autre, elle invite Halliday pour le week-end afin de rendre son mari jaloux. Le film a du mal à fonctionner au début, ne serait-ce que parce qu'il est difficile de croire que quelqu'un puisse vouloir quitter Mary Astor pour une longue blonde vulgaire comme Noel Francis, gold-digger typique

1. *Voyage sans retour* – Tay Garnett, 1932.
2. *Le destin se joue la nuit* – Borzage, 1937.

qui ne se déplace jamais sans sa mère ; mais surtout parce que le mari est joué par le pâlichon nimbus Robert Ames. Pourtant – et c'est bien l'art de LaCava dans tous ses films – on finit par s'attacher aux personnages dans ce marivaudage de convention. Chacun, même une femme traditionnellement antipathique comme Noel Francis, a son moment, et son mot à dire. Edward Everett Horton est plus coquin que d'ordinaire, toujours à parler de son fortifiant au jus de bœuf ("pas plus de 40 % d'alcool"), ou à faire un gringue éhonté à la mère de l'intruse. Sa façon embarrassée et détournée d'annoncer à Mary que Don, son mari, veut demander le divorce, est typique des hortoneries futures :

— *You see, there was some oats.*

— *Oats ?*

— *Well, some wild oats* [1].

Et il explique finalement : "Une de ces blondes avec sa mère. Elles chassent ensemble." Quand les intruses lui demandent d'un air intéressé s'il est marié, Horton, qui ne l'était pas plus dans la vie, donne cette réponse fumigène, intraduisible dans son équivoque : "I'll tell you, I'm a two-way man. I can run *from* women, and I can run *towards* women." Le mot clé restant "run", cavaler.

Mais c'est encore Halliday qui a les reparties les plus délurées. Son arrivée à la propriété change la donne : le mari devient jaloux et commence à se fatiguer de la blonde, surtout quand celle-ci met le riche célibataire titré dans sa ligne de mire. Jouant le jeu qu'on lui a confié, Halliday flirte allègrement avec Noel Francis, encore qu'avec circonspection. Il y a des allusions assez risquées à propos d'une cage et d'un pénis-canari (panari ?) : "Je me sens comme un canari sans cage", fait-il remarquer ;

---

1. "Vois-tu, il y a eu de la gourme dans l'air.
— De la gourme ?
— Enfin, de la gourme jetée."

"Et moi comme une cage sans canari", rétorque la belle. Mais il n'y a rien de subtil quant à la balade à vélo qu'ils font tous les deux. Ou la promenade à cheval. "Moi aussi j'aime bien monter, le matin. Ça ouvre l'appétit." Et une fois la chercheuse d'or compromise, il la plaque sans pitié. "Vous vous êtes méprise, ma chère, je n'ai pas l'intention d'aller où que ce soit avec vous."

Son film suivant avec LaCava est encore plus délicieux, et plus complètement réussi. *Age of Consent*, une des œuvres les moins connues de ce curieux artiste, est d'une gravité étonnante, vu le sujet : amours juvéniles sur un campus américain, thème d'innombrables comédies des années vingt et trente – avec ou sans Clara Bow. *Age of Consent* suit en apparence les règles du genre : une série de *quid pro quo* semble devoir anéantir l'amour que porte la délicieuse Dorothy Wilson à Richard Cromwell, lequel, dépité de la voir en compagnie du riche et populaire Eric Linden, se laisse embobiner par Arline Judge, serveuse de cafétéria. Laquelle est clairement une fille leste, et s'arrange pour qu'on la surprenne avec Cromwell dans sa chambre. Le ton innocent du début change du tout au tout avec l'arrivée du père de la serveuse, qui exige le mariage et en appelle à la loi. John Halliday joue le professeur de biologie qui observe ces ébats avec amusement, mais sans condescendance. Il sert de confident aux jeunes gens, en particulier à Cromwell, qui veut abandonner ses études afin d'épouser Dorothy Wilson. C'est Halliday qui le premier apporte un peu de gravité dans cette histoire, avant de sauver la situation pour les amoureux. Mais encore une fois, même la "mauvaise fille" a son moment d'humanité, lorsqu'elle refuse de se laisser forcer la main par son père et de vivre avec quelqu'un qu'elle rendrait malheureux.

Deux ans plus tard, LaCava donne à Halliday un rôle autrement consistant, celui de Stephen Paigee dans *Bed of Roses*, le patron de presse que Constance Bennett va relancer une fois arrivée à La Nouvelle-Orléans sur le rafiot de Joel McCrea (qu'elle remercie en lui piquant son argent). En *grifter* aguerrie, Constance fait croire à Halliday qu'il l'a compromise au cours d'une nuit éméchée. Il en fait sa maîtresse et l'installe dans un luxueux appartement. McCrea retrouve Constance ; lui et Halliday deviennent rivaux. Choisira-t-elle la belle vie et le mariage que Halliday s'est résigné à lui offrir, ou ira-t-elle avec le pauvre mais honnête McCrea ? Encore une fois, Halliday est parfait, conscient de son handicap physique par rapport au beau gars qu'est McCrea. Il est l'homme du monde qui sait aussi perdre avec bonne humeur. Une sorte d'Adolphe Menjou anglo-saxon.

Halliday jouera bien sûr le père de Kathrine Hepburn dans *The Philadelphia Story* [1], rôle d'affable mais digne géniteur absentéiste qu'il reprendra dans *Finishing School*, une curiosité RKO, cette fois avec Frances Dee. C'est le seul film dirigé par Wanda Tuchock, longtemps la scénariste attitrée de King Vidor, et une des grandes dames de l'écriture dans les années trente à Hollywood. On lui doit aussi le scénario de *Bed of Roses*. Tuchock avait ce qui s'approchait le plus d'une conscience sociale à Hollywood, et cette histoire de pension pour jeunes filles riches s'en ressent. C'est en apparence un de ces films sur les nantis comme en réclamaient les foules durant la Dépression. Billie Burke joue encore une délicieuse tête vide, et Halliday son mari tolérant – tant qu'il peut être ailleurs, ce qui est pratiquement toujours le cas. Ginger Rogers, dans son premier rôle RKO non dansant, joue l'amie de Frances Dee, "Pony", semblant se préparer pour le rôle plus consistant qu'elle jouera trois ans plus tard dans *Stage Door*. Le film est audacieux à plusieurs titres. Dee se rebelle contre l'hypocrisie de l'établissement, fréquente un étudiant en

1. *Indiscrétions* – Cukor, 1940.

médecine pauvre (Bruce Cabot), et l'épouse quand il la met en cloque. L'accouplement n'est suggéré que par quatre traces de pieds dans la neige, mais elle se retrouve bel et bien enceinte. Avant ça, Ginger Rogers emmène ses copines faire une virée à New York comme les marins vont en bordée : pour se noircir et se faire tirer. La direction de Tuchock pose problème, malgré ou surtout à cause de ses ambitions : travellings interminables, en particulier sur un escalier tandis que Beulah Bondi énumère à Frances Dee les règles de l'école. Il y a néanmoins, derrière le froufrou inhérent au genre, un sérieux et un appel à la décence qui passerait presque pour une conscience politique. Rien de prude ni de moraliste, mais rappelant simplement que le reste du pays aurait pu vivre juste sur ce que coûte le vison de Frances Dee.

De toute la filmographie de John Halliday, *Desire* [1] est le plus inhabituel pour lui, se démarquant des rôles intelligents et sympathiques auxquels il semblait abonné. Ce film s'est fait sous le signe du remplacement, préparé par Lubitsch avec ses scénaristes habituels, et dirigé par Borzage, à sa demande et à celle de Marlene Dietrich. Pour Paramount et Lubitsch, l'entreprise visait à réunir les deux vedettes de *Morocco*, Cooper et Dietrich, tout en sevrant Marlene une fois pour toutes de "Where are you, Joe?" Sternberg. Mais il est frappant de voir que le film ne commence à marcher et à faire les étincelles qu'on est en droit d'attendre d'une telle association qu'au moment où apparaissent les seconds rôles, le grand Akim Tamiroff en inspecteur de police espagnol, et John Halliday en faux prince russe, comparse de Dietrich dans un vol de collier. Jusqu'alors, les gags et les échanges entre Cooper et Dietrich sentaient la poudre mouillée, et l'histoire se traînait lamentablement. Le rôle de "Carlos" est inhabituel

1. *Désir* – Borzage, 1936.

pour Halliday, même s'il s'en acquitte bien. Dietrich avait longtemps intrigué pour que son vieil ami John Gilbert joue le rôle. Elle essayait de le remettre sur pied, après sa récente déchéance, tant professionnelle que physique. Mais Gilbert était mort entre-temps.

Halliday est tout à fait à son aise dans un hall de palace, en costume clair et panama, parfaitement crédible en prince du sang. Mais si la partie onctueuse et archi-polie du rôle est de son ressort (voir son tour de magie, dans lequel il fait disparaître les fausses perles de Dietrich pour récupérer le vrai collier dans la poche de Cooper), il doit aussi se montrer roué (clairement l'amant de Dietrich), capable d'exprimer la menace et la jalousie sexuelle. Deux dimensions inhabituelles pour lui. Or, il est tout à fait bien dans deux des scènes les plus évidemment marquées par Lubitsch, aidé par sa coutumière moustache parfaitement divisée, et le grain de beauté qu'il a sous la lèvre inférieure, pour une fois mis en évidence par le maquillage. Après une scène de romance sur la terrasse, Cooper et Dietrich s'embrassent. Fondu au noir sans équivoque possible. Arrivé le matin, Carlos entre dans la chambre de Dietrich. "Madeleine !" Elle s'étire lascivement, sans ouvrir les yeux. "Oui, chéri ?" Carlos sort de la chambre, fumasse, annonçant qu'il va emmener l'Américain avec lui à Madrid pour se débarrasser de lui. Il frappe chez Cooper, entre. "Mr. Bradley !" L'autre, s'étirant, les yeux fermés en signe d'extase. "Oui, chérie ?" Carlos se contient suffisamment pour persuader Cooper de venir avec lui. Puis il menace. Le plan suivant montre Carlos au volant, seul dans la voiture.

Plus tard, Halliday excelle encore dans une mémorable scène de repas. Auparavant, il a menacé Dietrich, qui a réellement peur de lui, pour elle-même comme pour Cooper. La conversation tendue est un régal, certainement meilleure que la fricassée et la sauce hollandaise qui passent et repassent entre les convives. Halliday fulmine en entendant les échanges entre les deux amants, où il est question de tendres fessées. On change de sujet et on aborde la politique européenne, très volatile en 1935. Y aura-t-il la guerre, et si oui, quelle sera l'attitude de l'amérique ? Carlos saisit l'occasion, et dit en envoyant des dagues à Cooper : "C'est un grand pays." Et Cooper, d'un ton encore plus significatif : "Un mètre quatre-vingt-dix..." Sur ce, Cooper refait le tour de magie de Halliday, mais à l'américaine : il fait basculer la table, le pistolet de Halliday lui saute des mains et retombe dans la sauce hollandaise. Ensuite il appelle le serveur. "Ramon, désarmez la fricassée !" C'est bien la seule fois que John Halliday prend une dérouillée.

*

On n'imaginerait jamais Roland Young en venir aux mains avec qui que ce soit, sinon un martini bien sec. Et de fait, cet acteur britannique évitait Hollywood autant que le lui permettaient les soixante-sept films dans lesquels il est apparu. Il a fait ses débuts en 1917, jouant Watson aux côtés de Sherlock Barrymore, et son film favori était *His Double Life*, avec Lillian Gish, parce qu'il a pu le faire aux studios Astoria, avec juste le Queens Bridge à prendre. S'il avait pu, Young n'aurait jamais quitté Manhattan. En fait, il paraissait échappé d'un livre de Thurber, ou d'un cartoon du *New Yorker*. Ses coiffures se résumaient généralement à trois traits. Young était d'ailleurs caricaturiste et dessinateur accompli, auteur de plusieurs livres (*Not For Children,* et ses caricatures chroniquant Broadway, *Actors and Others*). Maître marmonneur, il exsudait le vague. On lui donnait pourtant parfois à jouer un personnage marquant, loin des mondanités habituelles : Hurriah Heep dans *David Copperfield*, ou le policier Blau dans *Ten Little*

Indians, de loin le plus déplaisant des invités candidats à l'assassinat réunis par René Clair. Ou encore l'ami à monocle dans *The Guardsman*, l'assommante comédie avec Lunt et Fontaine, les monstres sacrés de Broadway, et heureusement leur seule apparition sur un écran de cinéma.

Né à Londres aux alentours de 1888, Young a fait ses débuts au théâtre en 1908 au lieu d'exercer le métier d'architecte auquel son père – lui-même dans la partie – le destinait. Quatre ans plus tard, Young est à New York, ayant rejoint la troupe des Washington Square Players. Une photo dans *Vanity Fair* prise en 1921 le montre en costume de scène pour un de ses rôles les plus célèbres, *Rollo's Wild Oats* ("Les frasques de Rollo"). Il ressemble plus à Hamlet, qu'il a toujours voulu jouer. Roland Young aurait fait le Hamlet le plus vague, le plus indécis et le plus marmonneur de l'histoire. Il semble aussi être né vieux, avec moustache et cheveux rares. Mais on le destinait initialement plus aux rôles dans le genre de "Rollo", jeune fêtard qui se fait piéger au jeu du mariage. La comédie était de Clare Kummer, auteur en vogue à l'époque, et Young jouait dans tellement de ses pièces qu'il a épousé sa fille Marjorie, avec qui il est resté marié jusqu'en 1940. Au cinéma, qu'il n'aimait guère, il a surtout porté le tweed, soit ex-officier, soit lord quelconque – son plus fameux titre étant évidemment "George", Earl of Bunstead, qui perd son valet Ruggles au jeu. "Ruggles" se retrouve du coup à Red Gap au service d'un millionnaire du Far West porté sur les costumes à carreaux. "Mines, scieries, animaux domestiques, that sort of thing", tente d'expliquer le lord à Ruggles. C'est une des rares fois où Young ne porte pas de moustache, et l'appendice semble tellement lui manquer qu'il en mange encore plus ses mots. Il est intéressant de l'observer aux côtés des voleurs de scènes et cabotins extraordinaires que sont Charles Laughton et Charlie Ruggles (lequel, malgré son nom, ne joue pas le valet, mais le riche Américain Egbert Floud, avec toute la subtilité d'un acteur de vaudeville). L'arrivée du lord à Red Gap pour sa leçon de démocratie enfonce finalement mieux le clou que toute déclamation du discours de Lincoln à Gettysburg. Jusqu'à présent, sa conception de la démocratie était d'appeler tout le monde "old man", y compris Ruggles. On le retrouve à l'étage chez les Floud avec Egbert, en train de s'habiller lugubrement pour une réception. Mais ni l'un ni l'autre ne sont fichus de faire leur nœud d'habit. Ils s'échappent par la fenêtre et vont retrouver "the real folks", une fête donnée par Nell Kenner, vieille flamme d'Egbert à laquelle le comte brûle de se brûler. "Croyez-vous au coup de foudre?" demande-t-il, en faisant la question et la réponse : "Moi non plus, c'est pour ça que j'aimerais rester un peu." Il faut voir ensuite Young faire "Pretty baby, BOUM" avec la belle et une grosse caisse, tapant studieusement à contretemps. Ou entendre sa remarque sur Lincoln, quand Ruggles le bassine avec sa nouvelle idéologie. "Oh oui, le gars au cerisier." Pour le lord, tous les présidents américains se valent, Lincoln ou Washington, quelle importance?

Malgré ce film-phare, cependant, le rôle le plus célèbre de Roland Young reste celui de "Cosmo" Topper, dans les films du même nom. Dans le premier de la série, il fait un banquier timoré que Cary Grant et Constance Bennett, deux fantômes sans emploi depuis leur accident de voiture, décident de délurer. Le personnage plut tellement au public américain que Hal Roach produisit deux autres films en reprenant le couple Roland Young-Billie Burke. La série est aussi un train fantôme de "caractères", comme Alan Mowbray, Eugene Pallette et Franklin Pangborn. Pour le reste, Young déplorait d'être cantonné aux mêmes rôles : "Sam le sophistiqué, Freddie l'ami de la famille, Nicky le maboul. Toujours un des trois. Très amusants. Mais lassants. Même façon de parler. Mêmes maniérismes.

Um." On lui donnait par contre plus de latitude au théâtre, comme le rôle qu'il jouerait bientôt dans *The Distant Shore*. "Un meurtrier. Un type très bien. Docteur. Tue sa femme. L'enterre dans la cave. Inspiré de l'affaire Crippen. Souvenez de ça ? Um. Bon rôle pour moi. Um."

A part les lunettes en écaille qu'il portait, Young était pareil dans la vie. Même phrasé télégraphique et lymphatique. Il allait même encore un peu plus dans le sens de sa personnalité de mari persécuté, à la Thurber, avec ses habitudes et manies : cocktails à toute heure, chats et chiens, jusqu'à sa collection de pingouins – un millier de figurines allant d'un demi-centimètre à un mètre, en bronze, porcelaine, fonte ou céramique.

*

Les autres hommes de loisirs sont Henry Stephenson – toujours décent, toujours nanti – et le papillonnant Charles Butterworth. Butterworth peut être lassant quand on lui laisse la bride sur le cou. Un de ses rôles les plus marquants est le nobliau jaloux de Maurice Chevalier dans *Love Me Tonight* [1]. Il passe son temps dans la bibliothèque de C. Aubrey Smith (lui-même ganache patentée à l'étonnante longévité) pour prouver que Maurice n'est pas un prince, mais rien qu'un tailleur ("Nothing but a tailor" devient le refrain baladeur de ce délicieux film de Mamoulian). Sa découverte requinque le foutriquet titré : il a maintenant sa chance de demander la main de Jeanette MacDonald. "Pas le moment", ronchonne Aubrey Smith. "Oui, vous avez raison. Mais vous me connaissez. J'ai toujours été du genre impulsif." Ceci venant du plus inconsistant et du plus voltigeur des hommes de loisirs de l'écran.

Le plus terrible de tous, mais dans une classe à part,

1. *Aimez-moi ce soir* – Mamoulian, 1932.

Charlie Ruggles a aussi voix au chapitre. On n'imaginerait pas Roland Young imitant le cri du léopard, comme Ruggles le fait dans *Bringing Up Baby* [1]. Quant il est célibataire, ou stoïque prétendant, il est souvent major en retraite. C'est le cas dans le film de Hawks, et aussi chez Lubitsch : dans *Trouble in Paradise*, il est le major, riche rival de François Filiba (Horton). "*Look here, my good man...*" émet Ruggles comme une chambre à air qui fuit. Quand il est marié, il est invariablement houspillé et entièrement dominé par sa bourgeoise, la plupart du temps Mary Boland, avec qui il a fait pas moins de onze films à la Paramount. Mais auparavant, à commencer par *Gentlemen of the Press* en 1929, il ne jouait que des ivrognes. "La gueule de bois a duré dix films au moins", aimait-il dire.

Ruggles était cette denrée rare : un acteur né à Los Angeles. Pourtant, c'est grâce au tremblement de terre de San Francisco qu'il a pu réaliser sa vocation. Son père y dirigeait un commerce de médicaments en gros et voulait que Charlie prenne la suite. Le séisme de 1906 a lessivé la compagnie. C'est ainsi qu'il a pu rejoindre la troupe de l'Alcazar à quinze ans, puis celle d'Olivier Morosco à Los Angeles – les Burbank Players. Ruggles prétend n'avoir joué que des vieillards à barbiches jusqu'à sa majorité. Mais c'est en "juvénile" qu'il a fait ses débuts à Broadway en 1914. Malgré sa centaine de films (son premier date de 1915), Ruggles était avant tout un homme de théâtre. Ses trucs lui venaient de là aussi. En plus du toussotement avec lequel il s'annonce toujours sur un ton d'excuse, il avait maîtrisé ce qui s'appelle, en jargon des planches, "la pause Macready". Macready était un acteur shakespearien du XIXe siècle connu pour ses silences prolongés. "Je tenais ça de David Warfield", expliquait Ruggles, parlant

1. *L'impossible Monsieur Bébé* – Hawks, 1938.

du grand acteur de son époque. “C’est lui qui m’a appris ce qu’on peut tirer du timing. Dans *The Return of Peter Grimm*, il y a une scène ou le Méchant fait un long discours, avant de sortir. Warfield se retrouve seul avec la fille qu’il aimerait bien sauver des griffes du type. On s’attend donc à ce que Warfield le traite de tous les noms derrière son dos. Au lieu de quoi, il ne dit rien. Il attend. Et attend. Finalement, très bas, il énonce lentement : ‘je ne l’aime pas.’ Juste ça. Mais ça faisait un effet bœuf, rien qu’à cause de la pause Macready.”

L’autre corde à son arc était le “sputter”, l’art des plosives et des postillons qu’il avait aussi maîtrisé. “Sauf quand mon frère Wesley était le metteur en scène. J’ai fait trois films avec lui, et il m’épiait comme un aigle. Pas pu placer un seul postillon.” Le dernier s’appelait pourtant *Invitation to Happiness*, et s’y prêtait plutôt : Ruggles jouait Pop Hardy, un entraîneur de boxe qui croit voir un champion lourd-léger en la personne de Fred McMurray. Ruggles était par contre né pour jouer Egbert Floud dans *Ruggles of Red Gap*, la pièce de Harry Leon Wilson qui quittait rarement le répertoire des théâtres de province. Avec ses bacchantes pendantes et ses costumes à carreaux, Egbert était facilement repérable dans les rues de Paris – surtout quand il sautait sur le dos d’un de ses comparses du Wyoming, sous le regard outré des clients du café. Les mauvaises manières et la conduite chahuteuse des Américains à l’étranger ont rarement trouvé meilleur ambassadeur que Charlie Ruggles. “*You old tarantula, you mangy old coyote !*” Mais Floud était sauvé par sa générosité, son esprit démocratique, et le système D. Voir comment il se console de sa moustache épointée en coupant celle du coiffeur.

Dans la vie, Ruggles était un peu pareil. Une visite en 1958 le trouve à Broadway dans une loge, “fumant incessamment, pipe ou cigarette, et s’enfilant bourbon sur bourbon comme si c’était de l’eau”. Il portait des lunettes en écaille, et se distinguait de ses confrères par un manque absolu de trac. "*I never was a nervous fellow.*" Et on ne savait jamais avec lui. Un jour il se lançait dans la culture des agrumes sur un ranch de sept hectares dans la vallée de la San Fernando, le lendemain la propriété devenait un ruineux élevage de dindes et volailles. Un espiègle écriteau devant chez lui proposait : "Œufs à prix coûtant : 4,75 $ la douzaine [1]". Mais pour faire plaisir à sa femme – qui aimait les bêtes au point de refuser d'aller aux courses de chevaux à cause de la cravache, et trouvait que pondre devait faire trop mal aux poules – il avait reconverti l'affaire en chenil, élevant des races introuvables en Californie : cairns, bedlingtons et autres highland whites. Sa première femme étant décédée en 1941, Ruggles a vécu vingt-trois ans sur cette propriété avec Marion La Barba, elle-même détentrice d'un pedigree choisi : mariée quelque temps au dessinateur Billy DeBeck, le créateur de Barney Googles et autres personnages de cartoons, elle avait ensuite épousé l'ancien champion poids plume cubain Fidel La Barba après avoir échoué dans sa carrière d'actrice. Comme elle s'attachait trop aux chiens qu'ils vendaient, les Ruggles ont liquidé le chenil et sont allés s'installer à Pacific Palisades, où ils étaient voisins de David Niven. Comme bon nombre de comiques de son époque, Ruggles a longtemps joué les prolongations à la télévision, faisant les adorables pères, puis les grands-pères un brin casse-pieds. A soixante-huit ans, on le trouvait encore sur le "Debbie Reynolds Show" à faire un duo de claquettes avec Walter Brennan, lequel avait été partenaire de Fred Astaire en 1918.

En 1970, à quatre-vingt-quatre ans, Charlie Ruggles est mort d'un cancer, la veille de Noël et à trois mois d'écart seulement de son collègue Edward Everett Horton.

1. Une douzaine d'œufs de ferme coûte entre deux et trois dollars aujourd'hui.

*

De tous, Horton demeure le prince absolu du teneur de chandelle, capable de transformer à lui seul un film médiocre en délice garanti. Est-on ici minoritaire à se pastiller encore et encore les premières comédies musicales RKO de Fred et Ginger, juste pour entrevoir cet être d'exception? Bien après qu'on s'est lassé des fabuleux numéros de *The Gay Divorcee* ou de *Top Hat*, il reste toujours l'œil de pigeon et les *slow-burns* d'Everett Horton. Il est souvent l'impresario ou le manager de Fred. Ou l'avocat-conseil de la divorcée. Parfois marié, presque toujours prétendant, même s'il est difficile de lui imaginer une quelconque vie sexuelle. L'homme a longtemps vécu sur son extravagante propriété à Encino, dans la vallée de San Fernando, dix hectares en perpétuels transformations et aménagements sur lesquels logeaient ses proches. Il y a habité avec sa mère jusqu'à ce qu'elle trépasse en 1963, à l'âge de cent deux ans. Les frères du comédien, Winter et George, avaient aussi leur maison respective sur la propriété. Après la mort de leur mère, et elle-même devenue veuve, sa sœur Hannahbelle est arrivée pour tenir sa maison. Vu cette disposition volontiers baronniale, on n'est guère surpris d'apprendre que son rôle préféré était le comte fin de race qu'il joue dans *Summer Storm* [1], une histoire à la Tchekhov située dans la Russie prérévolutionnaire.

Bien que né à Brooklyn en mars 1886, Horton était d'extraction écossaise. Son père, Edward Everett Horton Sr., avait fait carrière dans le journalisme, d'abord reporter à Baltimore, pour finalement devenir le responsable des corrections d'épreuves au *New York Times*. Il adorait le théâtre et y emmenait souvent ses enfants, mais n'en fut

1. *L'aveu* – Douglas Sirk, 1944.

pas moins choqué lorsque son fils aîné, au sortir de Columbia University, lui fit part de sa vocation. Il était peut-être secrètement fier de ce choix, puisque c'est lui qui insista pour que l'acteur, connu sous le nom d'Edward Horton au théâtre jusque dans les années vingt, reprenne son état civil complet. "Tout le monde peut être un Edward Horton." Mais certainement pas un Everett. Horton Senior était très perspicace – ce nom à tiroirs correspondant si bien au jeu physique de son fils, à ses fausses sorties, ses retours effarouchés ou perplexes, ses pauses stratégiques, cet œil de hibou, ce sourire de cartoon (celui du fantôme Jasper, disons). Un Edward Everett Horton acquiesce toujours, quoi qu'on lui dise, même une insulte. Dans un premier temps. Ensuite il réalise, et devient vraiment Everett. Le regard fixe, la pause égyptienne. Edward Everett Horton a toujours l'air de profil, même de face. Son génie comique est cubiste.

Ses débuts à Columbia (l'université, pas le studio) en 1909 font froid dans le dos : il était dans un chœur de revue d'étudiants, aux côtés de... Wallace Beery. Il a ensuite fait son apprentissage dans diverses troupes : Orpheum Players à Philadelphie, Baker Stock Company à Portland, et finalement, en 1919, celle de Thomas Wilkes, acteur fameux de l'époque qui produisait des pièces au Majestic Theatre à Los Angeles. C'est ainsi qu'à l'âge décisif de trente-trois ans, Horton arriva dans sa future ville d'adoption en remplacement du sinistre et solennel Lewis Stone, à un salaire non négligeable de 225 $ la semaine. Sept ans plus tard, il en gagnait 1 250, jouait sur toutes les scènes de Californie, parfois aux côtés de Richard Bennett (père de Joan et Constance) ou de Frank Keenan (grand-père du bulbeux Keenan Wynn, futur *character actor* des années cinquante). En 1923, Wilkes l'envoie à Atlantic City jouer avec Frances Howard, la future Mme Sam Goldwyn, un rôle parfait pour lui : celui d'un employé de bureau aux nerfs fragiles dans la pièce d'Owen Davis, *The Nervous Wreck.*

Dès 1922, en Californie, Horton tourne parfois dans des comédies Vitagraph, tout en jouant le soir au théâtre. Un an plus tard, il tient chez Paramount le rôle du valet dans *Ruggles of Red Gap*, deuxième version filmée du grand succès de Harry Leon Wilson. L'histoire diffère sensiblement de la version remaniée par Leo McCarey en 1935 : ici le lord (fauché comme les blés) est lui-même engagé chez les millionnaires rustauds du Far West pour leur enseigner les bonnes manières ; son valet Ruggles ne fait que suivre le mouvement. Bien sûr, cette version étant muette, il n'est pas question d'adresse de Gettysburg pour Horton. Mais il fait un tour de manège, en frac, saluant la foule avec un incongru Stetson. On ne peut s'empêcher de comparer les deux génies comiques, Horton et Laughton : la face de pierrot perplexe et la face de lune. La fixité du corps de Horton, au lieu du ballet incessant de Laughton.

A la Paramount, Horton fera encore trois autres comédies dirigées par James Cruze, mais rien de bien transcendant. Il a un petit rôle de noceur dans *La bohème*, de Vidor, et joue le compositeur à cauchemars dans *Beggar on Horseback.* Mais le cinéma muet rend chèvre cet acteur déjà célèbre pour ses "ad-libs" – ses improvisations spontanées. En 1927, n'y tenant plus, il loue le Vine Street Theatre et lance sa propre compagnie. Son collègue Franklin Pangborn avait fait la même chose au Capitan Theatre, sur Hollywood Blvd. Bon nombre d'acteurs combinaient ainsi le travail de jour aux studios et les soirées au théâtre. Horton a pu donner du travail à nulle autre que Mary Astor, ingénue du muet qui avait tenu la vedette aux côtés de John Barrymore, et que l'arrivée du parlant avait mise sur la paille. "Une semaine après la première représentation, écrit-elle dans ses mémoires, j'avais cinq offres de studios qui m'avaient jusqu'ici ignorée." La même chose est arrivée à Marie Dressler, que Horton a fait jouer dans *The Swan*. Six mois après, elle se retrouvait dans le premier film parlant de Garbo, *Anna Christie*.

Horton est lui-même dans un des premiers films véritablement parlants de Hollywood, avec des dialogues et pas seulement des séquences chantées. Dans *The Terror*, il joue un détective éméché et probablement cinglé. Dans *The Hottentot*, il joue le rôle-titre et monte sur un cheval de course dont il a une trouille bleue pour impressionner sa fiancée. Le comédien, qui dix ans auparavant tournait des bobines chez Harold Lloyd (jamais sorties), était à présent un comique à part entière, avec son nom au-dessus du titre, comme dans *Wide Open*. En 1930, il joue aussi dans la première version de *Holiday* [1] et reprendra le même rôle dans l'adaptation de la pièce de Philip Barry par Cukor en 1938. Produite par Pathé, cette première mouture avait Ann Harding dans le rôle que Katharine Hepburn rendra indélébile, le pâlichon Robert Ames à la place de Cary Grant, et Mary Astor dans le rôle de la sœur. Horton, lui, était marié à la future pipelette Hedda Hopper, au lieu de l'inégalable Jean Dixon dans le film de Cukor.

Dans les années trente, Horton semble être partout : à la Paramount, non seulement dans les Lubitsch, mais aussi dans bon nombre de films avec Maurice Chevalier. Il est le valet de celui-ci dans le débile *Bedtime Story* [2], avec tout de même une bonne scène quand "Victor", en train de raser "Monsieur le vicomte", découvre que celui-ci compte justement sa fleuriste d'épouse parmi ses conquêtes. Chevalier tire de la situation quelques grimaces inquiètes amusantes. Ensuite les deux jouent à "Deux hommes et un couffin", jusqu'à ce qu'ils soient rejoints par Ellen Twelvetrees, en nurse usurpatrice. Tout le film est bâti sur le charme gaga du lubrique moutard, Baby LeRoy, mais il y a

1. *Vacances* – Cukor, 1938.
2. Norman Taurog, 1933.

un moment de pur bonheur, quand le valet ouvre la porte à une des maîtresses de Monsieur. Horton, qui vient de donner son bain à “Monsieur Baby”, se pointe, encore vêtu d’un tablier et d’un bonnet de douche. La femme le toise puis lance entre ses dents : “Alors vous, ça vous va bien de m’appeler Mèdème !” Expression éberluée de l’intéressé.

Trois de ses meilleurs films de l’époque sont pourtant faits ailleurs qu’à Paramount : Milestone lui fait jouer Bensinger, le chroniqueur au langage fleuri qui ne sait plus où mettre son dictionnaire de rimes dans le bureau de presse de *The Front Page.* Gregory LaCava lui donne à jouer “Billy”, l’ami de la famille vaguement libidineux dans *Smart Woman.* Il est prétendant malchanceux, ou plutôt sans aucune chance de réussite, dans l’excellent et méconnu *But the Flesh Is Weak* [1], un rôle qu’il jouera souvent pour d’autres que Jack Conway. Cette comédie de mœurs d’Ivor Novello sur la société de Mayfair, adaptée en 1932 par MGM, est une réelle surprise, notamment pour le couple père et fils formé par Robert Montgomery et l’antique C. Aubrey Smith, tous deux joueurs, célibataires, perpétuellement fauchés, mais d’un charme fou. Max Clement courtise Lady Joan, qui est riche et délicieusement réaliste quant à ses charmes physiques limités. Chez elle, il rencontre Rosine Brown, une veuve viennoise sur laquelle le fortuné Sir George Kelvin (Horton) a des vues, et tombe amoureux d’elle. Rosine accepte finalement de l’épouser, mais Clement père, pour couvrir une dette de jeu, fait un chèque de 4 500 livres qu’il ne peut évidemment pas honorer et qui doit le conduire soit au suicide, soit en prison. Max décide alors d’épouser Lady Joan, tout en étant franc avec elle sur ses motifs. Heather Thatcher, grande vedette du West End venue jouer ça à Culver City, est inoubliable dans cette scène d’aveu. Quand Max lui dit

1. *Mais la chair est faible* – Jack Conway, 1932.

qu'il la respectera et l'adorera toujours, sans cependant l'aimer, elle dit simplement "*not good enough*", et tente d'en faire une plaisanterie, même si elle est visiblement blessée. Le père de Lady Joan est très drôle, toujours soulagé de voir sa fille mariée. "C'était trop beau pour durer", dit-il en apprenant que les bans sont rompus. Finalement, Clement père sauve l'affaire : il va épouser une vieille flamme à lui, qui le rendra immédiatement solvable et permettra à Max de convoler avec sa Rosine. Laquelle est irrésistiblement jouée par Nora Gregor, le rossignol autrichien qui sera plus tard la marquise dans *La règle du jeu*, auquel ce film fait souvent penser. C'est son seul passage notoire à Hollywood, à part des apparitions sans conséquence dans des revues. Jack Conway, un metteur en scène auquel on devrait peut-être prêter plus d'attention, rend les bons moments de la pièce vraiment bons grâce à son rythme et sa direction d'acteurs, sans pour autant sauver les parties faibles. Nils Asther est particulièrement imbuvable en prince russe et petite moustache à la Ivor Novello (du moins tel qu'on le voit en invité perpétuel dans le film d'Altman, *Gosford Park*). Mais Edward Everett Horton est amusant, les arguments qu'il présente à Nora Gregor pour qu'elle accepte de l'épouser aussi : "Je sais que je suis ennuyeux. Ordinaire. Mais j'ai du répondant." Et il traite toujours Montgomery de panier percé : "that bounder fellow".

"*I know I'm dull. I'm ordinary. But I'm solid.*" Il pourrait dire ça de bon nombre de ses rôles, notamment ceux qu'il joue pour Lubitsch dans *Trouble in Paradise* [1] (Filiba, perpétuellement éconduit par Kay Francis), et dans *Design for Living* [2], où il est Max Kaplan, l'employeur et protecteur de Miriam Hopkins dans la succursale parisienne d'une firme de publicité. Il est très fier de sa cam-

1. *Haute pègre*.
2. *Sérénade à trois* – Ernst Lubitsch, 1934.

pagne pour les caleçons utilisant Napoléon, jusqu'à ce que le gouvernement français proteste et qu'il doive remplacer l'Empereur par Jules César. C'est lui aussi qui fournit sans le vouloir la réplique choc de la pièce de Fredric March : "Je n'ai qu'une chose à vous dire, l'immoralité est peut-être amusante, mais pas suffisamment pour remplacer la vertu pure et dure, et trois repas par jour." Déclaration de foi pot-au-feu typique de sa part, qui fait pendant à "*I may be dull, but I'm solid*". Hopkins finit par l'épouser, mais pas de gaieté de cœur. Elle insiste pour acheter un lit très large, et malgré ça, la nuit de noces n'est pas folichonne (les deux obscènes tulipes envoyées par March et Cooper n'arrangent rien). Dans la dernière bobine, Horton, en queue-de-pie, fait des allers-retours vertigineux sur l'escalier entre la chambre de Hopkins et le salon où son invité de marque (les ciments Eaglebauer) est en train de chanter. Lorsque Hopkins le quitte, Horton est encore au bout du fil, littéralement, avec son client. "Monsieur Eaglebauer, oui monsieur Eaglebauer, vous faites de moi un homme heureux." Hopkins avait tout à fait bien résumé la question de ses rapports entre elle et son mari, au cours d'un jeu de "vingt questions" où Horton était sur la sellette. "Animal, végétal, ou minéral?" "Végétal."

Lubitsch, qui lui fait jouer aussi l'ambassadeur dans *The Merry Widow* [1], adorait les acteurs comme Horton ou Ruggles. Lui et ses scénaristes écrivaient des rôles expressément pour eux. Qui pouvait dire "*Tonsils* [2] *!*" mieux que Horton? Tout était dans le regard de côté. Son nez semblait suivre le mouvement, sans qu'il bouge la tête. Il se déclarait désolé, par contre, de ne pas avoir pu donner toute sa mesure dans *Alice in Wonderland* [3]. Il était pourtant né pour jouer le Chapelier fou, disait-il, tout

1. *La veuve joyeuse* – 1934.
2. "Amygdales!"
3. *Alice au pays des merveilles* – Norman McLeod, 1933.

comme Charlie Ruggles était le Lièvre de mars incarné. “Rien qu’avec ses follicules sous le nez... Mais ils ont costumé et maquillé tout le monde de façon si inepte qu’on ne reconnaissait plus personne... Un gâchis désastreux.” Travailler avec Astaire et Rogers à la RKO lui plaisait infiniment plus, même si sa scène avec une Betty Grable encore starlette au bord de la piscine devait l’avoir pas mal alarmé. Ils chantaient “Let’s K-Nock K-Nees” ensemble. Horton préférait sans doute les échanges hilarants qu’il avait avec Eric Blore, qui jouait le valet d’Astaire dans *Top Hat*, et lui son manager. “*Excuse me.*” “*No.* You *excuse me.*”

Un de ses films préférés était *Lost Horizon*. Il jouait le paléontologue tatillon échoué à Shangri-la. “Frank Capra aimait utiliser les acteurs de théâtre – ce que je suis, foncièrement –, mais il aimait vous amener à découvrir la bonne interprétation, il voulait que cela vienne de vous. Dans *Lost Horizon,* j’avais une scène dans une chambre, tout seul. Frank voulait donner cette impression d’étrangeté. La peur de l’inconnu. Il me poussait à regarder derrière le rideau, il m’encourageait. ‘Faites ce qui vous passe par la tête, mais faites-moi rire’, il me disait. Alors je me suis assis au bureau, j’ai fouillé dans le tiroir et j’en ai sorti une boîte chinoise en laque. Il y avait un miroir à l’intérieur du couvercle. J’ouvre la boîte, et je sursaute en voyant mon reflet. De toutes les choses non familières dans la pièce, c’est encore moi qui me fais le plus peur. Frank était mort de rire. J’ai encore fait *Arsenic and Old Lace* et *Pocketful of Miracles* [1] avec lui, et j’ai toujours eu du bon temps. M. Lubitsch, par contre, était l’inverse de Capra : il choisissait ses acteurs parce qu’il connaissait exactement leurs excentricités et idiosyncrasies. Il savait exactement comment l’obtenir d’eux, il vous montrait ce

1. *Milliardaire pour un jour* – Capra, 1961.

qu'il voulait, et je l'adorais parce qu'il était impossible de ne pas être bon dans un film de Lubitsch."

Ce qui n'était pas le cas avec Sternberg sur son dernier film Paramount, *The Devil Is a Woman* [1]. Horton se trouvait mal choisi pour jouer le maire de Barcelone, et encore plus en homme épris de Marlene Dietrich. "J'ai dit à Von Sternberg que je trouvais mon accent inapproprié pour l'Espagne, et il s'est lancé dans un long discours sur la Catalogne et les différents peuples qui l'avaient envahie. L'homme était impossible." Mais moins que l'infâme barbiche qu'on lui fait porter dans le film. Il était infiniment plus heureux dans *Angel*, qu'il a fait deux ans plus tard avec Dietrich, sans Joe, mais avec Lubitsch. Même s'il n'y jouait qu'un valet.

Il y a encore eu *The Gang's All Here* [2], la comédie musicale criarde de Busby Berkeley, dans laquelle Horton finissait couvert de rouge à lèvres sous les étreintes éreintantes de Carmen Miranda. Lui et Eugene Pallette jouaient deux financiers de Wall Street, vus au début en train de s'encanailler au Club New Yorker. Son nom est Potter, mais Pallette l'appelle "Potsy", et Carmen Miranda "Mister Potty" – qui peut variablement vouloir dire Monsieur Caca, Monsieur Pipi, et Monsieur Dingo. Il est marié à une vieille grande bringue dont le passé remonte à la surface, ainsi que le nom de music-hall – Blossom Murphy. Horton est constamment vu en train de réfréner sa femme, et de lui rappeler son âge. "Ce sont toutes ces vitamines B1, je te répète que tu en prends bien trop." Un rival, quant à lui, définit assez bien sa personnalité au bromure : "Un amour. Je parie qu'il donnerait sa dernière pinte de sang. En fait, je suis sûr qu'il l'a déjà fait."

En 1941, Horton jouera encore l'inepte messager du ciel

1. *La femme et le pantin* – Sternberg, 1935.
2. *Banana Split*, 1943.

(numéro 7013) dans *Here Comes Mr. Jordan*[1] qui se trompait de client, devant faire réparation auprès de Robert Montgomery et lui trouver un autre corps de boxeur à habiter. Mais Horton a toujours dit que son rôle préféré restait celui de Volsky, le comte fin de race dans *Summer Storm,* en 1944. Ce drame doux-amer est un des films les moins connus de Douglas Sirk, mais un des plus beaux. Le rôle lui était arrivé tout à fait fortuitement. Seymour Nebenzal, le grand producteur allemand exerçant alors à Hollywood, avait contacté Winter Horton, le frère et manager de l'acteur, lui disant qu'il ferait un idéal aristocrate russe. C'était une adaptation assez libre de *La partie de chasse*, de Tchekhov, racontée en flash-back. Le "Gospodin Volsky" se fait timidement annoncer au bureau d'une maison d'édition. Il a à vendre, pour une somme modique, un manuscrit. Il s'agit des mémoires de son ami Fedor Mikhaïlovich Petrov (superbe George Sanders), un haut fonctionnaire du régime tsariste qui a ruiné sa carrière et un mariage avantageux avec une fille placide et aimable (Anna Lee) pour les beaux yeux d'une fille de ferme (Linda Darnell), allant même jusqu'au crime. Protégé des conventions entérinées par les studios à l'époque, Sirk parvient dans cette production indépendante à garder beaucoup de franchise et de mordant dans les scènes de séduction entre Darnell (jamais si belle) et Sanders (jamais aussi cynique). L'équipe technique est un véritable Gotha de la UFA, même si certains doivent rester clandestins, comme le chef opérateur Eugen Schüfftan, qui fait la lumière en sous-main. Sinon, Rudi Feld à la décoration, Karl Hajos à la musique, etc. La fin est assez étrange, avec Sanders qui tente de récupérer le manuscrit incriminant, jeté dans une boîte aux lettres. Il se bagarre avec le facteur venu faire la levée, et la police l'abat comme un chien

1. *Le défunt récalcitrant* – Alexander Hall, 1941.

d'une balle dans le dos ! Mais c'est encore Edward Everett Horton qui prime ici, dans un rôle inhabituel pour lui, celui d'un nobliau libidineux sans aucune morale, sexuelle ou sociale, que son ami Sanders appelle familièrement "Piggy". Affublé d'une vile moustache, Volsky ne pense qu'à boire du champagne et lutiner les bonniches. Et, arrivée la révolution, obtenir de la vodka par tous les moyens – y compris en mettant son ami Sanders en danger. Lequel lui passe toutes ses frasques sexuelles, car "commises sous l'emprise de l'ennui". Horton était enchanté de l'aubaine. Il n'avait jamais entendu parler de Sirk auparavant, mais l'avait trouvé "délicieux, ambitieux et excessivement bien informé sur tout". Horton était tellement entré dans la peau de son personnage qu'il s'est permis d'improviser une réplique au cours de la scène où il donne une fête pour célébrer le mariage de Darnell avec son intendant, joué par le rustaud Hugo Haas. Sur le point de couper l'énorme gâteau, il n'a pu se retenir de piper : "C'est une vieille recette de la famille Volsky, faite avec 300 œufs." Sirk était plié de rire devant cette sortie à la Marie-Antoinette, et n'aurait coupé ce mot pour rien au monde. "Je n'ai jamais vu un homme si satisfait de mon travail. J'avais le sentiment que ce serait un tournant pour moi, qu'on m'offrirait des rôles similaires et que c'en serait fini des éternels 'double-takes'. Mais non. Je n'ai jamais revu M. Sirk, et je suis retourné à mes intellectuels tatillons, et autres personnages agités des nerfs."

En plus de ses nombreux rôles au théâtre et au cinéma dans les années trente et quarante, Horton faisait beaucoup de radio, médium auquel il excellait. Une collègue disait qu'il semblait avoir avalé un chronomètre, son sens du timing le rendant positivement incapable de dépasser d'une seconde sur le temps alloué. Les années cinquante et soixante n'ont guère apporté que l'horrible *Pocketful of Miracles*, dans lequel il était pourtant excellent en majordome, si bienveillant envers Apple Annie, la vieille "lady for a day" que jouait Bette Davis. Sinon, lui restent les mouroirs pour vieilles peaux, genre *It's a Mad, Mad, Mad, Mad World.* Son dernier film, en 1970, porte le titre tristement ironique de *Cold Turkey.* On pourrait penser qu'il fait allusion à sa qualité (turkey voulant dire "navet" en anglais), mais c'était l'histoire d'une petite ville qui arrête de fumer, en bloc. Horton jouait, bien entendu, un magnat du tabac nommé McTavish.

Durant des décennies, il a fait rigoler les dîneurs et chroniqueurs avec les déboires que lui causait son immense propriété phalanstère à Encino. De quinze hectares au départ, il n'en a plus eu que la moitié quand la construction de l'autoroute en a exproprié un bon morceau. Les travaux effectués sur les différents bâtiments n'ont jamais vraiment cessé de son vivant, au point qu'il avait surnommé son fief "Belly Acres", jeu de mot sur hectares et "belly aches", maux d'estomac. Il y a eu plus de quatorze dépendances et bâtiments, cinq vaches de Guernesey, jusqu'à cinq cents poulets et plusieurs cochons. Ainsi que l'écrivain Nathanael West, qui loua une des maisons en 1939 avec sa jeune épouse, peu avant leur mort dans un accident automobile. Lorsqu'il est décédé en octobre 1970, à 83 ans, Edward Everett Horton était apparu dans cent quarante-cinq films, et encore plus de pièces de théâtre. Il fait partie des "acteurs miraculeux" dont parle Manny Farber dans son livre *Negative Space,* ces sacrés caractères qui illuminaient soudain une scène, dans les pires films comme dans les chefs-d'œuvre.

4 / LA MAPPEMONDE HUMAINE (ET POURTANT ELLE TOURNE)

Difficile à imaginer, surtout quand on le voit en frère Tuck dans *Robin des bois*, ou défiant la gravité sur les marches de sa demeure dans *The Lady Eve*, mais il fut un temps où Eugene Pallette n'était pas gros comme une soupière. Il a même été jockey, si on peut croire ça, et receveur d'autobus, avant de jouer les méchants dans les films d'une bobine qu'Allan Dwan tournait en série avec Wallace Reid aux tout débuts du muet.

Né le 8 juin 1889 à Winfield, Kansas, Pallette était enfant de la balle, ses parents acteurs et clowns itinérants. Mais adolescent, il a aussi travaillé comme palefrenier et jockey sur les champs de courses. Il a pratiquement débuté dans le cinéma en même temps que Hollywood. En octobre 1911, la Nestor Film Company (de Bayonne, New Jersey) avait envoyé une troupe d'une quarantaine de personnes faire des films en Californie. D'autres les avaient précédés, mais William Selig, Essanay, Kalem ou Biograph étaient établis à Edendale, ou Glendale, ou dans les montagnes de Santa Monica. Nestor est la première compagnie à faire des films à Hollywood même, dans une auberge désaffectée au coin de Sunset et Gower, connue sous le nom de la taverne Blondeau, qui avait dû fermer ses portes à cause d'un arrêté municipal interdisant la vente d'alcool. Le loyer était de trente dollars par mois, le budget de l'opération, quinze cents dollars la semaine. Les films d'une bobine étaient tournés à un rythme infernal, la troupe devant livrer chaque semaine un western, un drame et une comédie. Les intertitres étaient gravés à même le négatif avec une épingle, puis refaits en labo une fois développés dans le New Jersey. Les "cinéastes" de Nestor ne voyaient leur travail que trois mois plus tard, quand leurs films étaient montrés à l'Idyl Hour Theatre, la première salle de cinéma du bourg, au 6525 Hollywood Boulevard – un pas-de-porte juste équipé de chaises pliantes. Eugene Pallette, à 22 ans, faisait de la figuration pour Nestor, payé trois dollars la journée.

Mais il a vite rejoint une autre troupe à Capistrano, une plage au sud de Los Angeles où un jeune ingénieur en électricité nommé Allan Dwan tournait des films pour American. La vedette de la compagnie était un épouvantable cabot, J. Warren Kerrigan. Jack Richardson était le méchant. Dwan déplaçait souvent son camp, pour éviter les détectives des "Patents companies", le trust qui prétendait avoir le droit exclusif d'utiliser les caméras, parce qu'il détenait le brevet d'une pièce particulière permettant d'enrouler et faire avancer la pellicule. Les détectives-casseurs tiraient souvent sur les équipes au travail, visant surtout les caméras, difficiles à remplacer en Californie. Dwan tournait néanmoins partout, jusqu'à La Mesa, puis à Santa Barbara pour profiter de la mer. Très vite, vu le succès des films, il avait dû créer une seconde équipe, bombardant jeune premier (et parfois metteur en scène) son régisseur Wallace Reid, avec Pallette comme adversaire. Malgré son rôle de "heavy", Pallette n'était pas gros à cette époque. Rien à voir avec la montagne de férocité et les sourcils déments d'Eric Campbell, le faire-valoir de

Chaplin dans ses films Mutual. “Pallette était juste un méchant de cinéma”, dit Dwan à Peter Bogdanovich dans un entretien.

Quand Dwan a quitté American pour Universal, avec un salaire décuplé, Pallette a végété un moment à Mutual-Reliance, avant de rejoindre Griffith à Fine Arts-Triangle, près de la fourche que formaient les boulevards encore bien nus de Sunset et Hollywood. Là, en 1914, sur la colline qui abritera plus tard une des maisons les plus célèbres de Frank Lloyd Wright, Eugene Pallette participe à une bataille de *Birth of a Nation*, du côté de l’Union. La colline s’appelait alors Olive Hill, pratiquement attenante au studio de Griffith, et faisait partie d’un ranch de dix-sept hectares que possédait Aline Barnsdall, une héritière du pétrole qui voulait léguer sa propriété à la municipalité pour en faire un parc et un musée. Olive Hill est aujourd’hui connue sous le nom de Barnsdall Park, et la maison dessinée par Wright pratiquement en ruine. Pallette est aussi dans *Intolerance* (Prosper Latour, dans la partie huguenote). Mais qui n’est pas dans *Intolerance* ? Tod Browning est dans le film, Stroheim aussi, jusqu’à Elmo Lincoln, deux ans avant de devenir le premier Tarzan de l’écran (avec Rex Ingram, et... Eugene Pallette !).

Chez Fine Arts cependant, Pallette était surtout dans les films de Chester et Sidney Franklin, souvent en face de Norma Talmadge. Dans *Going Straight*, par exemple, il est maître-chanteur. Il gagne alors 500 $ par semaine. On peut le voir aussi dans *Gretchen the Greenhorn* (1916), cette fois avec Dorothy Gish, qui joue une nunuche à sabots, paysanne batave à peine sautée du bateau. Son père est graveur, déjà établi dans le quartier des immigrants à Manhattan. Pallette joue un escroc qui s’infiltre dans la pension de famille des Hollandais et embobine le graveur pour qu’il lui fasse des plaques à fabriquer de la fausse monnaie. Avec sa fine moustache, il ressemble plus à Bob

Hoskins qu'à l'amphore ambulante qu'on connaît. Et il est véritablement méchant, pas bouffon. Question tour d'estomac, disons que quand Douglas Fairbanks le prend pour *Les Trois Mousquetaires* [1], il ne lui fait pas jouer Porthos, mais Aramis.

Quand est-il devenu le merveilleux rondouillard que tout le monde connaît ? Il a dit un jour qu'il était parti à la Première Guerre mondiale, engagé dans l'aviation, et qu'en rentrant il était "*a forgotten matinee idol*". Mais aussi : "J'aime trop ma cuisine. Surtout le bœuf braisé au vin rouge." Il est pourtant encore svelte sur les photos de *North of Hudson Bay*, un des westerns perdus de John Ford avec Tom Mix. Assurément pas le bibendum de 160 kilos qu'il deviendra bientôt. En plus de westerns prestigieux comme *The Lights of the Western Stars* (William K. Howard, filmant le roman de Zane Grey avec Billie Dove et Jack Holt), Pallette fera un stage chez Hal Roach en 1927, figurant dans d'innombrables comédies de Charley Chase, mais aussi quelques courts-métrages dirigés par Leo McCarey (on aimerait surtout voir si *Jewish Prudence* n'est qu'un jeu de mots gonflé sur jurisprudence). Dans *Fluttering Hearts*, Pallette est déjà bien boudiné dans son uniforme de motard, et il a le double menton. Après avoir poursuivi la fille et Charlie Chase, les trois font les soldes ensemble, et Pallette perd littéralement sa chemise (c'est la semaine du blanc).

Pallette est aussi dans plusieurs Laurel et Hardy. Il joue un sosie de Hardy dans *Sugar Daddies*, et l'agent d'assurances dans *The Battle of the Century*, le plus fameux lancer de tartes à la crème du siècle. Il rejoint ensuite Paramount, le plus sophistiqué des studios à cette époque, où il fait une bordée de films avec Frank Tuttle. Il joue avec toutes les vedettes du studio, Menjou, Chevalier,

1. Fred Niblo, 1921.

William Powell, Louise Brooks et Clive Brook, Gary Cooper, Jeanette MacDonald, Lili Damita. Il est souvent un mari cocu ou un inspecteur obtus, comme le detective sergeant Heath dans *The Canary Murder Case* ou *The Kennel Murder Case.* Et en 1932, il quitte le studio comme passager du *Shanghai Express*.

A partir de ce moment, Pallette est free-lance et mange à tous les râteliers. RKO pour *The Half-Naked Truth* (l'ami de Tracy et homme fort de cirque, Achiles, que le bonimenteur Lee Tracy fait passer pour un eunuque). Warner pour *Border Town* [1], un film avec Paul Muni et Virginia Mayo qui sera partiellement refait en 1940 version camionneurs avec *They Drive by Night* [2]. Puis il est à la Fox, où il retrouve son ancien employeur Allan Dwan dans un film avec Claire Trevor écrit par Allen Rivkin, *Black Sheep.* Il fait le shérif pour John Ford dans *Steamboat 'Round the Bend.* Encore avec LaCava, mais cette fois à Universal, il joue l'industriel Alexander Bullock, chef de la famille de fous dans *My Man Godfrey*. Comme toujours dans ces comédies américaines, personne ne prête attention au mari. Mme Bullock (Alice Brady) est une évaporée entichée d'un pianiste pique-assiette (grandiose Mischa Auer) sur lequel Pallette cristalise sa rancœur – surtout quand "Carlo" joue "Otchitchnaia". Les meilleurs moments du film ne sont ni les fines esquives de William Powell, ni les inepties un brin lassantes de l'évaporée Irene Bullock (Carole Lombard), mais la façon dont Pallette rembarre Carlo pour son appétit ou ses choix musicaux. Les meilleures scènes se passent à l'office, avec Jean Dixon en domestique blindée. Bullock traverse aussi une mauvaise passe financière, faisant l'objet d'une attaque en Bourse, et le majordome que joue Powell est en mesure de le sauver en rachetant les actions. Bullock est le

1. *Ville frontière* – Archie Mayo, 1935.
2. *Une femme dangereuse* – Raoul Walsh, 1940.

premier, mais pas le dernier, riche industriel que jouera Pallette.

Dans *Lady in a Jam*, un autre LaCava chez Universal, Pallette est Billingsley, homme d'affaires et tuteur d'Irene Dunne. Et dans l'arthritique *Heaven Can Wait*, il est le roi du bœuf E.F. Strabel, homme de peu de mots et père de Gene Tierney. Sa hideuse propriété au Kansas renferme une statue en pied de Mabel, la vache qui orne toutes les boîtes de corned-beef de sa compagnie. Le couple glaciaire qu'il forme avec Marjorie Main serait suffisant pour expliquer pourquoi leur fille veut quitter le Kansas à tout prix, quitte à devoir épouser le tiède avocat Albert Van Cleeve ("Je suis rafraîchissant en été, et réconfortant en hiver"). Les Strabel ne se parlent que par serviteur interposé. Le meilleur moment du film est sans doute quand Pallette réclame les pages illustrées du journal du dimanche, et sa frustration de ne pas pouvoir savoir "si le capitaine a pu se sortir du tonneau". Eugene Pallette était le candidat tout trouvé si on avait voulu faire un film des bandes de Pim-Pam-Poum.

Dans *Topper*, Roland Young est le banquier dominé par sa femme, et Alan Mowbray son valet péremptoire ("*We dress now, sir*"). Pallette est "Casey", le détective d'hôtel rendu soupçonneux par les fantômes de Cary Grant et Constance Bennett. A un moment, dans le hall d'hôtel, les facétieux fantômes font du lancer d'immenses chiens à poil long. "*Get that Shetland pony offa me* [1] *!*" aboie Pallette, croulant sous le poids d'un chien hirsute nommé Rollo. En plus des comédies, Pallette est de tous les films historiques de l'époque, et ne peut résister à l'attrait de la cordelette : frère Tuck, le moine castagneur dans *Robin Hood*, et le frère Felipe dans *The Mark of Zorro*.

Mais il est de retour en force à Paramount pour *The*

1. "Enlevez-moi ce poney Shetland d'ici !"

Lady Eve, le troisième (et meilleur) film de Preston Sturges. Horace Pike est un roi de la bière dont on devine aisément le passé de bootlegger rien qu'en écoutant les domestiques qu'il emploie (Demarest, mais aussi Greig et plusieurs employés de cuisine). Qui n'a jamais vu Pallette descendre l'escalier en bourdonnant "For tonight you marry marry me" n'a jamais connu le bonheur. Qui n'a vu l'acteur deux minutes après, serviette passée dans le col, jouer des cymbales avec l'argenterie et les plats vides en réclamant son petit déjeuner à cor et à cri, ignore un des plus magiques moments de cinéma. "WHERE'S MY BREAKFEAST ?" scande-t-il, tandis qu'à la cuisine tout le monde est monopolisé par la réception à venir, briquant l'argenterie ou décorant un gâteau aux armes de la (fausse) Lady Eve McGlennan Keith. C'est à ce moment aussi que le cuisinier Luis Alberni envoie une giclée de crème pâtissière sur le dédaigneux majordome Robert Greig, inaugurant une véritable bataille chez les pantalons rayures (voir l'air furibard d'Eric Blore quand Greig interrompt une de ses histoires, ou quand Greig veut reprendre le rôti à William Demarest). Il faut aussi entendre Pallette demander d'un ton excédé à son fils débile (Henry Fonda) : "Pourquoi tu mets pas un maillot de bain ?" – quand celui-ci en est à son troisième smoking souillé. C'est comme si Pallette avait une embouchure de saxophone baryton dans la bouche, tant sa voix nasillarde porte loin.

En 1941, la même année que *The Lady Eve* et un autre LaCava, *Unfinished Business,* le crapaud-buffle Eugene Pallette retrouve son habitat naturel grâce à Jean Renoir, qui insiste auprès de Zanuck pour tourner au moins une partie de *Swamp Water* dans le marécage d'Okefenokee, près de Waycross en Géorgie. Il joue le shérif de la bourgade. Encore que, avec de rudes contribuables comme Ward Bond, Walter Huston et Dana Andrews, "Sheriff Jeb" ne contrôle pas grand-chose. Pas plus que comme riche tonton de Deanna Durbin dans *First Love*, sensation à l'époque parce que la vierge professionnelle y recevait son premier baiser celluloïd (Robert Stack). Pallette en fera encore deux avec Durbin. Il est aussi le tuteur d'Irene Dunne, censé empêcher ses extravagances financières, dans *Lady in a Jam*, le dernier film qu'ils feront ensemble pour LaCava.

Pallette est patron de presse dans *Slightly Dangerous*, une rare comédie de Lana Turner, qui a besoin de toute une armée de *characters* pour ne pas sombrer dans ce film modérément bien écrit et dirigé par Philip Oppenheimer et Wesley Ruggles, respectivement. Walter Brennan est là en millionnaire acariâtre, ainsi qu'Alan Mowbray. "*Why must you always be a rewrite man?*" croasse Pallette après son rédacteur, qui répète toujours comiquement ce qu'on lui dit de façon légèrement altérée. Sa voix est désormais définitive, il pourrait percer un coffre avec. Seul Lionel Stander possédait ce genre d'organe fer à souder.

La guerre finie, les choses se gâtent pour Pallette, qui termine sa carrière sur trois comédies musicales Republic avec Hruba Ralston. Personne ne pourrait se relever de ça, même un coriace vétéran comme lui. Il y aura tout de même eu auparavant Benny Goodman et les bananes géantes de *The Gang's All Here,* avec "la dame au chapeau tutti-frutti", Carmen Miranda. Dernière salve tirée par le flageolant Busby Berkeley, ce film bariolé autoparodique réunissait Pallette et Edward Everett Horton pour la première fois, et de façon convaincante. On peut voir Pallette au Club New Yorker danser très gracieuseusement la samba, alors que "Potsy" Horton ravage la moquette dans les bras de "that savage" Miranda. C'est Pallette qui a décidé de délurer son partenaire de Wall Street. Lorsque Horton insiste pour commander une citronnade, l'autre grince comme une ancre qu'on remonte : "*Lemonade my foot. Don't be a square from Delaware* [1]*.*"

1. "Sois pas cave, tête de nave."

Entre les horribles comédies musicales trop rembourrées de la Fox comme *The Gang's All Here* et les studios Monogram il y a certes un grand pas, encore que *Suspense*, film noir sur fond de patinage artistique écrit par Philip Yordan, soit une curiosité. Mais en 1946, Pallette avait déjà pété les plombs. Saisi de paranoïa antisoviétique et craignant pour ses fluides vitaux, il s'achète une mine désaffectée au fin fond de l'Oregon, et la convertit en abri antinucléaire. Sa forteresse près de La Grande, dans l'est de l'Etat, est sur l'Imnaha River, équipée d'un énorme congélateur contenant plusieurs jambons, des tonnes de sucre, vingt sacs de café, et autres provisions. Outre un générateur et un "petit arsenal" (armes automatiques et armes blanches), il a 1 500 hectares autour de son repaire souterrain avec du bétail dessus, qu'il revendra en 1949, les bombes s'étant révélées illusoires.

Il revient à Hollywood, mais pas pour rempiler. Il vit de ses rentes et d'investissements dans des puits de pétrole au Texas, encore qu'en 1953 il ait été saisi d'une envie de retravailler, tenté par les films en relief alors à la mode. "Le 3-D et le Cinémascope sont faits pour moi, déclarait-il à *Variety* dans son dernier interview, vu que je suis, dirons-nous, du genre robuste." Il ne pesait plus que 130 kg (140 quand il tenait la forme), et il était déjà malade. Eugene Pallette est mort dans son appartement sur Wilshire Boulevard, à soixante-cinq ans. Ancien jockey (et, dit-on, trapéziste, mais on n'en jurera pas), Pallette était un acteur qui semblait ne jamais respirer. Sa voix incroyablement sonore nous parvenait d'une source inconnue, une réserve d'air semble-t-il stockée en permanence dans son ample panse, comme les jambons dans son abri antinucléclaire.

5 / CHARACTER CENTRAL : KISS ME DEADLY

"Quand Aldrich m'a passé le bouquin de Spillane, je lui ai tout de suite demandé pourquoi il voulait faire une pareille merde. Et puis en y repensant, je me suis dit que Mike Hammer pourrait rencontrer tout un tas de personnages amusants, n'ayant rien à voir avec le roman ni avec le monde de Spillane. Alors j'ai dit à Aldrich que s'il me laissait tranquille jusqu'à ce que j'aie fini, je lui écrirais son fichu truc."

Al Bezzerides sur *Kiss Me Deadly* (printemps 1982).

Pratiquement tous les personnages dont parle le scénariste de *Kiss Me Deadly* sont des *characters* à valeur ajoutée. Il en a écrit un certain nombre avec une personne précise en tête. C'est pratiquement un annuaire pour seconds couteaux. Mais qui étaient-ils? Beaucoup semblent appartenir au monde baroque du film, et ne l'avoir jamais vraiment quitté.

ACTEURS SANS FRONTIÈRES

"*Move in, move out... Sixty three years I live inna one a place : the house of my body. Move in when I was born, move out when I die* [1]...” Silvio Minciotti, le vieux déménageur à qui Hammer donne un coup de main au bas des marches de la maison de Bunker Hill, et avec qui il philosophe, avait sa propre troupe de théâtre à New York avant la guerre, mais depuis 1949 il jouait les Italiens de service dans les films hollywoodiens, généralement dans l’ombre de sa femme Esther, plus sollicitée que lui. La concurrence était rude parmi les “ployeurs de macaroni”, comme on les appelait encore. Esther joue un rôle important dans le tout premier film qu’ils ont fait ensemble, *The Undercover Man* [2] – elle est le pivot d’un de ces soudains morceaux de bravoure dont Joseph H. Lewis aimait pimenter ses films inégaux. Rocco (tous les Italiens s’appellent Rocco à Hollywood, et Anthony Caruso en a joué plus d’un) a vu les deux tueurs approcher dans la rue. Il se sait perdu, lui qui une minute auparavant signait avec fierté le carnet de notes de son fiston. Pour protéger sa famille, il s’éloigne d’elle à longues enjambées. Durant toute la saisissante séquence, Lewis reste sur la fillette (Angela Clarke). “Papa ! Papa !” Esther joue la mère. Silvio, lui, n’est qu’un vendeur de quatre-saisons dans le décor. Une fois tué, on voit à peine la jambe de Caruso gisant dans le caniveau. Nina Foch, vedette du film avec Glenn Ford, raconte que Robert Rossen (producteur) avait engagé un “soldat” de la Mafia comme consultant. Esther Minciotti, originaire de Milan, faisait le signe de croix chaque fois qu’elle le voyait. “Il est sicilien ! Il a un accent affreux, débarrassez-vous de lui !” Les places étaient chères, dans la profession.

La même année, dans *House of Strangers* [3], Esther jouait la mère d’une famille italienne presque entièrement composée d’acteurs juifs, à part Richard Conte :

1. “Emménage, déménage... Ça fait 63 ans que j’habite au même endroit : la maison de mon corps. Emménagé quand je suis né, déménagerai quand je mourrai...”
2. *Le maître du gang* – Joseph H. Lewis, 1949.
3. *La maison des étrangers* – Joseph Mankiewicz, 1949.

E.G. Robinson jouait l'irascible patriarche, Paul Valentine le fils boxeur au ventre mou, et Luther Adler l'abonné aux mauvais coups – tous avec des prénoms comme Gino, Pietro et Joe. Silvio Minciotti, lui, ne faisait encore une fois que de la figuration dans le film de sa femme. Même chose pour *Marty* [1] : il n'est même pas dans la version télévisée originale (pourtant réalisée à New York), alors qu'Esther est la mère de Marty dans les deux. (Rod Steiger jouait Marty dans la version originale de la pièce de Paddy Chayefsky, et Nancy Marchand le rôle de la fille repris par Betsy Blair. Marchand au moins était italienne honorifique, restant à jamais pour nous la mère vache des Sopranos, Livia, dont les producteurs ne se sont débarrassés que la mort dans l'âme au début de la deuxième saison, pour "cause de décès", comme on dit.)

Les Minciotti joueront pour Hitchcock – les parents de Henry Fonda dans *The Wrong Man* [2] – et Silvio, seul cette fois, pour Fritz Lang dans *Clash By Night* [3] ("Papa d'Amato"). Dans *Full of Life* [4], Esther est la mamma bafouée d'une famille évidemment rebaptisée Rocco au lieu de Bandini, par John Fante qui adaptait lui-même son roman. Silvio, dans ce film de Richard Quine, jouait un ami de boisson de Vittorio Rocco, le père despotique – et le principal défaut du film, puisque joué par Salvatore Baccaloni, un de ces horribles Papa Moustache venus de l'opéra, qui faisaient tant de concurrence aux Minciotti. Finalement, on s'en rend compte, Bezzerides (un Turc arménien) a écrit pour Silvio le seul rôle dont on se souvienne. "*Moving in, moving out...*" Tout comme ils étaient inséparables dans les films, les Minciotti sont morts à un an d'écart l'un de l'autre, 1961 pour lui, 62 pour elle.

1. *Marty* – Delbert Mann, 1955.
2. *Le faux coupable* – Alfred Hitchcock, 1957.
3. *Le démon s'éveille la nuit* – 1952.
4. *Pleine de vie* – Richard Quine, 1957.

*

Carmen Trivago, le fan de Caruso dans *Kiss Me Deadly*, est joué par un des plus connus et des plus versatiles Italiens de celluloïd. Comme il se doit pour Hollywood, Fortunio Bonanova était espagnol pure souche. Bonanova racontait beaucoup de choses sur son compte : né à Palma de Majorque en 1905, il aurait fait la campagne du Rif dans une unité d'infanterie espagnole, et tué quarante-quatre taureaux dans l'arène. Fait plus vérifiable, il chantait dans une production de *Carmen* à Paris en 1922, le rôle du to-ré-a-dor évidemment. Protégé de Chaliapine, il a fait une précoce carrière d'opéra en Espagne et en Amérique du Sud, puis son premier film en 1924, à l'âge de 19 ans : il existerait une version muette de *Don Juan* en Espagne, produite, jouée et dirigée par lui-même. Il prétendait aussi figurer dans *The Love of Sunya*, un film de Gloria Swanson datant de 1927. Il était en outre auteur d'un grand nombre de pièces et de livrets d'opérettes, ainsi que de deux romans : *Vaudou*, et *Oro, raya, sangre y sol*. Or, soie, sang et soleil. Comme il se doit, il figurera bien plus tard dans *Blood and Sand*[1].

Acteur au Mexique et à Hollywood dès 1936 (*Romance in the Dark*, *Immaculata*), son premier film américain notable est bien sûr *Citizen Kane*, dans lequel il s'arrachait les cheveux à essayer d'apprendre le chant à Suzan Alexander. "*Signor Matiste, c'est pour ça que je vous paye*", grondait Welles. Directeurs d'hôtel, impresarios, et bien sûr chanteurs d'opéra, Bonanova avait plus de soixante films à sa ceinture quand il lavait ses caleçons à la main dans *Kiss Me Deadly*. Un de ses rôles les plus mémorables était dans le deuxième film américain de Billy Wilder, l'amusant *Five Graves to Cairo*[2], dans lequel il

---

1. *Arènes sanglantes* – Rouben Mamoulian, 1941.
2. *Les cinq secrets du désert* – Billy Wilder, 1943.

jouait le vaniteux et ridicule général Sebastiano, ouvertement méprisé par Erich von Stroheim. Wilder faisait d'un outrage deux coups contre l'Axe et les dictatures, faisant camper une bravache mussolinienne par un exilé de Franco. Mais la même année, on lui donne une rare occasion d'être espagnol, dans un film qui l'était il est vrai si peu : *For Whom the Bell Tolls* [1]. Et il est chauffeur de poids lourd grec dans *Double Indemnity* [2]. Au début du film, E.G. Robinson et son "little man" dans l'estomac voient clair dans sa tentative de fraude à l'assurance, et l'envoient paître. Sam Garlopis ne s'achètera pas de camion neuf aux frais de la compagnie. Dans *Kiss Me Deadly*, c'est à un Fortunio en bout de course qu'on a affaire, un peu comme le ténor sur le retour qu'il joue, vivant seul dans sa bicoque à balcons (filmée aux Sunshine Apartments, au-dessus de Clay Street, la ruelle qui passait sous le funiculaire des anges, Angel's Flight). Dans la vie, Bonanova collectionnait moins les 78-tours de Caruso que les "negro spirituals", qu'il était même allé une fois enregistrer en Louisiane. Et il avait l'étrange passion d'élever les grenouilles. Il avait un ranch dans la San Fernando Valley, où il commercialisait les cuisses de grenouilles. Sur la fin de sa vie, Bonanova résidait avec sa femme Noreen (chanteuse d'opéra comme lui, mais irlandaise) au 6540 Franklin Avenue, une adresse plus très chic en plein Hollywood. En 1967, Fortunio a été saisi d'une attaque alors qu'il faisait la queue avec sa femme pour voir *Madame Butterfly* au Shrine Aud, une synagogue sur Wilshire Blvd. Il est mort deux ans plus tard, le 2 avril 1969, d'une hémorragie cérébrale. Quelqu'un aurait dû casser un 78-tours de Caruso sur sa tombe, en hommage à son plus grand rôle.

Autre "vache espagnole" qui jouait principalement les

1. *Pour qui sonne le glas* – Sam Wood, 1943.
2. *Assurance sur la mort* – Billy Wilder, 1944.

Ritals d'hôtellerie, Luis Alberni est né à Barcelone et a joué *Hamlet* à Madrid avant d'aller en Amérique. Il apparaît pour la première fois dans un film muet en 1915, *Children of the Ghetto*, comme il se doit une histoire d'immigrants... juifs (tous les autres acteurs le sont). Il est finalement espagnol quelques années plus tard dans *The Bright Shawl*, un film d'aventures sur la guerre hispano-cubaine dans lequel Alberni est le frère de... Edward G. Robinson ! Dorothy Gish et Richard Barthelmess sont les vedettes, mais William Powell joue un vil espion cubain. Alberni est aussi spectateur de corrida dans le premier film américain de Dieterle, le très curieux *The Last Flight* – film fitzgéraldien sur un groupe d'ex-pilotes de chasse à Paris, expatriés qui se tuent à petit feu, soit à l'alcool, soit par balles, soit par les cornes. Cocus *y toros*. Personne n'a dit à Dieterle ou à John Monk Saunders (autre écrivain de la Génération perdue) que les courses de taureaux au Portugal se faisaient à cheval et ne comportaient pas de mise à mort. Alberni, lui, aurait pu, qu'on voit rouspéter dans les gradins. C'est par ailleurs un film intéressant : Dieterle n'utilise que le minimum de dialogue (et celui-ci est largement nonsensique, comme la fille qui répète toujours : "*I'll take vanilla*"), et un montage en plans très courts – tout pour éviter les affres du parlant naissant.

Mais c'est en 1937, entre *The King and the Chorus Girl* et *Love on Toast* (pour donner une idée des films dans lesquels il apparaît), que Luis Alberni joue son meilleur rôle, dans *Easy Living :* il est Monsieur Louis Louis, manager du plus moderne hôtel de Manhattan, qui sur les instructions du riche Edward Arnold offre sa meilleure suite à la très désargentée Jean Arthur. Mitch Leisen, qui dirigeait ce script de Preston Sturges, avait fait construire une enfilade de pièces et chambres art déco si colossales qu'elles occupaient tout le plateau. Les décors, comme l'insuccès de l'hôtel, étaient basés sur les fameuses Waldorf Towers à Manhattan, restées vides très longtemps. “Comment un tel phénomène peut-il faire un tel bide ?” se lamente M. Louis Louis en poussant des portes ouvrant sur des pièces de plus en plus grandes et opulentes, pour finir sur la salle de bain Cecil B. DeMille. Durant toute la séquence, au lieu soit de s’émerveiller, soit de protester comme on s’y attend, Jean Arthur ne dit rien. Ce n’est qu’une fois Alberni parti qu’elle s’étire sur le lit et pousse un “Golly !” très Midwest. C’est le genre de scène qu’on trouve dans un film qui commence quand l’héroïne reçoit un manteau de vison sur la tête alors qu’elle voyage sur la galerie ouverte d’un autobus new-yorkais. Alberni aurait dû jouer plus de Louis Louis. Au lieu de ça, la même année, il est dans *Hitting a New High*, un film qui était surtout “a new low” pour Raoul Walsh et compagnie. Qui n’a vu Edward Everett Horton essayer de faire descendre d’un arbre le rossignol Lily Pons en répétant “Polly, Polly, pretty Polly”, ne connaît pas sa chance. Alberni s’appelait “Luis Marlo” dans cette sombre affaire, et Eric Blore “Capitaine Braceridge Hemingway”. Alberni a continué de jouer jusqu’à la soixantaine passée, finissant en vieil Hébreu dans *The Ten Commandments*, et en grand-oncle dans *What Price Glory ?*, où tout le monde est vieux : Cagney, William Demarest, James Gleason, et le chef de compagnie, John Ford.

Bien sûr, il n’était pas absolument nécessaire d’être espagnol ou sicilien pour jouer les Italiens à l’écran. On pouvait aussi, comme Billy Gilbert, être né au Kentucky. Mais de préférence de parents chanteurs au Metropolitan à New York. Billy Gilbert a joué sa ration de Napolitains et de propriétaires de cafés méditerranéens, mais on se souvient surtout de lui dans *His Girl Friday*, où il était Joe Pettibone, l’huissier américain pure souche qui apporte la grâce du condamné et que le shérif éconduit par dessein. On lui dit d’aller faire la java en ville, et on lui donne quelques bonnes adresses. C'était tout à fait du ressort de Billy Gilbert, qui n'était pas seulement gros, mais souvent rond comme une pelle. Mais il était aussi acteur sans passeport, pouvant jouer les Grecs (il s'appelle souvent Nick, mais aussi Minorous, Kapouris et Papalapoulas, rien que pour l'année 1938), les Français, les Italiens, et même les sultans. Il est pourtant allemand dans son film le plus célèbre avec Laurel et Hardy, *The Music Box*. Le piano que les deux compères doivent hisser en haut des escaliers est pour lui : Professor von Schwarzenhoffen. Ayant commencé dans le vaudeville à quatorze ans, Gilbert figure dans plus de deux cents films entre 1929 et 1966. Comme comique, il avait perfectionné un numéro d'éternuement qui servira de modèle pour Sneezy en 1937 – il fait d'ailleurs la voix de Sneezy dans le *Blanche-Neige* de Disney – mais c'était surtout un habitué de chez Hal Roach, jouant dans d'innombrables "Petites Canailles" (notamment le père de Spanky), sans parler des "Laurel et Hardy". Après la guerre, on le voit dans les comédies pénibles que Columbia produisait comme des saucisses. Il est mort d'une attaque à 77 ans, en 1971.

*

Bien sûr, le personnage dont on se souvient le plus dans ce nid de *characters* qu'est *Kiss Me Deadly* est celui de Nick, l'irrépressible garagiste grec qui met le "Voom" dans "Va-Va-Voom", et du coup pratiquement le film dans le dictionnaire. On ne sera que modérément surpris d'apprendre qu'à la mort de Nick Dennis, en 1976, aucune de ses notices nécrologiques ne mentionne le film ou l'expression, ne serait-ce qu'une fois. "Acteur de *Kojak*." "Cuistot sur *Ben Casey*." Pour les Américains, Nick Dennis appartenait au paysage télévisé des années soixante. Et quand *TV Guide* lui consacre deux pages en 1963, c'est surtout pour le pomper sur Vince Edwards, l'acteur-crooner qui jouait le Dr Casey dans l'émission. *TV Guide* ne mentionne pas "Va-Va-Voom" non plus, ce qui donne une idée claire de ce qui passe pour culture en Amérique.

Nikkos Canvaris est né dans un village de Thessalie en 1904, et arrivé en Amérique à l'âge de dix ans, grandissant d'abord dans le Massachusetts, puis dans le Missouri. Il avait commencé une petite carrière de boxeur à St. Louis, jusqu'à ce que son manager meure d'une embolie. Il était à New York pour s'en trouver un autre, quand il est tombé sur Damon Runyon, le plus légendaire *character* de Broadway, et encore plus important fomenteur de légendes sur la boxe, le théâtre et les malfrats. "Un manager? Je vais te trouver ça." Et Runyon, qui voulait que le jeune Nick quitte le ring avant de se retrouver la cervelle battue en neige, lui en trouva un très vite, dans le théâtre. Nick a tout fait sur les planches, de *Cyrano de Bergerac* à *A Streetcar Named Desire.* Dans la production historique de Kazan, il jouait le copain mexicain de Brando. Kazan lui donnera le même rôle dans la version filmée, et le reprendra dans *East of Eden* quatre ans plus tard. Les Grecs se serrent les coudes, même ceux nés en Anatolie. Bezzerides a rencontré Nick Dennis à la Warner quand il tournait *Streetcar*, et lui a écrit le rôle d'Azi Aboul dans *Sirocco*, une plaisante affaire de "lésion étrangère", comme disait Bogart. Quand il n'y a pas de rôle grec pour les Grecs, il reste toujours la djellaba. Ou la boucle d'oreille (Nick Ray en fait un gitan dans *Hot Blood*[1]). Mais Nick Dennis a eu sa part de Grecs : "Midget", un docker dans *Slaughter on Tenth Avenue*[2], le *On the Waterfront*[3] du pauvre. "Marakis", le caporal du corps d'armée grec en Corée qu'escortent Victor Mature et Lee Marvin

1. *L'ardente gitane* – 1956.
2. *Meurtres sur la 10e Avenue* – Arnold Laven, 1957.
3. *Sur les quais* – Kazan, 1954.

dans *The Glory Brigade*[1]. “Nicos” dans *Gunpoint*, un western avec Audie Murphy. Un esclave présumé grec dans *Spartacus*. Et “Nick” dans *Too Late Blues*[2], un des premiers pas décisifs de cet autre Grec du cinéma, John Cassavetes.

Encore dans le désert, Dennis jouait un perceur de coffre dans *Ten Tall Men*, une histoire de Légion signée Willis Goldbeck, mais dévoyée par Robert Parrish de façon plus cocasse : habitué à fonctionner dans le noir, Nick n’accepte de percer le coffre (en plein désert) que recouvert d’une bâche ! Mais c’est encore Robert Aldrich qui lui sera le plus fidèle : après son personnage signature dans *Kiss Me Deadly*, Dennis deviendra une sorte de mascotte pour le réalisateur : *The Big Knife*[3], *4 for Texas*[4], *The Legend of Lylah Clare*[5]. Sauf qu’à partir de 1961, Nick a trouvé sa sinécure sur *Ben Casey*, le feuilleton produit par la compagnie de Bing Crosby, lequel avait découvert Vince Edwards et l’avait fait signer comme chanteur chez Decca. Nick jouait le cuistot Nick Kanavaras, qui faisait crouler les téléspectateur avec ses interprétations fracturées des fameux silences du Dr Casey. Sam Jaffe, le grand acteur juif qui changeait d’ethnie comme de turban (grand-duc de Russie dans *Scarlet Empress*[6], grand lama dans *Lost Horizon*[7], ou le héros de Kipling dans *Gunga Din*, tous sous pavillon végétarien comme lui), jouait ici le Dr Zorba, seul capable de déchiffrer les borborygmes de Nick.

*

1. Robert Webb – 1953.
2. *La ballade des sans-espoir* – Cassavetes, 1962.
3. *Le grand couteau* – 1955.
4. *Quatre du Texas* – 1963.
5. *Le démon des femmes* – 1968.
6. *L’impératrice rouge* – Sternberg, 1934.
7. *Horizons perdus* – Capra,1937.

Juano Hernandez, l'entraîneur de boxe Eddie Yeager, qui refuse d'en dire plus à son pote Mike Hammer dès qu'il est question du grossium, est le *character actor* par excellence. Autodidacte fils de pêcheur portoricain, il a gagné sa vie au Brésil dans les années vingt comme chanteur de rue et comique de cirque. Dix ans plus tard il commence à apparaître dans les films d'Oscar Michaux destinés au public noir, comme *Harlem Is Heaven*, *Lying Lips* ou *Girl from Chicago*. Mais c'est quand Clarence Brown le choisit pour jouer Lucas Beauchamp dans *Intruder in the Dust* [1] en 1949 que Juano Hernandez devient véritablement un phénomène, pratiquement l'unique acteur à jouer des rôles de Noirs "dignes", jusqu'à ce que Sidney Poitier prenne le relais (Hernandez, symboliquement, figure dans *They Call Me Mister Tibbs* [2], le film étendard de l'émancipation). Il a souvent la tête chenue avant l'âge, notamment dans le beau film de Tourneur *Stars in My Crown*, où il joue un bouc émissaire similaire à Lucas Beauchamp. C'est peut-être parce qu'il a joué si tôt ce personnage central dans l'œuvre de Faulkner, le fier fermier qui refuse de raser les murs, qu'il a ensuite hérité de tous ces rôles où la dignité jouait une grande part. Malgré son importance artistique et historique, Hernandez n'a jamais été honoré ne serait-ce que d'une nomination aux oscars, son rôle dans *Intruder in the Dust* lui valant juste une mention aux Golden Globes comme "meilleur nouveau venu". Hernandez est décédé en 1970 d'une hémorragie cérébrale, décidément la malédiction d'*En quatrième vitesse*.

1. *L'intrus* – 1949.
2. *Appelez-moi M. Tibbs* – Gordon Douglas, 1970.

ET ON TUERA TOUS LES AFFREUX

Percy Helton, le poisseux médecin légiste, croit pouvoir faire cracher Mike Hammer au bassinet en échange d'une clé de casier qu'il a découverte sur le cadavre. Au lieu de quoi il se fait brutalement coincer les doigts dans un tiroir. On verrait bien cette face de croupion dans quelque allégorie médiévale, genre *Pilgrim's Progress*, représentant la Cupidité. Dans presque tous les rôles qu'il a joués au cinéma il avait l'air chafouin et calculateur – voir la façon dont il examine les poignets de chemise élimés de Joel McCrea au début de *Guns in the Afternoon*, avant de l'envoyer chercher un chargement d'or pour sa banque dans un camp de mineurs de la Sierra. Avec cent films à son actif, Helton est une présence familière dans le cinéma américain, tour à tour réceptionniste d'hôtel, croque-mort, chauffeur de fiacre, épicier, notaire, régisseur de théâtre, chef de train, et propriétaire d'établissements divers. Son rôle le plus consistant est encore Frank, le barman trop curieux du Roundup dans *Criss Cross* [1]. Ou Charlie Borg, le vieux libidineux dans la pension de famille de *Wicked Woman* [2], où il paie Beverly Michaels pour se laisser tripoter. Mais Helton avait beau avoir la même tête de vieux bébé vicieux dans tous ses films (dans le dernier, *Butch Cassidy and the Sundance Kid*, il a soixante-quinze ans et s'appelle encore "Sweetface"), il a commencé sa longue carrière comme jeune bébé : à l'âge de deux ans exactement. Il était sur les planches dans un numéro avec son père, l'acteur de vaudeville Alf Helton. Et même s'il n'a réellement commencé à devenir familier des écrans

1. *Pour toi j'ai tué* – Robert Siodmak, 1948.
2. *La scandaleuse* – Russell Rouse, 1953.

qu'après la guerre, Percy ("Perc" pour les intimes) a fait son premier film en 1913, *The Fairy and the Waif*, lui le mioche en face de la fée sa marraine, Mary Miles Minter – futur sujet de scandale hollywoodien. Mais les vieux studios Fox où s'était tournée l'affaire étaient au coin de la Dixième Avenue et de la 52e Rue, pas en Californie. Helton a longtemps gagné sa vie au théâtre, jouant trois ans avec David Warfield dans l'immense succès *The Return of Peter Grimm*, et cinq ans avec le légendaire George M. Cohan dans sa production de *Miracle Man*. Un peu comme avec Franklin Pangborn, il ne fallait pas se fier aux apparences avec lui. Malgré sa voix fluette et sa touche de rond-de-cuir, il était revenu médaillé des tranchées (Distinguished Service Cross). A sa démobilisation, il s'est ironiquement fait déposséder d'un rôle de soldat dans une pièce de Broadway sur les héros de guerre, *The Five Million*. Il avait beau jouer un tire-au-flanc, les critiques furent sanglants, leur objection principale étant que Helton était bien trop jeune pour être plausible en soldat. L'illustre critique Alexander Woolcott, qui avait servi avec lui en France, était venu à sa rescousse dans les pages du *New York Times*, mais en vain : Helton fut remplacé au bout de deux jours. A partir de 1947, Helton n'a cessé d'apparaître à l'écran, grand et petit (sa filmo télévision est aussi longue que celle de cinéma). Son Père Noël en état d'ébriété dans *Miracle on 34th Street* donnait le coup d'envoi, même si son nom ne figurait pas encore au générique. Il n'est pas plus crédité pour *Call Northside 777* [1], deux ans plus tard. Hathaway l'avait pourtant fait venir spécialement de New York pour jouer le facteur. Mais à partir de *Criss Cross*, Percy Helton est généralement un "featured player". En tout cas, toujours un *character*. Encore que seul un esprit indépendant mais singulièrement

1. *Appelez Nord 777* Henry Hathaway, 1948.

tordu comme Russell Rouse aurait pu songer à lui pour jouer le vieux cochon de *Wicked Woman* qui pelote l'inénarrable blonde platinée Beverly Michaels dans sa pension de famille en échange du loyer impayé, avant que celle-ci ne se mette en tête de rendre chèvre Richard Egan dans des tenues de serveuse que Rouse filme avec la même distance que John Stagliano photographie les croupes de femmes dans sa série des *Buttman*.

*

Le chauffeur qui explique à Hammer autour de la table familiale comment l'homme qu'il a renversé a été comme poussé devant son camion est joué par Strother Martin. Ce n'est que son onzième rôle, mais c'est véritablement le tremplin pour cet ancien champion de plongeon, même s'il paraît encore ici, comme tout bon chauffeur routier, speedé aux amphétamines. Natif de Kokomo (Indiana), Martin a ensuite surtout joué des rebelles sudistes ou des hommes d'affaires véreux texans. Sa troisième place en championnat national de plongeon lui a coûté sa participation aux Jeux olympiques de 1948. Athlétique, encore que mince et de petite taille, on l'appelait déjà "T-Bone" au bord des piscines. Arrivé à Los Angeles en quête d'une carrière d'acteur, c'est comme moniteur de natation qu'il se fera des contacts, d'abord auprès de Marion Davies, ensuite chez Chaplin, dont il instruit les enfants. Et sa première apparition à l'écran, dans *The Damned Don't Cry* [1] en 1950, a lieu dans la somptueuse maison du gangster joué par Steve Cochran, en réalité celle que Frank Sinatra venait de se faire construire à Palm Springs : on voit fugacement Strother Martin sur le grand plongeoir faire une démonstration de ses premiers talents. Ironiquement,

1. *L'esclave du gang* – Vincent Sherman, 1950.

c'est sous la lumière crue d'une *line-up* de police qu'il apparaît ensuite, au début de *The Asphalt Jungle.* Aux côtés de Sterling Hayden qui défie du regard la victime censée l'identifier, Martin est déjà cocasse en camé, cravate en bataille et l'air de se demander où il est. Bien sûr, Martin rencontrera ensuite Sam Peckinpah et travaillera avec lui dans d'innombrables feuilletons de télévision, avant de devenir un de ses acteurs réguliers – caquetant notamment dans *The Wild Bunch*, un des mercenaires débiles dont est affligé Robert Ryan. Il était aussi mémorable en capitaine des gardes de *Cool Hand Luke* [1]. Et en grand prêtre d'un culte californien frauduleux dans *Harper* [2]. Il n'est jamais très net en affaires, que ce soit en acheteur de bétail dans *Pocket Money* [3], où il roule Paul Newman et Lee Marvin, ou en manager de l'équipe de hockey dont le même Newman est joueur-entraîneur, dans l'excellent *Slap Shot* [4]. Il héritait toujours de noms savoureux qui lui allaient bien, comme Parody Jones, Old Hollander, Pinky Pincus, Rufus Clemens, ou Shanghai McCoy (en face de John Wayne dans *Rooster Cogburn* [5]). Strother semblait aussi avoir un problème avec les serpents. Déjà, durant un bivouac dans *Cowboy* [6], un idiot de cowboy lui lançait un crotale dans le cou, et il mourait empoisonné. Quinze ans plus tard, dans le curieux film *Ssss* [7], il jouait le Dr Stoner, spécialiste en serpents. Non seulement Stoner trouvait le moyen de transformer un homme en cobra royal, mais l'acteur, lui, s'est fait mordre pour de vrai par un serpent à sonnette durant le tournage. Strother Martin, un des plus truculents *character actors* du cinéma améri-

---

1. *Luke la main froide* – Stuart Rosenberg, 1967.
2. *Détective privé* – Jack Smight, 1966.
3. *Les indésirables* – Rosenberg, 1972.
4. *La castagne* – George Roy Hill, 1977.
5. *Une bible et un fusil* – Stuart Millar, 1975.
6. Delmer Daves, 1958.
7. Stuart L. Kowalsky, 1973.

cain, n'est pourtant mort qu'en 1980, sept ans plus tard, d'une crise cardiaque.

*

Jack Lambert et Jack Elam, eux, sont des *characters* certifiés, platinés, même s'ils font ici piètre figure en gorilles, prenant tous deux leur dérouillée aux mains de Mike Hammer. Et en maillot de bain, en plus. Ils vont ensuite cueillir le détective chez lui, un coup de matraque plombée derrière l'oreille. "Voyez, m'sieur Hammer, on a pris des leçons." Ce qui ne les empêchera pas de finir ignominieusement aux mains du détective – Lambert hors champ, hurlant tout ce qu'il sait après avoir poignardé son patron sans le savoir ; Elam, les yeux écarquillés d'horreur. Et curieusement, ces deux méchants de cinéma avaient justement des problèmes d'yeux. Ceux de Lambert était si petits et rapprochés qu'on ne lui donnait que des rôles de teignes pas très futées. Con, mais méchant aussi. Bezzerides lui a ici donné le nom savoureux de Sugar Smallhouse. Dans l'ennuyeux flash-back qui constitue les deux tiers de *The Killers* [1] il était "Dum-Dum" Clarke, défiant Albert "Big Jim" Dekker, mais pas vraiment. Car non seulement Lambert était la mauvaiseté incarnéee au cinéma, il battait aussi l'étendard de la lâcheté. Grande gueule, mais sans répondant. L'étoffe dont on fait les longues carrières. Rarement crédité aux génériques, il apparaît dans une soixantaine de films, dont un meneur lyncheur dans *Stars In My Crown*. Et qui de plus approprié pour jouer un personnage nommé Zombie, comme dans *Scared Stiff* [2] avec Jerry Lewis et Dean Martin ? Dans *Bend of the River* [3], c'est lui qui donnait l'ordre à la bande de vauriens de

1. *Les tueurs* – Robert Siodmak, 1946.
2. *Fais-moi peur* – George Marshall, 1953.
3. *Les affameurs* – Anthony Mann, 1951.

laisser tomber le chariot sur Jay C. Flippen (en train de réparer l'essieu), tout en désarmant James Stewart pour emmener le précieux chargement de ravitaillement au camp de chercheurs d'or, au lieu de celui des fermiers pionniers. *Vera Cruz* [1], *Party Girl* [2], *Day of the Outlaw*, son dernier film en 1963 est encore une production d'Aldrich, *4 for Texas*. Lambert, qui a longtemps habité une maison surplombant la Cahuenga Pass, le col qui relie Hollywood à Burbank, s'est retiré à Carmel, comme Kim Novak et Doris Day. Il s'est éteint en février 2002, de mort improbablement naturelle.

Elam, lui, n'est qu'un *character* oculaire, comme on dit d'un témoin. Le strabisme le plus payant de la profession. Il aurait pu jouer dans un western intitulé *L'homme qui disait merde à l'autre*. A peine voit-il ce que fait Hammer à Lambert (Aldrich a l'esprit de nous laisser imaginer, gardant les gnons hors champ) qu'il se défile. Son œil fou aurait pu s'arranger avec une intervention chirurgicale, mais le malin savait que c'était un gagne-pain assuré. "Et puis ça rend dingue John Wayne quand on joue au poker menteur", ajoutait-il raisonnablement. Avant de devenir un de nos affreux favoris, Jack Elam était un des comptables les plus demandés de Hollywood. Il a été tour à tour manager du très exclusif Bel-Air Hotel, expert-comptable à la Bank of America et à Douglas Aircraft, avant de travailler pour Goldwyn dans la même capacité. Son docteur l'ayant averti qu'il perdrait la vue (comme son père avant lui) s'il continuait à examiner des livres de comptes, Elam a commencé par extorquer des petits rôles à ses clients producteurs. C'est ainsi qu'en 1950 il s'est retrouvé dans *The Sundowners*, un western Eagle-Lion avec Robert Preston, ayant garanti au producteur-réalisateur George Templeton qu'il se faisait fort de lui trouver des investisseurs parmi

1. *Vera Cruz* – Aldrich, 1954.
2. *Traquenard* – Nicholas Ray, 1958.

ses riches clients, s'il le mettait devant la caméra. Ce fut le premier de plus de cent trente rôles en un demi-siècle, rien qu'au cinéma.

D'abord cantonné aux méchants, œil torve et hygiène corporelle à l'avenant, il est devenu encore moins fréquentable après *Rawhide* [1], un western dans lequel il tirait sur une fillette "pour la voir danser". Il est un des deux évadés de bagne qui terrorisent les passagers d'une diligence, et on le voit aussi essayer des vêtements de femme. Tyrone Power, passager vedette du film (avec Susan Hayward), fut tellement impressionné par ce dégénéré qu'il recommanda à Zanuck de mettre Elam sous contrat. Il ne fera plus que des westerns, jusqu'à *Kansas City Confidential* [2]. Ce film de Phil Karlson était une véritable ruche de mécréants, dont Lee Van Cleef et Neville Brand. Elam n'était pas de la trempe de ces deux-là, spécialement de l'ancien baroudeur Brand, un authentique psycho, certifié, comme l'a décrit un de ses collègues de *Stalag 17*. Brand avait fini sa guerre comme un des quatre soldats d'infanterie les plus décorés du pays, et cela se sentait encore vingt ans après. Elam, par contre, était un dur au ventre mou, et avait d'autant moins d'estomac pour la bagarre que John Payne lui avait décollé le sternum et fracturé douze côtes sur le tournage de *Confidential,* en le malmenant dans une scène de bagarre. Déjà deux ans auparavant, Jeff Chandler avait pratiquement fait la même chose en jetant Elam d'un escalier, sur *Bird of Paradise* [3]. "Alors vous comprenez, exliquait-il des années plus tard, j'aime autant jouer les vieux dégueulasses, c'est plus reposant."

Auparavant, il aura pourtant eu son compte de westerns et de personnages patibulaires. Dans *High Noon* [4], il se fait

1. *L'attaque de la malle-poste* – Henry Hathaway, 1951.
2. *Le quatrième homme* – Phil Karlson, 1952.
3. *L'oiseau du paradis* – Delmer Daves, 1950.
4. *Le train sifflera trois fois* – Fred Zinnemann, 1952.

mettre en prison par Cooper. Dans *Rancho Notorious* [1], il tient tête à Marlene Dietrich dans son repaire de vauriens, Chuck-a-Luck. Fritz Lang le reprendra pour *Moonfleet* [2]. Sur le tournage de *The Rare Breed* [3], il rigolait : “J'ai passé la moitié de ma vie à attendre Jimmy Stewart en embuscade. Je ne le descends jamais vraiment, parce qu'il faut bien qu'il soit présent à la fin du film. Mais je lui donne du fil à retordre dans *The Far Country* [4], dans *Night Passage* [5], et dans *The Man from Laramie*. Là, dans le film qu'on est en train de faire, il me balance d'une falaise de trente mètres de haut...” Dans *Laramie* en particulier, Elam jouait un tueur à gages très réussi, Chris Boldt, qui a un bel échange avec Stewart sur la délation. Mais attention, la délation professionnelle : “Pour moi le secret d'un homme est un secret à vendre.” Et il se fait ensuite littéralement second couteau de cinéma dans une saisissante séquence où il grimpe sur un toit pour tomber sur Stewart, poignard à la main.

C'était aussi un des affreux favoris de Don Siegel, qui l'a fait tourner trois fois, jusque dans son dernier film, *Jinxed* [6] – une coûteuse et pénible production avec Bette Midler. En 1953, Siegel et Elam avaient tourné leur premier film ensemble au petit studio des Nasser Brothers que squattait plus ou moins le producteur escroc roumain Benedict Bogeaus. *Count the Hours* avait un plan de travail de douze jours. Elam était le plus mémorable de l'affaire, à part la robe moulante à pois d'Adele Mara. Dans l'histoire, un ouvrier agricole itinérant est accusé d'avoir tué un couple au cours d'un cambriolage. En fait c'est Elam, l'âme solitaire du patelin, qui a fait le coup.

---

1. *L'ange des maudits* – Fritz Lang, 1952.
2. *Les contrebandiers de Moonfleet* – Fritz Lang, 1955.
3. *Rancho Bravo* – Andrew McLaglen 1966.
4. *Je suis un aventurier* – Anthony Mann, 1955.
5. *Le survivant des monts lointains* – James Neilson, 1957.
6. *La flambeuse* – Don Siegel, 1982.

Malgré le budget, et grâce à la photo de John Alton, on ne regarde pas sa montre devant *Count the Hours*. Et seuls les personnages sont en carton-pâte, y compris Elam.

Mais que dire d'un homme que Sam Peckinpah et Jerry Lewis avaient à la bonne en égale mesure (trois films chacun) ? Ceci explique peut-être que l'ex-comptable ait tant travaillé dans sa tardive carrière, et encore plus à la télé (300 épisodes de feuilletons). Il était de si bonne compagnie que Peckinpah lui a même pardonné de s'être dégonflé en 1968 en refusant de jouer pour lui un des dépravés du *Wild Bunch*, acceptant le western parodique *Support Your Local Sheriff*[1] à la place. ("J'avais pas la santé pour passer deux mois au Mexique avec Sam, expliquait-il. Et puis cette comédie a eu de bonnes répercussions sur les rôles à venir.") Le pardon n'était pourtant pas le genre de Peckinpah, mais il a engagé Elam pour deux jours de tournage à Durango sur *Pat Garrett and Billy the Kid*. Sauf qu'il lui a fait faire sa première scène le jour de son arrivée, et sa seconde huit semaines plus tard. Elam est resté tout ce temps sous salaire, juste pour lui tenir compagnie. Une pratique qui a dû faire chanter son cœur de comptable comme une ligne de télégraphe. Dans le civil, Jack Elam aimait se faire passer pour un affable homme de famille, plus intéressé par sa collection de répliques d'éléphants (un par film, depuis *The Sundowners*) que par son image d'escogriffe. Et, comme finalement beaucoup d'affreux de cinéma, il a fait de vieux os, mourant à 86 ans le 20 octobre 2003, en Oregon où il s'était retiré.

LES GONZESSES

Trois des quatre filles de *Kiss Me Deadly* appartenaient à la catégorie "and introducing" au générique. C'était leur

1. *Ne tirez pas sur le shérif* – Burt Kennedy, 1969.

premier rôle, exception faite de Marian Carr, qui joue la sœur d'Evello, "Friday", personnage qui a d'évidence toute l'affection de Bezzerides. Celle-ci n'aura d'ailleurs jamais de meilleur rôle, parfait flirt pour Hammer, en robe blanche et épaules spaghetti. Et de lui rouler des pelles. "Mmm, t'as le goût de personne que je connais." Carr était une starlette RKO, juste entrevue dans *It's a Wonderful Life* [1] auparavant, avec pour seule distinction d'être une des deux party girls auto-stoppeuses kidnappées par Lawrence Tierney dans *The Devil Thumbs a Ride* [2]. Mais elle était bonne. Mike Hammer peut en attester.

De Maxine Cooper, qui l'embrasse au moins aussi souvent dans le film, on ne sait rien, sinon qu'elle a la peau grasse et danse comme un pied. Pourquoi Velda, la secrétaire de Mike Hammer, fait-elle ces exercices à la barre? Bezzerides a expliqué qu'il avait écrit le rôle sur mesures pour la danseuse Gwen Verdon, une copine à lui. "Elle avait des problèmes de cœur (pas encore avec Bob Fosse), et je pensais que ça lui changerait les idées. Elle aurait été formidable dans ce rôle." Aldrich avait apparemment autre chose en tête (ou ailleurs), puisque Cooper, actrice plutôt indifférente, l'a ensuite suivi sur les deux films qu'il a faits avec Joan Crawford, *Autumn Leaves* [3] et *What Ever Happened to Baby Jane* [4] *?* Maxine Cooper n'a rien fait d'autre, à part un peu de télévision à la même époque.

Gaby Rodgers aussi a la peau huileuse et les mêmes cheveux courts (c'est finalement le chef maquilleur qui est le plus "deadly" de tous, dans *Kiss Me Deadly*), mais elle n'est pas indifférente. Cette blonde a deux mille ans de rapacité féminine dans les chromosomes, et reste cupide non seulement devant Albert Dekker, mais même devant

1. *La vie est belle* – Frank Capra, 1947.
2. Felix Feist, 1947.
3. *Feuilles d'automne* – 1956.
4. *Qu'est-il arrivé à Baby Jane ?* – 1962.

l'indivisible ("*I want half*", persiste-t-elle, l'air buté. "J'en veux la moitié"). Bezzerides, qui avait suivi des cours d'Oppenheimer à Berkeley sur la fission de l'atome avant de devenir scénariste, était intéressé par la cupidité humaine, et par l'inhumaine curiosité des savants. "Quand ils ont fait leurs premières expériences, ils ne savaient pas ce que ça allait donner, ni s'il y aurait des réactions en chaîne. Ils ont fait exploser ça rien que pour savoir. Quelle engeance !" Gaby Rodgers est épatante dans *Kiss Me Deadly*, apparemment très dérangée du grenier, avec une étrange façon de parler qui collait bien au rôle. Rodgers n'avait fait qu'un film auparavant à New York en 1953, une mystérieuse production indépendante dirigée par un jeune Joseph Strick (avant *Ulysses*, avant *Le balcon* et tout ça), écrite par Arnold Manoff, un scénariste blacklisté. Malgré son titre, *The Big Break* n'a pas été le lancement espéré pour la boudeuse Gaby, n'ayant été distribué que par Madison Pictures, autant dire pas du tout. Elle s'est cantonnée dans la télé à New York jusqu'à la fin des années cinquante.

C'est tout le contraire pour Cloris Leachman, la fille qu'on voit courir sur la ligne médiane au début de *Kiss Me Deadly*, prise dans les phares de la Jaguar XK 120 décapotable conduite par Mike Hammer. Nue sous son imper sanglé, elle n'est avec le détective qu'une minute ou deux, mais n'a pas besoin de nous dire "Remember me", ni de nous citer du Rossetti. Elle a beau être affublée de la plus moche coiffure mouton astrakan depuis Barbara Stanwyck en fin de carrière, on se souviendra toujours d'elle. Mais Leachman n'a rien d'un *character*, elle. Actrice archiprimée (un oscar pour la femme délaissée de *The Last Picture Show* [1], trois ou quatre Emmy Awards à la télévision), elle joue toujours autant à l'heure qu'il est. Et c'est à

1. *La dernière séance* – Peter Bogdanovich, 1971.

elle qu'il revient de dire ses quatre vérités à Mike Hammer, de s'amuser de son égoïsme machiste, comme de son amour des gadgets (Bezzerides, l'ingénieur, avait plus ou moins inventé ce prototype de répondeur téléphonique). C'est le préjugé de Bezzerides, évidemment, et c'est important pour le scénario. Mais on peut trouver que Hammer était au contraire de bonne composition. Presque bonne pâte, en fait – et c'est toute la fantastique contribution de Ralph Meeker au rôle. Il a beau se servir des gens et être un quasi-maquereau avec Velda, c'est un ange de patience, même exterminateur.

LES GROSSIUMS

Paul Stewart, le suave Carl Evello du film, était assurément un *character*, même s'il a toujours pensé pouvoir faire mieux. Resplendissant dans le film d'Aldrich au bord de sa piscine, en chemise Lacoste blanche, à écouter le résultat d'une course qu'il a probablement truquée, Stewart avait pour arme secrète une voix unique, et son sourire. Il avait l'art de sourire comme un crotale, hypnotisant ses victimes avec sa politesse, jusqu'à ce qu'il cesse brusquement. Comme ici, une fois dans la maison : "Vous feriez mieux de partir. C'est trop tard pour fixer un prix, Mr. Hammer. *Suddenly, it's too late.*" Le plaisant Stewart avait le chic pour enrober la menace. Il fut un temps où il se voyait pourtant plus en *leading man* qu'en homme d'Organisation, ou chef de racket local. "Mais Brando et James Dean sont arrivés, ça a été la mode des avachis marmonneurs. J'étais fichu d'avance." On se demande comment Stewart pouvait nourrir pareilles ambitions, avec son air sinistre et ses sensationnels sourcils. Bon nombre de vedettes masculines, il est vrai, auraient tué pour avoir autant de poils sur le crâne que Stewart en avait aux arcades. Pourtant, quel acteur ne rêverait d'avoir débuté dans *Citizen Kane*? Et pas dans n'importe quel rôle : celui de Raymond, le valet de Kane, était crucial. C'est lui qui brûle la luge, faisant du même coup passer tout le monde à côté du mot "Rosebud" gravé dessus.

Né Paul Sternberg à New York en 1908, Stewart était fils de pianiste par sa mère et avait commencé très tôt une carrière au théâtre, avant de se mettre à jouer et produire des pièces de radio dans une station de Cincinnati en 1932. C'est Stewart qui a fait entrer Orson Welles à la radio, lui présentant un producteur de CBS en 1934. Ensemble ils produiront de nombreuses émissions, Stewart faisant partie du Mercury Theatre dès le début. Il a co-produit et participé à la fameuse "Guerre des Mondes" le 30 octobre 1938, l'émission qui terrorisa des millions d'auditeurs américains. On peut supposer que Welles lui a renvoyé l'ascenseur en l'emmenant avec lui à Hollywood en 1941. Juste avant, la même année, Stewart a joué dans *Native Son*, la dernière pièce qu'il fera avec Welles. Dès son troisième film à Hollywood, il est catalogué : dans *Mister Lucky*[1], il est "Zepp", l'ex-partenaire du joueur professionnel Cary Grant, dont il essaie de contrecarrer les bonnes intentions. Dans *Champion*[2], c'est l'inverse : le noble personnage fataliste, ici plaqué par l'ambitieux et égoïste boxeur Kirk Douglas, qui prend un nouveau manager. Stewart aura sa part de journalistes sportifs et de managers. Mais il n'a jamais été plus sinistre qu'en voisin de palier, dans *The Window*[3] – histoire adaptée de Cornell Woolrich dans laquelle lui et sa femme (Ruth Roman, jamais si vicieuse) veulent se débarrasser de Bobby Driscoll, le mioche témoin d'un meurtre qu'ils ont commis.

1. H.C. Potter, 1943.
2. *Le champion* – Mark Robson, 1949.
3. *Une incroyable histoire* – Ted Tetzlaff, 1949.

Ce n'est pourtant rien comparé au couple qu'il forme avec Adele Jergens dans *Edge of Doom* [1], à coup sûr un des films les plus décourageants jamais produits par Sam Goldwyn, qui en a pas mal à son passif. Adapté d'un roman à succès par Philip Yordan et Ben Hecht (un arnaqueur pour le prix de deux), *Edge of Doom* commettait le péché capital de faire jouer au jeune premier le plus chaud du moment, Farley Granger, le rôle d'un meurtrier. Même Hitchcock n'avait pu s'y résigner, ou convaincre le studio de le faire, dans *Strangers on a Train* [2]. Et ici il ne s'agissait pas de n'importe quel meurtrier : Granger tuait un prêtre à coups de crucifix ! Il faut dire que le curé le méritait bien – un de ces Irlandais blindés indifférents aux malheurs d'autrui, le revers de la médaille que Leo McCarey astiquait si bien avec Bing Crosby. *Edge of Doom* était à ce point déprimant, et les projections d'essai à New York si hostiles, que Goldwyn décida d'en couper un bon tiers, faisant filmer une nouvelle introduction et une fin épouvantable, rajoutant une voix off du même calibre – toujours mauvais signe. Dana Andrews n'égayait pas le paysage dans le rôle du curé qui cherche à faire avouer Granger. Son idée du sacerdoce est d'offrir du thé à tout le monde. Granger détestait le scénario, détestait l'idée d'avoir à tourner dans "les rues sales" du centre de Los Angeles, et était retourné le plus vite possible à New York. Joan Evans, l'actrice juvénile qui croyait que le film allait être sa grande chance d'enfin passer femme, surtout en face d'un jeune premier si populaire (même si pas très porté sur les filles dans le civil), est carrément passée à la trappe au montage. Les rues de Los Angeles passant pour New York sont à coup sûr ce qu'il y a de mieux dans ce film mal aimé (même la famille de Mark Robson gémissait ou partait d'un fou rire durant une récente projection),

1. *La marche à l'enfer* – Mark Robson, 1950.
2. *L'inconnu du Nord-Express*, 1951.

ainsi que l'atterrant immeuble où habitent Granger et sa mère, décor dû au maître des studios Goldwyn, Richard Day. Paul Stewart joue un voisin à la redresse qui éclaire ce sinistre tunnel chaque fois qu'il apparaît. Il faut voir comment il traite sa poule (Jergens), qui n'a pourtant pas la langue dans sa poche. "Il est malin", estime Stewart en parlant de Granger. Objection judicieuse d'Adele : "Quand on est malin, on habite pas ce quartier."

Stewart n'habite pas souvent "le quartier" dans ses films, mais il en vient presque toujours – qu'il fasse partie de la pègre, de la presse, ou du corps médical. Ses personnages ont un côté pragmatique. Ses cheveux argentés lui donnent la respectabilité, ses sourcils et sa voix une suggestion de menace et d'expérience généralement suffisante. Il s'appelle même "Whitey" dans *Walk Softly, Stranger* [1], acolyte de Joseph Cotten. Dans ces retrouvailles (les deux faisaient partie du Mercury Theatre), dernière production de Selznick pour RKO sous sa bannière Vanguard, Cotten est un joueur escroc qui arrive dans une petite ville de l'Ohio pour se refaire une personnalité et une vie nouvelles. La voix de Cotten, au timbre de radio si glorieusement déprimant, est parfaite pour le charme particulier qu'il applique aux gens qu'il doit mettre de son côté, qu'il s'agisse de sa crédule logeuse (Spring Byington), de son patron, ou de la fille de son patron (Alida Valli), une beauté locale confinée dans un fauteuil roulant. Il s'arrange pour perdre au poker chez son contremaître (John McIntire), et se montrer suffisamment détaché devant Valli pour l'intéresser, puis lui plaire vraiment. Arrive "Whitey", l'ancien partenaire, pour qui Cotten accepte de faire un dernier coup. Et pas n'importe lequel : ils braquent la partie de poker d'un gros joueur de St. Louis, le soulagent de 100 000 dollars, tout en le lais-

1. *L'étranger dans la cité* – Robert Stevenson, 1950.

sant vivre. ("Je suis voleur, pas tueur", réplique Cotten quand l'autre lui fait remarquer d'un ton calme qu'il devrait peut-être "aller jusqu'au bout".)

Ces scènes (ainsi que la présence du grossium Howard Petrie, corpulent rouquin aux yeux liquides qui reste calme malgré la colère qui semble couver en permanence chez lui), tout comme les chassés-croisés entre Cotten et Valli, sont très bien écrites par Frank Fenton. Dirigé par Robert Stevenson, *Walk Softly, Stranger* est un des rares films produits par Selznick où la noirceur perce efficacement sous l'horrible monde bien éclairé qu'il nous présente toujours, cette Amérique du milieu qu'il croyait si bien connaître, et à laquelle il s'adressait presque exclusivement. Ici, peut-être à cause de Cotten et de la logeuse qui ressemble à la mère dans *Shadow of a Doubt* [1], on nage en pleine ambiguïté. La fin conventionnelle gâche un peu l'histoire, mais chaque fois que Whitey apparaît, les choses redeviennent intéressantes. Car il réapparaît évidemment dans la nouvelle vie de Cotten, les mafieux de St. Louis aux trousses. Stewart est épatant dans toutes ces scènes où il doit rester en planque chez la logeuse. Il faut le voir essayer de rester poli avec elle, jusqu'à l'explosion : "*Listen, you blabbering old crow* [2] *!*" Mais ce rôle est unique par la façon dont Stewart oscille entre comique et dramatique, pratiquement dans le même instant. Expliquant sa conduite erratique à Cotten : "Je ne peux plus rester ici. Je ne suis pas comme toi, moi. J'ai du sang dans les veines." Il a mis la chambre de Cotten sens dessus dessous, mais n'arrive pas à touver l'argent. "Tiens, fait Cotten exaspéré en lui lançant le livre dans lequel sont cachés les billets. Je me disais bien que la lecture était pas ton fort." Mais le meilleur moment est encore quand la logeuse prend congé d'eux pour se rendre sur la tombe de

1. *L'ombre d'un doute* – Alfred Hitchcock, 1943.
2. "Arrête de déblatérer, vieille corneille!"

son mari : l'air crispé de Stewart quand il lui dit au revoir. Il y a néanmoins de la sincérité dans sa voix, plus de désarroi que de cynisme. Et quand il s'assoit finalement sur les marches, l'air accablé, le petit chien blanc de la logeuse vient nicher son museau sous son aisselle. Stewart a cette expression géniale : il va pour rembarrer le chien, un début de rictus stewartien s'ébauche sur son visage, mais presque en même temps, il colle affectueusement sa figure contre celle du chien et part d'un sourire crispé. C'est un de ces gestes presque volés au script, une de ces inspirations géniales qui font de Paul Stewart un tel personnage, et le rendent si mémorable dans ce qu'il fait. Ça ne s'apprend pas. Le film, de façon surprenante pour une production Selznick, est peuplé de *characters* qu'on trouve plus souvent chez Anthony Mann (comme Howard Petrie, habituellement méchant de westerns) et dans les films noirs (Cotten joue au gin-rummy avec Will Wright, le détective d'hôtel dans *The Blue Dahlia*).

Les gangsters que Stewart joue la même année dans *Kiss Me Deadly* et dans *Chicago Syndicate* sortent du même moule : manières aussi impeccables que les costumes sur mesure, même regard amusé devant la folie humaine. Mais en dernier recours, absolument sans pitié. *Chicago Syndicate*, dirigé par l'acteur et réalisateur de westerns Fred Sears, est le genre de production qu'il faut regarder en détail pour apprécier : le Xavier Cugat Orchestra, par exemple, ou l'atterrant jeu de mots sur le nom de la starlette (Abbe Lane – qui vient présumément d'Abilene au Texas). Comme tous les films-exposés de la période, il faut se montrer tolérant sur l'habillage, l'infecte voix off, la présentation de la ville. Ici on met à contribution le poète lauréat Carl Sandburg, chantre de Chicago. Les productions Clover – du légendairement pingre Sam Katzman – ont rarement été aussi cossues et prestigieuses. Pour lui, Clover voulait dire "oseille" plus que "trèfle". Le commentaire moralisateur du début est gratiné : "Sous la carpette de notre complaisance et inertie, une fois Mister Big [Capone] mis sous les verrous, la saleté s'accumule de nouveau..." C'est encore une histoire de comptable qui veut parler. Il se fait descendre, et le film peut commencer. Cette fois, c'est le directeur d'un journal qui organise la lutte, le procureur de la ville et le FBI s'avouant impuissants. Il propose une grosse somme à un comptable, ancien de l'OSS, pour entrer dans les bonnes grâces d'un malfrat particulièrement habile et soupçonneux, Arnie Valent, qui contrôle tous les rackets de la ville. Le comptable, Barry Amsterdam, est joué par un Dennis O'Keefe aussi vieux et élimé que l'histoire. "Vous êtes né pour ce boulot, Barry." "Je suis né pour mourir dans mon lit à quatre-vingt-dix ans", rétorque Amsterdam, avant de craquer pour les "60 000 smackers" qu'on lui propose, une jolie somme pour un comptable. Mais Arnie Valent (Stewart) est une cible coriace. "*He likes brains more than dames* [1]." Le dialogue est comme la rime, un coup dans le mille, un coup dans le vide. Ce n'est pas toujours drôle d'être la poule d'un gangster intello comme Paul Stewart. La gironde Allison Hayes nous le fait suffisamment sentir. A un moment, Stewart lui interdit quelque chose : "*Over my dead body*", dit-il calmement. Et elle réplique : "Comment je saurais la différence ?" Typiquement, Stewart laisse courir, et s'en amuse même. "Des fois je me demande pourquoi je te supporte." "Faut vraiment que je te le dise ?" Le meilleur moment du film, typique du genre de plaisir second tiroir qu'on peut en tirer, est ce temps mort où on voit Stewart parler à son lieutenant tout en tirant sans plaisir ni attention le manche d'une machine à sous. "Hey, patron, jackpot !" s'écrie le sous-fifre. "*Fix it*", laisse tomber Stewart en s'éloignant, sans ramasser son

1. "Il préfère les cerveaux aux gonzesses."

gros lot. "Fais-la réparer." Que ça ne se reproduise plus. C'est à ce genre de pragmatisme las qu'excellait Paul Stewart.

Après avoir plusieurs fois testé l'"honnêteté" d'Amsterdam, c'est-à-dire son penchant criminel, Valent lui fait suffisamment confiance pour l'emmener voir où est caché son vrai livre de comptes : chez sa mère, qui habite encore le taudis de sa jeunesse. Toujours l'appel du "quartier". Quand Stewart montre à O'Keefe le coin de rue où il jouait des poings pour défendre son emplacement de petit crieur de journaux, on sait tout de suite que c'est là qu'il finira, abattu entre deux poubelles. Chez sa mère, il montre le livre de comptes à O'Keefe, qui a déjà prévenu les flics, mais trop tard : Stewart l'a brûlé. Toutefois une copie sur microfilm existe, que la poule de Stewart était censée avoir brûlée, mais qu'elle a gardée comme garantie et planquée dans un étui à violon chez un prêteur sur gages. C'est ce genre de film, mais aussi le genre où quelqu'un de la trempe de Paul Stewart peut enfin donner toute la mesure de son singulier talent – plus que dans ses films prestigieux : propriétaire du cabaret King Creole dans le film d'Elvis du même nom, reporter dans *In Cold Blood*[1], ou Syd Murphy, un des collaborateurs que Kirk Douglas trahit "pour leur bien" dans *The Bad and the Beautiful*[2]. En 1974, sur le tournage du western *Bite the Bullet*[3] au Nouveau-Mexique – troisième film avec Richard Brooks, qui lui faisait toujours jouer des hommes de presse (un compliment, pour cet ancien journaliste) –, Paul Stewart a fait une crise cardiaque et a dû être remplacé. Il jouera néanmoins ensuite dans deux films de Cassavetes (un autre de ses fidèles), et dans une Panthère Rose, avant de mourir le 15 février 1986, à 77 ans, d'une autre crise

1. *De sang-froid* – Richard Brooks, 1967.
2. *Les ensorcelés* – Vincente Minnelli, 1952.
3. *La chevauchée sauvage* – Richard Brooks, 1975.

cardiaque. Il était marié depuis 1939 à une ancienne chanteuse d'Artie Shaw devenue vedette de radio, Peg LaCentra, qui a souvent doublé des vedettes chantant dans les films noirs, comme Ida Lupino ou Susan Hayward.

*

Albert Dekker n'était pas un régulier dans la troupe de Robert Aldrich, comme pouvait l'être Wesley Addy, le quasi-albinos qui joue le policier Pat Murphy dans *Kiss Me Deadly*, (et figure, aussi tard que 1974, dans *The Grissom Gang* [1]). Mais si on l'a gardé pour la fin, c'est que non seulement le "Dr Soberin" est une présence aussi constante que mystérieuse tout au long du film (on ne voit que ses chaussures à piqûres), mais aussi que Dekker peut prétendre au titre d'*ubercharacter* ne serait-ce que par sa mort, plus sensationnelle encore que dans le film, où il tombe sous les balles de la blonde cupide.

Dekker, un solide citoyen dont les ancêtres remontaient à un Van Dekker, gouverneur de Staten Island quand New York était encore une enclave hollandaise, a dix ans de théâtre derrière lui quand il obtient son premier rôle à Hollywood en 1937, dans l'amusante farce de James Whale sur l'acteur historique, *The Great Garrick.* Une légende des planches plus contemporaine, Alfred Lunt, avait initialement recommandé "Albert Van Dekker" à la Stuart Walker Company, puis l'a engagé lui-même pour sa production de *Marco Millions*, dans laquelle Dekker jouait quatre rôles, un Chinois de quarante ans, un Persan de cinquante, un jeune Chinois, et un prêtre. Figuration le prédestinant aux seconds rôles frappants, tous tendant à la fourberie, souvent en collants et collerette : il sera le duc de Provence dans *Marie-Antoinette*, maître-chanteur dans

---

1. *Pas d'orchidées pour Miss Blandish* – 1971.

deux film policiers, *The Lone Wolf in Paris* et *The Last Warning*, ainsi que le très politique Louis XIII dans *The Man in the Iron Mask*. Il n'est pas plus recommandable dans l'inénarrable *Strange Cargo* [1], le beau film fou de Borzage. Mais il n'est qu'un parmi les plus étincelants mécréants et fadas du film, qui compte Peter Lorre en délateur ("M'sieur Pig"), et Paul Lukas en zigouilleur de femmes, toujours à citer du Marc-Aurèle. Dekker est "Moll", l'ennemi juré de Clark Gable au bagne, qui le reste même une fois échappés ensemble. Lorsque "l'étrange chargement" se retouve à la dérive sur un petit vaisseau, Dekker propose tout de suite que les hommes se partagent Julie, la prostituée jouée par Joan Crawford, et se fait dérouiller par Gable pour sa peine. Mais en mer, Dekker perd son ami (et présumément giton), qui s'est sacrifié pour le bien des autres. Lesquels tirent à la courte paille pour savoir qui goûtera l'eau croupie restant dans le baril. Gable et Crawford tirent les plus courtes, mais Dekker surprend son monde en buvant la timbale d'eau salée. Il faut bien sûr sacrifier à la thématique du sublime chez Borzage pour avaler pareille insanité, mais le jeu (des acteurs) en vaut la chandelle. Dekker aura souvent droit à ce genre d'épaisseur dans ses rôles de salauds.

Epaisseur et subtilité qu'on retrouve même dans les rôles vedettes qu'il jouera brièvement au début de son contrat Paramount. *Dr Cyclops* a beau être un film d'horreur, et le personnage du titre chasser ses patients avec un filet à papillons (les ayant au préalable réduits à dix centimètres), Dekker joue le Dr Thorkel tout en finesse. On se souvient évidemment plus de sa boule à ras et des culs-de-bouteilles qu'il a pour lunettes. Sans parler des merveilleux effets spéciaux d'Ernest B. Schoedsack qui avaient déjà fait le succès de *King Kong* dix ans auparavant. Et *Dr Cyclops*

1. *Le cargo maudit* – 1940.

est en Technicolor. Dekker était à la Paramount depuis *Beau Geste*. En plus des seconds rôles habituels, on lui confie aussi la vedette dans une série B intéressante, *Among the Living*. Double vedette, en fait, puisque Stuart Heisler lui fait jouer à la fois le héros et le fou criminel échappé de l'asile qui lui crée des tas d'ennuis. Heisler dans ses souvenirs [1] se dit assez fier d'avoir demandé à Dekker de jouer le fou de façon plus sympathique que le héros. Et Dekker était bien l'homme qu'il lui fallait pour cela. Ses costumes, nœuds papillon, fines moustaches et cigarettes, lui donnent un air urbain, huileux, qui ferait presque oublier sa carrure alarmante. Mais son dernier film Paramount, un western d'Anthony Mann (*The Furies*), laisse présager l'avenir pour lui. Dekker sera souvent shérif ou marshall par la suite. Quand il n'est pas sur un trois-mâts.

Après la guerre, en free-lance, Dekker continue sa carrière de méchant (avec des vues sur la fortune de Katharine Hepburn dans *Suddenly, Last Summer* [2], par exemple), tout en étant une des personnalités les plus aimées et respectées de tout Hollywood. A tel point qu'il finit à l'Assemblée législative de Californie à Sacramento pour un mandat, de 1945 à 1947. Toute sa vie il restera actif au sein du parti démocrate et dans les causes progressistes, nageant même en eaux troubles au milieu des années cinquante après avoir traité publiquement le sénateur Joseph McCarthy de "cinglé". Ce qui lui a valu d'être mis un temps sur liste grise. "Tout ce que je pouvais faire pour gagner ma vie, c'était des lectures de poésie dans les universités et les clubs de dames patronnesses." Kazan l'a quand même pris pour *East of Eden*. Mais Dekker a continué de dénoncer McCarthy jusqu'à la mort du sénateur en

1. *Directors Guild Oral History*. Détail communiqué à l'auteur par Bertrand Tavernier.
2. *Soudain l'été dernier* – Mankiewicz, 1959.

1957. Dans les années soixante, il s'est fait construire une maison par l'architecte émigré Schindler, au milieu des orangeraies et des bouquets d'eucalyptus qui constituaient encore le plus gros de Woodland Hills, banlieue éloignée de Hollywood dans la San Fernando Valley. Ironiquement, le scénariste de *Kiss Me Deadly*, Al Bezzerides, la lui rachètera plus tard ("pour des cacahuètes"). Il faut dire que, comme beaucoup de maisons d'architectes célèbres, elle était assez mal fichue. Le toit en cuivre, en particulier, se gondolait dans la fournaise de l'été. A quatre-vingts ans passés, Bezzerides était souvent en haut de l'échelle à réparer la toiture quand on cherchait à le joindre par téléphone. Dekker, lui, s'était entre-temps loué un appartement à Hollywood.

A le voir dans *The Wonderful Country* [1] en capitaine des Texas Rangers qui cherche à recruter Mitchum, on est saisi de constater que Dekker, même en fin de course, était plus imposant que la vedette en pleine force de l'âge – le dépassant de près d'une tête, et sans lui rendre le moindre centimètre de tour de poitrine. Ce western miraculé est sans conteste le plus beau film de Mitchum, griffe du passé et nuit du chasseur comprises. Pedro Armendariz, Charles McGraw, même Julie London et son talent limité, contribuent au bonheur. Albert Dekker, lui, est totalement crédible en "Captain Rucker", avec ce mélange de décence et de brutalité propre aux Rangers. Il jouera un banquier dans un autre western, l'intéressant *These Thousand Hills* [2], adapté d'un roman de A.B. Guthrie, l'auteur de *La Captive aux yeux clairs* ; et finalement, en 1968, le directeur de compagnie de chemins de fer qui force Robert Ryan à se lancer à la poursuite de William Holden et de sa horde sauvage.

1. *L'aventurier du Rio Grande* – Robert Parrish, 1959.
2. *Duel dans la boue* – Richard Fleischer, 1959.

Il était à peine revenu du Mexique, avec les 30 000 $ gagnés pour ce rôle dans *The Wild Bunch*, qu'il se retrouvait en première page des journaux, victime d'une des morts les plus bizarres de Hollywood, qui en a pourtant connu pas mal – et une mort qui n'a pas encore été élucidée aujourd'hui, peut-être la plus célèbre après celle du "Black Dahlia". Comme avec la *party girl* tronçonnée, la presse locale de l'époque s'en donna à cœur joie avec les manchettes : "*The Lipstick Execution*" n'était qu'un des titres, et pas le plus racoleur. Le 5 mai 1968, selon la police, le manager de l'immeuble où résidait Dekker, au 1731 North Normandie, a forcé la porte de son appartement après avoir découvert plusieurs messages épinglés dessus, apparemment jamais lus. Il a découvert Dekker mort dans sa baignoire vide, le torse couvert d'épithètes obscènes écrites au rouge à lèvres. L'acteur était en outre dans un harnais, une partie de la corde passée autour du tuyau de douche. Il n'a jamais été fait mention de soutien-gorge ni de porte-jarretelles, comme on l'a dit plus tard. La police, après l'autopsie et une enquête bâclée, a conclu à une mort accidentelle – ce qui a fait rigoler tout Hollywood.

Bezzerides, qui connaissait un peu Dekker, disait qu'il s'agissait effectivement d'un accident, l'acteur étant d'après lui un adepte des jouissances dangereuses. Il avait sans doute glissé au cours d'une de ses pratiques d'auto-strangulation. Les épithètes et insultes écrites au rouge à lèvres étaient à mettre au rayon du masochisme courant. Mais alors comment expliquer ces inscriptions dans le dos ? A soixante-deux ans, un mètre quatre-vingt-quinze et cent quatre-vingts kilos, dans une baignoire vide, des seringues encore plantées dans les deux bras ? Le Dr Cyclops avait bien joué tous les rôles, mais jamais celui d'un contorsionniste à la Lon Chaney.

La fiancée de Dekker n'a jamais accepté les conclusions de la police. Mannequin de mode à l'époque, et futur auteur de *The Love Boat*, qui deviendra un feuilleton télévisé au succès planétaire, Geraldine Saunders était en fait présente aux côtés du manager de l'immeuble lors de la découverte du cadavre. Le living-room était selon elle "immaculé". La salle de bain, par contre, "avait tout du cabinet du Dr Caligari". Saunders a tourné de l'œil en voyant le cadavre, et sa présence a probablement été escamotée par la police en raison de la nature sensationnelle de l'affaire. Trois jours auparavant, Saunders et Dekker étaient allés ensemble au Huntington Hartford, le théâtre sur Vine Street, voir Zero Mostel dans une comédie, *The Latent Heterosexual*. Ils devaient s'appeler le lendemain. Deux jours après, n'ayant pas eu de réponse à ses messages punaisés sur sa porte, elle l'avait fait ouvrir par le manager. "On avait pris une licence de mariage à New York, et on avait trouvé une maison à Encino. Albert a pris cet appartement sur Normandie le temps que l'affaire soit conclue. C'est pour ça qu'il avait pas mal d'argent liquide sur place. Il voulait pouvoir en disposer, peut-être pour un dessous-de-table. Il avait son cachet du film qu'il venait de faire au Mexique, plus deux autres pour des émissions de télévision. 70 000 $ en tout. L'argent n'a jamais été retrouvé. Un magnétophone qu'il utilisait pour répéter a aussi disparu de l'appartement." Onze ans après la mort de Dekker, Saunders était toujours convaincue que l'enquête avait été bâclée. Ou plutôt, que quelqu'un d'influent avait été couvert par le LAPD. Elle affirmait même au *Herald Examiner*[1] de Los Angeles qu'un inspecteur lui aurait dit en confidence : "*Albert Dekker was slickered.*" Autrement dit, affaire escamotée. Geraldine Saunders était persuadée qu'il y avait au moins deux personnes dans l'appartement, et qu'il ne s'agissait ni d'un suicide, ni d'une pratique sexuelle "*kinky*".

1. 16 décembre 1979, article de Al Stump.

Selon le médecin légiste adjoint Herbert McRoy (et non le "charcuteur des stars", le Dr Nogushi, comme l'écrit le souvent approximatif Kenneth Anger dans *Hollywood Babylon*), l'acteur est mort soixante-douze heures avant la découverte du cadavre. Il était déjà violet. Le harnachement de cordes était problématique, l'une étant passée autour de la pomme de douche, mais sans être tendue. Une autre était passée sous les aisselles, autour du cou, finissant par lui barrer la moustache. Comment un homme de cent quatre-vingt kilos espérait-il se pendre, même pour jouir, à un pommeau de douche ? La drogue injectée par les seringues n'a jamais été identifiée – si elle a jamais été vraiment injectée. Trop tard pour les analyses, d'après les experts. Bon nombre de ses amis à Hollywood n'ont jamais accepté la conclusion de la police non plus. Dekker était respecté et aimé ; il venait de recevoir un Tony Award pour *A Man For All Seasons*, qu'il avait joué sur Broadway l'année précédente. Paul Lukas, avec qui Dekker était ami malgré leurs divergences politiques et la concurrence professionnelle qui les opposait pour les rôles de nazis, trouvait ça cruellement risible. "Al était un homme de goût, un poète amateur et un sculpteur de talent. Jamais il n'aurait pratiqué ce genre de choses." Ce qui, venant du Hongrois Pàl Lukàcz, équivaut peut-être à être défendu par Vlad l'Empaleur. Dekker faisait des figurines et sculptures avec des cintres tordus et soudés. Au théâtre, il avait généralement un établi dans sa loge.

S'il y a bien eu vol, le meurtrier aurait alors pu venir chez Dekker avec une "panoplie suicide", cordes et seringues, pour donner le change. Encore fallait-il que Dekker le ou la connaisse. L'acteur était connu pour être généreux, faisant aisément confiance aux gens. Mais il y a un autre angle, suggéré par Saunders dans son interview : Dekker souffrait des yeux, et avait récemment consulté un docteur à New York, qui lui avait prescrit un médicament en grande quantité. “Albert n’a su ce que c’était qu’en lisant les journaux : le praticien était un des plus fameux ‘Dr. Feelgood’ de la Côte Est, pourvoyeur d’amphétamines parmi la Haute à New York et Washington.” Une piste un peu fumeuse, qui n’explique pas grand-chose, à moins d’être J. Edgar Hoover et de croire que le speed mène invariablement aux autres drogues (et à s’habiller en dessous féminins, Edgar chou ?). Mais la drogue a sûrement son importance dans l’affaire. Comment expliquer autrement qu’un homme de la force de Dekker se soit laissé manœuvrer et mettre en scène de pareille manière ? Quant à l’hypothèse du suicide, l’acteur a prouvé sa force de caractère et sa solidité psychique en 1957, quand son fils est mort d’un accident de chasse. Enfin, pourquoi personne n’a-t-il relevé la similarité entre les inscriptions carminées sur son corps nu et les massacres de la famille Manson, exactement un an plus tard ?

Al Bezzerides, tout familier de Dekker qu’il se dit, ignorait ça quand il adaptait si librement *Kiss Me Deadly*. Il a pourtant écrit le Dr Soberin, un sinistre personnage qui transforme Mike Hammer en gerbille déblatérante, à force d’injections de sérum penthotal. Il l’avait réduit à ses chaussures. Le reste du personnage était à venir, et hors de l’écran.

DEUXIÈME PARTIE

Nécrologisme

6 / LA CHAMBRE VERTE

"La revue est momentanément suspendue, le temps pour son éditeur de se faire à son nouvel emploi au New York Sun, *où il dirige le service nécrologique. Il espère revenir très bientôt avec de nouvelles notices."*

GOODBYE ! The Journal of Contemporary Obituaries (a quarterly).

L'idée du présent livre était à l'origine d'écrire une sorte de dictionnaire biographique des acteurs de second plan américains. L'idée encore moins originale derrière était de reprendre des pages nécrologiques parues dans *Libération*, soit en les remaniant, soit en en écrivant d'autres. Le projet a brutalement pris fin en 2001 lorsque j'ai découvrert *Fade to Black, a book of movie obituaries* [1]. Non par crainte de l'imiter, ou de faire doublon, mais à cause de la raison décourageante que l'auteur, Paul Donnelly, donnait en introduction à son entreprise : "Il y a environ un an, je parcourais les rayons d'une librairie, lorsque mes yeux tombèrent sur *The Encyclopedia of Rock Obituaries* (L'encyclopédie des nécrologies du rock). J'en achetai un exemplaire sur-le-champ, loin de réaliser que j'écrirais et compilerais son pendant, que vous tenez dans les mains.

1. Omnibus Press, 2000.

Le lundi suivant, j'écrivais à l'éditeur pour suggérer ce livre. Quinze jours après, le contrat était signé et je me mettais au travail..." Un non-livre était né. Un de plus.

J'ai donc changé d'approche, optant autant pour les vies que ces acteurs avaient pour nous, à l'écran, que pour leurs biographies propres. Et, comme toujours au bout du compte, j'ai opté pour le partiel et le partial, renonçant à l'ouvrage exhaustif de référence, délaissant du même coup les candidats évidents et attendus (adieu, Warren, Harry Dean, Cookie, ciao Aldo) pour des paroissiens plus obscurs peut-être, mais pas moins intéressants. J'ai tout de même décidé de maintenir une section nécrologique, ne serait-ce que pour pouvoir réparer quelques torts, parler de cette activité étrangement euphorique qu'est la nécrologie, et, accessoirement, donner encore un peu plus de munitions à ceux, collègues comme lecteurs, qui pensent que je n'ai que du formol dans le stylo.

La nécro, cette sorte de bio instantanée en granulés (posologie : une ou deux colonnes ; deux ou trois feuillets), est un art peu pratiqué en France, encore moins apprécié, et certainement pas remboursé par la Sécurité sociale. Contrairement aux pays anglo-saxons par exemple, aucun grand quotidien français ne maintient de service permanent pour les disparitions, mis à part le bureau des notices nécrologiques payantes. Ainsi, quand j'ai proposé à la rédaction de *Libération* en décembre 2001 une nécro sur l'*obituaries editor* du *New York Times*, pourtant lu par des légions de fans dans tout le pays, je n'ai rencontré qu'incompréhension, ou pire. "C'est pousser le bouchon un peu loin", m'a-t-on dit. Ceci, dans une publication notoire pour son respect des morts et des anniversaires. Car il est vrai que je n'ai pas à me plaindre : quel autre journal en France se montrerait aussi accueillant pour trois feuillets sur Paul Winfield, Ellen Drew ou Charles Lederer ? A *Libé*, les morts ont toujours raison, ou du moins droit à leur dernière place au soleil. Et à la couverture, si c'est Marlene, même et surtout en plein festival de Cannes. C'est le seul quotidien national au monde capable de mettre en couverture un philosophe ou Hubert Selby Jr., ou un dessinateur de *Mad* magazine en ouverture des pages culture. Bien sûr, pour une couverture bien venue, il y a les autres, abusives (comme cinq pages pour l'infernal Arthur Miller). Mais il n'empêche : *Libération*, pour ce qui est des morts, c'est la chambre verte.

Et pourtant, aucune commune mesure avec le *Washington Post*, par exemple, qui emploie à temps plein six journalistes, plus un *obituaries editor*, pour le seul service des nécrologies. Ou avec les grands journaux anglais comme le *Times* ou le *Guardian*, où la nécro a toujours été une sorte de sous-genre littéraire, souvent d'ailleurs pratiqué par des invités vedettes, comme Graham Greene, John LeCarré, ou Martha Gellhorn. Pour les lecteurs britanniques, c'est de plus une occasion de se régaler de vies excentriques, écrites et condensées avec esprit. Les meilleures nécros ne sont pas les dépêches d'agence rebidouillées qui passent pour telles, mais les *labors of love* et biographies-éclairs qu'elles sont parfois. Et lorsqu'on sait qu'il existe un service, un poste d'*obituaries editor* dans un journal, les familles sont plus à même de les contacter pour les alerter sur des vies interrompues, insoupçonnées peut-être, mais qui valent la peine d'être écrites. Ainsi, le 22 janvier 2000, le respecté journaliste financier du *New York Times* Robert D. Hershey Jr. pouvait-il célébrer *con gusto* la disparition de George Crowley, l'inventeur de la couverture électrique chauffante. A priori, pas un sujet très sexy. Mais, parce que ses enfants étaient à même de fournir des souvenirs attendris sur les coups fumants de ce père qui les rendait chèvres avec ses inventions et diaboliques prototypes (comme l'escalier intérieur qui s'allumait sur simple pression des marches, un bide commercial que les enfants dans leur âge tendre prenaient pour une machination paternelle typiquement répressive pour les poisser à rentrer de boum au milieu de la nuit), l'histoire prenait du corps et devenait, sinon inoubliable, disons divertissante. Et toujours susceptible de renforcer la foi dans le genre humain. De même, qui eût cru que Hedy Lamarr, qui n'a pourtant jamais paru avoir inventé la poudre à l'écran, était morte très riche, non seulement à cause d'un mariage avantageux, mais surtout parce qu'elle continuait de toucher des royalties sur un système de brouillage radio qu'elle avait inventé avec le compositeur George Antheil ? Le brevet leur avait été achetée par l'US Air Force pendant la guerre.

Il n'est évidemment pas question d'essayer de rivaliser avec les stylistes britanniques, ou même les Etats-Unis – pays tenant la nécro en telle estime qu'il existe une International Association of Obituarists qui se réunit tous les ans à Las Vegas (Nouveau-Mexique, pas Nevada), où le trépas de Richard "Noodles" Pearson, qui dirigeait le service nécrologique du *Washington Post* depuis 1988, est perçu comme un mini-séisme, à tout le moins une perte nationale. Les œuvres de cette armée des ombres s'achètent même parfois en volumes, tel *The Last Word*, anthologie des meilleures nécros du *New York Times* compilées par Marvin Siegel, ou encore le plus pervers *52 McGill*, recueil de 52 nécros que beaucoup croient inventées de toutes pièces, McGill étant une figure quasi culte au sein du *Times*.

Aux Etats-Unis, les spécialistes planchent longuement sur les nécrologies, et souvent en avance. Albin Krebs, du *New York Times*, raconte comment en 1989 on l'a envoyé voir Bette Davis pour une mise à jour de l'*advance obit* (nécro frigo) que le journal avait sur elle, sous le fallacieux prétexte de l'interroger sur son dernier téléfilm. Elle avait répondu poliment en servant le thé. Lorsque les questions se firent plus personnelles, l'actrice gratifia le journaliste d'un de ses haussements de sourcils oscarisables. "*Mis-ter Krebs*, vous ne seriez pas par hasard en train de me pomper pour ma nécrologie?" Le rouge au front, Krebs répondit que si. Davis passa sans un mot dans la cuisine avec le service à thé, revenant quelques instants après. "En ce cas, oublions cette idiotie de thé, et prenons un verre!"

C'est un fait reconnu que nombreuses sont les personnalités qui ne s'offusquent pas de ces oiseuses enquêtes; certaines même les encouragent, allant jusqu'à poursuivre les rédacteurs de leurs assiduités. Mon combat pour la reconnaissance des morts est infiniment plus modeste et inégal, mais il dure depuis ma collaboration au journal. Le condescendant chapeau qui étayait une de mes premières nécros d'envergure, "La Femme à battre", fin 1981, donne une idée du calvaire, mais aussi des coudées franches qu'on nous accordait parfois à l'époque (en insistant). "Gloria Grahame est morte voici quelques semaines, et nous en avons déjà parlé, mais Philippe Garnier a tenu à lui rendre un dernier hommage." On croit rêver. Mais c'était aussi l'époque où j'envoyais mes papiers par la poste (air mail)... La fosse commune d'un feuillet et demi dans laquelle j'expédiais en août 85 les deux blacklistés Gale Sondergaard (la Femme-araignée) et Lester Cole (scénariste) en même temps que la recluse Louise Brooks représente plus la norme : juste un coin de page menacé par deux publicités.

Car ces notules ou pleines pages s'écrivent le plus souvent en une heure ou dix minutes au milieu de la nuit. On salue une dernière fois Sylvia Sidney, sans retrouver à temps le bel hommage que Dashiell Hammett lui rendait dans une lettre à propos de *City Streets* [1] en 1931 : "*She's good, that ugly baby* [2]." Parfois on reste sur un unique souvenir de film. Parfois on a le temps de courir au maga-

1. *Les carrefours de la ville* – Rouben Mamoulian.
2. "Elle est bonne, cette affreuse poulette."

sin de location vidéo, ou de remonter une cassette de la cave. Il y a tous les aléas du bouclage, l'actualité qui prime, les parutions chamboulées. Parfois on a de la chance avec les titres, qu'ils soient de vous ou non. "Bob le Flambé", pour Aldrich. "Fin d'un mystère atmosphérique", pour Joan Bennett. "Travailleur de l'amer", Dana Andrews. D'autres fois on se les mord ("Madame Jean Arthur était une femme"). D'autres fois encore, on a tous les torts pour soi : c'est ainsi qu'en novembre 1991, la nécro de Ralph Bellamy est parue dans *Libération* alors qu'il était toujours vivant. Vu son état, souffrant d'une grave maladie des poumons dans un hôpital de Santa Monica, il s'agissait plus d'une erreur technique que véritable. En fait, j'avais mal interprété un communiqué à la radio. Et, autre anomalie, mon article était passé flash flash, plus vite qu'à l'ordinaire. Dicté par téléphone, si je me souviens bien, à une époque où il y avait encore des clavistes à *Libé*, et où celles-ci avaient des dents pour mordre. Mais qu'à cela ne tienne, l'obligeant Monsieur Bellamy – qui toute sa vie, et avec la même constance, a joué les fiancés évincés (ou carrément torturés, comme dans *His Girl Friday*), les "hommes de secours", mais toujours bonnes pâtes – s'était montré aussi accommodant dans la mort que dans ses films – s'éteignant deux jours après, avant que personne ne relève ma bourde. Il m'en est toujours resté un fond de reconnaissance, et je le revois avec le même plaisir dans ces films Paramount et RKO des années trente ou quarante – avec une préférence pour *The Awful Truth*, bien sûr, dont le seul titre garde une résonance spéciale. L'horrible vérité sur le plumitif empressé.

*

UNE VEDETTE TRÈS CATHODIQUE

Loretta Young, décédée d'un cancer le 12 août 2000 à Palm Springs, avait une certaine réputation à Hollywood. Elle et Rosalind Russell étaient surnommées "The Hollywood Nuns". Toujours fourrée avec des jésuites ou des cardinaux, elle avait, en 1972, attaqué NBC en justice pour avoir passé quelques-uns de ses vieux films des années trente qui, disait-elle, "nuisaient à son image et au "Loretta Young Show", émission de télévision extraordinairement populaire et ennuyeuse tablant sur les "valeurs morales et familiales", qui avait fait les beaux jours de la chaîne dans les années cinquante et repassait à cette époque. NBC dut lui verser 559 000 $ de dommages. Républicaine et catho, femme d'affaires hors pair, Loretta Young était néanmoins une drôle de catholique. De son propre aveu, elle s'est toujours sentie "*susceptible to men*", tombant souvent amoureuse de ses partenaires.

Elle fit sensation quand, à 17 ans et déjà pulpeuse vedette chez First National, elle s'enfuit à Yuma avec l'acteur Grant Withers, tout juste divorcé et plus vieux de neuf ans ; le mariage fut annulé six mois après en 1931, ce qui ne les empêcha pas de jouer tous les deux la même année dans un film justement intitulé *Too Young To Marry*. Trois ans plus tard, sur le tournage de *A Man's Castle* [1], le beau film de Borzage, elle fit beaucoup plus que vibrer avec Spencer Tracy en regardant les étoiles par la lucarne de leur chambre, sous la lentille lumineuse de Joseph August. Romance sans issue, l'un étant marié, et les deux catholiques pratiquants. Deux ans plus tard, l'appel de la

1. *Ceux de la zone* – 1933.

forêt sur *Call of the Wild* était encore plus risqué pour elle. Cette fois c'était Clark Gable, et le film de William Wellman une adaptation de Jack London. En 1994, sa fille adoptive Judy Lewis publiera un livre, *Uncommon Knowledge*, révélant qu'elle avait en fait été conçue sur ce tournage, et brièvement placée en adoption pour tromper la presse et le public, Gable étant marié à l'époque. En 1940, Young épouse Thomas Lewis, un grossium de la publicité qui deviendra le producteur de son show télévisé, et le père d'un autre enfant. Sur la fin de sa vie, l'actrice épousera son vieil ami le couturier Jean Louis, décédé en 1998.

Mais Loretta Young avait été précoce en tout. Née Gretchen Michaela Young à Salt Lake City en 1913, elle apparaît déjà à 4 ans comme une des enfants du désert à la traîne de Valentino dans *The Sheik*. Lorsqu'en 1933 elle quitte Warner-First National, son premier studio, Loretta n'a que vingt ans, mais déjà quarante films derrière elle. Son tout premier chez First National, à l'âge de quatorze ans, résume un peu ce qu'elle jouera le mieux à Burbank : *Naughty But Nice*. Un autre s'appelle *Loose Ankles* ("leste des chevilles", tout un programme). Loretta est toujours la fille foncièrement bonne et honnête, mais c'est la Dépression, et il faut bien vivre. Dans des films souvent faibles mais parfois frappants par leur franchise, First National posait les questions de survie, en particulier pour les femmes, en termes sans équivoque. Dans *Employee's Entrance*, de William Wellman, Warren William joue un bourreau de travail à la tête d'un grand magasin. Pour obtenir une place de modèle, Loretta passe à la casserole, comme les autres. Puis elle s'amourache de Wallace Ford, un jeune chef de rayon ambiteux que William prend sous sa coupe mais qu'il veut aussi, cyniquement, modeler à son image. Au cours de la fête des employés, Ford s'enivre, Loretta s'enivre, et William franchit une nouvelle fois l'entrée des employés avec elle, dans une arrière-salle clairement réservée au droit de cuissage. Le film, distrayant au possible sur un sujet scabreux et même déprimant, est typique de ce genre de comédies "sociales" qui en disent plus long qu'on ne penserait sur les relations entre hommes et femmes, employés, domestiques et patrons. *She Had to Say Yes*, un film de Busby Berkeley fait la même année (1933), reprend exactement les mêmes prémisses : encore à cause de la Dépression, qui a bon dos, la direction d'un grand magasin décide de mettre les sténodactylos à contribution pour distraire les acheteurs et détaillants en goguette. A noter que la compagnie a déjà un cheptel de modèles et employées pour ce genre de relations publiques. Loretta est la secrétaire de Regis Toomey, qui a eu la riche idée de mettre les dactylos à contribution, sauf Loretta, qu'il considère comme chasse gardée. Le studio ne manque jamais une occasion de montrer la jeune vedette en nuisette, combinaison, ou tenues encore plus légères. Mais c'était la Dépression. Le Code de censure mettra fin à tout ça dès 1934. First National ne jouait pas que sur ce plan quasi hypocrite. *Week-end Marriage*, premier des deux films qu'elle fait avec Preston Foster, examine franchement les problèmes rencontrés par le couple lorsque Foster perd son emploi et Loretta doit porter la culotte. Et le deuxième film (elle en fera cinq en tout) de Young avec Wellman, *Heroes for Sale*, est une manière de chef-d'œuvre. Elle joue la femme de Richard Barthelmess, qui revient de la Première Guerre mondiale éclopé et rendu morphinomane par ses mois d'hôpitaux – du même coup longtemps inemployable à son retour au pays. Encore une liberté de ton à laquelle la censure mettra fin jusqu'aux années soixante.

Peau de pêche, yeux de biche qui lui mangent le visage et lui donnent l'air un peu bête, elle se contente tout ce temps d'être jolie, toujours l'ingénue ou la jeune épouse casse-bonbons, comme avec Cagney dans *Taxi*. Juste avant de signer pour sept ans (de malheur, à son avis) avec Zanuck et son nouveau studio, Twentieth Century, elle aura le temps de faire son plus beau film chez Columbia avec l'incomparable Borzage : dans *A Man's Castle*, elle est parfaite en greluche affamée que Tracy emmène dîner à l'œil chez les rupins. Lorsqu'il la ramène chez lui dans sa cabane de traîne-savates ("mais d'homme libre"), c'est l'adoration immédiate. Dans une scène coupée du film, elle va même jusqu'à offrir de se faire avorter pour ne pas contrarier son homme. Tracy, lui, ne cesse de la traiter de sac d'os ou de planche à pain, mais, comme elle l'a reconnu plus tard, ce fut néanmoins le rôle de sa vie. Le film fut un désastre commercial aux Etats-Unis, mais très admiré en France.

Malgré cela, Young s'estimait être plus vedette que vraie actrice. "Je ne suis pas Bette Davis", répétait-elle à Zanuck, qui s'entêtait à lui faire jouer des rôles de jeunes premières ou d'épouses. "J'en avais plein le dos de jouer Mme Alexander Graham Bell", confiera-t-elle plus tard à John Kobal, ajoutant de façon perspicace que Zanuck "ne connaissait rien aux femmes ni aux rôles féminins", opinion partagée par beaucoup de scénaristes et metteurs en scène, même admirateurs de celui qui était sûrement l'homme de cinéma le plus avisé parmi les *moguls* à Hollywood. Et de fait, les quelque vingt-cinq films qu'elle fera en huit ans chez Fox ne sont en rien mémorables, même quand elle tourne avec John Ford ou Tay Garnett. Une fois libérée de son contrat, elle semble choisir des cinéastes ou des projets qui s'accommodent mieux de ce que son physique est devenu : un peu flasque et comme il faut. Elle est adéquatement hystérique dans *Cause for Alarm* [1], un rôle pourtant tout indiqué pour Bette Davis. Alan Ladd va à sa rescousse dans *China*, elle est l'épouse

1. Tay Garnett, 1950.

fadasse de l'ex-nazi joué par Welles dans *The Criminal*, elle gagne un oscar pour une fadaise scandinave de H.C. Potter, *The Farmer's Daughter* [1]. Elle est par contre avenante dans *Rachel and the Stranger*, film bucolique de Norman Foster, son ancien acteur-soupirant de chez First National. De ce tournage, Robert Mitchum raconte que l'intraitable vedette interdisait les gros mots sur le plateau, contre sa religion d'après elle. “Elle avait un tronc à gros mots, et si vous disiez ‘hell’, c'était 25 cents, ‘shit’ c'était 50 cents, et ainsi de suite. Alors moi un jour je lui fais : Et si je dis ‘fuck’, Loretta? ‘Oh, ça c'est gratuit’, qu'elle me fait. Texto. Oh, cette Loretta...” C'était du moins une des histoires favorites de Mitchum, grand affabulateur devant l'Eternel.

En 1953, Young s'est retirée du cinéma, pour se consacrer à ses œuvres de charité tout en se lançant dans la télévision. Son show durera plus de dix ans, épuisant même les détracteurs.

JOANNE DRU, BELLE DE L'OUEST

La dame avait du chien. Dans *Red River* [2], le film qui la fit découvrir, une flèche indienne qui lui cloue l'épaule à son chariot ne l'empêche pas de coller une claque à Monty Clift en savourant son effet, et le plaisir à venir – tout au long de la Chishlom Trail, jusqu'à Abilene et la mémorable scène finale où elle engueule Clift et Wayne.

Chez Hawks comme chez Ford, elle se distinguait des greluches de western habituelles par le feu dans ses yeux et la hardiesse de son port de reins. Hawks pourtant l'avait choisie par défaut, après l'avoir repérée en train de prendre

1. *Ma femme est un grand homme* – 1947.
2. *La rivière rouge* – 1948.

un bain de soleil dans un hôtel de Palm Springs ; mais il a toujours dit que Dru n'était pas aussi idéale pour jouer "Tess Millay" qu'aurait pu l'être son premier choix, Margaret Sheridan, l'ex-modèle qu'il avait placé sous contrat après l'avoir vu sur une publicité pour une marque de bière. Avec ses appâts physiques plus évidents, Sheridan était effectivement plus dans le moule hawksien. Mais Sheridan entre-temps s'était mariée et se trouvait enceinte de trois mois ; malgré sa déconvenue, Hawks lui donnera sa chance dans *The Thing*, mais trop tard pour qu'elle fasse une carrière conséquente.

Dans *Red River*, Dru n'est effectivement ni en beauté, ni même particulièrement à l'aise avec le fameux dialogue hawksien qui décline l'amour-détestation sous toutes ses plaies et bosses. Perversement peut-être, c'est Ford qui s'est chargé d'imposer la découverte de Hawks au grand public, et de la faire fonctionner à plein rendement dans le moule pourtant depuis longtemps devenu un des *trademarks* de son ami et rival. Dans *She Wore a Yellow Ribbon* [1], Dru ne porte pas de ruban jaune dans les cheveux, mais une provocante casquette de cavalerie. Elle joue Olivia, la belle du fort, qui rend doucement dingues les deux lieutenants, joués par John Hodiak et Harry Carey Jr. Tout comme un an plus tard elle allumera le chef de convoi Ben Johnson dans l'épatant *Wagon Master* [2], du même John Ford ("Z'avez du feu ?"). Elle joue "Denver", une danseuse de "hootchie-cootchie", comme dit l'apoplectique homme d'Eglise et d'action Ward Bond, traînant ses bottines et jupons sur toute la longueur de l'Utah au milieu d'un convoi de Mormons. C'est peut-être son plus beau rôle, à la redresse mais sexy, le genre de bonne fille de mauvaise vie dont Claire Trevor a fait toute une carrière. Denver fume des cigarettes, porte de façon provo-

1. *La charge héroïque* – 1949.
2. *Le convoi des braves* – 1950.

cante ses anglaises épinglées sur le haut de la tête, et une mouche au menton ; elle prend des bains en toute occasion et cause des tas de tracas à Ben Johnson. “Il te plaît, hein ?” dit la saltimbanque plus âgée à Denver. “Je veux pas le voir transformé en passoire, si c'est ça que tu veux dire”, réplique celle-ci d'une voix joliment voilée par le désir.

Joanne Dru trouvera rarement pareil rôle de drôlesse durant le reste de sa carrière, même si à cause de ces débuts fracassants elle s'est vu principalement cantonner aux personnages de westerns, destin ironique pour quelqu'un qui détestait les chevaux et les corsets à baleines. Malgré cela, elle ressembait plus à “Denver” qu'à une pionnière en coiffe. Originaire des montagnes de Virginie, fille de modiste et de pharmacien, elle était vite montée à New York pour travailler d'abord comme modèle, ensuite comme danseuse de cabaret, vie de chien dont devait la sortir Al Jolson peu de temps après en la remarquant dans un club. Du chien, il en fallait sacrément à Joanne LaCock pour tenter une carrière d'actrice sous son vrai nom – un peu comme chez nous vouloir se lancer dans la variété en s'appelant Suzie LeZob. Mais son premier mari, l'acteur Dick Haymes, l'emmena bien vite à Hollywood où, une fois n'est pas coutume, on lui trouva un nom aussi frappant qu'adéquat : Dru.

A part de rares incursions déplacées chez Paramount où on la fait jouer avec Dean Martin et Jerry Lewis dans *Three Ring Circus* [1] et l'accouple avec Liberace (!) dans *Sincerely Yours*, c'est surtout en Scope-couleurs qu'on la voit dans les années cinquante : *Vengeance Valley* [2], *Return of the Texan* (western moderne de Delmer Daves), *The Siege at Red River* (Maté). Elle se fait lyncher par une

1. *Le clown est roi* – Joseph Pevney, 1954.
2. *La vallée de la vengeance* – Richard Thorpe, 1951.

foule de sudistes dans l'intéressant *Drango* [1], et elle tient un saloon dans le western en relief tourné par son second mari John Ireland, un désastre variablement intitulé *Hannah Lee* ou *Outlaw Territory*.

Ils s'étaient connus sur le tournage de *Red River*, où les répliques de l'acteur et l'importance du personnage de Cherry Valance avaient progressivement fondu comme neige au soleil. On a souvent attribué cela au fait que Hawks était moins qu'enchanté de la conduite dissipée de John Ireland – surtout comparé au bosseur névrotique qu'était Montgomery Clift. Plus encore que le manque d'application et les occasionnelles muflées, Hawks lui reprochait sans doute aussi d'avoir commencé une liaison avec son actrice principale (rôle qui lui était ordinairement réservé), et même une autre dans la foulée avec Shelley Winters, qu'on entrevoit en entraîneuse lors d'une scène de bal. Mais lors de la parution du livre de Todd McCarthy sur Hawks, le fils d'Ireland a écrit une lettre ouverte à la presse, affirmant au contraire que l'ostracisme dont Hawks avait frappé son père venait simplement d'une sombre histoire de contrat entre le cinéaste, l'acteur et l'agent Charles Feldman, qui coproduisait également le film. Personne ne mentionne que Dru était encore mariée à Dick Haymes à l'époque. Ireland et elle ont fait plusieurs films ensemble après leur mariage en 1949, notamment le prestigieux *All the King's Men* [2], et *Southwest Passage* [3], curieux western dans lequel l'US Cavalry a pour mission de tester des chameaux.

Dans le mirifique *711 Ocean Drive* [4], elle était sensationnelle en robe de soleil et lunettes noires au bord d'une piscine de Palm Springs (encore !), aux côtés de son ma-

1. *Le pays de la haine* – Hal Bartlett, 1954.
2. *Les fous du roi* – Robert Rossen, 1949.
3. Ray Nazarro, 1954.
4. Joseph Newman, 1950.

fieux de mari et du grossium venu de Chicago, joué par le suave Otto Kruger. Elle servait d'appât idéal pour le lourdaud mais entreprenant Edmond O'Brien, ancien réparateur de téléphones sur le point de mettre la main sur le racket des paris turfistes à l'ouest des Rocheuses. Mais là encore son rôle est loin d'être aussi frappant et consistant que dans les films qui l'ont lancée. Même chez Anthony Mann, elle ne joue que les utilités, alors qu'on aurait sincèrement préféré la voir en face de James Stewart dans autre chose que *Thunder Bay* [1] – dans un western, par exemple, même si elle détestait les tourner.

C'est peut-être pour ça qu'après avoir épousé C.V. Wood Jr., un riche promoteur immobilier, elle raccrocha les éperons. Son dernier vrai film date de 65, une apparition dans *Sylvia*, de Gordon Douglas, qui l'avait déjà dirigée dans bien pire kitscherie encore : *Sincerely Yours*, où elle et Dorothy Malone s'arrachaient le pauvre Liberace, qui n'a jamais voulu vivre qu'avec sa mère et son piano. Dru a quand même fait de la télé, dix ans sur un feuilleton, et dans les émissions de jeu de son frère présentateur, Peter Marshall. Et, comme beaucoup de stars, elle est passée par l'Italie sur le tard. *Poliziotto Superpiù* (connu chez elle sous le titre amusant de *Super Fuzz*), une parodie signée Sergio Corbucci, est, selon l'humeur, son film le plus drôle ou le plus lamentable, véritable cimetière des éléphants pour seconds rôles américains (Ernest Borgnine, Marc Lawrence) – et encore plus kitsch que *Sincerely Yours*.

Joanne Dru est morte à 74 ans dans sa maison de Beverly Hills, de complications respiratoires, le 10 septembre 1996.

1. *Le port des passions* – 1953.

D'UN CÔTÉ SEULEMENT

"*You're a queer duck*", lui dit Cary Grant dans *Only Angels Have Wings* [1]. Un drôle de canard. Harry Cohn, l'employeur de Jean Arthur à la Columbia durant plus d'une douzaine d'années, était typiquement plus cru pour décrire sa vedette : "Mi-ange, mi-cheval", disait-il. Frank Capra, qui la lui a pratiquement imposée pour *Mr. Deeds Goes to Town* et n'a été que trop content de faire deux autres films avec elle, la considérait tout simplement comme "l'actrice idéale", et sa favorite, tout en reconnaissant qu'elle avait aussi son mauvais côté. Et pas seulement sa timidité ni sa sauvagerie sociale : il fallait aussi construire les décors en conséquence, s'arranger pour toujours la faire entrer du bon côté pour lui éviter les torticolis. Jean Arthur n'était certes pas la seule vedette photographiable uniquement d'un côté (Claudette Colbert est la plus connue), mais peut-être la seule à valoir tout ce tintouin. Car Jean Arthur était la plus grande comédienne qu'a connue Hollywood.

C'est une opinion qui ne semble pas avoir été trop partagée, à en croire le peu de traces qu'elle a laissées aux palmarès ou dans les histoires du cinéma. Tout juste une nomination tardive aux oscars – mais pour un de ses meilleurs films, *The More the Merrier* [2]. Boudant presque maladivement les moulins à publicité, les fan-magazines et les tournées professionnelles durant sa carrière active, elle est également restée résolument à l'écart du circuit des "hommagés" habituels et des rétrospectives. Comme le grand William Powell, son partenaire dans *The Ex-*

1. *Seuls les anges ont des ailes* – Howard Hawks, 1939.
2. *Plus on est de fous* – George Stevens, 1943.

Mrs. Bradford, elle s'est éclipsée tôt, dans un oubli confortable, digne et volontaire. Lorsque Powell est mort à 90 ans, tout le monde le croyait depuis belle lurette résidant d'une belle crypte à Forest Lawn, et non pas heureux retraité à Palm Springs. Jean Arthur a fait sensiblement la même chose dans une toute petite maison de Carmel entourée sur trois côtés par le Pacifique, où ses cendres ont d'ailleurs été dispersées, histoire d'éviter les éventuels pique-niqueurs nécrophiles.

A Carmel, durant sa longue retraite, elle portait ses cheveux courts et aussi platinés que sa voisine Kim Novak, de gros chandails et des chaussures de marche. Avec l'âge, ses pommettes s'étaient arrondies et développées. Du "drôle de canard" il ne restait plus que les mirettes, toujours capables de s'agrandir comme des soucoupes, et aussi son sourire tordu. Deux instruments extraordinaires dont elle réussissait parfois à jouer sur trois ou quatre registres à la fois.

Il est de notoriété publique que "Miss Arthur" n'aimait ni Hollywood, ni Harry Cohn, ni les objectifs d'aucune sorte. Dès qu'elle a pu, elle a refusé de poser pour les calendriers et les fan-magazines. Pas de *cheesecake* pour le canard boiteux. Un comble, pour cette fille de photographe new-yorkais qui débuta dans la vie comme modèle et épousa même un photographe, Julian Anker, en premières noces. Il est vrai qu'elle fit annuler le mariage au bout d'une journée. C'était en 1928, elle était à Hollywood depuis cinq ans. Sa première apparition à l'écran se trouve être dans un film muet de John Ford (*Cameo Kirby*), mais c'est près de onze ans plus tard qu'il lui met véritablement le pied à l'étrier, lui faisant jouer Wilhelmina Clark ("Call me Bill") aux côtés d'E.G. Robinson dans *The Whole Town's Talking* [1]. Dans l'intervalle, elle aura surtout joué

1. *Toute la ville en parle* – 1935.

les utilités dans d'innombrables films muets. Mais qui la remarquerait sans sa voix ? Qui la reconnaît seulement parmi la nuée de "fiancées en folie" qui cavalent après Buster Keaton dans *Seven Chances* ? Elle connaît ensuite un interlude bénéfique sur Broadway, et c'est évidemment Capra qui fait découvrir à Cohn sur quelle pépite il est assis. Pour *Mr. Deeds*, il avait réellement besoin d'une actrice qui, tout en ayant suffisamment l'air plébéien, soit aussi capable de débiter des kilomètres de dialogue à toute berzingue tout en sachant faire le *double-take* et le *slow-burn* comme une vieille pro de chez Sennett.

Jean Arthur, comme l'indique suffisamment son vrai nom (Gladys Georgianna Greene !), avait en effet toujours le physique de l'emploi : assez dessalée et à la redresse pour jouer les journalistes ou les *troubleshooters* (Babe Bennett, ou "Saunders" dans les Capra), assez physique et vivace pour être plausible en Calamity Jane dans le film le moins plausible de l'histoire (*The Plainsman* [1], de DeMille), mais aussi, une fois son chignon tiré comme il faut, parfaitement à son aise pour jouer les dindes, ou, pourquoi pas, une députée bas-bleu de l'Iowa venue à Berlin inspecter les dommages du marché noir sur le moral des troupes d'occupation (dans l'excellent *Foreign Affair* [2] de Billy Wilder). Arthur était très aimée du public américain, même si les patrons de studios la trouvaient trop distante ou trop compliquée.

Pourtant elle n'était ni belle ni moche : un menton limite, une bouche agitée, des yeux immenses, et un curieux nez un peu rond au bout qui luisait sous les projos – comme une pomme offerte à l'institutrice, dont elle avait le genre, sinon le tempérament. Mais c'est évidemment sa voix qui la rendait unique, qui faisait oublier les coiffures

1. *Une aventure de Buffalo Bill* – 1936.
2. *La scandaleuse de Berlin* – Wilder, 1948.

fâcheuses ou les robes tartignoles. Jean Arthur était un peu l'Yma Sumac de la comédie, sa voix profonde pouvait par moments s'envoler dans des aigus surprenants, dont elle jouait comme personne. Elle avait cet art de dire quelque chose tout en pensant non à autre chose, mais à plusieurs choses à la fois – de ces tons nasillards qu'elle savait contrôler en d'expressifs dégradés d'extase, d'indécision, ou même d'appels au rut.

Guère étonnant, capable de telles prouesses, que son métier lui ait collé des papillons dans l'estomac. Capra affirmait que cette actrice pourtant si douée dégobillait avant et après chaque scène. Ce trac ne l'a jamais quittée. En 1950, elle a renoncé à jouer sur Broadway le rôle principal d'une pièce que Garson Kanin avait spécialement écrite pour elle, *Born Yesterday* [1]. Judy Holliday en fit ce que l'on sait, aussi bien sur les planches qu'à l'écran. Au tout début de la guerre, Kanin avait déjà écrit un scénario pour Jean Arthur et son mari du moment, le producteur Frank Ross. Kanin ne figure pas parmi les quatre noms cités comme scénaristes au générique, mais c'est pourtant à lui qu'Arthur doit *The More the Merrier*, le meilleur film de George Stevens, et incidemment parmi les meilleures comédies hollywoodiennes tout court.

Dans *The More the Merrier,* Arthur souffre une nouvelle fois les affres du surpeuplement domestique. Déjà l'année précédente, dans *The Talk of the Town* [2] (du même Stevens), elle logeait Cary Grant au grenier et Ronald Colman dans sa chambre à coucher, se contentant d'envahir le pyjama de ce dernier. Mais dans *The More The Merrier*, Kanin explore à fond le côté girond et sexuellement grand ouvert de la dame. Stevens l'a fort bien compris et signe ici son film le moins exaspérant. Arthur trouve en tout cas en Connie Milligan son person-

1. *Comment l'esprit vient aux femmes* – Cukor, 1950.
2. *La justice des hommes*, 1942.

nage le plus délectable et sexy; cela va du ping-pong sexuel à travers la cloison entre elle et Joel McCrea, jusqu'aux grivoiseries ouvertement chantées à la fin par Charles Coburn et une armée de vieux cupidons-satyres ("Damn the torpedoes, full steam ahead!").

Frank Borzage est à peu près le seul autre réalisateur à avoir touché ce côté de l'actrice, avec son délicieux *History Is Made at Night*, dans lequel elle fond dans les bras de Charles Boyer, à bord d'un simili-*Titanic*. Hawks par contre, qui n'a pu résister à l'essayer une fois dans *Only Angels Have Wings*, s'y est brisé les dents. Pygmalion frustré – Arthur, en 1939, avait pas mal d'heures de vol au compteur –, Hawks devait aussi se rendre compte qu'il avait fait fausse route dans la distribution, mais trop tard. En chanteuse de saloon bourlingueuse, Jean Arthur paraît un peu perdue au début, et surtout mal choisie. Mais c'est une mesure de son talent que d'avoir pu ensuite jouer les pots cassés comme beaucoup d'autres "filles de Hawks". Il faut la voir au piano comme Chico Marx (chiquichi chiquichi), ou hululer "More Peanuts" dans son curieux costume d'équitation pied-de-poule. Et, comme le fait remarquer "le Kid" (Thomas Mitchell), elle ne fait pas mal aux yeux non plus. Il reste que dans ce film essentiellement "corny" (aussi merveilleux soit-il), le jeu d'Arthur est parfaitement dans le ton.

Pour le reste, Wilder a tout compris quand il lui a donné le nom de Phoebe Frost dans *Foreign Affair*. Chaude et froide. Prude et abandonnée. Mais toujours décidée, courageuse, prête à prendre les coups autant qu'à en donner. Bref, le contraire d'un sac à main. C'est sans doute pour cela qu'on se souvient plus des films que de l'actrice. Les scénaristes, eux, lui vouaient une passion particulière, pour la simple raison qu'elle semblait pouvoir tout jouer, même les choses les plus complexes. Les meilleurs ont écrit pour elle : Sidney Buchman, Kanin, Krasna (l'amusant mais politiquement bourbeux *The Devil and Miss Jones* [1]), Wilder et Preston Sturges (*Easy Living*, avec le manteau de fourrure qui tombe du ciel et change en Cendrillon notre Jean si joliment terre à terre).

Après avoir fait tant d'étincelles dans *Foreign Affair* (John Lund avait beau échanger son gâteau au chocolat contre des bas nylon et un matelas pour les belles jambes de Marlène, Arthur parvenait à rester touchante en Ninotchka de l'Iowa), elle s'est retirée du métier, ne revenant qu'une seule fois à l'écran – par amitié pour Stevens – jouer dans *Shane* [2] un de ses très rares rôles de femme mariée. Puis, en 1965, confondant les attentes de ses proches ou des gens du métier qui se souvenaient encore d'elle, Jean Arthur accepta de figurer comme invitée sur un épisode de *Gunsmoke* à la télévision, et signa ensuite pour le "Jean Arthur Show", dans lequel elle jouait une avocate. C'était la dernière poudre aux yeux de la part de cette femme timide et névrotique, comme pour dire qu'on ne pouvait pas la classer, même en bas-bleu misanthrope.

Pour nous, elle restera néanmoins la fille aux yeux ronds qui ne ferme jamais la bouche, avec cette façon inimitable de dire "*you knOOOw*", comme si elle lançait des signaux de fumée, ou d'expédier trois pages de dialogue en sautant plusieurs fois d'octave. Pour nous, elle restera une fille nommée "Saunders", ou "Lee", ou "Babe", ou "Bill", ou "Miss Shelly." Ou simplement, dans son bustier angora, et *The Talk of the Town*, "*the prettiest girl from Lochester*".

JAN STERLING, PILE ET FACE

"J'étais bien une blonde naturelle, mais parler à la redresse, j'ai dû apprendre", disait Jan Sterling en 2002 pour

1. Sam Wood, 1941.
2. *L'homme des vallées perdues* – George Stevens, 1953.

présenter *Union Station* devant l'écran de l'Egyptian Theatre, lors d'un hommage à l'American Cinematheque. De fait, elle avait beau être la fleur de pavé personnifiée au cinéma, la "street lamp gal" que vantait l'affiche Warner pour *Caged*[1], son film le plus connu, Sterling était fille de la jet-set new-yorkaise, éduquée dans des cours privés en Suisse, puis à la Sorbonne et à Londres. "Lorsque mon père nous emmenait en Europe, il mettait notre avion sur le paquebot. Ceci en plein milieu de la Dépression..." Son père était p.d.g d'une grosse compagnie. Mais, sa mère s'étant remariée, c'est sous le nom de Jane Sterling Adriance qu'elle commença sa carrière d'actrice à dix-sept ans. Longtemps confinée aux rôles de jeune fille bien (genre British) sur les scènes de Broadway, elle se fit remarquer à Chicago en reprenant le rôle de Billie Dawn, la blonde à bagout de *Born Yesterday*. En 1950, Columbia songea même à le lui faire jouer à l'écran, au lieu de Judy Holliday, qui avait créé le rôle sur Broadway.

A Hollywood, elle a presque exclusivement joué les femmes dures et maussades, mais toujours amusantes : la femme du violeur de sourde-muette oscarisée dans *Johnny Belinda*[2]*;* deux fois incarcérée dans le mémorable *Caged,* et le non moins bon *Women's Prison*[3]; particulièrement vénale et gratinée en femme du mineur coincé au fond de la mine dans *Ace in the Hole*[4], cédant au baratin de Kirk Douglas. Dans *Flesh and Fury*[5], avarice et méchanceté personnifiée, elle jetait son dévolu sur un boxeur sourd-muet (encore !) joué par un jeune et angélique Tony Curtis. Dans un autre Pevney, c'est Joan Crawford qui était la *Female on the Beach*[6], mais c'est Jan qui mouillait

1. *Femmes en cage* – John Cromwell, 1950.
2. Jean Negulesco, 1948.
3. Lewis Seiler, 1955.
4. *Le gouffre aux chimères* – Billy Wilder, 1951.
5. Joseph Pevney, 1952.
6. *La maison sur la plage* – Joseph Pevney, 1955.

pour Jeff Chandler, cette fois en agent immobilier plutôt sexy.

Typiquement, c'est avec un de ses premiers rôles "gentils" qu'elle retient l'attention de l'Academy, dans *The High and the Mighty* [1]. Mais les gens de goût la préféreront toujours en entraîneuse dans l'excellent *Mystery Street* [2], où elle éclipse (sûrement plus la marque d'une grande actrice que tout oscar) à la fois Elsa Lanchester et les lampes-appliques du Grass Skirt, le club où elle travaille – des lampes individuelles avec des pagnes en raphia qui bougent lascivement sur musique de bastringue. Sterling disparaît à la première bobine, et ne réapparaît qu'en squelette-mystère que Ricardo Montalban doit élucider grâce à la science d'un professeur de médecine légale à Harvard, joué par Bruce Bennett. En dépit du minutage, c'est le rôle marquant de Sterling : comiquement égoïste, dure à l'écaille comme un de ses ongles carmin. Elle joue "Viv", une traînée mise en cloque par un respectable constructeur de bateaux. Elle entend bien se servir de sa condition pour sortir du douteux meublé qu'elle loue chez la fantasque Lanchester. Viv se sert d'un pauvre bougre qui s'est enivré au Grass Skirt pour aller sur la côte relancer son type chez lui, puisqu'il fait la sourde oreille. En route, le malheureux dessoûle, et elle le plante sur une dune. Quand finalement elle trouve son homme, Viv l'alpague avec son charme habituel ("Alors, dis quelque chose !"), mais l'homme le dit avec une balle d'automatique, et elle s'écroule sur le klaxon.

Comme fille à la redresse, Sterling figure aussi dans des dizaines de westerns, dont le meilleur est sans nul doute *Pony Express*, non parce que c'est un bon film (après tout, c'est un western Paramount), mais parce que Jan Sterling est tout à fait formidable en garçonne – du premier plan où

1. *Ecrit dans le ciel* – William Wellman, 1954.
2. *Le mystère de la plage perdue* – John Sturges, 1950.

on la voit sortir du bureau de diligence, en pantalon et ceinturon, à la scène d'un rare intimisme, pour un western, où on la voit dans la baignoire. Rhonda Fleming marine dans une autre, juste à côté. Les deux femmes viennent de se crêper le chignon pour Charlton Heston, la sauvageonne ayant maculé de boue l'impeccable Rhonda. Mais s'ensuit cette scène incroyable dans laquelle Fleming demande à Sterling si elle peut lui toucher les cheveux. Elle n'a encore jamais vu de femme avec les cheveux courts tels que les porte Jan. "Plus pratique pour le chapeau", dit cette dernière, d'un ton plus défensif qu'elle ne voudrait. Sterling a rarement été plus belle que vêtue de cette seule serviette, les cheveux mouillés ramenés en arrière, et il y a ce moment troublant où elle touche les cheveux de sa rivale, fugacement tentée de l'imiter. Ou autre chose. C'est une scène inattendue, très bien écrite et encore mieux jouée, dans un western par ailleurs assez banal.

Man With The Gun [1], premier film du scénariste Richard Wilson, est l'autre western marquant de l'actrice. Cherchant sa femme dont il est séparé, Mitchum retrouve Jan dans une petite ville sans loi, mais elle est devenue tenancière de bordel. Une très jeune Angie Dickinson y est pensionnaire. Sterling aura d'ailleurs beaucoup été "la femme de" dans sa carrière (celle de Bogart dans *The Harder They Fall* [2], par exemple), quand elle n'était pas en cage. Dans la vie, elle a été la femme de deux acteurs, John Merivale et Paul Douglas. Elle a adoré ce dernier jusqu'à sa mort en 1959. Retirée du métier, mais pas recluse pour autant, elle a longtemps vécu à Londres, où elle s'occupait d'organisations charitables. Revenue en Californie depuis quelques années, elle était néanmoins souvent invitée aux festivals et projections pour commenter ses films cultes. Elle s'y prêtait de bonne grâce et avec

1. *L'homme au fusil* – 1956.
2. *Plus dure sera la chute* – Mark Robson, 1956.

humour, sauf quand on lui parlait de *The Minx*, un de ses derniers films, tourné en 1969, qu'une notule critique de l'époque a qualifié de "tortueusement chiant". "Faut surtout pas montrer celui-là, ils l'ont bricolé quelque chose de terrible. C'était l'histoire d'un homme d'affaires qui donne une partie de chasse avec trois prostituées comme appât pour ses partenaires en puissance. Il ne faut pas le montrer, jamais !"

Ace in the Hole, par contre, restait son film préféré. "Kirk Douglas, alors là voilà un homme..." Etait-ce difficile de jouer "Marge" dans *Union Station* ? "Rien n'est difficile", faisait-elle, à 83 ans, en secouant son tralala de façon significative. Dans ce film Columbia censé se passer à Chicago, mais presque entièrement filmé dans la gare art déco de Los Angeles qui porte le même nom, William Holden retrouvait Nancy Olson, sa partenaire scénariste de *Sunset Boulevard*, tourné la même année. Ironiquement, le lieutenant de police qu'il joue s'appelle Willie, surnom qu'on donnait parfois à l'acteur, et qu'il exécrait pardessus tout. Durant le tournage, Holden, connu pour son insécurité, marmonnait d'un air menaçant à qui voulait l'entendre : "*Don't call me Willie*". On peut aussi fugacement reconnaître, à un guichet, la fille aux lunettes d'un autre film de gare, *Strangers on a Train*. Laura Elliott ne figure pourtant pas au générique, ni sous son nom professionnel, ni sous son nom de Sécurité sociale, Kacey Rodgers. C'est néanmoins Lyle Bettger, futur méchant de westerns, qui vole le film – le froid cerveau blond peroxydé qui est derrière le kidnapping. Comment était-ce de jouer en face d'un pareil sadique ? Et Jan Sterling de hausser les épaules, jamais démontée. "*He was all right.*"

Pour ses fans, elle restait à jamais "Smoochie", la taularde de *Caged*. Contrairement à l'histoire, toute en fracas et insultes, le tournage s'était selon elle passé à merveille, une vraie colo de vacances – encore qu'il soit difficile d'imaginer la monolithique garde-chiourme Hope Emerson en train de chatouiller les touches de piano pour le plus grand plaisir d'Agnes Moorehead, Lee Patrick, Jane Darwell, Gertude Michael et Jan Sterling – une sorte de chorale de l'enfer n'existant que dans les rêves enfiévrés de John Waters, pour qui le film reste une borne absolue de son esthétique.

Caged n'a jamais été vraiment égalé, malgré ses nombreuses imitations. Jan est pourtant dans une des meilleures, *Women's Prison*, chez Columbia. C'est comme si elle n'avait jamais quitté la taule en cinq ans. Ici il s'agit d'une bizarre prison mixte, avec juste un mur pour séparer les hommes des femmes. Ce gros porc de Barry Kelley est nominalement à la tête de l'établissement, mais Ida Lupino s'occupe des femmes. La cocotte-minute explose quand il s'avère qu'une des prisonnières (Audrey Totter) s'est fait mettre en cloque par son mari, incarcéré dans la section masculine. Le mur est donc poreux ! Kelley donne vingt-quatre heures à Lupino pour découvrir par où ça passe, et où ça se passe (dans une buanderie, sur un tas de blue-jeans masculins, objets de tous les désirs...). Lupino, sanglée dans des tailleurs sexy, mais vrai cliché de libido réprimée, cogne un peu trop fort sur Totter, qui tombe dans le coma. Howard Duff, mari d'Ida à l'époque, joue le toubib qui jure de l'envoyer à son tour en taule, ou au moins en cellule capitonnée. Cleo Moore fait des imitations de Bette Davis, Juanita Moore (la jeune Noire de *Imitation of Life*) chante "Old Man River" dès les présentations, Phyllis Thatcher en bourgeoise dépassée par ce milieu fait des crises d'hystérie, mais c'est encore Jan Sterling qui a les meilleures répliques. On la voit au début retourner en prison, après une courte liberté conditionnelle ("J'ai vu une robe en solde, 34,95 $. Tu me connais, j'ai fait un chèque"). En bois, cela va sans dire. Les gardes l'accueillent comme l'enfant prodigue. Les matrones sont plus rêches. A l'une d'elles, laide comme un poux, qui lui réclame ses boucles d'oreilles parce que c'est le règlement : "Essayez de les porter sur du vert, ça a fait merveille pour moi..." susurre cruellement Jan. Dirigé par un ancien du muet (Lewis Seiler, qui venait de torcher *Bamboo Prison*), *Women's Prison* est une véritable agence d'emploi pour vieux de la vieille, comme Mae Clarke, vedette de *Waterloo Bridge*, *Frankenstein*, et bien sûr *The Public Enemy* [1], qui joue ici une garde-chiourme – sans pamplemousse, mais avec camisole de force.

Jan Sterling était à "New Yawk" ce qu'Arletty était à Paname, et lorsqu'elle est morte à 86 ans le 26 mars 2004 à la maison de retraite des acteurs de Hollywood, l'accent a perdu une de ses plus incongrues mais plus piquantes praticiennes.

*

Cette dernière nécro, un brin ratiboisée par *Libération* lors de sa parution, a néanmoins suscité une réaction inattendue. Par e-mail, de quelque part dans l'est de la France, Georges Tritter me remerciait d'avoir rendu hommage à l'actrice qu'il aimait et admirait tant, au point de devenir son amie sur le tard. S'il a par la suite admis qu'il lui est arrivé de suivre de loin mais assidûment certaines artistes (Hélène Surgère, Delphine Seyrig, et Isabelle Huppert, dont il n'a raté aucune pièce sur scène depuis *Un mois à la campagne*), ce fan affirme n'avoir fait les démarches décrites plus bas que pour Jan Sterling. Cette obsession pour une actrice nettement plus âgée que lui, et vue au départ dans relativement peu de films, donne un éclairage de plus sur le pouvoir du noir, de la lumière, et de l'imagination.

---

1. *L'ennemi public* – William Wellman, 1931.

"Le point de départ a été *Ace in the Hole*, *Union Station*, mais aussi *Pony Express*, western où elle est superbe en garçon manqué. Ces images m'obsédaient, reléguées dans les dédales de ma mémoire de cinéphile. Un jour, j'ai voulu savoir si elle était encore en vie, quelle était la personne derrière ces films, et ce qu'elle était devenue. Dix-huit ans après, je vous écris à son sujet. Une longue histoire."

En 1986, Georges Tritter n'a encore que les éléments fournis par l'indispensable encyclopédie du cinéma d'Ephraim Katz, et par le contact professionnel de Sterling à Londres, Barry Burnett Ltd., une adresse sur Golden Square. Il a appris des choses sur l'enfance de l'actrice, les tuteurs privés à Londres et à Paris, les cours d'art dramatique chez Fay Compton, les débuts à Broadway à l'âge de dix-sept ans. C'est Ruth Gordon qui lui aurait suggéré de changer son nom de Jane en Jan Sterling, lorsqu'elles travaillaient ensemble en 1942 dans la pièce *Over 21*. Il a pris note aussi de ses deux mariages, le premier avec l'acteur John Merivale, dans les années quarante. Le second, plus heureux, avec Paul Douglas, qui durera jusqu'à la mort de l'acteur en 1959. Elle ira ensuite s'installer à Londres, où elle a eu une longue relation avec l'acteur shakespearien Sam Wanamaker.

Puis, durant trois ans, Tritter prend des contacts avec le British Film Institute, l'Academy of Motion Picture Arts and Sciences à Los Angeles, et surtout l'American Film Institute, qui finit par lui adresser un paquet d'articles et de documents de trente pages. Par recoupements, il trouve enfin sa rue à Londres, où elle habite depuis dix ans.

"Et en 1990, je suis dans Kinnerton Street, à Knightsbridge, et demande, dans cette charmante rue, où elle habite. Pensant bien faire, je parle de 'Mrs. Jane Douglas', son état civil depuis son mariage. Mais ce n'est qu'en disant tout simplement 'Jan Sterling' qu'on me répond : 'Bien sûr, elle est au 66.' Et de m'adresser à sa voisine du dessous si personne ne répond. C'est ce que je fis, et cette dame, après un thé et une belle conversation, me donna son numéro de téléphone, simplement. De retour en France, j'appelai et obtins Jan au bout du fil. J'ai planifié le voyage à Londres pour l'année suivante, et le 19 mars 1991 j'ai toqué à la très anglaise porte noire, et elle a ouvert, cheveux blancs tirés en queue de cheval, papillon noir la retenant, tout de noir vêtue. C'était le début de longues années de rencontres, d'appels téléphoniques, de lettres (j'en ai plusieurs d'elle, qui me disait pourtant 'I never write'). Elle a donné un sens inattendu à ma vie."

En 1994, l'actrice invite Georges à un grand gala de charité, où elle a réussi à convier bon nombre de ses anciennes collègues. "J'ai parlé d'elle avec Sylvia Sidney, bien sûr, mais aussi Lizabeth Scott, Jane Powell, et Jane Russell (j'ai d'ailleurs une belle photo d'elle à mes côtés !). Toutes savaient à quel point Jan était dévouée aux bonnes causes."

Dans un interview pour le *Los Angeles Times* en 1988, elle s'amusait à remarquer qu'elle était active dans les œuvres sociales des prisons autour de chez elle (hommes et femmes). "J'ai joué dans tellement de films de prison que je me sens tout à fait chez moi !" L'article la décrivait, sexagénaire en mini-jupe, plus satisfaite de ses rôles qu'à ses débuts. "Je suis la seule fille que je connaisse qui a fait de la scène délibérément pour décrocher des rôles à la Jean Arthur – sans jamais les jouer. J'ai passé dix ans sur les planches, et quand j'ai finalement percé à l'écran, jamais on ne m'a donné ces rôles qui pour moi personnifiaient le cinéma. Pour être une vedette, il faut avoir un type de beauté que je n'avais pas. J'aurais donné mes dix ans d'apprentissage au théâtre rien que pour ressembler un peu à Liz Taylor. Mais après six ans sans jouer à Hollywood, je commence vraiment à m'amuser. Dans *Squeeze Play*, j'ai passé trois jours au lit avec un jeune homme de 28 ans. On ne m'aurait jamais offert ça quand j'étais à Hollywood !"

Durant ses années à Londres, elle prêtait sa maison à Robert Mitchum (dont les hôtels ne voulaient plus), et à Richard Gere, tellement zen qu'il en oubliait de la remercier. Sur la fin de sa vie, la santé de son fils l'avait ramenée en Californie, et elle a fini ses jours à la maison des acteurs. Chaque année elle votait sans faillir aux oscars. L'Academy, par contre, ne lui a pas retourné son assiduité : lors de la cérémonie des oscars à la fin de février 2005, vingt-six morts ont défilé "*in memoriam*", terminant sur Brando. Jan Sterling n'en faisait pas partie.

7 / SIGNES DE VIE

Lors de la ressortie de *Lawrence of Arabia* il y a quinze ans, Arthur Kennedy se taillait la plus belle part des scènes rétablies dans la version restaurée, sous la peau épaisse de Jackson Bentley, le correspondant de guerre américain qui finit par croire que Lawrence est sa propre création. Il apparaît et réapparaît tout au long du film, suant et rouspétant, mais toujours pragmatique et indécrochable : le Yankee dans toute sa vile splendeur, sans grâce aucune, mais tuant de ténacité.

Dans la bataille, personne du service promotion ne s'était seulement soucié de l'interviewer, encore moins de l'inviter aux grands falbalas qui ont marqué l'événement – ni au gala de Londres, ni à Cannes quand le film a ouvert le festival en 1989. Le plus triste, c'est que tout le monde le croyait sans doute mort et enterré depuis des lustres, alors qu'il avait un petit film à l'affiche dans la rue d'Antibes cet été-là, qui s'appelait cruellement *Signs of Life* – signes de vie. Nous étions cinq dans la petite salle à regarder l'acteur jouer le rôle principal, celui d'un constructeur de bateaux dans le Maine qui ne veut pas raccrocher ni fermer son entreprise malgré la récession. Arthur

Kennedy, à soixante-quatorze ans, s'y montrait comme à son ordinaire têtu comme une bourrique, myope comme une taupe, tout blanchi et fripé, mais néanmoins reconnaissable – c'est-à-dire "full of piss and vinegar", comme on dit chez lui. Disposition acide et ulcérée dont il ne s'est jamais vraiment départi de toute sa longue carrière.

Même s'il a joué dans plus de films qu'il n'avait d'années (76) à sa mort le 5 janvier 1990, Arthur Kennedy n'était pas un acteur de second plan. S'il était presque toujours "l'autre homme" dans l'histoire, ou dans le cœur de la vedette féminine, il n'a jamais joué les utilités. Il ne jouait pas les seconds rôles, en ce sens qu'il incarnait toujours des personnages qui évoluaient au cours du film. Et si on lui confiait ces rôles difficiles tout en nuances, c'est qu'il était un acteur à part entière souvent plus capable que les vedettes qu'il soutenait – ancien membre du Group Theater avec Kazan, qui l'utilisera plus tard dans *Boomerang*. Il a longtemps été l'acteur fétiche d'Arthur Miller, participant à quatre de ses pièces à leur création, sur une période de vingt ans : Biff dans *Mort d'un commis voyageur* à Broadway, et plus tard Proctor dans *Les sorcières de Salem* – un rôle qui convenait à ce Yankee pure souche natif de Worcester, au cœur du Massachusetts puritain. Toute sa vie, Kennedy a joué ce type d'homme : lourdaud, sans charme, mais capable et presque toujours sympathique ; couvrant bien initialement des faiblesses qui finissent par le perdre, tôt ou tard. Ce fils de dentiste était idéal pour jouer les bouseux tenaces, les âmes sensibles mais dévorées d'envie. Le rôle qu'il tient dans *Rancho Notorious*, par exemple, est totémique à cet égard. Et sans doute la raison pour laquelle Fritz Lang l'a eu à la bonne sur le tournage, à l'exclusion de tout autre, y compris Marlene Dietrich.

C'est Cagney qui en 1939 l'a fait venir de New York à Hollywood pour un film qu'il produisait en partie, *City for*

Conquest [1], dans lequel Kennedy était le musicien prodige qui entendait tous les bruits de Manhattan dans sa tête. Cagney, lui, se sacrifiait pour son jeune frère en allant prendre des coups tous les samedis soir sur un ring. Mis sous contrat par Warner, Kennedy a d'abord été préposé aux rôles de complices plus ou moins patibulaires ou sardoniques, sans doute à cause de son mauvais rictus, de son dos rond et de sa vue basse. Des trois films de Raoul Walsh qu'il aligne coup sur coup, *High Sierra*, *They Died With Their Boots On* [2], et *Desperate Journey* [3], on retient surtout le premier, dans lequel il incarne une belle création de W.R. Burnett, un malfrat nommé Red qui se fait constamment rembarrer par Bogart (dans le remake de Stuart Heisler, le rôle sera repris par Lee Marvin, un acteur qui comme Kennedy a flirté avec les rôles vedettes, après une assez longue attente).

A la même époque, chez Hawks dans *Air Force*, Kennedy fait partie de l'équipage du bombardier de John Garfield, lequel du coup se charge du cynisme qui lui est habituellement réservé. Mais on l'utilisait aussi comme vedette dans les séries B fauchées, comme le réjouissant *Strange Alibi* [4], et déjà dans les westerns. Citadin et Nouvelle-Angleterre pure souche, Kennedy était bizarrement très crédible en cavalier. Il fait un des frères Younger dans *Bad Men of Missouri* [5], et même le Sundance Kid dans *Cheyenne*, un mauvais Walsh. Quinze ans plus tard, Ford lui fera faire Doc Holliday en face de Jimmy Stewart en Wyatt Earp dans un intermède déconnant de l'élégiaque *Cheyenne Autumn* [6]. Mais rien qui atteigne évidemment le niveau de ses contributions aux westerns cultes pour

1. *Ville conquise* – Litvak, 1940.
2. *La charge fantastique* – 1941.
3. *Sabotage à Berlin* – 1942.
4. Ross Lederman, 1941.
5. Ray Enright, 1941.
6. *Les Cheyennes* – John Ford, 1964.

lesquels absolument tout le monde se souvient de sa tête, à défaut de son nom. Ils sont tous réalisés à partir de 1952 : *Bend of the River*, *The Man from Laramie*, *Rancho Notorious*, et, de manière plus oblique mais non moins frappante, *The Lusty Men* [1] et *The Naked Dawn* [2].

Dans ces films, encore plus que dans les autres, Kennedy joue des hommes complexes, tiraillés, jamais vraiment dignes de confiance, mais jamais totalement pourris non plus : le genre d'hommes à ne sous-estimer qu'à ses risques et périls. Ainsi, l'aventurier qu'il joue dans *Bend of the River* aide initialement Stewart à défendre son convoi contre les malfaiteurs et les Indiens (après tout, Stewart l'a sauvé de la corde au début du film), mais c'est aussi un pragmatique qui ne résiste à l'appât du gain que jusqu'à un certain point. Quand les chercheurs d'or lui offrent un prix suffisant pour le chargement, il retourne sa veste, sans pour autant exécuter Stewart, ce qu'il devrait pourtant faire (et il le sait). Anthony Mann, ancien régisseur de théâtre qui s'y connaissait en acteurs et en a découvert pas mal, avait un faible pour Kennedy. Dans *The Man from Laramie*, il joue le contremaître dévoré par l'envie, qui se sent lésé par tout le monde, non sans raison : par le vieux Donald Crisp, qui lui a toujours promis de le traiter comme son fils et de lui léguer une moitié de son ranch. Par le fils Waggoman lui-même, bellâtre psychopathe ; et enfin par Stewart, qui lui soulève sa fiancée. Encore un personnage qui paraît solide et intègre au début, et prend le temps d'un film pour se transformer en fripouille. Arthur finit encore les reins cassés, la tête fracassée. Mais sans jamais se plaindre de son sort non plus. Il sait ce qu'il fait.

Dans le film de Lang, la transformation de Kennedy est encore plus complexe : Vern Haskell, de brave type qu'il

1. *Les indomptables* – Nicholas Ray, 1952.
2. Le Bandit – Ulmer, 1955.

est au début quand on lui viole et tue sa fiancée au cours d'un hold-up, devient un homme hanté, absolument rongé par le désir de vengeance, mais fatalement corrompu aussi par la vie qu'il doit mener pour parvenir à ses fins. "Il sait se servir de sa tête", dit Frenchy Fairmont (Mel Ferrer) en le présentant à Altar (Dietrich). "Et de ses yeux aussi", remarque Marlene, plus intéressée qu'elle ne voudrait. Car c'est ça qui caractérise Kennedy dans ses plus beaux rôles : sa maladresse, sa goujaterie, mais aussi le côté imparable de ces mêmes défauts. Il est tout aussi têtu et coriace dans le film de Ray, *The Lusty Men :* le mari de Susan Hayward, sympathique et lourdaud au début, finit par montrer de quelle étoffe il est fait, quand Mitchum lui apprend les rudiments du rodéo. Si l'expression *shit-eating grin* n'existait pas, il faudrait l'inventer pour Kennedy : le sourire tordu de celui qui mange de la merde, mais qui sait pourquoi. Mitchum aimait raconter que Kennedy était totalement inconscient du danger quand il s'agissait de faire ses propres cascades sur les chevaux non dressés ou sur le buffle Brahma, ne serait-ce que partiellement. Pas par courage, ajoutait Mitch avec satisfaction, "mais parce qu'il était complètement miro. *Stone fucking blind.*" Si bien qu'il fallait que Mitchum en fasse autant, à son grand dam.

Kennedy est si bon acteur qu'il en serait presque crédible en ambigu bandit mexicain dans *The Naked Dawn*, fascinant western moderne atmosphérique signé Ulmer, qui pratique la pendaison comme d'autres le *coitus interruptus*. Kennedy, vêtu d'une longue veste en denim délavée, délivre ses éclats de rire tour à tour graveleux et prudents, mais c'est encore Vincente le Mexicain qui reste le plus mémorable, avec sa scène de mort répétée à la fin – la façon dont il rit, juste avant de mourir. Sinon, le film est absurdement bavard, et tous les personnages semblent parler couramment le William Saroyan : même fausse solennité, même fausse authenticité ethnique : “It is my pleasure to give it to you.” Ce genre. *The Naked Dawn* est fatalement plombé par le jeu inadéquat des deux acteurs qui font le couple de *peones* mexicains, Betta St John et Eugene Iglesias. La musique est plus gitane (variété hongroise) que mexicaine, ce qui ne fait qu'ajouter à la bizarrerie engageante de l'entreprise.

C'est en tout cas pour ces films qu'on se souvient d'Arthur Kennedy, plus encore que de George Kennedy ou d'Edgar Kennedy. Pour ces rôles, plus que ceux qui lui ont valu par cinq fois l'attention de l'Academy aux oscars. Ce n'est pas un hasard s'il doit quatre de ses nominations à des films du studieux Mark Robson, tous des mélodrames : *Champion* en 1949, *Bright Victory* l'année suivante, *Trial* en 1955 (l'année de ses rôles autrement remarquables dans *The Naked Dawn* et *The Man from Laramie*), et *Peyton Place* deux ans plus tard, pour le mari alcoolique et incestueux, qu'il campait effectivement très bien. Le talent versatile de Kennedy était très apprécié pour ce genre d'entreprises prestigieuses mais un brin lénifiantes. Il a été similairement remarqué en 1959 pour le frère hypocrite de Sinatra qu'il joue dans *Some Came Running* [1], ainsi que dans le surchauffé *The Desperate Hours* [2]. L'absurde mais réjouissant *Too Late for Tears* [3] est un des rares films où Kennedy joue un personnage qui n'évolue pas : Lizabeth Scott ne lui en laisse pas le temps, lui tirant une balle dans le buffet alors qu'ils font de la barque sur le lac artificiel de MacArthur Park, qui en 1948 s'appelait encore Westlake. C'est sans doute pour cela que le film appartient à Dan Duryea, charmant distributeur de claques, jusqu'à ce que Liz ait raison de lui aussi. Le filiforme et élégant marlou cherche à récupérer une valise

1. *Comme un torrent* – Minnelli, 1959.
2. *La maison des otages* – Wyler, 1955.
3. *La tigresse* – Byron Haskin, 1948.

pleine de fric jetée par erreur dans la décapotable de Liz Scott et Kennedy (Duryea est un maître-chanteur), mais comprend vite qu'il a trouvé à qui parler. "Change pas, poupée, surtout change pas; je ne crois pas que je t'aimerais si t'avais du cœur." Et quand il lui demande si elle cherche quelque chose : "Mon rouge à lèvres." "Colt, ou Smith & Wesson?" C'est ce genre de film outrancier, mais agréable à cause des extérieurs (Union Station, Hollywood Boulevard, Westlake Park). Et des moments rigolos, comme quand Duryea, ivre, porte un dernier toast ("Au crime, qui paie, et continue de payer"), avant de s'écrouler, empoisonné par Liz Scott. Il est piquant de trouver Kennedy et Duryea dans un même film, bien qu'ici il n'y ait pas photo : les deux hommes avaient un peu le même statut – ni vedettes, ni vraiment seconds plans. Duryea était immensément populaire, et après ses prestations dans les deux films de Lang, *Woman in the Window* et surtout *Scarlet Street* [1], les paires de claques étaient pratiquement stipulées dans son contrat. Débonnaire et résigné, l'acteur était tout à fait partant : "S'ils veulent me payer pour ça, allons-y." Ironiquement, Duryea dans la vie était quelqu'un de très rangé, volontiers pot-au-feu, marié à sa copine d'école depuis des années, aimé de tous – famille comme collègues.

C'est encore avec un six-coups qu'Arthur Kennedy nous fait le plus d'effet. De sa douzaine de westerns, on peut retenir *Red Mountain* [2], avec Alan Ladd, et *Nevada Smith* avec McQueen quinze ans plus tard. Il raccroche définitivement le ceinturon en 1968 avec *Day of the Evil Gun* [3]. Ce western de Jerry Thorpe écrit par Charles Marquis Warren ne cassait peut-être pas trois pattes à un vautour, mais Kennedy (et un Harry Dean Stanton en uniforme de

1. *La femme au portrait,* 1944 ; *La rue rouge*, 1945.
2. *La montagne rouge* – Dieterle, 1950.
3. *Le jour des Apaches* – 1968.

cavalerie) rendaient les choses plaisantes. Kennedy jouait un salopard bien sympathique comme à l'accoutumée, œil torve et fameux sourire à la grimace. Il accompagnait Glenn Ford dans une futile quête auprès des Apaches pour récupérer, ou venger, sa femme. Encore une fois, le vrai rôle important du film était le sien. Il joue le dernier parmi une longue série d'hommes qui observent, dans la plus grande partie du film, avant d'agir.

Durant les années quatre-vingt, il a connu une éclipse due à des troubles visuels et à un cancer de la thyroïde. Mais l'obscurité avait commencé pour lui au moins dix ans avant : inexplicablement, pour un acteur de son calibre, il n'était plus préposé qu'aux rôles ringards dans des films d'horreur. Comme Martin Balsam, James Mason, Henry Silva ou Richard Conte, il a poussé les "quinze jours ailleurs" assez loin, passant près d'une décennie à tourner en Italie, Angleterre, Espagne, jusqu'en Bavière (une comédie avec Curt Jurgens et Carroll Baker) – partout où on le traitait encore en vedette américaine, qu'il n'était plus chez lui. Un interview du metteur en scène catalan Jorge Grau permet néanmoins de se faire une idée de ce qu'était devenu l'acteur. Grau est l'auteur d'un film d'horreur italien tourné en Angleterre, à Cinecittà et à Madrid, diversement connu des amateurs comme *Non si deve profanare il sonno dei morti* (en Italie, et plus tard comme *Zombi 3*), *The Living Dead at Manchester Morgue* (GB), et aux Etats-Unis comme *Don't Open the Window*, ou *Let Sleeping Corpses Lie*. Grau, lui, en parle toujours comme de *On ne devrait pas profaner le sommeil des morts*.

Le cahier des charges de son producteur italien était bien sûr de faire une euroversion de *L'Invasion des morts-vivants* de Romero, mais Grau avait révisé le scénario pour le rendre plus réaliste, et par là remarquablement efficace. Il avait par exemple changé la machine infernale qui provoque les troubles dans un village du Derbyshire en prosaïque machine agricole, camouflant juste l'appareil ultrason censé rendre cannibales et super-agressifs les insectes nuisibles dans les champs. Inoffensif pour les humains, affirment les arrogants savants du ministère de l'Agriculture. Sauf sur les nouveau-nés et sur les cadavres tout frais, malheureusement. Le film ne résiste pas au doublage inepte des acteurs italo-espagnols (miraculeusement, seul Kennedy a sa voix à lui), mais il est bien réalisé, intelligent, et écolo avant la lettre. Grau tournait déjà à Manchester quand on lui a présenté l'Américain, que le producteur avait suggéré pour rendre la distribution plus viable sur les marchés étrangers. “Je ne connaissais pas Arthur Kennedy, raconte Grau, mais dès notre première rencontre j'ai essayé d'incorporer ses caractéristiques personnelles au personnage qu'il allait jouer.” C'est-à-dire un inspecteur de police particulièrement obtus et violent, rongé par la haine des “hippies”, et sans doute ulcéré d'avoir été mis en poste dans cette cambrousse.

“Kennedy était un peu comme ça”, continue Grau. “*Un actor mayor de Hollywood, y que de màs bebía mucho* [1].” A la fois vieil acteur et acteur en vue, qui nourrissait un certain ressentiment de ne plus pouvoir travailler que dans des *giallos* italiens ou les films d'horreur espagnols. “Je lui ai dit : jouez votre policier comme s'il avait toujours pensé se retrouver ministre de l'Intérieur, mais qui végète ici, dans ce trou du Derbyshire.” Kennedy finit par abattre la vedette du film (Ray Lovelock), le seul à savoir comment combattre les morts-vivants en les faisant brûler. Le film date de 74, et les confrontations entre Kennedy et le barbu chevelu rappellent un peu les observations d'Antonioni dans *Blow-Up* (le même vent dans les arbres, et les photos prises en automatique par le photographe, première victime des zombies).

---

1. “Un grand acteur à Hollywood, mais qui picolait beaucoup.”

Le témoignage de Grau est en tout cas précieux pour expliquer le déclin de l'acteur, et son exil. Kennedy jouera encore un évêque dans un autre viol de sépulture, *The Antechrist*, une des meilleures imitations européennes de *The Exorcist*. Il sera d'ailleurs abonné aux ecclésiastiques, ou aux rôles de juges. Dans *La polizia ha le mani legate*, il est procureur général chargé d'enquêter sur un attentat à la bombe, et est surnommé "Mentholé" pour son addiction aux pastilles de menthe. La police a évidemment les mains liées, comme le suggère le titre (encore qu'en France la chose soit inexplicablement sortie comme *Boîtes à fillettes* en VHS), et la musique est éprouvante, mais Luciano Ercoli a tourné ça en 1974, en pleines années de plomb. Il y a même un plan tout à fait exceptionnel, celui d'un cadavre bloqué en haut d'un escalier roulant. Kennedy, lui, n'est que l'ombre de lui-même. Son dernier film en Italie, *L'humanoïde*, d'Aldo Lado, le trouve sanglé dans un infernal costume de colonel de l'espace – genre Peter Cushing dans *Star Wars* – et du coup imperméable au charme percutant de Barbara Bach. En plus de *La plage du désir* (un sous-*Emmanuelle*), c'est une bien triste fin transalpine pour quelqu'un qui avait quand même joué Ponce Pilate dans *Barabbas*, et joué la vedette de *Italiani brava gente*, le film "soviétique" de Giuseppe De Santis sur le sujet controversé du rôle joué par les troupes italiennes sur le front russe durant la Deuxième Guerre mondiale. Kennedy était un officier fasciste, la boule à ras et les mains gantées de cuir. Le major Ferro Maria Ferri commande une unité d'arditi, troupes de choc envoyées sur le Don pour contenir la poussée soviétique. On découvre peu à peu que ce boutefeu qui prétend avoir perdu sa main gauche durant la guerre d'Espagne est un faux infirme, tout comme la propagande frauduleuse qui a envoyé ces troupes italiennes au casse-pipe.

Rentré aux Etats-Unis, Kennedy a habité Savannah durant ses dernières années – la ville olé-olé pour jouisseurs sudistes qui a fait l'objet d'un best-seller et d'un film de Clint Eastwood – et une bien drôle de retraite pour un homme dont le dernier film s'appelle *Grandpa*, et qui restera, à jamais, l'incarnation du Yankee pur jus.

8 / MISTER IGUANA

Bien avant Yul Brynner, il avait enregistré des publicités télévisées contre le tabac qui passeraient juste après sa mort. Bien après Mitchum, et avec plus d'impunité, il s'est fait poisser dans un raid de police des mœurs pour possession de marijuana et tenue indécente ("ACTOR AND FOUR GIRLS SEIZED IN NUDE DOPE RAID"). Et, comme beaucoup de *character actors*, il écrivait aussi des histoires pour le cinéma. William Talman a beau n'être pour les Américains que le procureur Hamilton Burger, qui sur les petits écrans de la nation perdait chaque semaine son procès contre Perry Mason, c'était un drôle de paroissien qui a presque passé plus de temps sur les manchettes de journaux que sur le grand écran. D'abord, il a commencé relativement tard (trente-quatre ans), et sa carrière a souffert de l'éteignoir de ce feuilleton télé accaparant. Mais il a eu le temps de laisser sa marque en quelques films.

Talman est né riche, en 1915, fils d'un gros négociant en pièces détachées automobiles de Detroit ("AUTO PART HEIR FLEECED BY ACTRESS [1]", se gausse un article du *Daily News* de Los Angeles en avril 1952, quand il divorce de sa première femme Lynne Carter, en y mettant le prix). Il fait

1. "Héritier se fait tondre par actrice."

les arts dramatiques dans l'université huppée de Dartmouth, travaillant comme instructeur de tennis, danseur et annonceur de cabaret, avant de devenir acteur. Signe prémonitoire, sa première pièce sur Broadway est *Beverly Hills*, un four mis en scène par Otto Preminger. Il joue dans bon nombre de pièces, dont *Des souris et des hommes*, et travaille comme régisseur entre ses engagements. Quand la guerre arrive, il laisse son rôle dans *Spring Again* à sa doublure, un certain Kirk Douglas. Il sera régisseur de théâtre aux armées, de 1942 à 1946. Il arrive donc tard à Hollywood. Après deux rôles indifférents à Paramount et Universal, il joue en 1947 un des agents communistes patibulaires dans *I Married a Communist*, en face de Robert Ryan. C'est le film (rebaptisé *Woman on Pier 13*) tant désiré par Howard Hughes, sur lequel personne ne veut travailler, et peut-être ce qui vaut à Talman un contrat RKO, non seulement comme acteur, mais aussi comme scénariste. Avant la sortie du film, dix fois retardée pour derniers fignolages du patron, Talman aura eu le temps d'apparaître dans un rôle autrement consistant, celui du maître criminel Dave Purvis dans *Armored Car Robbery* – un des meilleurs films policiers américains de la période.

Le visage pas encore boucané par ses trois paquets de Chesterfield par jour, Talman y est d'une étrange beauté reptilienne, diaphane mais délicate – pas celle de l'iguane fripé qu'il deviendra par la suite. Front immense, poches sous les yeux légèrement globuleux, cheveux crantés et bouche ourlée, on le trouve toujours d'une élégance scrupuleuse, voire tatillonne. Qu'il soit en costume de ville, en salopette de peintre, ou en pardessus poil de chameau, Purvis est un truand toujours bien mis qui ne laisse rien au hasard. Jamais fiché par la police, et si scrupuleux qu'il découd les marques de ses vestes et chemises pour éviter toute identification, il défend aussi à ses complices de prendre en note la moindre adresse. Ce qui ne l'empêche pas de tracer le plan du hold-up sur un store de fenêtre rétractable. Quand les flics retrouvent la chambre de Benny, le truand chez qui a eu lieu le rendez-vous, le store a bien disparu, mais le maître criminel doit sa perte à l'inévitable pochette d'allumettes laissée par un comparse désobéissant, avec un numéro de téléphone gribouillé dessus – la seule ficelle décevante du scénario concocté par Richard Fleischer et Earl Felton.

Pour le reste, les précautions de Purvis sont un régal – surtout la scène dans le drugstore, quand lui et sa poule Yvonne communiquent par téléphone, de deux cabines placées à chaque bout de la salle. Ils le font une première fois juste par précaution, permettant à Fleischer d'établir une autre scène vers la fin, beaucoup plus payante, quand le flic Ryan essaie de se faire passer pour un membre de la bande auprès d'Yvonne (Purvis est à ce point parano que même elle n'a jamais vu le complice, joué par Steve Brodie). Purvis parvient à la mettre en garde, et à kidnapper le policier. Malgré ses manières de country-club, Purvis est un vrai crotale : après le braquage du camion blindé, en vue d'un barrage de police, il gifle Benny, le complice blessé, pour qu'il fasse bonne figure devant les flics. Et quand Benny plus tard réclame un médecin sous la menace d'un revolver, Purvis se fait un plaisir de lui donner "ce qui lui revient". Dans le buffet. Un de moins pour le partage – comme s'il avait jamais eu l'intention de partager.

Talman a ses meilleures scènes avec Adele Jergens, effeuilleuse vedette au Bijou Theatre sous le nom professionnel d'Yvonne Ledoux, avec qui il cocufie Benny. Diversement surnommée "The Champagne Blonde" ou "The Eyeful" (plein les mirettes) dans les publicités, Jergens avait été "Miss World Fairest" à la foire mondiale de New York en 1939, remplaçant aussi Gypsy Rose Lee dans la revue *Star and Garter*, ce qui lui avait valu un contrat chez Columbia. En 1950, elle se souvenait encore suffisamment de ses années de strip-tease pour secouer son pot de manière acceptable sur la scène du Bijou, même si elle n'était plus de toute première fraîcheur. Ce qui ne l'empêche nullement de donner une surprenante version "*in the flesh*" du Chaud Petit Chaperon Rouge que Tex Avery avait créé six ans plus tôt en dessin animé. Sauf qu'au lieu de loups hurleurs et queutards, on ne voit dans la salle qu'un public masculin clairsemé et honteux, la main sous l'imperméable. Ryan, le jeune inspecteur, n'en perd pas une miette quand il s'agit d'Adele. Plus tard, quand sa loge est mise sur écoute, c'est lui qui se colle au magnétophone. Il ne se passe rien, se plaint-il auprès du lieutenant. Et de donner un compte rendu, comme un commentateur de base-ball à la radio : "Ça c'est le rideau de perles. Les clés sur le guéridon. Ah, elle se rhabille." Et d'expliquer, un peu excité quand même : "La fermeture Eclair fait du bruit."

C'est ce genre de scène inventive qui différencie *Armored Car Robbery* des films tout-venant de l'époque. Mais Adele rend aussi les choses plus intéressantes que nécessaire. On se souvient de ses trois minutes dans *Side Street* [1], le film d'Anthony Mann dans lequel elle jouait une poule surnommée "Lucky", et crachait les seules répliques un peu salées de ce film si fade. Elle explosait devant le pauvre papa gâteau Paul Harvey avec un venin digne de Ginette Leclerc : "Non mais regarde-toi, grand-père. D'abord tu t'imagines que je suis folle de toi et de ton charme viril. Et maintenant tu te dis qu'en plus c'est les soldes. Va chez Gimbell's au sous-sol, si tu veux les soldes. Ici t'es pas au bon rayon. Alors allonge ces quinze mille dollars, ou débarrasse-moi le plancher."

Avec Talman, pourtant, Adele file doux. Les deux *grif-*

1. *La rue de la mort* – Anthony Mann, 1949.

ters parviennent jusqu'au terrain d'aviation où Purvis a loué un charter. Ça se termine évidemment par un vol au vent de billets, poncif du genre. Tous ces malfrats de cinéma si précautionneux, jamais fichus d'acheter une valise qui ferme bien – même Sterling Hayden dans *The Killing*. Voir encore le final de *Plunder Road*[1] *:* les lingots d'or ont été ingénieusement coulés et transformés en enjoliveurs et pare-chocs de Cadillac, avec Gene Raymond et Jeanne Cooper au volant. Ils ont évidemment un accrochage ; rien de grave, un peu de tôle froissée, mais le pare-chocs reste accroché à celui de l'autre voiture. Les policiers sont intéressés, et Raymond essaie de s'enfuir, tombant avec la tire du haut d'un échangeur d'autoroute. Le tout en Regalscope. Mais quel acteur, pourtant abonné à la mort violente comme tout bon second couteau de cinéma qui se respecte, peut se vanter de finir *renversé par un avion* ? C'est pourtant ce gros plan qu'on garde de William Talman, yeux écarquillés, bouche et narines grandes ouvertes, pris dans les phares du bimoteur qui lui atterrit dessus. Adieu billets, margaritas et pardessus poil de chameau. Adele regarde, horrifiée, depuis la lunette du charter garé. Même McGraw, l'inspecteur Teflon en personne, ferme les yeux l'espace d'une seconde.

*

A RKO, Talman joue dans deux films avec Mitchum, sans faire d'étincelles. Dans *The Racket*[2] il est détective débutant, sous les ordres du capitaine Mitch – autant dire que l'excitation est ailleurs, du côté de Robert Ryan. Et dans l'exécrable *One Minute to Zero*[3], il ne paraît guère plausible en pilote de chasse ami du colonel Mitchum plus

---

1. *Hold-up* – Hubert Cornfield, 1957.
2. *Racket* – John Cromwell, 1951.
3. *Une minute avant l'heure H* – Tay Garnett, 1952.

ou moins échoué en Corée au tout début de la guerre – même si Talman ressemble de façon surréelle à James Salter, l'écrivain pilote qui descendait les MIG au-dessus du Yalu à la même époque. Sauf que Talman ressemble à Salter septuagénaire comme on le voit maintenant sur ses photos d'auteur, et que Talman a trente-sept ans quand il fait ce film. L'année suivante, néanmoins, il trouve le rôle de sa vie dans *The Hitch-Hiker*, produit par The Filmakers, la compagnie d'Ida Lupino, distribué par RKO. D'une simplicité confondante (deux chasseurs, Edmond O'Brien et Frank Lovejoy, prennent un évadé de prison en stop et trouvent l'enfer), le film ne dure pas plus de soixante et onze minutes, mais il a ses moments. Talman est carrément putride en "Emmett Meyers", d'une méchanceté toxique rarement égalée au cinéma.

On retrouve cette étrangeté de zombie dans *The City That Never Sleeps* [1], film Republic dans lequel il joue un ancien magicien reconverti en cambrioleur, qui fait des coups pour un avocat véreux (Edward Arnold) qu'il cocufie avec Marie Windsor. Ce qui est de la routine pour eux deux, mais fort distrayant pour nous. Marie, tout emperlouzée, le couvre de rouge à lèvres. "J'ai volé des tas de choses dans ma vie, note le cambrioleur, mais encore jamais la femme de quelqu'un." Talman meurt en faisant des étincelles, tombant sur le "troisième rail" électrique d'une ligne de métro lors de la poursuite finale. Ce qui est tout ce à quoi peut aspirer un *character actor*, mais disons que Talman a eu sa part de morts flamboyantes.

Ensuite l'acteur ne semble pas pouvoir se sortir de prison. Soit il est directeur de pénitencier (*Hell on Devil's Island*), soit il est lui-même prisonnier, une première fois dans *Big House, USA*, une autre fois dans *Crashout*. Dans ce dernier, il joue un maniaque de la religion lanceur de couteau

1. *Traqué dans Chicago* – John H. Auer, 1953.

tout à fait déstabilisant, diversement nommé le révérend Remington, “Swanee Rawlins” ou Luther Remsen. Condamné à perpète pour avoir suriné un bedeau organiste, Swanee est le plus inquiétant des cinq prisonniers évadés, après William Bendix. Lequel joue un personnage particulièrement dur et brutal, même pour lui. Cerveau de la bande, Bendix est aussi censé les conduire à un butin planqué dans les montagnes du Colorado, dont lui seul connaît l'emplacement. Mais il s'agit d'abord de s'échapper de prison, puis de se planquer suffisamment longtemps dans une mine connue de lui seul, jusqu'à ce que cessent les battues. Comme Standard Production est une compagnie trop fauchée pour se payer une prison, on a quelques plans de *Riot In Cell Block 11*, et un pan de mur en carton bouilli qui donne sur les collines d'Eagle Rock, entre Glendale et Pasadena. *So much for Colorado*. Bendix est blessé, mais force la bande à rester planquée. Talman le juge mourant et ne peut se résigner à le laisser dans le péché. Il le baptise dans une flaque d'eau boueuse, *gloup, gloup*, lui tenant la tête sous l'eau si longtemps qu'on croit un moment qu'il va le trucider par charité. Deux taulards sont envoyés dehors chercher un docteur. C'est Percy Helton, avec son air de rat mouillé ! Ils le séquestrent, le temps que Bendix se requinque. Il faut croire qu'il a retrouvé ses esprits, et ses mauvais penchants, puisqu'il retourne à la mine où les autres avaient laissé Percy ligoté et bâillonné, pour le buter et lui piquer son portefeuille. “Il faut de tout pour faire un monde. Surtout des gogos !” crache-t-il. La bande est un ramassis de *characters* de la pire engeance : Arthur Kennedy, qui s'est joint à l'escapade et dont les autres se méfient. “Pete Mendoza”, le Mex qui ne pense qu'à la fesse, mais est évidemment un misogyne sorti du manuel (“Je leur crache dans l'œil !” répète-t-il, pour expliquer la raison de son succès auprès des femmes). Mendoza est joué par le moins bon des frères Adler, Luther, qui en fait des kilos. Gene Evans, trapu, chauve et méconnaissable, joue “Monk Collins” et n’a pas grand-chose à faire. Adam Williams est le “Kid”, le bleubite de la bande. Il faut les voir tous les cinq, en tenue de bagnard, s’attrouper dans le parking du *road-house* dans lequel ils comptent se réfugier. Ils envoient Mendoza en éclaireur dans le restaurant, sans doute à cause de son charme. Une fois les autres entrés et les clients sous contrôle, Mendoza embrasse une fille de force. “Après huit ans, une poulette comme toi ça se refuse pas.” Et il dit au révérend de goûter par lui-même. “On dirait du poulet.” Talman goûte, sans se prononcer. Ensuite il dit sentencieusement à la fille, pratiquement comateuse, “Faites pas attention. Il est un peu frappé. Il ne sait pas qui il est, comment saurait-il ce qu’il veut?”

Le reste de ce film étonnant est à l’avenant. Il y a même Tom Dugan, l’acteur porte-hallebarde qu’on fait passer pour Hitler dans *To Be Or Not To Be*, en barman. Ensuite les fugitifs prennent le train, resplendissants dans leurs nouveaux vêtements volés. Une fille fait du gringue au jeunot, qui se laisse faire, malgré Bendix qui le fusille du regard. Le môme tente de s’échapper avec la fille. Belle séquence sur le quai de gare, où les bagnards lui courent après. La fille apprend soudain à qui elle a affaire, par un communiqué sur le petit transistor qu’il lui a confié. Le “Kid” a droit à un couteau dans le dos – spécialité de Talman. La police arrive, ils s’échappent encore! A ce point du film, le spectateur n’a qu’une question : mais où est donc Beverly Michaels, pourtant bien en vue sur l’affiche? La voilà enfin, en jeans et corsage noué sous les seins. On respire, mais pour déchanter aussitôt : elle joue une fille mère, mais gentille au demeurant, réfugiée dans une ferme. Quand Kennedy essaie de trouver ses marques auprès d’elle, elle se rebiffe. “Je pensais pas que tu étais strictement fermière”, fait-il avec son fameux rictus. Mais il en pince pour elle. Et même en bonne fille, l'épatante Beverly Michaels a la voix la plus basse de toute cette escouade de scrogneugneus. Scorsese pensera sûrement à elle en confiant à Cathy Moriarty le rôle de la jeune épouse de Jake LaMotta dans *Raging Bull.*

Ça se termine à flanc de montagne, dans le blizzard, pratiquement *La ruée vers l'or*. Bendix est dur à tuer, comme il était dur à vivre. Mais Kennedy sera le seul à redescendre de la montagne, optant pour le droit chemin : il s'éloigne du magot, alors que les chiens approchent. Il retournera faire son temps en prison, Beverly l'attendra. C'est du moins ce qu'on en conclut, puisque ce film se termine aussi brutalement que le reste. Malgré le nom de la compagnie fantôme de Hal E. Chester, un ancien délinquant juvénile de cinéma plus tard responsable de la série des "Joe Palooka" chez Monogram, ce n'est pas exactement une production standard. Elle est dirigée et coécrite par Lewis Foster, dont la filmographie s'inscrit entre *Loud Soup* [1] (1929), une comédie slapstick de deux bobines avec Charley Chase, et *Tonka* (1958), western "Jeunesse et famille" dans lequel Sal Mineo joue un indien nommé White Bull. Alors qui croirait un instant que le même Foster a trempé dans les scénarios de films prestigieux comme *The More the Merrier*, ou *Mr. Smith Goes to Washington?* Ou qu'il nous a offert de beaux moments dans plein d'autres films avec Rhonda Fleming?

Dans *Big House, USA* [2], on sait tout de suite qu'on n'est pas chez les boy-scouts non plus : "Machine-gun Mason" (Talman) partage sa cellule avec "Rollo Lamar" (Broderick Crawford), "Iceman" (Ralph Meeker), Lon Chaney Jr. ("Alamo Smith"), et Charles Bronson. A côté de pareille racaille, la bande de *Crashout* fait presque cercle de broderie. Juste avant d'enfiler le costume de Hamilton

1. Approximativement "Soupe sonore".
2. Howard Koch, 1955.

Burger, l'éternel perdant en face de Raymond Burr dans *Perry Mason*, Talman écrira deux curieux films mis en scène par l'ancien acteur et futur réalisateur de télé Richard Bartlett. *I've Lived Before* traite de la réincarnation, sur fond d'aviation. *Joe Dakota* dépeint Arborville, une petite communauté de l'Ouest en proie au remords pour avoir tué un vieil Indien nommé Joe Dakota et lui avoir volé son terrain, qui (à en croire Charles McGraw, le meneur) contiendrait du pétrole. On peut lire l'histoire comme un commentaire sur le maccarthysme, tout juste descendu en flammes en 1956. Claude Akins, Lee Van Cleef (avec bras de force) et Anthony Caruso figurent aussi dans cette curiosité : un western sans une seule arme à feu. Ce serait plutôt une comédie acerbe au ton parfois sérieux, dans laquelle une poignée de "caractères" peuvent se bagarrer dans une flaque de pétrole tout en continuant à dire leur texte.

*

En mars 1960, Talman est sur le point d'entamer sa quatrième saison de *Perry Mason* quand le ciel lui tombe sur la tête. Sa seconde femme, l'ancienne actrice Barbara Reed, a déjà obtenu le divorce six mois auparavant, ainsi que la garde des deux enfants, la moitié de la vente de la maison à Sherman Oaks, et une pension alimentaire de 1 000 $ par mois. L'acteur vit pourtant encore dans la maison sur Valley Vista quand, le 13 mars 1960, un dimanche matin très tôt, il est arrêté avec sept autres invités lors d'un raid de la police des mœurs de Hollywood sur une partouze dans un appartement au 1156, Curzon Street. "On s'est juste arrêtés boire un verre chez un ami, et on s'est tout de suite retrouvés dans une orgie." L'ami était Richard Reibold, un poisson pilote pour starlettes. Parmi les autres invités se trouvaient James H. Baker, producteur de télévision et ancien producteur du chanteur Bobby Troup ("Route 66"); Margaret Flanigan, qui accompagnait Talman et devait l'épouser un an plus tard, avec Raymond Burr comme témoin; et un officier de police en civil du L.A. Sheriff Department soi-disant invité par Reibold, qui avait infiltré la sauterie. Tout le monde se retrouvait au poste, pour "possession de marijuana, nudité et atteinte aux bonnes mœurs".

"Qu'est-ce que je peux dire? Je suppose que je suis fichu", déclarait l'acteur à la presse le surlendemain. "C'est un peu mon avis", opinait Gail Patrick Jackson, coproductrice du feuilleton *Perry Mason* (et incidemment ancienne garce de cinéma, comme dans *My Man Godfrey*). La presse se régalait évidemment de son infortune : le procureur le plus célèbre du petit écran qui se faisait poisser en petite tenue le joint à la main, on ne pouvait rêver mieux. D'autant qu'une des invitées, Lola De Witt, était une starlette connue de la presse, récidiviste en matière de publicité tapageuse. "LOLA DE WITT PUFFS AND PONDERS", disait la légende de l'*Examiner*, sous une photo de la dame au maquillage un peu chaviré. "Lola tire une taffe et des plans sur la comète." Les huit personnes arrêtées furent aussitôt relâchées sous caution minimum de 1 050 $ chacune.

L'émission était justement en hiatus, le tournage des épisodes de la quatrième saison n'étant pas encore commencé. Quelques jours après l'incident, CBS, faisant valoir la clause morale de son contrat, saquait Talman sans ménagement, alors que le parquet laissait presque immédiatement tomber l'acte principal d'accusation contre les huit suspects, celui de possession de "narcotiques". Dans un aparté qui aurait couronné une bonne scène pour Perry Mason, quelqu'un du bureau du procureur aurait même demandé tout haut en plaisantant comment les suspects pouvaient être accusés de possession de substances illégales, alors qu'ils étaient à poil, et donc sans poches. Plus sérieusement, la présence de l'officier de police chez Reibold s'était révélée illégale. Comme pour l'affaire Mitchum, il s'agissait d'un piège pour faire mousser la police des mœurs. En juin, un juge Alexander rendait son verdict, pète-sec mais non sans humour : "Il n'est pas contre la loi de se promener sans vêtements dans une demeure privée."

Mais même s'il s'en tirait à bon compte de ce côté, le mal était fait pour Talman, qui se retrouvait sur le sable. L'émission l'avait jusqu'ici payé 1 500 $ chaque semaine pour perdre contre Perry Mason. Résigné à sa mise sur la touche, Talman s'est presque aussitôt mis à écrire sérieusement, sous pseudomyme, notamment pour *Have Gun, Will Travel* – l'excellent feuilleton avec Richard Boone dans lequel il apparaîtra plus tard dans plusieurs épisodes. Car entre-temps, le secours était arrivé, sous la forme d'une lettre ouverte signée de nul autre que le géniteur du personnage de Perry Mason, Erle Stanley Gardner. Exhorté par le chroniqueur du *Los Angeles Mirror* Hal Humphrey, l'auteur prenait à partie la chaîne CBS pour sa veulerie dans une lettre intitulée "By Court of Public Opinion", où il faisait remarquer que Talman ne devait pas devenir victime d'accusations dont il s'était trouvé innocenté. Une vraie plaidoirie à la Perry Mason. Dans *TV Guide* et le reste de la presse, les téléspectateurs semblaient d'accord avec lui. En septembre, William Talman était réinstauré dans le rôle de Hamilton Burger, jouant chaque semaine contre Della Reeve et Paul Drake, les assistants du volumineux avocat.

Un an plus tard, le 6 novembre 1961, Talman se retrouvait dans les journaux : "LIFE SENTENCE", titrait cette fois plus joyeusement l'*Examiner* sous une photo de Raymond Burr, souriant d'un air approbateur sur Talman et Margaret Flanigan, lors de leur mariage au Flamingo Hotel de Las

Vegas. “Les époux ont chacun deux enfants d’unions précédentes.” Mais la “condamnation à perpète” semblait plus faire référence à l’émission qu’au mariage de l’acteur : Talman devait rester l’adversaire de Perry Mason jusqu’à l’épisode final, le 271e, en 1966. Le feuilleton, tourné sur le plateau 8 des vieux studios Fox Western Avenue, se distinguait des autres par bien des aspects, qui expliquent peut-être son extraordinaire popularité, et son encore plus remarquable longévité. Grâce aux reprises, il n’a jamais vraiment quitté les écrans américains en près de cinquante ans. Difficile à imaginer, mais c’était la première fois que les rues de Los Angeles figuraient en vedette dans un feuilleton de télévision – jusqu’ici presque toujours tournés à New York, ou au moins sur plateaux. Et comme les annonceurs étaient souvent une des firmes de Detroit, Raymond Burr conduisait toujours la voiture dernier modèle. C’était l’époque où L.A. était la ville la plus sexy de la nation – laquelle avait bien besoin d’un monde où on croyait encore à l’innocence, encore plus qu’en la justice. Chaque épisode coûtait au moins 100 000 $ à produire – beaucoup pour l’époque –, et était tourné en six jours, avec entre un et trois jours de préparation. Un rythme épuisant pour les acteurs comme pour les équipes. Ce qui n’avait pourtant pas empêché Talman de jouer dans une production locale de *Huis clos*, de Jean-Paul Sartre, à Long Beach, entre les saisons 62 et 63.

En 1968, l’acteur avait un autre combat à livrer. Les trois paquets de cigarettes par jour fumés toute sa vie adulte avaient laissé leurs traces. Il bataillait contre un cancer depuis vingt ans. Quand il avait neuf ans, son père lui avait promis mille dollars et une montre en or s’il ne commençait à fumer qu’à sa majorité. Talman commentait, toujours Hamilton Burger pour les masses : “J’ai perdu ma première affaire, j’avais douze ans.” Prévenu qu’il avait une tumeur inopérable au cerveau, il a enregistré des publicités pour l'American Cancer Society, emmenant ensuite sa famille en Angleterre pour un dernier voyage. Arrivé à Londres, on a dû le rapatrier d'urgence chez lui, au 16836 Marmaduke Place à Encino, dans la vallée de la San Fernando, où il est mort le 30 août 1968. Il est enterré à Forest Lawn, dans l'annexe faisant face aux studios Warner à Burbank. Ses publicités ("Don't Be a Loser") sont passées sur les trois réseaux de télévision nationaux durant deux semaines. Certaines chaînes locales les ont refusées, les trouvant "de mauvais goût". Lors de sa saison 1957-58, une grosse compagnie de tabac avait été un des annonceurs de *Perry Mason*. Raymond Burr s'en était d'ailleurs amusé à l'époque : "Du jour au lendemain, tout le monde clopait dans l'émission."

9 / LA FEMME À BATTRE

Elle avait la lèvre supérieure la plus troublante du cinéma américain, comme novocaïnée en permanence, volontiers flétrie, et les yeux les plus dénués d'équivoque. Des yeux à coucher. "Bedroom eyes", comme disent les chanteurs de country. Les paupières lourdes de sens. "Ce n'était pas tant la façon que j'avais de regarder un homme, c'était la pensée qu'il y avait derrière", expliquera-t-elle simplement à Richard Dreyfuss dans les années quatre-vingt, quand celui-ci partageait une scène de province avec elle.

Dans *In a Lonely Place* elle regarde brièvement Dix, le "violent" scénariste du titre français joué par Bogart, quand elle le croise dans le jardin des Patio Apartments en compagnie d'une jeune greluche qu'il a soudoyée au vestiaire d'un restaurant pour qu'elle lui raconte le roman à l'eau de rose qu'il doit adapter mais n'a aucunement envie de lire (un peu comme les scénaristes de Nicholas Ray avec le roman de Dorothy B. Hughes sur lequel le film est basé). Plus tard dans la nuit, elle le regarde encore de son balcon. "En négligé", précise Dix aux flics quand on l'interroge au petit matin sur la fille trouvée étranglée.

"Il faisait chaud", explique Laurel, bien inutilement. Quand le chef de la police judiciaire de Beverly Hills lui demande s'il est dans ses habitudes de prêter autant d'attention aux hommes qu'elle ne connaît pas, Gloria réplique : "Il m'intéresse. J'aime bien sa tête." Et quand Dix, fort de cette remarque, essaie plus tard de la draguer, puis de l'embrasser, elle soutient son regard, sans s'offusquer, mais sans essayer de l'allumer non plus : "J'ai dit que j'aimais bien votre tête, pas que je voulais l'embrasser." C'est dans ce film indépassable qu'elle est définie à jamais : en pantalon et blouson à carreaux, mains dans les poches, épaules tirées en arrière, tête fixe, regard par en dessous. Puis en robe, mais avec la même distance provocante. Bogart notera plus tard qu'il l'a attendue toute sa vie. "La voilà, je me suis dit. Celle qui est différente. Elle est bonne fille, pas mijaurée, elle dit ce qu'elle pense, je suis content de l'avoir de mon côté."

Mais si Gloria Grahame était femme jusqu'au bout de ses ongles carminés, elle était rarement femme fatale à l'écran. Moins fatale pour les hommes en tout cas que pour elle-même. Longtemps elle a échappé aux rôles clichés de blonde vénéneuse, et peu importe le nombre ou la longueur des répliques, on se souvenait d'elle. Même les membres de l'Academy, pourtant notoirement obtus : son apparition dans *Crossfire* lui vaut une nomination pour le meilleur rôle secondaire. On est en 1947, elle est à Hollywood depuis deux ans. Dans le film de Dmytryk, ses scènes duraient pourtant à peine dix minutes d'écran, et elle n'était guère en beauté dans sa robe de taxi-girl : cheveux trop longs, trop blonds. Mais c'était comme si elle en avait conscience : sa réaction maussade et belliqueuse devant la sollicitude de l'épouse du soldat à la fin, en particulier, faisait déjà tache.

Si *Crossfire* lui vaut l'attention immédiate du public et de ses pairs, cinq ans plus tard sa composition d'adorable écervelée dans *The Bad and the Beautiful* sera récompensée par une statuette. Elle remporte l'oscar du meilleur second rôle 1952, battant l'archi-favorite récidiviste Thelma Ritter. Elle en est tellement surprise qu'elle monte sur scène dans un état nettement relâché (elle était allée au petit coin, expliquera-t-elle plus tard, sans avoir eu le temps de s'arranger). Comme il se doit, dans le film elle finit mal, et tôt : tuée en voiture au cours d'une virée d'amour avec un "latin lover", escapade arrangée par le producteur Kirk Douglas pour qu'elle cesse d'importuner son scénariste de mari, l'historien fumeur de pipe Dick Powell. Mais on la revoit encore sur ses genoux, susurrant avec son accent du Sud : "James Lee, you have a vee-ry dirty mind, ahm happy to say [1]..." Elle épousera d'ailleurs plus tard un scénariste pour de vrai, Cy Howard. Même dans son rôle le plus mémorable, celui de Debbie, la copine de Lee Marvin dans *The Big Heat* [2], elle ne présente de danger que pour elle-même. On est ici bien loin d'une construction absurde et "pulp" à la *Gilda :* Debbie est une gentille gosse un peu dingue qui ne cesse de bouger et de babiller comme une gerbille, avec un don appréciable (du moins pour Fritz Lang, qui les aimait) pour faire de merveilleux martinis-gin. "Il a ses bons côtés", dit-elle de l'horrible Marvin. Lang lui donne toutes les bonnes répliques : "Je me sauve, me faire raser les jambes ou quelque chose..." ; ou encore, quand elle tue la veuve de flic vénale pour laisser les mains libres à Glenn Ford, qui pourra enfin faire tomber l'insaisissable grossium : "Me suis jamais mieux sentie de ma vie..." Mais, soit en mauvaise fille comme dans *Sudden Fear* [3], soit en adorable idiote, on ne l'oubliait pas de sitôt. Certains devaient même s'inoculer contre elle, comme Nicholas Ray, avec

1. "James Lee, tu as l'esprit mal tourné, je suis heureuse de le dire."
2. *Règlement de compte* – Fritz Lang, 1953.
3. *Le masque arraché* – David Miller, 1952.

un bref et peu reluisant mariage – même s'ils ont eu un fils, et s'il l'a dirigée dans trois films, dont un chef-d'œuvre.

C'était aussi cette façon qu'elle avait de parler, ce léger zozotement dont elle avait fini par s'accommoder. "On me dit que c'est sexy." Ses débuts fulgurants donnent l'impression d'une carrière à la *A Star Is Born* – il fut d'ailleurs un temps question qu'elle prenne Vicky Lester comme nom professionnel, comme l'héroïne du film – et il est vrai que deux ans seulement séparent son premier rôle (une serveuse dans *Blonde Fever*) et sa nomination aux Oscars. Mais Gloria était pourtant pratiquement du sérail : sa mère écossaise était actrice et chanteuse avant de devenir professeur d'élocution à la Pasadena Playhouse durant la Dépression. Son grand-père paternel était un peintre-illustrateur nommé Reginald Francis Hallward, ami de George Bernard Shaw et d'Oscar Wilde. Selon la légende familiale, ce dernier aurait même en partie basé sur lui le personnage du peintre "Basil" Hallward dans *Le portrait de Dorian Gray*.

Elevée à Long Beach, éduquée à Hollywood High, sur Sunset et Highland, la petite Gloria Hallward était sur les planches depuis l'âge de neuf ans, et jouait les doublures sur Broadway quand elle fut découverte par un *talent-scout* de la Metro. Charles Laughton venait de lui proposer de jouer Anne Boleyn dans une reprise au théâtre de sa *Vie privée de Henry VIII*. Au lieu de perdre la tête, Gloria monte dans le *Super Chief*, contrat de sept ans en poche, 350 $ la semaine pour commencer. Elle faisait partie de la "cuvée Metro 1944", en même temps qu'Audrey Totter et autres cambrures de reins. Louis B. Mayer, grand connaisseur de jeunes personnes, s'était déplacé à New York pour faire signer le nouveau cheptel. On le voit couver Gloria des yeux dans un numéro de *Life* en mars 47, mais elle ne lui a servi ni d'escorte ni de partenaire de danse comme tant d'autres. Il les préférait brunes, et surtout plus dociles. Papa Mayer n'a guère digéré non plus le mariage-éclair de sa nouvelle pouliche un an plus tard avec Stanley Clements, le truculent et vulgaire acteur de poche (ex-jockey, disait-on), ni surtout le fait que Gloria se soit fait remarquer du public américain, non pas chez lui, mais chez son rival Harry Cohn, dans *It's A Wonderful Life.* Elle joue Violet Bick, qui flirte avec Jimmy Stewart et finit en prostituée dans son cauchemar – déjà un précipité de Gloria. Du coup, après une apparition dans *Song of the Thin Man,* son contrat est revendu à RKO, où elle a tout de suite des rôles intéressants, encore que secondaires.

Dans *Crossfire*, elle joue une de ces filles de mauvaise vie fondamentalement décentes dont elle se fera une spécialité. Il y a un côté abîmé chez elle, auquel bien des cinéastes seront sensibles. Et qui se retrouve déjà dans sa vie privée : les journaux de Los Angeles se régalent des esclandres de son houleux mariage avec "Stash" Clements, nabot amusant préposé aux rôles de délinquants juvéniles ou de jockeys pochetrons égrillards. Une nuit, au cours d'une de leurs périodiques séparations, alors que Gloria habite chez sa mère sur Veteran Avenue dans West L.A., Stash se bagarre avec six inconnus sur sa pelouse, soi-disant pour la défendre. Dans sa demande de divorce, elle prétendra qu'il avait en fait envoyé six copains "dire bonjour à Gloria", à la fois pour l'importuner et pouvoir paraître voler à sa défense. Plusieurs témoignages, dont celui de Dmytryk, confirment que Stash la battait à l'occasion. Comme elle le sera si souvent à l'écran. Mais dans sa pétition de divorce, elle reproche surtout à Clements de l'avoir fait "maigrir d'anxiété", étrange grief qu'on retrouve dans toutes ses demandes de divorce (il y en aura cinq). Elle restera néanmoins attachée à Stash jusqu'à la fin de sa vie ; il est mort juste une semaine après elle. Mais un autre témoignage donne un éclairage très différent de tous ces épisodes tapageurs sur la dame. Alain Ronay, qui dans les années soixante travaillait à la librairie Campbell's de Westwood, et avait pour clients Thomas Mann, Jeffrey Hunter et Cole Porter, affirme que Gloria Grahame avait des lectures plus ardues et intellos que tous ces gens-là. Syndrome de la "dumb blonde", comme Marilyn sous influence Arthur Miller? On ne le saura jamais.

Dans *A Woman's Secret*, son second film RKO, elle sert essentiellement de repoussoir à Maureen O'Hara, avec qui elle entretient des relations similaires à celles entre Eve et Margot Channing dans *All About Eve* [1], le même genre d'éponge calculatrice. Le film, indifféremment dirigé par Nick Ray, se passe dans le milieu de la radio, monde que Ray connaissait pourtant bien. Mais *A Woman's Secret* n'est pour lui qu'une commande, et, comme l'écrit son biographe Bernard Eisenschitz, "quelques mois après le personnage très émouvant qu'elle jouait dans *Crossfire*, il est difficile d'imaginer traitement plus dépourvu de sympathie que celui d'Estrellita" (le talent naturel découvert et formé par une chanteuse qui a perdu sa voix, jouée par O'Hara). Ray a reconnu sur le tard que le film était un désastre caractérisé, dont le moindre n'était pas sa rencontre avec Gloria Grahame. "J'en étais épris, mais je ne l'aimais pas beaucoup."

En fait, elle était déjà enceinte de leur fils Tim lorsqu'elle est partie chercher son divorce à Las Vegas. A 13 h 30 le 1er juin 1949, comme Louella Parsons se fait un malin plaisir de le divulguer, Grahame obtient le divorce de Clements. Cinq heures plus tard, elle épouse Nick Ray. La photo publiée montre un marié rayonnant, avec pochette blanche et cravate à pois, et Gloria en robe mexicaine à décolleté généreux. Mais ce n'est qu'une façade

---

1. *Eve* – Mankiewicz, 1950.

pour une union qui a déjà tourné à l'aigre. Selon la sœur de Ray, le marié avait joué et bu toute la nuit précédente. Le mariage, comme d'ailleurs les trois autres de Gloria, durera les trois ans réglementaires. Lorsqu'ils divorcent en 1952, ils vivent séparés depuis longtemps – chose qu'il leur faut cacher quand Ray, la préférant à Ginger Rogers pour le rôle de Laurel dans *In a Lonely Place,* demande et obtient Gloria au terme de sombres négociations entre Harry Cohn et Howard Hughes. Ray couche diplomatiquement dans une loge de la Columbia, sous prétexte de travailler la nuit sur les décors. Par nostalgie ou perversité, il filme les rares extérieurs des "Beverly Patio Apartments" là où il habitait avant son mariage avec Grahame, sur Fountain Avenue. Mais pourquoi, s'il y avait si peu d'amour entre eux, la choisir pour ce qui est un des plus beaux rôles de femme au cinéma, et une des plus belles relations entre personnages non mariés? "Parce qu'elle correspondait au rôle, et qu'elle pouvait le jouer", dira simplement Ray. Et de reconnaître aussi, en plus de son professionnalisme d'actrice, qu'elle avait parfaitement joué son rôle d'épouse soumise aux yeux de l'équipe et du studio.

Exemple d'art imitant la vie, Dix dans le film met fin à leur amour en voulant brusquer les choses et filer à Las Vegas le soir même pour épouser Laurel. Chaque réplique dans ce film est une réplique de scénariste – et Dix ne trouve pas toujours les meilleures. Mais, en plus d'une histoire d'amour – peut-être la plus belle du cinéma hollywoodien –, *In A Lonely Place* est aussi un film sur le cinéma, sur l'industrie autant que ce curieux travail solitaire qu'est celui de Dix. Lequel discute du crime dont il est accusé comme s'il allait l'écrire, et explique à Laurel pourquoi sa dernière scène d'amour est si réussie : "Parce qu'ils parlent de tout sauf d'amour. Tiens, prends ce qu'on fait ici dans cette cuisine. Moi en train de m'escrimer sur ces fichus pamplemousses, toi toute dopée avec tes pilules. Quiconque nous verrait saurait qu'on est amoureux l'un de l'autre." Cet incessant va-et-vient entre vie et cinéma fonctionne de la même façon que lorsqu'on voit Dix, qui n'a jamais vu un couteau à pamplemousse de sa vie, redresser la lame courbée à dessein. Il a beau avoir reconnu Laurel comme la femme qu'il a attendue toute sa vie, il n'a de cesse de la brusquer, et de redresser sa jolie courbe, cet esprit d'indépendance qui l'a séduit chez elle au départ. Et bien sûr, le film ne serait pas aussi entêtant et envoûtant si Grahame n'était physiquement à son apogée. Elle n'a jamais été plus désirable, quasi-Hayworth dans les scènes où elle se fait masser par son amie lesbienne Martha. Il y a d'ailleurs un curieux rapprochement à faire entre ces contre-plongées, très atypiques pour Ray, et le pont de yacht sur lequel la dame de Shanghai prenait le soleil dans le film d'Orson Welles : deux ex-maris filmant leurs ex-épouses platinées, pas exactement en toute innocence. Et pour le même studio. Ray et Grahame, à s'être parfaitement et professionnellement conduits, ont au moins tiré un chef-d'œuvre absolu des décombres de leur amour.

Les choses se gâteront nettement deux ans plus tard lorsque Ray reprendra le travail de Sternberg sur *Macao*. Grahame, dans une lettre de protestation à Howard Hughes datée de septembre 1950, avait déjà essayé de s'éviter de jouer ce rôle de faire-valoir en face de Jane Russell. Quand le temps arrive de faire les *retakes* sur le film avec Ray, Gloria a déjà quitté RKO pour Paramount, la porte à côté. Elle est toujours officiellement mariée à Ray, mais on s'arrange pour que Mel Ferrer dirige toutes ses scènes.

Si pour le grand public américain Gloria Grahame est restée à jamais celle qui mettait la tête sous la patte de l'éléphant dans *The Greatest Show On Earth* [1], ou encore

1. *Sous le plus grand chapiteau du monde* – Cecil B. DeMille, 1953.

l'Ado Annie de la comédie musicale *Oklahoma* [1], elle reste pour nous la femme au penchant fatal pour les cafetières. Pas seulement celle qui la défigure fameusement dans *The Big Heat*, mais aussi dans *In A Lonely Place* : "Café bouillu !" s'écrie-t-elle pour échapper aux pressions de Bogart pour l'épouser. Et bien avant, quand on l'amène au commissariat de Beverly Hills au petit matin, Laurel lorgne avec insistance la tasse en papier pour relever l'impolitesse du capitaine, qui doit lui avouer ensuite que la cafetière est vide. Seulement quatre ans plus tard, dans *Naked Alibi* [2], elle n'arrête pas de faire réchauffer du café, surtout pour endormir Sterling Hayden avec de mystérieux sachets. Dans cette fin de série Universal, une des premières productions Ross Hunter, Gloria ressemble déjà à un cendrier humain. *Naked Alibi* est *La soif du mal* classe éco, même si Russell Metty en a fait la photo. Hayden y joue un commissaire de police à la poursuite d'un faux pâtissier vrai tueur de flics (Gene Barry). Il perd son poste, pour violence et harcèlement contre bon citoyen (le pâtissier va à l'église), et sa quête le mène dans une ville frontière entièrement recréée sur les horribles plateaux téloche que Lew Wasserman venait de faire construire à Universal.

Dans le film, Gloria arbore la même coiffure de cartomancienne que Dietrich dans son apparition non créditée de *La soif du mal*, les mêmes anneaux aux oreilles, les mêmes yeux blancs et regards par en dessous – parallèle encore accentué sur l'affiche américaine. La lèvre supérieure est plus longue, la chair moins ferme. Elle joue une chanteuse de bastringue, et quand on la voit pour la première fois, pratiquement au milieu du film, c'est dans une "cantina" mexicaine, de dos. Nu, le dos. Elle se retourne et se met à chanter "Ace in the Hole" d'une voix râpée. "*Now*

1. Fred Zinnemann, 1955.
2. *Alibi meurtrier* – Jerry Hopper, 1954.

this town is full of guys/Who think they're mighty wild/Because they know a thing or two..." On est très loin de Jane Russell chantant "Three Little Miles from San Berdoo" dans *His Kind of Woman* [1]. Gloria est visiblement au terminus ; elle se rend du bastringue à sa chambre de meublé miteux à pied et en costume de scène, hauts talons et bretelles-spaghetti. Elle est véritablement la femme à battre, celle qui s'en prend plein la tête, ici des gifles et des coups délivrés par Gene Barry. Mais elle trouve Sterling Hayden, le chef de police déchu, au bout de la ligne lui aussi, assommé dans une ruelle. Elle le remet sur pied à coups de cafés dopés. Pas une fois ils ne s'embrassent ni ne s'étreignent, sauf sur une belle photo de publicité – le visage détourné du sien, mais elle lui enfonce joliment les ongles dans l'épaule. Et naturellement, elle meurt par balles à la fin, au cours d'une poursuite sur les toits. Elle expire dans les bras de Hayden, avec l'inévitable "Si seulement je t'avais connu avant !".

Ce qui est un peu l'histoire de sa vie. Elle divorce de Ray pour cruauté mentale, paranoïa, et évidemment parce qu'il la fait maigrir. Pourtant, 1952 est véritablement son *annus mirabilis* : de février 52 à février 53 elle tourne six films, dont le grand succès commercial *Sudden Fear*. David Miller a toutes les peines du monde pour persuader Joan Crawford d'accepter Jack Palance pour partenaire. Elle se rend tout de même à sa logique : "Joan, bien sûr qu'il est laid à faire peur, mais qui d'autre pourrait sembler dangereux à côté de toi ?" Gloria s'accommode en revanche très bien de Jack Palance, dans le film comme sur le tournage. Lorsque Crawford a vent de leur liaison, Gloria est interdite de plateau en sa présence. Sur *The Bad and the Beautiful*, Gloria enchante Minnelli et le producteur John Houseman, mais ils s'arrangent pour qu'elle ne soit

1. *Fini de rire* – John Farrow, 1951.

jamais sur le plateau quand Lana Turner travaille. Puis Columbia choisit Gloria pour jouer une ouvrière dans *The Glass Wall*, un drame sur un immigrant hongrois joué par Vittorio Gassman, au grand dam de sa copine du moment Shelley Winters. Plus maussade que jamais, Grahame est dure comme l'ongle dans ce film peu connu de Maxwell Shane.

Durant l'été 52, Gloria va à Munich faire un film anticommuniste, une histoire de cirque tchèque avec Kazan, qui ne lui fait aucune impression. Kazan, qui apprécie ses dons naturels d'actrice, se souvient surtout du poids de ses valises, écrivant [1] qu'elles contenaient des haltères avec lesquels elle voulait se développer le buste. Jamais satisfaite de son physique, elle ne cessera de se triturer le corps et le visage comme un Michael Jackson avant la lettre ; elle modifie en particulier sa lèvre supérieure, au point de la rendre paralysée. Cette insécurité pathologique explique peut-être qu'on lui ait donné tant de rôles masochistes à l'écran. Dans *Tightrope*, le film munichois de Kazan, elle raille tellement son mari Fredric March sur sa virilité qu'il finit par lui allonger une baffe. Gros plan sur la donzelle, sourcil arqué, zozotant d'un air rêveur : "T'aurais dû faire ça depuis longtemps." Côté "fais-moi mal Johnny" qu'elle retrouve dans le remake de *La bête humaine* que tente Fritz Lang en 1954, *Human Desire* [2].

Cette personnalité sulfureuse à l'écran reviendra la hanter dans la vie et dans la presse sept ans plus tard. Car c'est en une des journaux et dans les cours de justice que Grahame parfait sa réputation de "bad blonde". Elle poursuit Nicholas Ray pour 15 000 $ de pension alimentaire non payée. Elle attaque Twentieth Century Fox, accusant le studio de vouloir lui faire jouer un petit rôle "indigne de sa carrière", pourtant déjà en perce. Mais c'est en 1964,

1. Dans ses mémoires, *Elia Kazan : A Life* (1988).
2. *Désirs humains.*

durant le procès intenté par Cy Howard pour récupérer la garde de leur fille Marianna, qu'elle défraie vraiment la chronique. Extrait de la pétition du mari : "Miss Grahame s'est remariée depuis notre divorce avec un jeune homme de quinze ans de moins qu'elle, fils que son second mari Nick Ray a eu d'un autre lit. Son quatrième époux se retrouve donc le demi-frère, ainsi que le beau-père, d'un garçon que Miss Grahame a eu de son second mariage. Cet adolescent de 14 ans, fils de Miss Grahame et de M. Ray, résidait chez elle encore récemment. Ma fille Marianna se trouve gênée et confuse quant au statut de son beau-père, ayant beaucoup de difficultés à l'accepter dans ce rôle alors que cette même personne se trouve être aussi le frère du frère de la mineure." Le journal ajoutait laconiquement : "L'actrice, dont l'âge varie entre 34 et 38 ans selon les sources, s'est refusée à tout commentaire."

Mais Gloria Grahame se fichait du qu'en-dira-t-on comme de ses derniers faux cils. Elle avait, de surcroît, un solide sens de l'humour quant à sa carrière. A une époque où il était de mise de surnommer les stars d'après leurs attributs (Bacall était "The Look", comme d'autres étaient "The Bust"), Gloria s'était elle-même baptisée "The Replacement". On la prenait quand il ne restait personne d'autre à choisir. A l'image de sa carrière – longue spirale allant de la précocité la plus brillante aux rôles secondaires les plus offensants – elle avait le chic pour mettre la charrue avant les bœufs : après son dernier bon film en 1959, *Odds Against Tomorrow* [1], la voilà qui suit des cours chez Lee Strasberg et Stella Adler, devenant ainsi la première et seule actrice à être jamais entrée à l'Actor's Studio oscar en poche. S'ensuivra une nouvelle carrière au théâtre, durant laquelle elle fera beaucoup de tournées en province, tant en Angleterre que dans son pays. Elle réalisera ainsi

1. *Le coup de l'escalie*r – Robert Wise, 1959.

son vieux rêve de jouer Lady Macbeth. A la fin des années soixante-dix, certains jeunes réalisateurs, le plus souvent des fans de ses vieux films, la font travailler dans des rôles de belles-mères excentriques – celle de John Heard dans *Head Over Heels* (Joan Micklin), ou de Paul LeMat dans *Melvin and Howard* (Jonathan Demme).

Il y a deux façons de se souvenir d'une actrice. Façon *Photoplay* et fan-magazines ("Gloria a les yeux verts, adore manger et danser la rumba, collectionne les pulls en cachemire..."). Ou se rappeler ses meilleures répliques : "Nous sommes sœurs sous le vison", et, une fois défigurée d'un côté du visage par la cafetière de Lee Marvin : "Je peux toujours vivre ma vie de profil." *I can always go through life sideways* – bonne devise pour actrice de second plan. Sauf que Gloria Grahame n'a jamais traversé notre vie en marchant de profil.

10 / Y A-T-IL QUELQU'UN POUR PILOTER CE TRENCH-COAT ?

Charles McGraw n'était pas très grand, mais il donnait toujours l'impression d'être dur partout, le genre d'homme à mâcher des clous comme des cachous. Quand il vous enfonçait un canon de revolver dans les côtes, le canon avait l'air plus dur, plus long, et plus dangereux. Son point fort était bien sûr sa mâchoire. Même s'il ne figure que quelques instants dans le garage de la prison, et pas au générique, on pourrait voir *Brute Force* [1] comme un concours de maxillaires entre McGraw, Jay C. Flippen et Burt Lancaster. Le film est sorti peu après l'autre production-signature de Mark Hellinger qui a lancé McGraw et Lancaster : *The Killers*.

Comme son pote Mitchum, McGraw avait un penchant irlandais pour la broderie biographique. A chaque studio qui l'employait, il bourrait régulièrement le mou aux affabulateurs professionnels du service publicité, finissant même parfois par croire ses propres bobards, comme l'accident au genou dont il aurait été victime pendant la guerre. Les bios changent à chaque production : il serait né

1. *Les démons de la liberté* – Jules Dassin, 1946.

en 1914 dans le comté de Meath, sur l'île d'émeraude, aurait grandi à Greenwich Village à partir de 13 ans, joué au football universitaire, boxé professionnellement (poids moyens), et bourlingué dans la marine marchande pendant quatre ans. Seules ces deux dernières activités semblent confirmées, du moins en partie. Il aurait aussi épousé une chapelière parisienne lors d'un séjour à Londres, ce qui n'expliquait pas tout à fait qu'il parle "couramment le cantonais". Il a aussi prétendu être né dans l'Iowa, à New York City, et même en "Extrême-Orient", prétextant à sa femme que ce genre de sornettes était ce que le public aimait entendre.

On saura après sa mort qu'il est né Charles Butters le 10 mai 1914, à Akron dans l'Ohio, fils de maçon et d'une Anglaise raciste très coincée sur le sexe, avec qui il ne s'entendait guère. A dix-huit ans il est à New York, réussissant à faire au moins un voyage aux Indes, sinon "quatre ans dans la marine marchande". C'est la Dépression, il s'habitue à être chômeur comme tout le monde. Un aspirant acteur de l'Academy of Dramatic Arts avec qui il partage une chambre le persuade un jour de l'accompagner à une entrevue pour un rôle. Evidemment, toujours selon le b.a.-ba des communiqués de presse, on lui donne le rôle à lui, pas au copain. Et le voici pour quelques semaines dans *The Jazz Age*, jouant déjà un dur. Ensuite il campe un compositeur de chansons dans *Boy Meets Girl*, succès qui tient la route : quatre-vingts semaines d'affilée, de 1935 à 1936. L'année suivante il joue encore un gorille, cette fois dans le plus crucial *Golden Boy*, de Clifford Odets. Frances Farmer et Luther Adler en sont les vedettes, et en plus de son rôle, McGraw sert aussi de doublure à Elia Kazan. Une photo le montre avec ce dernier sur un pont de transatlantique, jouant au volley-ball. Il aura ensuite un rôle important dans *Native Son*, une production avec l'acteur noir Canada Lee pour vedette.

Toujours rétif à la routine, McGraw s'en va ensuite à Londres faire du théâtre et de la radio. C'est là qu'il rencontre une superbe Chinoise qui dessine des chapeaux pour Chanel; c'est en tout cas ce qu'il dira plus tard. En réalité, s'il l'a bien épousée le 12 octobre 1938, il a trouvé Freda Choy-Kitt au-dessus d'un restaurant chinois à Soho, et elle était eurasienne. "Le sosie d'Ava Gardner", dira leur fille Jill Julia, née trois ans plus tard alors que le couple était déjà à Hollywood. Sur un cliché pris au Brownie Flash à la fin des années quarante et confié récemment à Alan Rode, on les voit tous les trois sur un tapis de living-room, McGraw très beau garçon, mâchoire serrée et regard perçant; Freda, pas tellement Ava Gardner, mais grandement aussi belle; et Jill, radieuse à six ans.

A Hollywood, la carrière de McGraw ne décolle pas. C'est tout juste si, encore gourmé et bien rasé, il a le temps d'abattre le personnage central de *The Mad Ghoul* [1] sur une scène d'opéra, ou de faire de la figuration intelligente dans *Angels with Dirty Faces* [2]. C'est seulement de retour à New York en 1942 que l'acteur décroche le rôle principal dans le feuilleton radiophonique *The Falcon*. Sa voix de concasseuse fait merveille, l'avenir semble rose, mais survient Pearl Harbor, et McGraw s'engage dans l'artillerie, passant trente et un mois en France et en Italie; il jouera plus tard d'innombrables sous-offs et officiers, avec la même autorité.

Au printemps 1946, cependant, démobilisé depuis près d'un an, il est sans emploi et sans le sou, de nouveau à New York, lorsqu'un jour il entre dans son bar de quartier (tiens donc), pour s'entendre dire par le propriétaire qu'il a son nom dans le journal, mentionné par Leonard Lyons dans sa chronique de potins. Comme quoi Mark Hellinger

1. James Hogan, 1943.
2. *Les anges aux figures sales* – Michael Curtiz, 1938.

remuait ciel et terre pour retrouver l'acteur qui jouait le dur dans la production historique de *Golden Boy*, que le producteur se rappelait avoir vue en 1937. Dubitatif, et en p.c.v. parce qu'il n'a qu'un dollar trente-cinq en poche, McGraw appelle finalement Hellinger à Universal, qui lui dit aussitôt de sauter dans l'avion : il a besoin de lui pour jouer un des deux tueurs dans *The Killers*. "Avec quel argent ?" demande l'acteur, déjà bourré de charme à l'époque. Et Hellinger lui dit que cinq cents dollars l'attendront à un bureau de la Western Union dans quelques heures. Si cela sonne comme une concoction du service de publicité, c'est parce que c'en est sûrement une. On choisit d'en croire certaines, d'autres non. On essaiera d'oublier un article de 1956 qui révèle que l'acteur habitait un pavillon à Studio City près des studios Republic, avec sa petite famille et un caniche miniature nommé Lili.

L'apparition de McGraw et de William Conrad dans *The Killers*, par contre, appartient bien aux histoires du cinéma. Les deux sont saisissants en tueurs à gages dans le *diner* au début du film de Robert Siodmak ("You think he's a funny guy?"), et même si le rôle l'établit pour toujours comme Charlie-la-menace, il ne pave pas sa route de billets de banque pour autant : McGraw devra grenouiller encore quelques années pour trouver une carrière stable à la RKO. Toujours à Universal, il joue dans un film avec Gabin, *L'imposteur* [1], et deux ans plus tard dans le remake d'un film de Carné que tourne Anatole Litvak, *The Long Night*, avec Henry Fonda dans le rôle de Gabin. McGraw joue déjà un flic.

Mais c'est en eaux troubles qu'il fera ses vraies armes, chez des indépendants comme les frères King, ou Eddie Small. Les premiers produisent *The Gangster*, une curiosité signée Gordon Wiles, mais surtout écrite par Daniel

1. Julien Duvivier, 1945.

Fuchs, romancier de Brooklyn qui ne trouvera jamais autant de liberté dans sa carrière de scénariste. Pour le meilleur et pour le pire, d'ailleurs. Son histoire s'appelait à l'origine *Low Company*, un des trois volets de sa "Trilogie de Williamsburg", estimée aujourd'hui, et les miteux qui peuplent le film sont effectivement à peine fréquentables. Akim Tamiroff tient un drugstore, racketté par le gangster du titre, joué par la star montante Barry Sullivan, plus gargouille encore que Jack Palance. Harry Morgan sert des sodas et des glaces tout en faisant du gringue à l'aguicheuse décatie Fifi d'Orsay. La débutante Shelley Winters (née Schrift) est derrière la caisse, encore anonyme, mais pas la moins regardée. C'est malheureusement la patineuse Belita qui tient le rôle féminin principal, une danseuse sur qui Sullivan claque tout son fric. Le scénario de Fuchs est plus noir que l'encre, mais les personnages sont littéraires à l'excès, et les scènes invariablement bavardes. Sauf celles d'Elisha Cook Jr., qui joue un gorille assez énervé, mais qui bat tout le monde au rayon confection avec les rayures voyantes de son costard, pratiquement de la toile à matelas. Quant à Gordon Wiles, les frères King ont peut-être choisi le futur chef décorateur d'Albert Lewin pour raisons économiques, tout se passant sur plateau, mais les gratte-ciel et les rues en carton-pâte sont vraiment trop minables pour qu'on puisse vraiment s'intéresser à cette chute d'un caïd, même si les scènes entre celui-ci et le margoulin qui veut le supplanter évitent le convenu et les claques de rigueur.

McGraw n'a que quelques scènes dans un rôle qu'il jouera souvent, celui du flic qui mettrait bien des bottes pour patauger dans la fange qu'il a à nettoyer. Il est beaucoup plus saisissant en malfrat dans *T-Men*. Sa mâchoire fait merveille dans les scènes où il tabasse et torture l'agent infiltré Dennis O'Keefe. En fait, la silhouette de McGraw annonce la couleur au tout début du film. C'est l'époque où les gorilles opèrent à deux, et le comparse de McGraw, "Brownie", est le toujours souriant Jack Overman, dont la tronche conciliante fait le parfait pendant à la troublante férocité de McGraw. Overman ressemble à un catcheur qui aurait pris trop de coups et se serait fini aux électrochocs, mais en réalité son passé n'avait rien de pugiliste. Overman avait fait une carrière légitime à Broadway, avant de trouver faveur à Hollywood pour des petits rôles. En cinq ans à partir de 1945 il est apparu dans pas moins de quarante-cinq films, avant de mourir d'une crise cardiaque sur le tournage à rallonges de *Jet Pilot*, le film de Sternberg et Jules Furthman que Howard Hughes ne voulait plus lâcher et qui n'est sorti que sept ans de malheur plus tard.

T-Men marque les vrais débuts d'Anthony Mann : un film avec un budget adéquat, des vedettes intéressantes, et surtout un script (de John C. Higgins) auquel il avait pu contribuer. Ancien acteur lui-même, puis régisseur et metteur en scène de théâtre, Mann était arrivé à Hollywood grâce à Selznick, qui lui faisait tourner ses bouts d'essai (avec lui, il y avait de quoi faire carrière uniquement avec ça). En observant ces innombrables "cattle calls", en filmant ces essais, puis en cachetonnant chez Republic, PRC, ou au service des séries B de Sid Rogell à la RKO, Mann s'était déjà constitué une petite troupe de seconds couteaux qu'il devait emmener plus tard dans ses films plus nantis : non seulement John Ireland, McGraw ou Wallace Ford, mais aussi Dan Duryea, qu'il avait repéré sur une scène de Broadway et aidé à percer, bien avant de l'utiliser dans *The Great Flammarion* [1]. Lorsqu'il sera à même de faire ses excellents "programmers" chez MGM, il utilisera McGraw en terrible contremaître du trafiquant de main-d'œuvre illégale joué par Howard Da Silva dans

1. *La cible vivante* – 1945.

Border Incident [1]. Il lui avait auparavant fait jouer un sergent dans *Reign of Terror* [2], son dernier film pour Eagle-Lion. Mann utilisait les *character actors* jusque dans ses "voix off", notamment Reed Hadley, un acteur de western qui avait joué à la fois Jesse et Frank James dans des films différents. En plus des films noirs de Mann, on entend sa voix de stentor dans *He Walked by Night*, *Call Northside 777*, *The Iron Curtain*, *Canon City* et *Walk A Crooked Mile.* Hadley était la voix des agences gouvernementales, tant à Hollywood que dans les documentaires de propagande. Il en a tellement fait durant les années quarante que son autorisation FBI pour les documents "secret défense" allait jusqu'au nucléaire.

Contrairement à ce qu'on a longtemps pensé, ce n'est pas Richard O. Fleischer qui a donné son premier rôle vedette à Charlie-la-menace, avec *The Narrow Margin.* Il doit ses lettres de noblesse à un autre fils-de-quelqu'un, le plus obscur mais néanmoins très intéressant Felix Feist. Feist était le fils du directeur de la distribution à Metro dans les années trente, et en tant que tel a pu se faire la main sur d'innombrables courts-métrages au studio. Mais c'est à Universal et RKO qu'il a dû aller gagner ses galons. En 1949, quand il met en scène *The Threat*, avec McGraw pour vedette, il a déjà réalisé le très fauché mais amusant *The Devil Thumbs a Ride*, avec l'autre menace RKO Lawrence Tierney qui terrorise un représentant en lingerie fine, et deux gourdes d'auto-stoppeuses qui le sont moins. McGraw avait donc à cœur de relever le défi maison avec le rôle qui donne son titre et sa teneur à *The Threat* (la menace).

Même si ce film vient tôt dans sa filmographie, c'est sans doute le rôle définitif de McGraw. Il joue "Krugler",

1. *Incident de fontière* – 1949.
2. *Le livre noir* – 1949.

un maître criminel évadé de prison qui kidnappe le procureur et le policier qui l'ont fait plonger. Tout se termine dans une sorte de "huis-clos" tropical, une hutte en bordure d'un terrain d'aviation de fortune, où les truands attendent l'avion de la délivrance. McGraw, pour une fois du mauvais côté de la loi (c'est-à-dire du bon, pour nous), joue Krugler avec une férocité rare, talochant pratiquement toute la compagnie à un moment ou à un autre avec une violence réellement paniquante. Virginia Grey, soupçonnée par les truands de les avoir donnés, est en nage comme tout le monde. Elle joue tout le film pieds nus, son escarpin étant tombé sur l'asphalte quand les truands l'ont enlevée à la sortie du club de strip-tease où elle travaille. Elle porte la même jupe à pois aussi, et, après avoir essayé de le séduire (se prenant une baffe pour sa peine), c'est elle qui tue McGraw avec un gros calibre 45 automatique garanti de lui démettre le poignet – qu'elle a frêle, comme tout le reste chez cette curieuse actrice et survivante professionnelle. McGraw tombe, mais elle lui expédie encore une balle dans l'épaule pour faire bonne mesure. Virginia Grey n'a jamais été si belle que dans *The Threat*, et n'a jamais eu autant à faire dans un film. "La police vous doit une paire de chaussures", lui dit le policier Michael O'Shea, qui lui doit la vie.

Toujours chez RKO, McGraw alignera six films en deux ans, parmi ses meilleurs. Trois portent la patte de Richard Fleischer à des degrés divers, ainsi que celle, plus dommageable, de Howard Hughes, qui achète le studio en mai 1948. *Armored Car Robbery* et *The Narrow Margin* furent réalisés à la file avant le nouveau régime sous la houlette capable et raisonnable de Sid Rogell, patron des séries B à RKO, mais Hughes s'était entre-temps entiché du second film au point de vouloir le refaire entièrement en série A avec son lucratif couple vedette Mitchum et Jane Russell. Heureusement persuadé de n'en rien faire par

Fleischer et le producteur Stanley Rubin, Hughes jeta néanmoins son dévolu mal embouché sur un autre film que Mitchum et Russell venaient de terminer, *His Kind of Woman*, dans lequel McGraw joue un petit rôle. La façon dont Hughes a passé près d'un an à modifier et gonfler la fin du film, finissant par faire doubler le budget, constitue le plus comique et le meilleur chapitre des mémoires de Fleischer [1], lequel avait été recruté pour refilmer le dernier tiers du film, avec un "méchant" différent d'avant, et d'invraisemblables imbroglios à bord d'un yacht (basé sur celui du milliardaire).

Le cocasse épisode nous aura au moins donné l'inestimable Vincent Price se lançant à l'abordage à bord d'une vedette en train de couler. Mais la sortie de *The Narrow Margin* en fut reculée d'autant, près de deux ans. Le film a beau avoir été le succès qu'on sait, et incidemment un des meilleurs films de l'histoire du studio, c'était néanmoins trop tard pour McGraw et Marie Windsor, dont la carrière aurait pu profiter du coup de pouce.

Dans les deux films de Fleischer, comme dans bon nombre de ses suivants, McGraw joue un flic d'anthologie. "*Cordell, Homicide*", c'est ainsi que McGraw répond aux appels radio au début de *Armored Car Robbery*. C'est encore une fausse alerte – un hold-up supposé devant Wrigley Field (une des premières fois qu'on voyait ce stade de base-ball construit d'après les plans du plus fameux Wrigley Field des Chicago Cubs. L'endroit, au cœur de South Central Los Angeles, sera détruit en 1966, les Angels ayant été vendus au propriétaire des Dodgers William O'Malley). Lorsque son partenaire est tué au cours du vrai hold-up de transport de fonds, Cordell est averti qu'un des fugitifs a été touché et doit avoir perdu beaucoup de sang. "Pas suffisamment à mon gré", chuinte

1. *Just Tell Me When To Cry* – Carroll & Graf, 1993.

McGraw sans desserrer les dents. Il n'a pourtant appelé l'ambulance pour son pote qu'une fois la poursuite rendue impossible à cause d'une crevaison. A l'hôpital, il apprend la mort de son ami, soupire et console la veuve : "Coup dur, Aggie." "Pour toi aussi, Jim. Vous étiez partenaires depuis si longtemps." C'est ce genre de film. Quand Ryan, le collègue débutant, demande comment elle a pris ça, McGraw réplique d'un ton aigre comme la choucroute : "Elle s'en remettra." Puis le bleubite lui apprend qu'il a été désigné pour remplacer son partenaire. "*Great*", fait McGraw dans un souffle, une intonation dégoûtée reprise plus tard par Clint Eastwood, qui en fera sa carte de visite après *Dirty Harry*. McGraw, lui, a déjà sa panoplie de limier bourru : costume à rayures et larges revers, imper sanglé à la taille comme un sac de linge ; il faut le voir pour le croire, grimpé sur le marchepied d'une voiture pie et armé d'une torche électrique, à suivre dans la nuit les traces de pneus des voleurs jusqu'à un parc industriel de Long Beach.

Le seul aspect sensationnel ou innovateur du film, a raconté Fleischer, était le fait qu'à cette époque les camions blindés qu'évoque le titre étaient réputés imprenables. Fleischer fut effondré en apprenant le titre imposé par la direction du studio, qui selon lui émoussait à l'avance l'élément de surprise [1]. A son film suivant, qui reprenait sensiblement la même équipe, ses collaborateurs le firent marcher toute une journée en lui disant que la direction allait sortir *The Narrow Margin* sous le titre *The Target* (la cible), vendant une fois de plus la mèche de l'intrigue. Fleischer en était à son quatrième martini-gin de la soirée avant que son scénariste Earl Felton le prenne en pitié et lui révèle que c'était une farce. Felton était un grand gaillard qui se déplaçait avec canne et béquille, victime de la polio dans sa jeunesse. Durant l'année passée à refourbir

1. Le titre original était *Signal 30*, d'après le code d'appel pour les hold-up.

et gonfler la fin de *His Kind of Woman* sous la direction tatillonne et décourageante de Howard Hughes, les deux hommes eurent grandement l'occasion de noyer leurs migraines au Polo Lounge, le bar du Beverly Hills Hotel où ils devaient attendre à des heures indues le milliardaire, qui louait le minable bungalow 19 à l'année. Felton avait fini par appeler l'endroit le "Polio Lounge".

Si Hughes les avait repérés, c'est que Felton et Fleischer faisaient une sacrée équipe. Leurs scripts sont bourrés de trouvailles, et leurs films de petits bonheurs. C'est l'époque où Hollywood commence à sérieusement tourner dans les rues de la ville, et celle où les policiers du LAPD conduisent ces massives et peu maniables voitures pie en forme d'obus. La très excitante poursuite des malfrats par McGraw se termine en plein Broadway, downtown, le capot dans une vitrine. On n'a pas assez parlé de l'importance de la vraie police de Los Angeles dans le développement du film policier hollywoodien. Sous l'influence brutale de dirigeants comme "Chief Parker", le LAPD s'accommode d'effectifs limités, en échange d'une plus grande liberté d'action : passages à tabac systématiques (le fameux "third degree"), ou élimination pure et simple des éléments indésirables : gangsters, mais aussi leaders syndicaux. En échange aussi de crédits pour des équipements technologiques de pointe. Hollywood s'est toujours empressé de glorifier les derniers gadgets policiers : voitures radio, téléscripteurs, et ici pose de micros sophistiqués chez la strip-teaseuse et dans sa voiture. Plus tard, le feuilleton "Dragnet" reprendra le flambeau, et encore plus tard des films comme *Blue Thunder* [1], pour glorifier les patrouilles de surveillance en hélicoptère, avec lesquelles Los Angeles a encore innové, historiquement autant qu'abusivement.

1. John Badham, 1983.

*

Dans *Road Block*, de l'ancien acteur Harold Daniels, on retrouve les mêmes voitures cachalots et les mêmes costumes rayés. Pas pour la première fois, ni la dernière, McGraw travaille pour une compagnie d'assurances, chose qu'on n'apprend qu'après une amorce qui est peut-être la meilleure partie du film. En regagnant L.A. par avion, McGraw fait connaissance de la femme qui va lui faire prendre le mauvais chemin. L'occasion pour nous de voir les points forts de l'acteur, mais aussi ses carences : aucun problème pour le dédain massif ("je hais les combinardes") ou la colère. Jouer la comédie est une autre paire de fossettes, et quand il lui faut sourire lors des travaux d'approche qu'exerce sur lui Joan Dixon, c'est comme si son faciès allait s'effriter sous l'effort.

Le film est cependant divertissant : Dixon en perles et pull-over, parlant de "commencer par le renard argenté et monter en grade jusqu'au vison". Dixon peut nous apparaître au début comme la Gene Tierney du pauvre qu'elle était réellement – un peu boulotte, un peu maussade –, mais elle s'acquitte très bien de ce rôle plus compliqué qu'il n'y paraît, le genre que les vedettes féminines trouvaient rarement à l'époque, sinon jamais, dans les films plus respectables. L'équipier de McGraw ici est joué par Louis Jean Heydt, peut-être le plus mauvais acteur de second ordre du cinéma hollywoodien, tout en mouvements de tête et œillades au garde-à-vous, mais malgré lui le film aspire fugacement à la morale professionnelle intransigeante du *Faucon maltais*, quand, ayant deviné sa complicité dans un vol de transport de fonds qu'ils sont censés résoudre, Heydt doit arrêter son partenaire. Heydt (qui jouait Joe Brody, le maître-chanteur malchanceux dans *The Big Sleep*) ne peut néanmoins se résoudre à lui passer les menottes – ne serait-ce que pour donner à Daniels l'occasion d'une poursuite automobile d'anthologie, dans le lit de la Los Angeles River tout récemment bétonné pour servir d'égout pluvial à la ville.

Le frère de Mitchum, John, raconte dans ses mémoires [1] que Howard Hughes, avec sa légendaire perspicacité, comptait à moitié sur McGraw pour remplacer Mitchum comme vedette du studio, au cas où celui-ci refuserait de venir travailler sur les interminables scènes à refaire de *His Kind of Woman*. Mitchum, pas bégueule, aimait le côté pugnace de McGraw, même si celui-ci ne lui arrivait qu'à l'épaule et lui attirait toujours des histoires. McGraw figure dans un des grands westerns de Mitchum, *Blood on the Moon* [2], sous le nom parfait pour lui de Milo Sweet, mais leur premier vrai film ensemble est *One Minute to Zero*, une fois tous les deux libérés des contrats du "Thin Man", comme Mitchum appelait Hughes (en référence à ses habitudes furtives). *One Minute to Zero* devait à l'origine s'appeler *The Korean Story*, basé sur un incident réel du début du conflit, chose difficile à croire au vu du scénario affligeant. Mais Tay Garnett, comme à son habitude, s'en battait l'œil ; juste une occasion pour lui de faire traîner un tournage agréable entre hommes, hors de vue des patrons de Burbank.

Cette fois-ci Colorado Springs et ses environs servaient de Corée, au lieu des habituelles collines pelées de Griffith Park. McGraw joue un sergent, Mitchum un colonel, tous deux inséparables depuis qu'une mission d'entraînement de troupes coréennes les a réunis derrière un bazooka, juste avant que le conflit n'éclate (en traître, évidemment). Le film est gâché par la présence toujours regrettable d'Ann Blyth, en absurde observatrice de l'ONU et inévitable "centre d'intérêt" du colon, mais nos deux grognards,

1. *Them Ornery Mitchum Boys*, Creatures at Large Press, 1989.
2. *Ciel rouge* – Robert Wise, 1948.

entourés du taciturne Richard Egan (en capitaine) et de William Talman (en improbable pilote de chasse), rendent cette corvée de Corée presque supportable.

L'équipe du film était logée au luxueux Garden of the Gods Hotel, et John Mitchum raconte que McGraw n'avait pas son pareil pour chercher les ennuis et en créer à tout le monde, emmenant par exemple la troupe chez Duncan's, le seul night-club noir de la ville, ou se colletant avec des agents de la police militaire dans un bar appelé le Red Fox. Mitchum avait dû intercéder, sans dommage notable, mais le même soir il lui a fallu étaler pour le compte un champion de boxe de l'armée nommé Bernie Reynolds, à coups de tabouret de piano. Le grand Mitch ne faisait que terminer les bagarres commencées par McGraw : un soir, chez Duncan's, alors qu'il hypnotisait la galerie avec ses salades, son râtelier est tombé sur la table. Selon plusieurs témoins, Mitchum l'a ramassé, et d'un geste coulé se l'est remis dans le bec sans même une pause dans la cadence de ses bobards. Mitchum portait ces fausses dents depuis l'âge de 15 ans, toujours selon son frère.

Dans son film suivant, McGraw reprend ses galons de sergent, cette fois dans la cavalerie. *War Paint* [1] est un curieux western produit par Howard Koch pour sa compagnie indépendante, entièrement filmé à Death Valley, avec un montage "jump-cut" des plus modernes (le prégénérique surtout est étonnant pour l'époque). Cette fois c'est sur un gradé obstiné joué par Robert Stack que McGraw jette son dévolu de chien fidèle. Mal lui en prend, puisque l'Apache sur lequel compte le capitaine pour retrouver la bande à qui il entend faire signer le traité qu'il a dans sa sacoche est secrètement opposé à ce projet. La langue fourchue trimbale la troupe de point d'eau empoisonné en dunes mortelles, et, avec le concours de sa com-

1. Lesley Selander, 1953.

pagne qui suit le convoi à distance, s'arrange pour que tout le monde meure, eux compris.

McGraw est de nouveau enquêteur de compagnie d'assurances dans *Loophole* [1], du vétéran Harold Schuster, l'ancien monteur de Murnau à la Fox. C'est une petite production Allied Artists au script pas très futé, qui vaut surtout pour ses décors naturels. Barry Sullivan joue un caissier victime d'un vol astucieux, pratiquement dans son dos au guichet où il travaille, effectué par un homme se faisant passer pour un des contrôleurs financiers qui vérifient les livres de comptes à la banque justement à ce moment-là, et n'ont rien à voir avec lui. L'homme est lui-même guichetier dans une autre banque et est au fait de ces contrôles périodiques. Sullivan est officiellement "blanchi" du vol, puisque l'argent n'est pas retrouvé, mais il perd sa place. Son épouse (une Dorothy Malone très popote, en brune) le soutient à fond, même quand les finances du ménage deviennent des plus précaires – car McGraw, tel Javert, ne quitte jamais Sullivan d'une semelle et le fait virer de tous ses emplois. Il est tellement crampon qu'il se fait mal voir de tout le monde, même des flics, qui le comptaient comme collègue jusqu'à ce qu'il soit renvoyé pour voies de fait sur suspect. De son séjour dans la police, McGraw a gardé sa philosophie : "Ce qu'il lui faut à ce mec-là pour se mettre à table, c'est une petite séance de tuyau d'arrosage." McGraw est déjà plus enveloppé que dans ses premiers films, presque boudiné dans son costume, mais il est encore capable de moduler, de passer du dur au doux – plus tard, l'alcool aidant, il ne parlera plus qu'en rafales monocordes. *Loophole* se laisse voir, surtout pour ses aperçus de Los Angeles (le générique se déroule devant l'auvent à rayures du Mocambo, et Sullivan, devenu chauffeur de taxi, prend des clients

1. *Dangereuse enquête* – 1954.

devant Ciro's, un autre club du Sunset Strip). Mais la conduite de Sullivan est par trop inepte. Trois fois il laisse échapper l'homme qu'il recherche pour s'innocenter, et la voix off est des plus irritantes, particulièrement la conclusion : "*Well, it's over.* Tout a une fin, tôt ou tard, même les mauvais moments." Comme le film.

1955 est pourtant une année faste pour McGraw. Il prend du galon : lieutenant dans *Away All Boats* [1], et, toujours en Corée, commandant de porte-avions dans *The Bridges at Toko-Ri* [2], juste un pont en dessous de Fredric March, qui joue l'amiral. Le film de Mark Robson est son premier en couleurs, et on constate pour la première fois que Charles McGraw a les yeux bleus – notion qu'on peut trouver dérangeante. Mais le pompon est sûrement sa reprise du rôle de Bogart dans *Casablanca* à la télé, feuilleton mal inspiré qui ne durera qu'une saison. Est-ce l'explication de la curieuse chevelure blanche qu'il arbore juste après dans *Slaughter on Tenth Avenue*? Il y préfigure le Mickey Rourke de *Year of the Dragon* [3] – jusqu'au nom polonais, Anthony Vosnick. Sa crinière blanche est à peu près tout ce qu'on se rappelle de cette histoire, avec Walter Matthau en véreux *capo* du syndicat des dockers, et Jack Elam fantomatique en procureur dévoué. Le film, lui, est sacrément mou du crochet.

On voit de plus en plus McGraw dans des films Universal, studio où il fait aussi de la télé. Le plus bizarre de cette période en roue libre alcoolisée est assurément *Joe Dakota.* Comme il se doit, McGraw joue le plus méchant d'un groupe qui compte pourtant Lee Van Cleef, Claude Akins et Anthony Caruso. McGraw, un ancien militaire étranger à la bourgade, a réussi à liguer tout le patelin pour forer un puits de pétrole sur un terrain usurpé à un vieil Indien, le

1. *Brisants humains* – Joseph Pevney, 1956.
2. *Les ponts de Toko-Ri* – Mark Robson, 1955.
3. *L'année du dragon* – Michael Cimino, 1985.

Joe Dakota du titre. Lequel a mystérieusement disparu. Un étranger arrive en ville, et fiche tout par terre pour McGraw, dont l'acte de vente se révèle évidemment faux. Le film (de Richard Bartlett, un vétéran de la télévision) reste en mémoire surtout pour son ton décalé, peut-être plus ambitieux que l'histoire ne le mérite.

Deux acteurs formant leur propre compagnie de production ont fini par sauver McGraw de cette routine de mauvais augure. Tony Curtis et Stanley Kramer le prennent pour jouer le capitaine de police à la poursuite des fugitifs enchaînés ensemble (Curtis et Sidney Poitier) dans *The Defiant Ones*. Et Mitchum n'a pas trop de mal à persuader Robert Parrish d'engager l'ami McGraw pour le tout à fait épatant *Wonderful Country* qu'ils vont faire ensemble au Mexique. Parrish l'avait déjà employé en tueur l'année précédente dans un autre western, *Saddle the Wind*[1], où figurait aussi Julie London comme dans celui-ci.

The Wonderful Country, en plus d'être un film absolument superbe, est aussi la plus belle heure de Charlie, qui dans l'histoire basée sur le roman de Tom Lea joue le docteur qui soigne la jambe cassée de l'aventurier Martin Grady (Mitchum). Le doc porte le merveilleux nom de Herbert J. Stovall, et en paiement de ses soins réclame le droit de faire monter sa jument par l'étalon noir de Mitchum. McGraw est d'ordinaire habitué à d'autres sortes de saillies, mais se montre ici parfaitement truculent, d'évidence très irrigué à la bière, qu'il trimbalait par caisses partout avec lui. Il est comique de l'entendre dire à Brady que "sa condition n'est pas aussi grave que son odeur", et de le tanner jusqu'à ce qu'il prenne un bain, des semaines plus tard. Car c'est lui qui semble littéralement suer l'alcool pur, et cocoter brutal. Quand il dit à Brady de boire un coup, juste avant de lui redresser le tibia,

1. *Libre comme le vent* – 1958.

l'aventurier décline l'offre. Mais dans la baignoire, confronté à la brosse et au savon qu'on lui présente, il boit une longue rasade de tequila pour se donner du courage. Le doc, lui, boit dans les deux cas de figure.

Mitchum était coscénariste et producteur du film. Connaissant l'oiseau, il avait pris la précaution de choisir un autre Charles pour chaperonner McGraw – le cascadeur-acteur Chuck Robertson, qui dans le film joue le rôle mineur du ruffian de La Nouvelle-Orléans qui reconnaît Julie London et révèle son passé de courtisane à tous les badauds (Mitchum le tue et doit quitter la ville frontière où il croyait pouvoir se refaire une vie). Robertson était de carrure suffisante pour doubler John Wayne dans beaucoup de ses films, mais pas suffisamment rapide pour empêcher celui dont il avait la charge de faire des siennes au cours du voyage épisodique de L.A. jusqu'à Durango. A la première escale, l'aéroport de Juarez, McGraw sauta immédiatement dans un taxi pour se rendre à un bordel qu'on lui avait recommandé. Robertson put à peine l'extraire de sa liesse à temps pour attraper l'avion qui les emmenait à Monterrey. Le tronçon Monterrey-Torreón fut encore plus éprouvant : il ne restait plus qu'un siège dans l'avion, à côté d'un Mexicain malade sous une tente à oxygène. McGraw fit une telle scène qu'il réussit à faire débarquer l'infortuné Mexicain pour que les deux *gringos* puissent avoir les sièges. A un Robertson mortifié qui lui demandait comment il pouvait faire une chose pareille, McGraw sortit une réplique digne d'un de ses films : "Quoi ? Tubard comme il est, le voyage l'aurait sûrement tué." McGraw arriva inconscient à Durango, et le resta jusqu'au lendemain. Au réveil, il exigea de voir la chambre de Mitchum. Lequel, qui avait prévu le coup, lui dit simplement "Tu es dedans", privant momentanément McGraw de grief à faire valoir. Selon Mitchum, McGraw fut rapidement victime de la *turista* et des caisses de *cerveza* consommées, au point de bloquer les toilettes de sa chambre. "L'endroit était un ABATTOIR. Ce con prétendait que la chasse d'eau ne fonctionnait pas. Le levier était juste du mauvais côté, et il était trop fait pour le remarquer."

John Mitchum a émis la théorie selon laquelle son frère restait fidèle à McGraw malgré tous les tracas qu'il causait parce qu'il était une source inépuisable d'anecdotes, la plupart scatologiques – son genre préféré. Comme la fois où, déjà divorcé et vivant à la colle avec une femme nommée Sam, il avait voulu se rendre à l'épicerie la plus proche pour se fournir en bière. Comme il n'avait plus de caleçons propres (délit pour lequel il tenait Sam responsable), il avait passé une des petites culottes de sa compagne. Pris de court à l'épicerie, qui n'avait évidemment pas de toilettes, il s'était soulagé derrière un muret et fait interpeller par une voiture de patrouille, évitant de justesse de se faire tirer dessus parce qu'il refusait absolument de se relever et de sortir en panties les mains en l'air. "Voulais pas qu'ils me prennent pour un fichu travelo." C'est du moins le genre d'anecdotes qui fait passer le temps sur un tournage de Mitchum.

McGraw bravera les années soixante sans trop sentir la douleur. Sa vieille connaissance Anthony Mann lui donne un rôle de choix dans *Spartacus*, avant de quitter la production. Mais c'est bien Mann qui a filmé les scènes d'entraînement des gladiateurs, et McGraw qui joue Marcellus, l'homme de main du veule Batiatus (Ustinov). Mann, décidément fidèle en amitié, le mettra aussi dans *Cimarron*. Hitchcock (*The Birds*), Richard Brooks (*In Cold Blood*), Eastwood (*Hang' em High*), Polonsky (*Tell Them Willie Boy Is Here*), ces productions prestigieuses feraient presque oublier que ses rôles sont de plus en plus fonctionnels et génériques à mesure qu'il s'étoffe sous le costume. Oublier aussi que Stanley Kramer peut sans problème le mettre avec les vieux barbons de *Un monde fou, fou, fou, fou*. Et il est presque aussi essoré que le sont Michael Curtiz et Alan Ladd dans le lamentable *The Man in the Net* [1], où il joue encore un flic pas clair et lyncheur. Il est enfin le supérieur hiérarchique de George Peppard dans *Pendulum*, jouant mal pour la première fois de sa carrière.

Laquelle va de mal en pis. Il a pourtant un rôle conséquent dans *Chandler* [2], un de ces néo-noirs des années soixante-dix où les réalisateurs sont des connaisseurs du genre révolu, et peuplent leurs films révisionnistes de figures tutélaires comme Warren Oates, en détective lessivé et alcoolique que son ancien supérieur McGraw vient relancer pour un coup qu'il sait foireux. Comme on envoie un garçonnet à l'école, Gloria Grahame, au cours d'une jolie scène tendre, refile à Oates le costume de son mari, un promoteur de boxe en train de tirer dix ans de taule ; il est clair qu'elle a eu des relations avec les deux par le passé. Leslie Caron est la vedette en titre et l'objet de la filature, moins énervante ici que dans tout le reste de sa carrière. Le film est quasi somnambule, l'intrigue très compliquée, et Warren Oates comme à son habitude n'enregistre que 0,2 sur l'échelle de Richter. Il s'agit d'ailleurs d'un de ses films les plus obscurs, alors qu'il en est la vedette nominale – un an après *The Hired Hand* [3] et deux avant *Bring Me the Head of Alfredo Garcia*, où il figure également en tête d'affiche.

McGraw, en costume trois pièces serré sous les aisselles, est bien vu en ancien homme de loi qui travaille à présent secrètement pour une organisation criminelle. *Chandler* aspire à la même sagesse désabusée et aux vertiges des films postmodernes inaugurés par *Point Blank* : les flics n'étant plus vraiment des flics, ou se servant de criminels

1. *L'homme dans le filet* – 1959.
2. Paul Magwood, 1971.
3. *L'homme sans frontière* – Peter Fonda, 1970.

pour en exterminer d'autres – toute la paranoïa gigogne qui colore les films de l'époque. McGraw est d'ailleurs encore sur les rangs de *Twilight's Last Gleaming* [1], un des meilleurs films paranoïaques des Seventies, dans lequel il joue un général. Auparavant, il était prêcheur dans *A Boy and His Dog* [2], peut-être son apparition la plus étrange. Ce cultissime film de science-fiction dirigé par L. Q. Jones, acteur fétiche de Fuller et Peckinpah, est une sorte de précurseur des films "Mad Max", avec un Don Johnson pubescent et un chien télépathique constamment en quête de boîtes de conserve et de filles à violer (oui, le chien). Il y a une société "souterraine", calfeutrée dans des bunkers et présidée par Jason Robards – une idée de l'enfer très années soixante-dix. Pour donner une idée de la chose, révélons seulement que McGraw se fait assommer à coups de glaïeuls.

L'acteur est mort chez lui à 66 ans, le 27 juillet 1980, ayant chuté à travers une porte de douche vitrée. Ses proches firent valoir à l'époque une hanche décalcifiée comme cause de l'accident, mais il a toujours été admis que l'acteur devait en tenir une bonne ce jour-là. Au moins n'a-t-il pas glissé sur une bouteille de vodka comme William Holden, ou fini pendu sous la douche comme son collègue en menace Albert Dekker, qui jouait le Texas Ranger à ses côtés dans *The Wonderful Country*. Comme toujours, la réalité fait la pige aux rumeurs. Retrouvée par Alan Rode en 2003 dans la maison même de l'accident, la dernière compagne de Charlie lui a confirmé que, s'il était bien alcoolique de longue date, l'acteur n'avait pas bu depuis deux jours, ou deux bières au plus, et que sa hanche défectueuse était bien cause de la chute. Millie, une barmaid que McGraw avait rencontrée dans son bar favori sur

1. *L'ultimatum des trois mercenaires* – Robert Aldrich, 1977.
2. *Apocalypse 2024* – 1974.

Ventura et Colfax, avec qui il vivait depuis qu'il avait quitté sa première femme, avait tenté en vain d'arrêter le geyser de sang qui giclait d'une artère sectionnée. S'il n'est pas rare de voir un acteur de films noirs mal finir comme les personnages qu'il a joués si longtemps, Charles McGraw est sans doute le seul qui ait été littéralement saigné à blanc : c'est la raison médicale officielle de sa mort donnée par l'hôpital quand il est arrivé, prononcé "D.O.A.[1]".

Dans la maison de Studio City visitée par Rode en 2003 se trouvait une toile assez réussie datant des années trente – un portrait de l'acteur au visage encore lisse et séduisant, que Millie a autorisé Rode à photographier, posé sur la moquette contre un mur. Et, conservé toutes ces années, accroché dans un placard, pend le trench-coat qu'il portait dans *The Killers*.

---

1. "Dead On Arrival"

11 / LA FEMME DE PERSONNE

“*Strictly poison under the gravy*”, c’est ainsi que Charles McGraw qualifiait le personnage joué par Marie Windsor dans *The Narrow Margin.* Poison sous le sourire béchamel, Marie l’aura été tout au long de sa curieuse carrière. Abonnée aux westerns et aux films noirs à cause de son physique un peu alarmant (1,78 m sans talons, large d’épaules, grands yeux exophtalmiques, nez prononcé et “mauvaise bouche”, comme le lui répétaient les directeurs de casting), elle s’est néanmoins taillé une solide place dans le panthéon des rôles à la redresse grâce à quelques films marquants comme le *Force of Evil* de Polonsky, *The Sniper* [1] de Dmytryk, et surtout *The Killing* [2] de Kubrick, où elle formait le couple parfait avec Elisha Cook Jr. Lui, haut comme trois pintes à genoux et caissier d’hippodrome pas bien dans ses souliers ; elle, vautrée sur son lit à fumer ou lire des revues de cinéma, rendant encore plus vitriolique un dialogue de Jim Thompson déjà bien corsé.

Quand le malheureux Peatty se plaint de maux d’estomac, sa femme Sherry lui rétorque :

1. *L’homme à l’affût* – 1952.
2. *L’ultime razzia* – 1956.

— Peut-être que t'as un trou dedans. Suppose que t'en aies un ?

— Comment je pourrais avoir un trou dedans ?

— T'en as bien un dans la tête. Allez sers-moi un verre, George. Tu commences à me donner mal au ventre à moi aussi.

Elle avait surtout l'art de se rendre si exaspérante que les hommes voulaient soit "gifler cette jolie tête, tu vas finir en steak haché" (Sterling Hayden dans *The Killing*), soit la trucider "avec un couteau qui coupe mal" (son mari dans *No Man's Woman*). Et il est sûr qu'aucune femme au cinéma ne s'est autant de fois fait trouer la peau. Une anthologie de ses morts par balle remplirait un DVD entier.

*

En 1985, après soixante-quatorze films, elle avait plus ou moins arrêté le cinéma mais continuait d'apparaître à la télévision et d'être active au sein du syndicat des acteurs, dont elle était membre du comité directeur. Cet été-là l'équipe de "Cinéma-Cinémas", qui ne doutait de rien, lui avait demandé de se rendre en plein après-midi dans un cocktail-bar sur Melrose près de RKO, son ancien studio – spécifiant bien qu'elle devait être en robe noire et talons aiguilles. Le Nickodell, qui n'existe plus aujourd'hui, n'ouvrait pas dans la journée. Le bar favori de Russ Meyer avait été loué pour l'après-midi. Elle était entrée avec le soleil dans cette grotte obscure en skaï noir, jetant un œil circonspect sur les murs ornés de femmes nues, toutes mammairement suréquipées, qui tranchaient fort avec la partie restaurant de l'établissement, où une clientèle gériatrique s'attablait dès six heures devant des steaks gris et des petits pois bleu-vert.

Marie Windsor avait pris ça avec aplomb et bonne volonté. Elle était venue de l'autre bout de la ville, de Santa Monica, et – avec ce sourire singulier qu'elle avait, toujours démenti par ses grands yeux trop écartés – c'est tout juste si elle protestait qu'il n'était pas dans ses habitudes de fréquenter les bars en milieu d'après-midi. Elle ne s'était pas démontée non plus devant la muflerie voulue de la première question : "Pourquoi vous êtes-vous fait refaire le nez ?" Dure entrée en matière habilement imposée par le réalisateur Claude Ventura, qui était resté interdit, puis inconsolable, puis paralysé, en voyant que le fameux nez droit proéminent qui la caractérisait si bien était désormais réduit à un de ces petits boutons mesquins californiens. La loutre chatoyante de jadis ressemblait à un écureuil. Ventura avait vainement essayé de se remonter au champagne local, pendant que l'équipe faisait la lumière. A cette question brutale, donc, l'actrice était partie d'un de ses rires de gorge familiers, qui eux heureusement n'avaient pas changé. "C'est la pire décision que j'ai prise de ma vie ! On m'avait dit qu'avec un nez normal, on m'offrirait plus de variété dans les rôles. Je me le suis fait refaire en 1959. Eh bien non seulement je n'ai jamais eu ces nouveaux rôles, mais on a arrêté aussi de me réclamer pour ces femmes à la redresse que j'ai toujours jouées. Bref, ce nouveau pif m'a mise sur la paille !"

Heureusement pour Marie, elle était alors mariée à un agent immobilier pas exactement riche, mais suffisamment nanti. Pourtant Emily Marie Bertelson, elle, arrivait de loin : de Marysvale, un bourg agricole de l'Utah si minuscule que ses parents la conduisaient à ses cours d'art dramatique deux fois par semaine en parcourant sans rechigner quarante kilomètres aller-retour sur des chemins de terre. Elle avait quatorze ans. Et ce sont encore ses parents qui l'ont conduite à Hollywood juste avant la guerre, pour qu'elle puisse étudier avec la légendaire

Maria Ouspenskaya, la grand-mère de Charles Boyer dans *Love Affair* [1]. Elle habitait au Hollywood Studio Club, sur Lodi Place, une pension pour jeunes femmes seules et aspirantes starlettes, mais travaillait le soir à vendre des cigarettes au Mocambo, le club le plus huppé du Sunset Strip. C'est là que le producteur Arthur Hornblow Jr. l'a un jour prise en pitié et lui a fait jouer un petit rôle dans une comédie musicale, *All American Co-Ed* [2].

"J'avais un costume entièrement constitué de carottes en velours, dont une mal placée devant, qui me faisait un énorme pénis." Heureusement pour la postérité, la Carrot Girl a fini au mixer, coupée au montage. Mais le peintre de pin-up Vargas, lui, l'appréciait comme modèle. Il était connu pour composer ses beautés dénudées en mélangeant des anatomies différentes ; on ne reconnaît donc jamais Marie sur aucun dessin, dans *Playboy* ou ailleurs, et on ne saura pas non plus quelle partie de Marie lui avait tapé dans l'œil.

Elle va ensuite à New York se faire la voix dans d'innombrables émissions de radio. Expérience qui lui servira beaucoup plus tard pour ses répliques, qui sont souvent des chocolats fourrés à l'acide de batterie. MGM la place finalement sous contrat, la proclamant "nouvelle Joan Crawford". Juste une façon pour Louis B. Mayer de rendre nerveuse sa vedette sur le déclin, selon Windsor, mais aussi un bon moyen de se faire une ennemie jurée. Otto Preminger, qui dirige Crawford dans *Daisy Kenyon*, est témoin d'une scène pénible entre les deux femmes au cours d'un cocktail. "Joan, arrête d'être vache comme ça", dit-il tranquillement à la star. Il prend Marie en amitié, et, "no strings attached", va jusqu'à la diriger dans *La voix humaine* de Cocteau, pour qu'elle ait un test intéressant à montrer aux studios. En pure perte. Elle retourne à ses

1. *Elle et lui* – Leo McCarey, 1938.
2. LeRoy Prinz, 1941.

rôles de figuration, comme dame de compagnie dans *The Three Musketeers* [1].

C'est finalement Abraham Polonsky qui la met en valeur pour la première fois dans *Force of Evil*, où elle joue la femme du grossium, Edna Tucker ; déjà en peignoir et dentelles noires, elle flirte éhontément avec John Garfield, mais sans succès. Le personnage n'existait pas dans le roman, Polonsky l'a inventé "pour avoir deux sortes de femmes autour de Joe Morse (Garfield), et montrer qu'il n'est pas un homme stupide : il sait qu'Edna ne peut lui valoir que des ennuis, et il ne va certainement pas aller s'en chercher en fricotant avec la femme de Ben Tucker [2]".

Beatrice Pearson, la mijaurée débutante qui joue l'oie blanche dans le film, a beau avoir son nom en beaucoup plus gros au générique, sur les affiches c'est Marie Windsor qui la supplante, en bas résilles et escarpins plongeants, révélant ses longues jambes d'amazone. Ironiquement, la débutante Pearson se révéla être une garce intégrale sur le tournage. Marie, elle, s'entendait à merveille avec Garfield. "*Bring out the apple box !*" plaisantait-il dès qu'il avait une scène avec elle – parlant de la caisse d'accessoiriste qui servait de petit banc aux nabots pour les scènes d'amour. Très sûr de sa virilité, l'acteur n'avait aucun complexe de ce côté-là. Marie, qui le dépassait de deux têtes, préférait plier les genoux. Sa taille la reléguait néanmoins aux rôles de mauvaises femmes, au lieu de ceux à la Greer Garson qu'elle convoitait secrètement. Qu'à cela ne tienne : au lieu de petits rôles dans des grands films, elle en obtient bientôt de grands dans les petits, avec des noms comme "Dakota Lil", "Iron Mae McLeod", ou "Doll Brown" dans d'innombrables productions Republic, souvent des westerns.

1. *Les trois mousquetaires* – George Sidney, 1948.
2. Interview William Pechter, *Film Quarterly*, printemps 62.

Hellfire est sûrement le plus remarquable de tous, les westerns qui commencent par des flammes en Trucolor et se terminent par “Amen” au lieu du mot “Fin” n’étant pas si nombreux que ça. C’est un conte moral dans lequel “Wild Bill” Elliot (le Bing Crosby du ta-ga-da) est un joueur professionnel devenu prêcheur évangéliste du jour où un prédicateur itinérant a pris une balle pour lui dans une rixe de saloon. Marie, elle, a tous les shérifs et marshalls de l’Ouest aux fesses. Elle est “Doll Brown”, indomptable hors-la-loi habillée en *gunslinger* durant les trois quarts du film (chapeau, pantalon de cuir et six-coups à la hanche, plutôt gironde), et le reste en petites tenues de saloon et négligés de traînée. Il y a d’ailleurs une scène où elle cherche à choquer son prêcheur avec ses collants et jarretières qui préfigure étrangement celle entre Wayne et Angie Dickinson (“Feathers”) dans *Rio Bravo*. La seule fois où Marie est moche à hurler, c’est quand elle porte une robe pour se faire passer pour une pionnière un peu oie blanche aux yeux du marshall ; mais elle a le Colt Frontier planqué dans la poêle à frire. Ce film étonnant, où figure aussi le toujours bon Forrest Tucker en marshall-beau-frère-de-Marie-sans-le-savoir, a été filmé par R.G. Springteen en 1949 dans les couleurs primaires qui font la gloire de Republic (vert et rouge), entre le ranch du studio à Chatsworth et les secondes équipes à Sedona, Arizona (comme *Johnny Guitar*). Il faut avoir vu Windsor, en collants noirs et faux cul froufroutant, chanter le cantique “Bringing in the Sheaves” sur une scène de saloon. Ou lisant fébrilement la Bible tout en maintenant un doigt sur la carotide de Tucker, à qui elle vient pourtant de tirer une balle dans le cou, pendant que des frangins vengeurs la truffent de plomb méthodiquement. Le plus curieux est encore que pour une fois Marie ne meurt pas, mais convole avec le prêcheur.

Windsor ne joue une bonne fille que dans l’obscur

Charlie Ruggles va imiter le cri du chrysanthème dans *Madame Butterfly* (Paramount, 1932).

Massive et passive attaque : Eugene Pallette (gauche).
John Qualen en fugitif dans *His Girl Friday* (Columbia, 1940).

Eric Blore, majordome cyclothymique dans *Secrets of the Lone Wolf*.

Franklin Pangborn, disc-jockey dans *Reveille with Beverly*. (Columbia).

Roland Young, *They All Kissed the Bride*, (Columbia, 1942).

Sam Jaffe mate, Helen Stanley danse le jitterbug fatal dans *The Asphalt Jungle* (1950).

Kirk apprécie moyennement les baisers acidulés de Jan Sterling.
Publicité pour *Ace in the Hole* (1951).

Le loup dans la bergerie.
Luke Askew dans *Easy Rider*.

Dan Duryea sur le tournage
de *Johnny Stool Pigeon*, (1949).

Arthur Kennedy.

Les *Athenians* d'Hollywood, circa 1952. Frank Mazzola, deuxième à gauche, premier rang.

Chateau Marmont, Bungalow 2. Février 1955: Dennis Stock, photographe de plateau, enregistre les répètes de *Rebel Without à Cause* au magnéto. Nick Ray et Stewart Stern de dos. De gauche à droite, James Dean, Jim Backus, Nathalie Wood, Nick Adams. Frank Mazzola, assis, chemise à carreaux.

Nikki Arcane and friends : Timothy Carey dans *The Killing* (1956).

Cat Man, trente ans après : *Easy Rider* (droite, 1967), à Morganza (gauche, 1997).

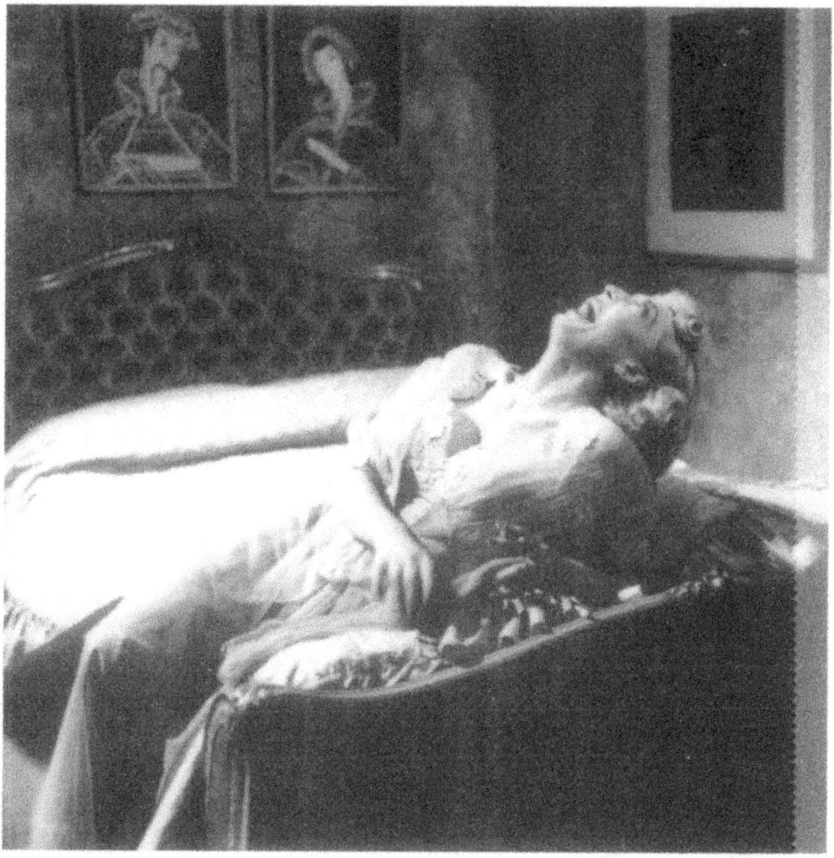

Tournage de *The Killing*. Chacun se détend sur son terrain d'élection : Marie Windsor sur le lit (haut), Sterling Hayden et Tim Carey sur le champ de tir (bas).

Palm Springs, 1950. Les regards racontent l'histoire de *711 Ocean Drive*. Pas exactement *Ocean's Eleven*. De gauche à droite : Donald Porter, Joanne Dru, Otto Kruger et Edmond O'Brien.

John Halliday dans *Escape to Glory* (John Brahm, 1940).

Page de droite :
Charles McGraw et Marie Windsor : si les regards pouvaient tuer,
The Narrow Margin (RKO, 1952).

Simone Simon, période Fox (1936).

Barry Kelley succombe à Edmond O'Brien et à sa pompadour, dans *711 Ocean Drive*.

John Ireland dans *Raw Deal* (1947).

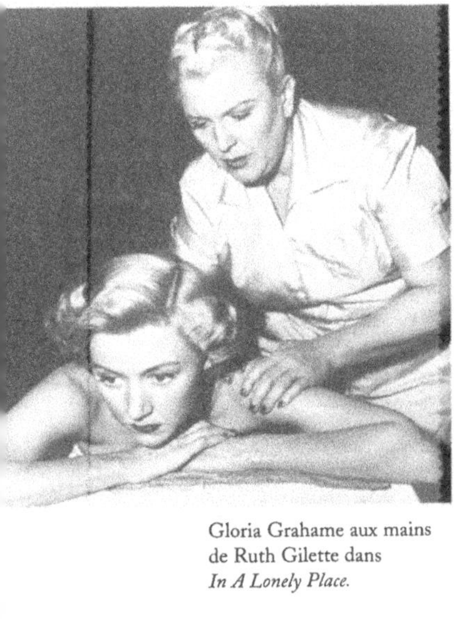

Gloria Grahame aux mains de Ruth Gilette dans *In A Lonely Place*.

Steve Cochran,
The Beat Generation
(MGM, 1959).

William Talman grillé dans
The City That Never Sleeps
(Republic, 1953).

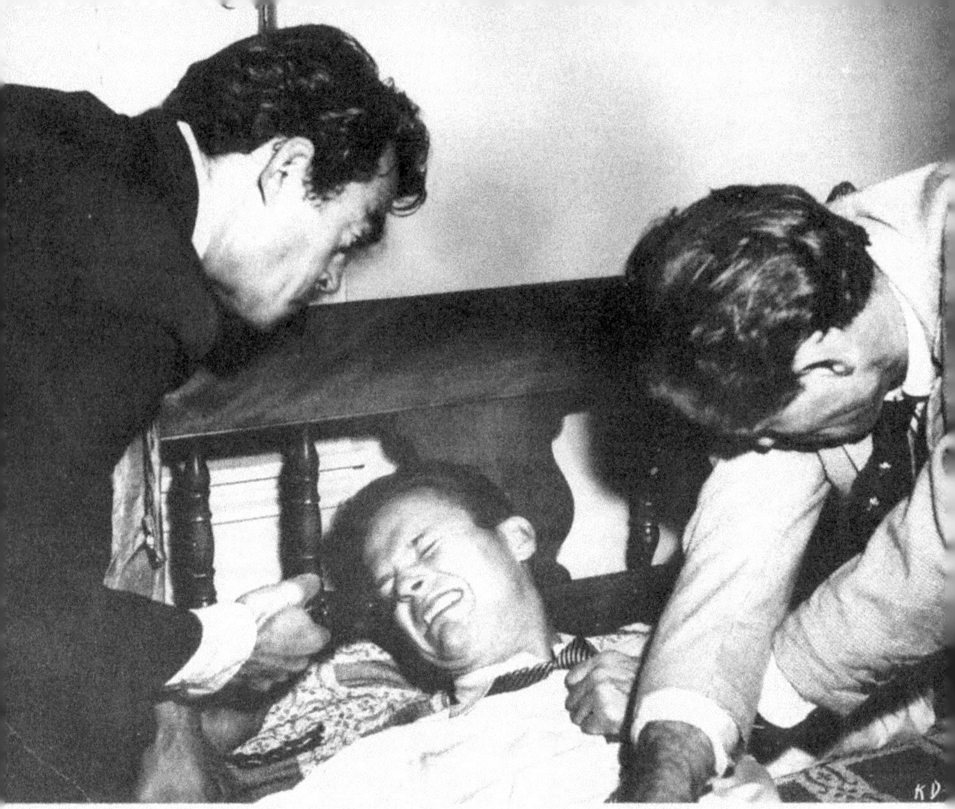

Kiss Me Deadly. Jack Elam et Jack Lambert se défoulent sur Ralph Meeker.

Cherchez le sourcil de Paul Stewart (à gauche), derrière l'épaule d'un des deux valets (two Jacks).

Paul Stewart.

Double Deal [1], une production Bel-Air distribuée par RKO l'année où elle tourne *The Narrow Margin.* Dans cette histoire de puits de pétrole en Oklahoma, c'est Fay Baker qui joue la peau de vache et finit d'une mort d'ordinaire réservée à Marie (une balle dans le ventre). Marie, elle, passe son temps en blue-jeans et t-shirt moulant sur un derrick, et finit dans les bras de l'aimable Richard Denning sous une pluie de pétrole brut. Car sinon, Windsor finit toujours mal, et souvent brutalement. Jamais de façon aussi spectaculaire que la pianiste de bar qu'elle joue dans *The Sniper*, où la balle du tueur en embuscade l'envoie littéralement dinguer contre la vitrine qui contient sa photo d'artiste à la sortie du club. Elle est la première victime du tueur en série joué par l'ineffable Arthur Franz, un désaxé qui livre le linge pour une blanchisserie. Marie (Jean Darr est son nom d'artiste) l'accueille chez elle en bustier blanc et lui fait gentiment du gringue à seule fin d'obtenir un service : si Franz voulait bien être assez chou pour lui ramener cette robe nettoyée, disons demain à la même heure ? Une tache de cognac, évidemment. Le livreur solitaire se laisse séduire, boit une bière dans la cuisine pendant que Marie passe un peignoir, pour finalement se voir évincer comme un péteux à l'arrivée du copain trompettiste, et devoir sortir par la porte de derrière. Humilié, il fera de Marie sa première victime. Ce soir-là, au piano-bar, elle doit rembarrer un client ivre qui lui fait chanter le même air quatre fois de suite. Avec Marie, le client n'est jamais roi. Elle joue "Plaisir d'amour" à la place. Mais elle est plutôt bonne fille dans l'ensemble, sans doute parce qu'elle meurt dès la deuxième bobine et n'a pas le temps de prendre son élan. Passant devant la vitrine à la sortie du club, elle s'attarde pour passer un doigt sur les lèvres de son image sur l'affichette, comme un Belmondo en talons

1. Abby Berlin, 1950.

8 cm. A ce moment précis, une balle la frappe avec une telle violence que sa tête brise le verre de la vitrine. A bout de souffle, pour le coup. Le film est intéressant, bien mené par Dmytryk, mais souffre d'un script trop préoccupé de réformes sociales et d'éducation sur le sujet des malades mentaux et des appels à l'aide que tout le monde ignore. Plus la faute d'un couple de scénaristes "motivés" (Edward et Edna Anhalt, qui prêchaient déjà dans *Panic in the Streets* [1]) que celle de Dmytryk ou du producteur Stanley Kramer, pourtant pas manchot pour le prêchi-prêcha pataugas.

Dans le plus réjouissant *The City That Never Sleeps*, elle finit tuée par balles sur une rue glacée. Ce qui lui va tout de même mieux que de se retrouver comme astronaute victime d'un lavage de cerveau dans *Cat Women of the Moon*, qu'elle fait la même année. Mais les rôles que lui offrent John H. Auer et Steve Fisher dans *The City That Never Sleeps* et dans *Hell's Half Acre* [2] préfigurent celui qu'elle tiendra dans *The Killing.* Auer était un Hongrois arrivé à Hollywood par le Mexique, où il avait fait des films avec son compatriote, le légendaire chef opérateur John Alton. Plus tard, à Republic, il était surtout de corvée de Vera, préposé aux navets valorisant Vera Hruba Ralston, la patineuse tchèque dénuée de talent que le patron Herbert J. Yates avait épousée et dont il s'évertuait à faire une vedette. Mais avec Windsor, Auer avait ses moments. *The City That Never Sleeps* a la bizarre distinction d'être raconté par la ville de Chicago elle-même, une voix désincarnée qui nous présente des personnages disparates évidemment appelés à s'entrechoquer dans la nuit : un riche avocat véreux (Edward Arnold), sa femme (Marie) qui le cocufie avec un magicien-pickpocket-

1. *Panique dans la rue* – Kazan, 1950.
2. Auer, 1954.

cambrioleur à la solde d'Arnold. Le côté éculé de l'histoire contraste avec les trouvailles et les bonnes surprises : les relations entre une danseuse de cabaret et un homme-mannequin dans la vitrine, la poésie ophulsienne de cet homme qui "ne voit rien, ne dit rien et ne sent rien", pourtant déchiré d'amour et de jalousie pour elle, et qui sert finalement de cible au magicien tueur de flic. Windsor trouve son équivalent masculin en William Talman, qui joue le magicien : même charme ophidien, mêmes yeux globuleux. Il faut l'entendre, en perles et robe du soir sur le canapé : "*Dahlink, give me some magic !*" Ou vitupérer contre Eddie Arnold quand il lui dit pourquoi il l'a draguée un jour au buffet de la gare où elle servait ("J'avais une heure à tuer"). "Et tu t'en es servi pour décimer toutes ces années de ma vie", crache-t-elle comme une chatte. Arnold sort finalement un revolver, mais Talman l'abat avant. S'ensuivent de longues poursuites qui s'emboîtent les unes dans les autres, dans les rues, sur les toits, sur les rails du métro aérien, dans les coulisses des Frolics où Talman abat par erreur le père irlandais du policier Gig Young, qui porte le même nom et est flic aussi. Comme il se doit, Marie a droit à sa ration de plomb : "J'avais un numéro dans le temps avec une femme que je faisais disparaître", lui dit son magicien d'un ton rêveur. "Je faisais comme ça." BLAM. Marie titube dix secondes avant de s'affaler contre le pavé mouillé devant les Frolics – sa plus longue mort, comme dans une grand-rue de mauvais western. Mais la fin est frappante, la voix ouatée de brouillard reprenant ses borborygmes civiques.

Hell's Half Acre par contre trouve Marie à Honolulu, à faire ce qu'elle fait le mieux : boire, mentir, fumer, et tromper ouvertement son mari, ici avec un gangster chinois nommé Kong. Le mari est un de ces minables dont sa filmographie est jonchée, un gros négligé lessivé nommé Tubby ("gros lard"). Wendell Corey est la vedette de cette histoire à la noix écrite mollement par Steve Fisher. Les seuls aspects réjouissants du film sont les gangsters en chemises à palmiers – et la musique, genre *The Third Man*, dans laquelle la guitare hawaïenne remplacerait le zither. La bulbeuse Elsa Lanchester joue un chauffeur de taxi à bagout, et la pauvre Evelyn Keyes, en cheveux courts et robe blanche, doit un moment faire semblant de travailler comme entraîneuse au Hawaiian Retreat, un taxi-dancing appartenant à Kong. Marie y travaille aussi, quand elle ne trinque pas à la mort (toute fraîche, la tête dans le caniveau) de son Tubby, en fourreau lamé or et sous trop de maquillage : "*Fini d'être femme de poissonnier !*" Marie, malgré toutes ses qualités d'actrice, ne joue pas bien l'ivresse. Mais c'est de peu d'importance dans un film où le consultant technique désigné au générique est Don the Beachcomber, directeur d'une chaîne de restaurants polynésiens à Los Angeles.

Dans *Japanese War Bride*, un King Vidor petit tonneau, elle ne meurt pas non plus, mais joue une tête à claques si exaspérante que Cameron Mitchell, qui dans le film est pourtant une crème de mari, lui a fracturé pour de vrai la mâchoire en la giflant dans sa seule bonne scène. Le héros, joué par Don Taylor, revient de Corée avec une épouse japonaise. L'histoire se passe à Salinas, capitale de la salade, bon prétexte pour Vidor de sacrifier à son fétiche industriel et de s'oublier comme un cinéaste soviétique entre les chaînes de lavage et d'empaquetage de laitues. Marie est la belle-sœur qui met de l'huile sur le feu et joue sur le racisme latent de la belle-famille et des voisins. On la voit bien faire la vaisselle (avec des gants en caoutchouc !), mais elle est quand même un drôle de grillon du foyer : commentaires doucereux, lettres anonymes, tout son arsenal habituel de vacherie y passe, et elle est si bonne à être mauvaise qu'elle ne peut plus rien répliquer quand elle se prend sa mandale conjugale, vu qu'elle a la mâchoire décrochée. C'est heureusement sa dernière scène. "Je t'ai laissée nous empoisonner trop longtemps, lui dit son mari ; à présent, tu vas marcher droit." Un sort pire que la mort, pour Marie.

*

Windsor est restée abonnée à ces minableries Republic en grande partie parce que la chance lui est passée sous le nez par deux fois. *The Narrow Margin* demeure son film le plus connu, et on a déjà dit comment Hughes en a retardé la sortie de près de deux ans. Il se proposait de superviser le film lui-même et de gonfler le budget en conséquence – plus d'un million en plus des 230 000 $ déjà dépensés. Au moins Fleischer travaillait-il (à repeindre le yacht de *His Kind of Woman*) et se faisait-il bien voir du patron. Mais Marie, elle, dut se contenter de reprendre ses rôles décourageants dans des oubliettes genre *Frenchie* [1], *Double Deal*, ou *Two-Dollar Bettor* – pour des compagnies comme Realart, qui étaient loin d'en être.

Dans *The Narrow Margin*, Marie se fait tirer comme un canard, ou comme l'appeau qu'elle est en réalité, puisqu'elle est de la police, à l'insu de McGraw, qui est testé par la police des polices pour voir s'il est corruptible. Pratiquement toute l'action se déroule dans le *Golden West Limited* qui doit secrètement amener un témoin à charge de Chicago à Los Angeles, via Kansas City. McGraw est le récalcitrant garde du corps de Marie. Earl Felton marchait peut-être avec des béquilles, mais il n'était pas manchot pour la repartie : "Vous me donnez envie de vomir", dit McGraw à Marie dans le compartiment double qu'ils partagent sur le train de nuit. "Faites ça dans votre lavabo, alors, si ça vous fait rien." Elle trouve en McGraw son

1. Louis King, 1950.

partenaire idéal, un pro sans vanité aucune, qui délivre ses répliques au lance-flammes, sa misogynie presque palpable. Marie, avec ses négligés en dentelle noire et ses pendants en ivoire, joue le rôle de sa vie : une femme qui joue un rôle. En l'occurrence celui d'une poule de gangster qui doit témoigner à un procès fédéral, une femme plus dure que l'ongle. En réalité, la vraie femme qui doit témoigner est dans le train, visible de tous, accompagnée d'une nounou et d'un mioche horripilant à l'extrême. Jacqueline White joue le rôle. Le film est si rapide et si bien écrit qu'on n'en relève pas tout de suite les nombreuses et risibles absurdités. Comme ce qui pousse White, la vraie Mme Neal, à flirter avec Brown (McGraw) dans le wagon-restaurant. Richard Fleischer filme ça à toute berzingue, sans jamais quitter le studio, prenant prétexte de l'étroitesse des décors ("Nobody likes a fat man") pour abuser des contre-plongées et autres tours du métier. Mais c'est le dialogue qui est roi ici, balayant tout détail improbable, permettant même le "happy-ending" le plus outrageux de l'histoire du film noir : White et McGraw convolant fièrement et ouvertement dans les couloirs de Union Station. En fait, selon le producteur du film Stanley Rubin [1], la scène où on évacue le corps de Windsor, et l'émotion ressentie par McGraw, ont bien été tournées et incluses dans leur montage. Mais c'est justement cette scène cruciale que le cinoque milliardaire a choisi d'enlever durant ses tripatouillages, ainsi qu'une autre qui révélait que l'ancien partenaire de McGraw, le bedonnant Don Beddoe, était vendu aux mafieux et les renseignait sur les feintes de la police.

Mais vivante ou mortadelle, McGraw a ses préjugés contre Marie, dès le début – c'est le sujet du film : "Quel genre de femme épouse un gangster? *A dish. The Sixty*

1. Présentation du film à l'American Cinematheque, avril 2005.

Cents Special. Strictly poison under the gravy [1]." C'est peut-être le plus beau tribut rendu à Marie Windsor, puisqu'il lui incombe de jouer cette femme qu'il imagine, même au-delà de ses attentes. Quand elle se lève le matin pour réclamer son petit déjeuner, elle a vraiment l'air d'avoir passé la nuit dans un Pullman. "*What are you gonna do, shoot something for breakfast* [2] *?*" Et si McGraw porte déjà la panoplie qui sera la sienne toute sa carrière (chapeau, trench-coat), Marie aussi : cheveux longs retenus sur un côté seulement par une barrette, chaussures à talons hauts et lanières, satin et dentelle noire.

C'est en tout cas dans ce "programmer" inégalé que Kubrick l'a repérée pour lui faire jouer quatre ans plus tard l'inénarrable Sherry Peatty dans *The Killing*. Une femme digne du mépris insondable de Sterling Hayden, et de l'amour aveugle d'un malfrat à la remorque comme le caissier Elisha Cook Jr. Mais une fois de plus, Windsor a joué de malchance. Malgré des critiques plus qu'élogieuses, les cadres de United Artists détestaient le film, et le tandem Kubrick-Harris ayant déjà changé de studio pour MGM, il n'y eut aucune promotion au moment des oscars. L'actrice a payé de sa poche une pleine page dans *Variety* proposant son interprétation à la considération de ses pairs. En pure perte, naturellement. Il n'existait, et n'existe toujours pas, d'oscar de la Meilleure Salope. Le film de Fleischer avait au moins récolté une nomination pour le meilleur scénario original 1952. Rien du tout pour *The Killing*, preuve que l'Academy n'aime ni les mauvaises femmes, ni les tueurs de chevaux de course.

*

1. "Une poule. Le plat du jour à trois sous. Strictement strychnine sous la sauce."
2. "Tu vas faire quoi, là ? Abattre de quoi manger pour le petit déjeuner ?"

De tous les titres de sa filmographie, *No Man's Woman* [1] est la meilleure épitaphe pour Marie Windsor : la femme de personne. Produit par le beau-frère du patron de Republic, Rudy Ralston, c'est en tout cas un des rares films dans lesquels Marie tient la vedette. Comme dans *The Killing*, elle est blonde et meurt par balles, ici sur un escalier intérieur, cigarette au bec et négligé volant. "Caroline Grant" est propriétaire de galerie, copine d'un critique d'art qui lui rend régulièrement service en soutenant les artistes qu'elle découvre ou achète. Quand le journal se rend compte de la complicité, il perd son emploi. "Pas grave, lui dit l'insouciante, va au *Valley News*, leur tirage est plus important.

— Tu ne comprends pas, je suis grillé partout, sur les deux côtes. Enfin, je t'ai et tu m'as, c'est déjà quelque chose...

— Oui, mais tu n'as plus de rubrique."

Quand on découvre cette grande réaliste trucidée, inutile de dire que les suspects se bousculent au portillon. A commencer par son mari, dont elle est séparée, mais qu'elle rançonnait éhontément pour lui accorder le divorce. Avant le meurtre, on voit Monsieur faire la fermeture du King's Tavern en devisant des tas de façons dont il aimerait tuer sa femme, devant un barman qui bâille d'ennui. "Avec un couteau qui coupe pas", décide le mari. En le raccompagnant à la porte, le barman lui dit qu'aucune femme ne vaut qu'un homme passe à la chambre à gaz. Le mari éméché réfléchit un moment, puis, dans une repartie qui pourrait servir d'ultime tribut à l'art de Marie Windsor : "Elle, ça vaudrait peut-être le coup."

Une fois Marie truffée de plomb, le film perd nettement de son intérêt. Le mari mène l'enquête pour se disculper. Vérifiant son alibi, le lieutenant de police (Louis Jean

1. Franklin Adreon, 1955.

Heydt) mentionne au barman du King's Tavern que la femme qui l'occupe a été assassinée dans la nuit. "Avec un couteau qui coupe pas?" demande sérieusement le barman. Assurément la meilleure réplique d'un film insignifiant mais amusant.

*

En 1954 Windsor a épousé Jack Hupp, un ex-athlète devenu agent immobilier qui était aussi grand qu'elle sans talons (les candidats remplissant cette condition *sine qua non* ne se trouvaient pas sous le pied d'un cheval, selon elle). Installés dans une maison assez simple de type "ranch house" en bordure de Cold Canyon Drive, le couple restait plutôt à l'écart du show-business. Dans les années soixante, Marie travaillait encore beaucoup à la télévision, détruisant régulièrement les ménages sur "Perry Mason" et autres feuilletons. Et, contrairement à beaucoup de collègues, elle avait toujours les occasionnels westerns pour la maintenir à flot et la garder sur les écrans. Même vieillissante, la fille de l'Utah était toujours crédible en tenancière d'hôtel ou de saloon. Mais dans les années soixante-dix, seuls les connaisseurs en peaux de vache (ou en vraies femmes) comme Burt Kennedy ou John Flynn la faisaient encore travailler, le premier dans ses comédies-westerns, le second dans *The Outfit* [1], excellente adaptation d'un livre de Richard Stark avec Parker pour héros (Robert Duvall), mais aussi une sorte de panthéon du noir troisième âge : Elisha Cook, Jane Greer, Timothy Carey, Richard Jaeckel, Henry Jones, Sheree North et Robert Ryan. Marie Windsor, "Queen of the B's", s'en fichait : "Mieux vaut être reine de quelque chose, disait-elle, que de rien du tout." Et elle pouvait toujours se rabattre sur sa

1. *Echec à l'organisation* – John Flynn, 1974.

peinture, qui pendant longtemps l'a maintenue aussi alerte mentalement que ses activités au syndicat des acteurs.

Les dernières années n'ont pourtant pas été faciles [1], Windsor ayant eu à surmonter d'innombrables ennuis de santé : une opération à l'œil qui a mal tourné, arthrite congénitale, problèmes de dos. Et durant tout ce temps elle devait aussi s'occuper de son mari Jack, diminué par la maladie de Parkinson. Confinée dans une chaise roulante, elle n'a pourtant jamais cessé de s'occuper de toutes ses charges, jusqu'au 20 décembre 2000, à un jour de fêter ses 81 ans, où elle s'est éteinte d'épuisement dans la maison de Cold Canyon qu'elle habitait depuis quarante ans.

1. Pour la fin de sa carrière, lire l'excellent livre d'Eddie Muller, *Dark City Dames*. (Regan Books, 2001).

12 / MISTER VERSATILE

Ce n'est pas un hasard si des acteurs comme Arthur Kennedy, Dana Andrews, Gloria Grahame ou Edmond O'Brien sont dans bien plus de films marquants que n'importe quelle vedette, ou si leurs rôles sont plus satisfaisants et complexes que les leurs : s'ils ne possédaient pas tout à fait la "star quality", à cause de leur physique, on faisait appel à eux justement parce qu'ils pouvaient tout faire, et surtout parce qu'on pouvait les tuer à la fin du film sans s'aliéner le public. Edmond O'Brien était de ceux-là. Dans son cas, on pouvait même le tuer dans le premier tiers du film, et quand même le tuer à la fin, comme dans le célèbre *D.O.A.* [1].

On pense rarement à ce gros jobard volontiers porté sur le cabotinage, mais on est surpris de le trouver dans tant de films connus comme *The Killers*, *White Heat* [2], *Julius Caesar*, *The Barefoot Contessa* [3], *The Girl Can't Help It*, *Seven Days in May* [4], *Rio Conchos*, ou *Lucky Luciano*. Ou encore capable de négocier aortes et artères à bord du

1. Rudolph Maté, 1949.
2. *L'enfer est à lui* – Raoul Walsh, 1949.
3. *La comtesse aux pieds nus* – Mankiewicz, 1954.
4. *Sept jours en mai* – Frankenheimer, 1964.

nanosubmersible de *Fantastic Voyage*[1] avec Raquel Welch, et trois ans plus tard méconnaissable mais brillant dans la peau de Sykes, le vieux bouc nicotiné de *The Wild Bunch*, jouant à cinquante-trois ans un vieux débris qui en paraît vingt de plus. O'Brien est crédible en absolument tout : dragueur pas terrible (ce que ne manque pas de lui dire Ida Lupino au début de *The Bigamist*), menteur inepte (*D.O.A.*), policier "undercover", agent de presse, sénateur en toge, ou général sudiste dégénéré. Lui-même disait : "Je ne suis pas une star, je n'ai pas le magnétisme." *TV Guide* était plus brutal, dans un article à propos de sa série télé *Johnny Midnight*. Faisant allusion au héros des Pierrafeu, leur journaliste écrivait en 1965 : "C'est Fred Flintstone incarné, bravache et aucun brio."

Il était, de son propre aveu, catastrophique en interview, insistant pour parler de ce qui l'intéressait, au lieu de ce qui intéressait le journaliste. Il pouvait vous bassiner sur Spinoza, Shakespeare, le Marché commun, la culture hittite et l'architecture babylonienne, ou les statistiques de base-ball. Même ses goûts culinaires étaient aussi barbants et banals que lui : steak saignant, brocolis, *Caesar's salad* et glace au chocolat. Louella Parsons décrit sa conversation comme étant "vague, ruminante, passant du coq à l'âne".

Qui était donc cette catastrophe ambulante, et pourquoi lui confiait-on quand même des rôles d'imposteur-né ou de mec enquêtant sur sa propre mort ? Quel genre de type peut cavaler avec autant de stamina, fatalement empoisonné à la "*luminous toxin*", comme il le fait dans *D.O.A.* ? Ou remporter un oscar à jouer un personnage nommé Muldoon ? Septième enfant d'une famille irlandaise, né en 1915, O'Brien a grandi à Harlem, quand c'était encore le quartier de la bohème artistique, juive et noire. Son père

1. *Le voyage fantastique* – Fleischer, 1966.

était musicien. Un de ses frères, Liam, deviendra scénariste (*Trapeze*). Etudiant à l'université catholique de Fordham, O'Brien était champion d'athlétisme et acteur amateur. Déjà, dans sa rue à Harlem, tout juste teenager, il se produisait comme "The Great Neirbo" (O'Brien épelé à l'envers), faisant des tours de magie, ce qui explique peut-être sa future association avec Orson Welles. Car après avoir gagné une bourse pour étudier dans la troupe des Neighborhood Players, il rejoint celle du Mercury Theater en 1937. Avec Welles, il joue Shakespeare à la radio (Mercutio, Hamlet, Henry IV), et Marc Antoine dans le fameux *Julius Caesar* que Welles met en scène, avec Joseph Cotten et Everett Sloane. Comme Paul Stewart, il est mis sous contrat RKO en même temps que Welles. Son premier rôle à l'écran est celui du poète Gringoire, qui se meurt d'amour pour Esmeralda dans *The Hunchback of Notre Dame* [1] et amuse Louis XI avec ses pamphlets. Il faudra atendre *The Third Voice* [2], en 1960, pour le revoir avec une moustache. C'est heureux, car il y allait de sa carrière. Ensuite il dispute la sténo Lucille Ball au mataf George Murphy dans *A Guy, a Girl and a Gob*, une coproduction RKO et Harold Lloyd dans laquelle O'Brien joue un riche snob. Son second film avec Richard Wallace sera pire, même si cette fois O'Brien a la toujours piquante Eve Arden comme rivale. Mais c'était bien tout ce qu'il y avait de piquant dans *Obliging Young Lady*. Enfin, comme pour signifier à l'acteur qu'il était temps d'aller au front, RKO le recrute pour *Parachute Battalion*.

O'Brien fait son service dans l'armée de l'air, mais sera transféré pour une pièce sur Broadway entièrement jouée par des conscrits. Après le succès de *Winged Victory*, Twentieth Century Fox lui fait jouer le même rôle, celui du "garçon de Brooklyn", dans la version dirigée par

1. *Quasimodo* – Dieterle, 1939.
2. *Allô, l'assassin vous parle* – Hubert Cornfield, 1960.

Cukor. A sa démobilisation, suivant le conseil d'Ann Sheridan, l'acteur va trouver Mark Hellinger, pose les pieds sur son bureau, et grâce à son bagout d'Irlandais le convainc de lui laisser jouer le détective de compagnie d'assurances qui assemble le puzzle des flash-back de *The Killers*. "A compter de ce jour, j'ai toujours eu du travail." Et de fait, il devient du même coup un habitué du film noir. Dans les grands films, il est capable de jouer sobrement, comme dans *White Heat*, à tel point que James Cagney le prend dans son gang après son évasion de prison, sans se douter qu'O'Brien est un flic infiltré. Sur le plateau, en se tapant le cœur, Cagney lui conseille de jouer "d'ici" et d'oublier le reste.

Mais dans les films où l'histoire est faible ou risible, on peut toujours compter sur lui pour animer les choses. Dans *The Web* [1], il rivalise avec le machiavélique Vincent Price, à celui qui aura le timbre le plus résonnant et la voix la plus riche. Bill Bendix, qui joue l'inspecteur D'Amato et parle couramment l'italien, leur rend des points à tous les deux, avec une voix fourrée à l'intérieur, et mieux contrôlée encore. Et il a le fin mot de l'histoire. Laquelle est passablement réjouissante, pas tant l'intrigue, due au toujours amusant Harry Kurnitz (le genre de concoction policière à la *Thin Man* qu'il produisait pour MGM dans les années quarante), que les craquants dialogues écrits par William Bowers. Il donne à O'Brien, jeune avocat ambitieux mais un brin ruffian, quelques répliques mémorables. Quand il force la porte du millionnaire joué par Vincent Price, il a cet échange échauffé avec Ella Raines, qui lui fait valoir qu'elle est la secrétaire particulière du magnat. "Comme quoi une fille peut aller loin si elle sait garder la couture de ses bas bien droite", plaisante O'Brien, sans lui laisser le temps de répliquer.

1. Michael Gordon, 1947.

L'avocat devient garde du corps de Vincent Price, qui le manipule pour tuer un ancien associé gênant tout juste sorti de prison. Price le bat à plates coutures partout, au billard, aux cartes, et, on le suppose, à la couture des bas d'Ella Raines. O'Brien ne doit son salut qu'à une manœuvre de Bendix lamentablement tirée du manuel d'Agatha Christie. Mais comme acteur, O'Brien prouve déjà que personne, pas même Vincent Price, ne peut lui voler une scène. Sauf peut-être sa fameuse "pompadour", houppette luisante qui semble parfois aller dans un sens, et lui dans l'autre.

A Double Life[1] le voit attaché de presse de Ronald Colman, l'acteur qui va jouer Othello pour de vrai et trucider Signe Hasso. Encore avocat, il défend Fredric March dans une sombre affaire d'euthanasie, *An Act of Murder*[2]. Boudiné dans un blouson de flic, il dispute les faveurs de Gale Storm à Mark Stevens dans *Between Midnight and Dawn.* Ce film Columbia de Gordon Douglas sur des grognards en voitures de patrouille ne prend réellement vie que les rares fois où O'Brien ôte sa casquette, quand sa crête prend son envol. Malgré une poursuite de voitures à travers Elysean Park qui annonce le Gordon Douglas des grands jours, et la tête de bébé méchant du gangster (Donald Buka), le film est d'un routinier accablant. Et Gale Storm prouve qu'on peut avoir un nom de scène force 8 et être aussi atmosphérique qu'une bouillotte. Gale Robbins lui rend des points, en maussade chanteuse de cabaret et poule de gangster. Elle au moins se prend deux balles dans le buffet pour O'Brien. Ce qui lui ouvre les yeux à temps, alors qu'il était sur le point d'abuser du pouvoir de l'insigne, comme il le fera plus tard dans *Shield for Murder*, un des deux films qu'il a mis en scène.

---

1. Cukor, 1948.
2. *Le droit de tuer* – Michael Gordon, 1948.

Même s'il n'est pas le personnage du titre dans *The Great Impostor*[1] (c'est Tony Curtis qui s'y colle), le physique quelconque d'O'Brien le prédispose néanmoins aux impostures. Dans *Two of a Kind*, un chouette petit film Columbia de Henry Levin, un avocat véreux et sa partenaire (Lizabeth Scott évidemment) engagent un joueur professionnel pas très futé (croient-ils) pour incarner le fils disparu d'un couple de riches retraités. Le script est intelligent, dans la manière dont le vieux se doute de l'imposture mais veut se laisser convaincre néanmoins, parce qu'il aime bien le joueur (O'Brien). Et aussi par le mélange de charme et de semi-sincérité témoigné par celui-ci envers le vieil homme. Comme toujours, O'Brien est une merveille de dynamisme et de "mixed signals", moitié malin, moitié goujat trop sûr de lui, et totalement convaincant. Le seul défaut du film concerne le personnage joué par Terry Moore, joli moulin à paroles monté sur piles qui est fasciné par le passé trouble d'Edmond. Les extérieurs et les robes de Jean Louis font de *Two of a Kind* (un terme de poker qui veut juste dire une paire) une sorte de pendant de *Pitfall*, le film plus sérieux et supérieur d'Andre DeToth. Il s'agit ici d'une fantaisie, mais si l'on pouvait parler d'un "rôle à la Edmond O'Brien", ce serait celui-ci. Avec le Bigelow de *D.O.A.*

Dix ans plus tard, dans *The Third Voice*, il se fait la tête de Warren Oates (*Bring Me the Head of Alfredo Garcia*, justement), avec lunettes noires et moustache révoltante. Ce singulier petit film de Hubert Cornfield est censé se passer presque entièrement au Mexique, mais est filmé à Malibu ou dans les rues de Los Angeles. Le Scope noir et blanc donne de l'énergie à cette histoire d'arnaque dans laquelle O'Brien se fait passer pour un riche homme d'affaires. Julie London n'a jamais paru plus capiteuse, ni

1. *Le roi des imposteurs* – Robert Mulligan, 1960.

Laraine Day plus dure ("Toi aussi t'es remplaçable", dit-elle à son patron et ex-amant, avant de le descendre). Lors d'une présentation du film à l'American Cinematheque, Cornfield a raconté que O'Brien avait tenté de l'étrangler sur le tournage, chose qu'on a fini par comprendre quand le réalisateur s'est ensuite répandu en ragots satisfaits sur ses histoires de fesse avec pratiquement toutes ses actrices (y compris la fiancée de Kubrick). Les anecdotes qu'il raconte sur la genèse du film sont plus amusantes, même si Orson Welles racontait pratiquement la même chose à propos de *La dame de Shanghai.* "J'étais allé au studio récupérer un script dont ils ne voulaient pas. J'avais un livre de poche avec moi, et, l'ayant terminé, je l'ai laissé sur le comptoir de la réceptionniste. Une semaine après je reçois un coup de fil de Columbia : ils me donnaient le feu vert pour faire un film du bouquin. Quel bouquin ? Le livre de poche, ils me disent. Ils ont cru que je le leur proposais !" Il s'agissait de *All the Way* [1], de Charles Williams, une histoire d'arnaque dans la veine de *Peaux de bananes.* O'Brien joue le complice anonyme d'un financier que tout le monde croit au Mexique. Existe-t-il, ou est-ce O'Brien ?

Il faudra aussi un jour écrire un essai sur le voyageur de commerce comme figure du film noir. L'homme est désœuvré, se sent seul, il a généralement de l'argent, est représentant en lingerie plus souvent qu'à son tour. Les congrès et chambres d'hôtel sont propices à la promiscuité. Edmond O'Brien est le spécialiste de ce genre de rôles, une sorte de "journeyman", monsieur Tout-le-Monde joli-cœur, rustaud, gogo, arnaqueur, mari aimant, bigame, ou piètre adultère : le rôle-type d'Eddie O'Brien est bien sûr Frank Bigelow, qui dans *D.O.A.* se lance à la poursuite de son propre meurtrier, lequel l'a empoisonné dans un night-club il ne sait pourquoi. Ce film indépendant produit par

1. *Allô ! L'assassin vous parle* – Editions Minerve, 1990.

Harry Popkin est quasi légendaire parmi les connaisseurs de films noirs (surtout parce qu'il est dans le domaine public et peut être sorti à toutes les sauces DVD), mais jamais on ne pourrait gober le script outrageux de Russell Rouse si O'Brien n'était aussi agité du bocal ni si dynamique dans son jeu. Filmé en extérieurs à San Francisco et Los Angeles, le film ne flageole (mais pour le coup, presque fatalement) que quand "Paula" est au bout du fil. Restée dans les bureaux du comptable à Banning, la secrétaire-aspirante-Madame-Bigelow est jouée par l'exaspérante Pamela Britton – à elle seule une raison plus que valable de rester célibataire. Cette accaparante péronnelle ralentit l'histoire chaque fois qu'elle téléphone à Bigelow. Le nadir du film restant le moment où Bigelow, sur le point de se rendre à un rendez-vous avec une blonde folle du cul et de be-bop, se résigne à aller se coucher de bonne heure, sous le lamentable prétexte que Paula a fait envoyer des fleurs dans sa chambre. Mais elle a cette réplique édifiante sur Bigelow, qui pourrait s'appliquer à Edmond lui-même : "Tu es comme tous les hommes, *only more so.*" Comme tous les hommes, mais puissance dix, c'est exactement ce qu'est Bigelow (un nom tellement réjouissant que tous les personnages semblent le répéter à plaisir). Les délices abondent tout de même : Luther Adler en homme d'affaires arménien pas clair, entouré d'un mobilier encore plus criminel que lui. Et surtout son homme de main, Chester, calqué sur le *gunsel* psychopathe du *Faucon maltais*, ici joué par l'intimidant Neville Brand. "*T'es mou du buffet, t'aimes pas ça, hein, dans le buffet ?*" Adler explique doucement à O'Brien que Chester est un "infortuné garçon", qui ne vit que pour infliger la douleur. Brand n'avait pas besoin de se forcer pour convaincre. Beaucoup d'acteurs ont avoué avoir eu peur de lui sur les tournages, le soupçonnant d'avoir une vis ou deux manquantes sous la cafetière. Chester est en tout cas le rôle le plus disert de sa carrière, et sa mort, au terme d'un carnage dans le drugstore au coin de Hollywood et Highland, est d'anthologie.

Mais moins peut-être que la scène au Fisherman, le club de jazz be-bop où Bigelow se fait refiler un "mickey finn" à la toxine lumineuse. Les musiciens sur scène ont l'air moins allumés que les spectateurs, "*crazy, man, crazy*". Le combo, calqué sur les Jazz Messengers, est inexplicablement composé d'acteurs, sauf Teddy Buckner, un cornettiste texan ironiquement spécialisé dans le jazz dixieland. Il prend un solo dans *Pete Kelly's Blues* [1], dans lequel joue O'Brien, et il est dans l'orchestre du marathon de danse de *They Shoot Horses, Don't They* ? [2] O'Brien est encore voyageur de commerce dans *The Bigamist*, soignant sa solitude à L.A. avec Ida Lupino. L'acteur est particulièrement poignant, voire pathétique, dans le rôle de ce pauvre type qui devient bigame juste parce qu'il ne se résigne pas à blesser l'une ou l'autre des femmes avec qui il fait sa double vie.

711 Ocean Drive [3], petit trésor de cinéma indépendant absurdement méconnu en Europe, reste son meilleur film. Craquante "ascension et déchéance" d'un employé du téléphone qui bâtit un empire en révolutionnant le "wire", le télégraphe permettant aux bookmakers de fixer les cotes de paris mutuels d'une côte du pays à l'autre, le film raconte l'histoire de Mal Grainger, un homme ordinaire qui finit par monter au sommet de l'Organisation, et même récolter Joanne Dru en prime, mais pas tout à fait. Ça se termine mal, au cours d'une poursuite hitchcockienne dans les sous-sols en béton du Hoover Dam. Joseph Newman raconte les circonstances et péripéties du tournage à la fin de ce livre, qui font un parallèle assez comique avec la trame de *711 Ocean Drive*.

1. *La peau d'un autre* – Jack Webb, 1955.
2. *On achève bien les chevaux* – Sydney Pollack, 1969.
3. Joseph Newman, 1950 – voir aussi chapitre 21, "Une vie hollywoodienne".

En 1954, O'Brien coréalise *Shield for Murder* [1], une histoire de l'auteur de Série noire William P. McGivern, adaptée par l'ancien scénariste d'Anthony Mann, John C. Higgins. Il fait ça avec Howard W. Koch pour Camden Productions, la compagnie que Koch et Aubrey Schenck venaient de fonder. Le visage de l'acteur, avec sa vilaine peau et son double menton, suinte la corruption presque autant que celui d'Orson Welles dans *La soif du mal.* Comme lui, O'Brien joue un flic pourri, qu'on voit au début abattre froidement un bookmaker dans une ruelle pour le délester de 25 000 $. Un sourd-muet observe la scène de sa fenêtre, que Barney Nolan (O'Brien) tuera aussi de façon spectaculaire. C'est une étude intéressante, celle d'un homme qui a choisi sa voie en connaissance de cause, mais qui clairement se déteste de l'avoir fait. Il est violent et déplaisant, bien qu'authentiquement amoureux de Marla English. Laquelle se plaint à un moment : "Comment je peux travailler et me faire des amis, si tu les tabasses tout le temps ?" Lui n'a qu'une idée, lui offrir la maison de ses rêves, un horrible pavillon banlieusard (obligeamment mis à la disposition de Camden Productions par la Kling Furniture Company, spécialisée dans le préfabriqué). C'est ce côté sociologique sur les années cinquante qu'on retient, plus que le film, un peu mou, à part une très excitante fusillade dans une piscine municipale entre O'Brien et Claude Akins, lequel finit dans le grand bassin rougeoyant. Une fois le ripou abattu, le capitaine de la police criminelle (le merveilleux Emile Meyer, à son bourru maximal) aboie aux journalistes : "Ecrivez son histoire. *Write it good.*" Il est intéressant de comparer ce portrait de mauvais flic avec *The Prowler* [2], dans lequel Van Heflin se sert lui aussi de son insigne, non comme d'un "shield for murder" mais comme d'une

1. *Le bouclier du crime*, 1954.
2. *Le rôdeur* – Losey, 1951.

licence pour commettre toutes les exactions possibles (en particulier sur la gironde et sans défense Evelyn Keyes). Le film de Losey est supérieur, approchant presque certains vertiges romanesques de Jim Thompson.

O'Brien mettra encore en scène en 1961, cette fois pour Tiger, sa propre compagnie de production. L'histoire de *Man Trap* était basée sur une nouvelle de John D. MacDonald parue dans *Cosmopolitan.* David Janssen entraîne son copain de l'armée Jeffrey Hunter sur un gros coup en Amérique latine qui doit leur rapporter trois millions de dollars. Hunter est honnête, mais Janssen ne le laisse pas dire non. O'Brien ne fait pas d'étincelles derrière la caméra, et Paramount ne renouvellera pas son accord de production. Toute sa vie, l'acteur a joué Shakespeare entre ses boulots de cinéma. A 24 ans il jouait déjà Mercutio dans *Roméo et Juliette*, dirigé par Olivier. En 1953, il fait Marc Antoine dans le *Jules César* produit à Londres par John Gielgud, en face de James Mason et Louis Calhern. Et il a bien sûr joué Casca dans la version de Mankiewicz. Il reste que l'acteur a aussi pâti d'une période où son alcoolisme nuisait à sa carrière : on peut le voir justement en colonel imbibé dans *D-Day, the Sixth of June* [1], où il divulgue carrément une partie des plans de l'invasion alliés dans un pub de Londres ! Il est gros, l'air instable et insatisfait, comme il l'était dans la vie en cette période.

Mais O'Brien a eu de la chance sur ses vieux jours. Chez Ford, d'abord, puis chez Peckinpah. Dans *The Man Who Shot Liberty Valance* [2], il joue Dutton Peabody, le propriétaire, éditeur et typographe du *Shinbone Star* – rôle qu'en d'autres temps un Henry Hull aurait massacré. Et son "Sykes" dans *The Wild Bunch* est un morceau d'anthologie, tout en jus de chique et ricanements. Comme tous les acteurs de son acabit, il aura aussi sa période

1. *Au sixième jour* – Henry Koster, 1956.
2. *L'homme qui tua Liberty Valance* – 1962.

européenne, toutefois moins dommageable que pour beaucoup : Edouard Molinaro (*Peau d'espion*, en 1967), Maurice Cloche (*Le vicomte règle ses comptes*). Et son dernier rôle, en 1974, est remarquable : dans le *Lucky Luciano* de Rosi, O'Brien joue le commissionnaire Harry Anslinger, chef des services antistups américains, qui a consacré sa vie à faire tomber le fameux gangster "retraité" à Naples. C'est une belle fin professionnelle. Sa vie personnelle le sera moins, encore qu'il reste entouré d'une famille aimante (sa femme Olga San Juan, qu'il appelait San Juan dans la vie, et ses trois enfants, dont son fils Brendan qui a écrit un livre non publié sur l'acteur : *It's a Crazy Life*). Mais O'Brien a souffert d'une crise cardiaque en 1971, puis de la maladie d'Alzheimer à partir de 83. Il est mort le 8 mai 1985 au Veteran Hospital de Westwood. Quel était le vrai Edmond O'Brien ? Monsieur Tout-le-Monde, "*only more so*" ? Ou, comme le clamait l'affiche américaine de *Two of a Kind*, "le genre qui ne meurt pas dans son lit" ? Acteur haletant mais personnalité pas terrible ? Qu'importe. Durant quarante ans, il aura amplement donné le change.

13 / THE DAMNED DON'T CRY

Los Angeles Herald-Examiner, 27 juin 1965.

Les garde-côtes du port de Champerico, dans la baie de Tehuantepec, ont remorqué hier un yacht américain endommagé avec à son bord trois femmes et un cadavre. Le Rogue, *une goélette de treize mètres, était parti d'Acapulco le 3 juin dernier, appartenant à l'acteur Steve Cochran, dont le corps déjà décomposé a été trouvé à bord. Les causes du décès seront dévoilées après l'autopsie à Guatemala City. D'après les trois femmes, le mât de misaine a été endommagé au cours d'une tempête le 13 juin. Le lendemain, l'acteur s'est plaint de maux de tête, puis s'est trouvé paralysé. Il est mort peu après cinq heures du matin le 15 juin. Les trois Mexicaines engagées comme "femmes d'équipage", sélectionnées parmi les 180 filles interviewées un mois plus tôt à Acapulco en réponse à une annonce passée dans la presse locale par Cochran, sont Eva Montero Castellanos, 25 ans, couturière ; Eugenia Bautista Zacarias, 19 ans, blanchisseuse, et Lorenza Infante de la Rosa, 14 ans.*

Julie Gambol, chanteuse et starlette de 21 ans, interrogée à Hollywood, prétend qu'elle devait être la seule Américaine à faire ce voyage de repérages pour un film que projetait Cochran. En préparation, elle serait même allée à Ensenada (Baja California) avec lui à bord du yacht, où il lui aurait appris "à nouer des nœuds et tout ça". Mais Cochran a renoncé à l'emmener, pour raisons d'économie.

"Contrairement à ce que pensent beaucoup de gens, a déclaré Miss Gambol, c'était un homme très gentil."

La fin peu banale de Steve Cochran, et ce qu'on a pu dire de lui à l'époque à mots pas très couverts, sied à la vie de ce mécréant de cinéma, notoire homme à femmes néanmoins solitaire et casanier, beau ténébreux qui se tenait à l'écart du show-business, partageant son temps entre ses bateaux et la maison rustique qu'il s'était construite lui-même en haut de Coldwater Canyon, où il abritait toutes sortes d'animaux, dont un cerf apprivoisé. Un homme qui tournait avec Antonioni dans les brumes de la vallée du Pô, et qui la même année faisait l'objet d'un concours pour les lectrices de *Movie Star Parade :* ARE YOU THE GIRL FOR STEVE ? Un homme qui était la vedette, avec Mamie Van Doren, de *The Beat Generation*, et qui déclarait à la presse : "Les beatniks sont des traîne-savates bidon." Un homme trois fois marié (mais jamais plus de quelques mois) qui reconnaissait : "Les femmes sont ma seule marotte." Et les revues d'énumérer les filles avec qui il sortait cet été-là : Movita, Miroslava, Mari Aldon et Monique Van Vooren. Un homme de méthode avec de la suite dans les idées, donc, qui a aussi produit plusieurs films, dont *Come Next Spring* en Arkansas, un film "familial" avec Ann Sheridan, dirigé par le vétéran R.G. Springsteen en 1956 – petite merveille méconnue à ranger entre celles des maîtres de l'*americana* comme Tourneur ou Borzage (*Stars in My Crown*, disons, ou *Lazybones*). Le même homme pouvait aussi se montrer borné, ou simplement malin : au bout de cinq ans de litiges avec le producteur italien, la compagnie de Cochran – Robert Alexander Productions – s'est retrouvée avec la distribution de *Il Grido* [1] pour le territoire américain. Pour

1. *Le cri* – Antonioni, 1957.

sa part, Antonioni a souvent déclaré que Steve Cochran était l'acteur le moins intelligent avec lequel il ait jamais travaillé, tout en reconnaissant qu'il était excellent dans le film.

La notoriété de Cochran – surtout dans les ports de plaisance du côté d'Acapulco – était suffisante pour que Carlos Fuentes base une longue nouvelle de *L'oranger* sur lui, plus de trente ans après sa mort ; et sa carrière d'acteur suffisamment obscure pour que l'écrivain se sente autorisé à affabuler en toute impunité, intitulant son histoire *Apollon et les putains*.

*

Robert Alexander Cochran, né et inhumé à Eureka, ville de bûcherons à l'extrême nord de la Californie, était avant tout un physique. Bien qu'éduqué à l'université du Wyoming, il a travaillé comme manœuvre sur des ranchs et des voies ferrées avant d'arriver à New York, où il a lentement percé comme acteur sur Broadway tout en gagnant sa vie comme détective antifauche chez Macy's, le grand magasin de Manhattan. A le voir en t-shirt dans ses premiers films, on n'est guère étonné que Mae West l'ait ensuite choisi pour partir en tournée avec elle dans une reprise de *Diamond Lil'*. Cochran avait déjà des visions de harem, parlant dans ses interviews d'importer des domestiques à peine nubiles et de les garder "au moins deux ans". Mae avait d'autres idées sur la question. Selon ses biographes [1], "bien que l'assistant régisseur Lester Laurence ait remarqué que durant les pauses entre les répétitions Mae 'répétait' en privé dans sa loge avec Cochran, ce dernier était trop sérieusement engagé dans sa liaison avec l'actrice française Denise Darcel pour offrir autre chose qu'une gratification physique – ce qui était tout ce que

1. George Eells et Stanley Musgrove, Mae West – William Morrow, 1982.

réclamait Mae." Mais le sens de l'humour mal embouché de l'acteur va vite irriter la vedette, et la tournée continuera sans lui jusqu'en 1951.

A partir de 1945, Cochran est à Hollywood, trois ans chez Goldwyn, puis chez Warner. C'est néanmoins dans une production indépendante fauchée et sous la direction d'un ancien gagman de Laurel et Hardy qu'il naît véritablement à nos yeux, en 1946. Dans *The Chase* [1], il apparaît tout formé, sous les traits d'un suave mais sinistre malfrat nommé Eddie Roman. De carrure imposante, mais fluide dans son costume blanc, ce "négociant" de Miami est un vrai charmeur. Quand Robert Cummings vient chez lui lui rendre son portefeuille, il trouve Roman en train de se faire faire les ongles et couper les cheveux à domicile. Une seconde plus tard, sans émotion aucune, Roman gifle la manucure, qui lui a tiré une petite peau. Une minute après, il a engagé Cummings comme chauffeur. "Combien de chauffeurs il te faut ?" geint son lieutenant résigné, Peter Lorre. "Appelle Johnny et dis-lui qu'il est viré", répond Cochran. Puis il met Cummings à l'essai. A l'arrière de la limousine, Roman a une pédale spéciale qui lui permet de contrôler l'accélérateur. Il pousse le véhicule à fond, Cummings réussissant tout juste à le garder sur la route. Un passage à niveau approche, un train à grande vitesse aussi. Roman arrête brusquement la voiture, juste à temps. "Il me plaît bien, ce Scotty." Lorre hausse juste les épaules et visse une nouvelle Alexandria dans son fume-cigarette. Scotty (Cummings) est engagé pour de bon.

Cornell Woolrich n'a jamais ressemblé à ça. William Irish non plus. Mais c'est le genre de séquence-gag que Philip Yordan était encore capable de torcher quand il écrivait lui-même. Le roman de Woolrich, *The Black Path of Fear*, était une cauchemardesque histoire de trafic

1. Arthur Ripley, 1946.

d'opium qui se passait presque entièrement à La Havane. Roman y figure à peine. Le héros Scotty se tire avec sa femme, ici jouée par une Michèle Morgan plus exsangue que jamais. De toutes les étranges productions américaines de Seymour Nebenzal, *The Chase* est la plus extrême. Les conditions étaient certes à des lieues de ses budgets UFA des années vingt, quand il produisait Pabst, Lang ou Litvak. Mais ce géant en exil, oncle des frères Siodmak, a toujours mené sa barque plus habilement que ses collègues émigrés, même s'il ne jouait plus qu'avec des Dinky Toys : il achetait pour pas cher des livres jugés infilmables pour raisons de censure (comme le roman sulfureux de Maritta Wolff *Whistle Stop*, ou celui-ci), et avec le concours de Yordan les édulcorait suffisamment pour en faire quelque chose de sortable. Il parvenait toujours à emprunter aux grands studios une vedette soit sur le retour (George Raft, dans *Whistle Stop* [1]), soit montante (Ava Gardner, dans le même film), soit encore une exilée dans le besoin, comme Morgan ici. Et il disposait d'un contingent de grands acteurs Mitteleuropa pour rendre les choses plus intéressantes qu'elles n'en avaient le droit. Ajoutez à la marmite une graine de pimprenelle comme le fascinant Arthur Ripley, mystérieux alcoolique qui avait des conceptions très spéciales sur la narration filmique et qui faisait l'admiration de Robert Mitchum (il lui fera diriger son script de *Thunder Road*), et vous vous retrouvez avec *The Chase*, "probablement ce qui se rapproche le plus de David Lynch en matière de film noir", selon l'expression d'Eddie Muller – une sorte de labyrinthe onirique rendu encore plus vertigineux par le manque général de lumière dans la partie centrale. Qu'est-ce que Peter Lorre vient faire tout d'un coup à La Havane ? Qui est tué derrière cette porte entrouverte ? Vraiment un film noir où on est

1. *Tragique rendez-vous* – Léonide Moguy, 1946.

prié d'y mettre du sien, voire d'amener sa lampe de poche – ce qui arrive quand on laisse des artistes comme Ripley, ou le chef opérateur Franz Planer (vétéran de chez Ophuls), à leurs idiosyncrasies. Mais qui n'est pas sans récompense non plus.

C'est dans ce rôle que Cochran se distingue pour la première fois des autres “méchants” de cinéma, leur apportant une légèreté fantasque, un air amusé, des petits rires étranges, et une suavité tout à fait paniquante. C'est qu'il en faut énormément pour que Michèle Morgan décide de vous quitter avec un agréable freluquet comme Robert Cummings. Cochran, derrière la fine moustache et le regard de velours, malgré les pochettes qu'on soupçonne parfumées, est aussi la virilité personnifiée. Aucun doute là-dessus. Pourtant, jamais il ne la joue macho ni n'élève la voix, sauf en gangster cro-magnon comme dans *Highway 301*. Mais c'est une exception.

A la Warner, Cochran joue trois sortes de rôles : méchant de western, gangster, et pauvre type borné sudiste. C'est dans la première catégorie qu'il est le mieux. Il vient souvent du Sud, porte ses revolvers trop haut, et toujours crosses en avant – une sorte de dandysme ramenard qui va bien avec son insouciance convaincante, mais qui explique aussi peut-être qu'il finisse invariablement troué de balles. Il est parfois limite quand il joue les poires, ou les analphabètes racistes : Cochran est mieux en t-shirt qu'en polo, mieux en mauvais flic qu'en bon ouvrier syndiqué, comme dans *The Big Operator* [1], même et surtout avec Mamie Van Doren pour épouse. Cochran n'est pas fait pour la banlieue, ni les barbecues. Dans ce film assez risible de Charles Haas, Mickey Rooney joue un patron syndical ripou qui fait l'objet d'une enquête gouvernementale. Cochran est juste un bon bougre d'ouvrier que le “Big

1. *Le témoin doit être assassiné* – Charles Haas, 1959.

Operator" veut recruter. Quand il refuse, son fils Timmy est kidnappé. Le milieu du film est particulièrement gratiné, quand Cochran, Mamie (comiquement mal choisie en épouse pot-au-feu), et l'inspecteur Jim Backus battent toutes les routes de la région dans l'espoir de retrouver celle qui les mènera à la planque. La quête dure une plombe, mais ce film lamentable est toutefois une sorte de réunion de seconds couteaux notables, comme Leo Gordon en gorille, et surtout Ray Danton, qui porte ici une vile moustache et met le feu au meilleur ami de Cochran. Rooney est furieux devant tant d'irresponsabilité : "Tu mets le feu à PERSONNE jusqu'à ce que je te DISE de lui mettre le feu !" Non mais.

Cochran n'est pas très bon non plus dans *The Beat Generation*, où il joue un flic misogyne marié à Fay Spain, laquelle se fait violer au domicile conjugal par le même Danton. Cochran part à sa recherche, trouve son acolyte Jim Mitchum au sommet d'une pyramide humaine à Muscle Beach (c'est ce genre de film), et remonte jusqu'à Danton, qu'il rattrape sur une plage de Malibu. S'ensuit alors une poursuite d'anthologie, avec palmes, masque de plongée et fusil de chasse sous-marine. *The Beat Generation* était l'idée que se faisaient les caves de MGM de la jeunesse rebelle en 1959 (ou du moins le plus futé d'entre eux, le producteur Albert Zugsmith – impresario du *schlock* jamais très regardant) : il faut voir le café beatnik avec Ray Danton (col roulé et bongos), Ray Anthony et... Louis Armstrong ! Vampira apporte une caution d'authenticité à cette mascarade du récidiviste en conneries Charles Haas.

Ce qui ne veut pas dire que Cochran est incapable de la porter belle : dans *Slander* [1], il joue un patron de presse parfaitement gourmé, impeccablement vêtu, tempes argen-

1. Roy Rowland, 1956.

tées et calme extérieur à toute épreuve. Ses manières sont parfaites, il n'élève jamais la voix, et seule lui importe l'approbation de sa mère (Marjorie Rambeau). Dommage qu'il soit à la tête de *Real Truth*, le pire magazine à ragots qui soit, et lui-même une ordure humaine telle que sa propre mère l'abat comme un chien à la fin du film, après qu'il a ruiné la vie d'un marionnettiste sur le point de devenir l'idole des mioches sur les boîtes de corn-flakes. Comme le marionnettiste (ancien casseur de banques, faut dire) est joué par Van Johnson, et sa femme par Ann Blyth, donc approximativement le couple le plus gerbant du cinéma, on a presque de la sympathie pour Cochran. Mais à cause de lui, le fils de Van Johnson (probablement nommé Timmy et joué par le même mioche kidnappé de *Big Operator*) passe sous un camion alors qu'il est tourmenté par ses copains d'école, qui ont lu dans le journal que son père était un ancien criminel. Cochran doit donc mourir. Ce qui n'est ni un problème, ni la première fois, ni la dernière.

Beau brun à sourcils fournis et œil de velours, l'acteur avait commencé sa carrière par deux "Boston Blackie" et trois films Goldwyn avec Danny Kaye, dans lesquels il jouait un boxeur, un joueur de foot, et un gangster au merveilleux nom de Tony Crow [1] – pas ce qu'on peut appeler un début fracassant. Il a un petit rôle dans sa dernière production Goldwyn, plus prestigieuse : *The Best Years of Our Lives* [2]. Mais après le détour Nero Films (Nebenzal et *The Chase*), c'est à la Warner qu'il trouve immédiatement ses marques : il joue le veule équipier bellâtre de Cagney dans *White Heat*, Big Ed Somers, qui butine Virginia Mayo pendant que son homme est en prison. Heureusement, Ma Jarrett veille au grain, et son

1. Dans *A Song Is Born*, le remake musical de *Ball of Fire*, par le même cinéaste, Howard Hawks.
2. *Les plus belles années de notre vie* – Wyler, 1946.

psycho-fiston rectifie le grand frelon comme il le mérite. Déjà, dans *The Best Years of Our Lives*, Cochran piquait tranquillement Virginia (encore folle du cul) à Dana Andrews, cette fois-ci sans bobo. L'année suivante (1950) c'est *The Damned Don't Cry*, tentative à peine déguisée de Jerry Wald pour remettre la mise avec Crawford après leur gros succès, *Mildred Pierce*. Même narration en impossibles flash-back gigognes, même parcours de Joan, cette fois dans un milieu plus criminel. Par l'entremise du fade et timoré comptable joué par Kent Smith, elle arrive jusqu'au grossium d'une organisation mafieuse, un grand costaud blond très porté sur les morflées (David Brian). Cochran est Nick Prenta, son rival sur la Côte Ouest, ancien lieutenant devenu trop ambitieux pour sa santé. "On ne remplace pas les Nick Prenta, on les élimine", crache Brian. Cochran est assurément le plus viril des hommes que Joan emprunte comme des barreaux d'échelle dans le film. Lequel ne devient intéressant que dans sa dernière partie, sur le territoire de Prenta à "Desert Springs". Cochran habite dans la maison ultra-moderne que l'architecte Stewart Williams venait de construire pour Sinatra à Palm Springs. Evidemment, Jerome Weidman n'est pas James Cain, pas plus que le besogneux Vincent Sherman n'est Mike Curtiz. Mais le film, un des moins joués du répertoire Crawford, a ses moments. Surtout quand le grossium Brian gifle et envoie dinguer la vedette contre toutes les potiches et portes-fenêtres que l'accessoiriste peut humainement fournir.

Cochran joue par contre un des criminels les plus réfrigérants de sa carrière dans son film suivant, une série B d'Andrew Stone, *Highway 301* [1]. Sans doute pour surenchérir sur la vogue des présentateurs officiels inaugurée par Eddie Small avec *T-Men* [2], ici le producteur Brynie

1. *Le témoin de la dernière heure* – Andrew Stone, 1950.
2. *La brigade du suicide* – Anthony Mann, 1947.

Foy nous fourre pas moins de trois gouverneurs en début de film avec de lénifiants laïus sur la nécessité de combattre les casseurs de banques en Virginie et dans les deux Etats de Caroline, que traverse la Route 301 comme une broche. Ces élus utilisent des expressions comme “criminels congénitaux”. Celui joué par Cochran ici, George Legenza, en est un de première bourre. Et un charmeur hors pair. Quand dans un night-club sa poule (Gaby André) parle un peu trop de ses activités, il aboie : “Va t’arranger un peu le portrait – tu devrais au moins en avoir pour deux plombes.” Et quand celle-ci veut le quitter en douce, elle le trouve dans l’ascenseur qu’elle attend, valises en main. Il la bute froidement, elle tombe à la renverse dans l’escalier. Tout ce temps le liftier est présent. “*Down*”, grommelle seulement Cochran. Il enlève la douille du barillet, la met dans sa poche de costume, et remplace minutieusement la balle, sans un regard pour le liftier pétrifié. Bonne scène. Mais pour tout son flegme, Legenza n’est pas une flèche dans sa partie : lui et sa bande dévalisent un transport de fonds blindé – un mort et deux millions de dollars en petites coupures. C’est le cas de le dire, vu qu’ils découvrent que les billets sont coupés en long et en quatre, destinés au Trésor pour y être détruits. Et, comme l’annonce la voix de stentor accompagnant le mot FIN, on ne peut se montrer tendre avec de tels criminels congénitaux – “let them feel the full impact of the law”. Steve, qui s’était pourtant sorti indemne d’une voiture retournée et d’un tas d’autres pétrins, se prend une pleine rafale d’impact de la loi dans le dos, sur un talus d’escarbilles. La fin d’un caïd.

Son studio étant Warner, il fait des passages obligés à cheval et en diligence, bien que les westerns ne soient pas son fort. Son premier est *Dallas*, une machine lourde et sans charme dirigée par Stuart Heisler, moins inspiré que d’ordinaire, avec un Gary Cooper flageolant. Cochran porte des favoris en guidon de vélo et un ancien uniforme de la guerre de Sécession. Dans son second, *Raton Pass*, il arrive à Raton en diligence avec Patricia Neal, paré comme un paon. Il semble fraîchement sorti de chez le barbier, avec longs favoris et *ducktail* pommadé, le parfait douteux sudiste, grande gueule et petits scrupules. Plus tard, quand un étranger demande où on peut le trouver, il s'entend répondre : "Demandez à n'importe quel shérif de la région." *Raton Pass* est en noir et blanc, une histoire d'éleveur despote, de Mexicains dépossédés, et de femme ambitieuse (Patricia Neal), plutôt complexe et bien racontée par Edwin L. Marin, sur un scénario de James Webb, le premier biographe de Wyatt Earp. Dennis Morgan jouant le héros, le film est automatiquement voué à une relative médiocrité, malgré la belle photo de Wilfred Cline. Cochran meurt d'une balle de carabine tirée à travers une vitre, comme il s'apprête à trucider Morgan. Il s'écroule dans la grand-rue, laissé pour mort. Mais il a assez de forces pour plus tard abattre Patricia Neal dans le dos, comme en arrière-pensée. *Nice touch.*

Il est encore plus flambeur dans ses deux derniers westerns. Dans *Quantrill's Raiders*, il espionne pour le Sud tout en prétendant acheter des chevaux pour l'US Cavalry. Il porte ses pistolets encore plus haut que d'habitude, et son pantalon bleu canard moulant à large bande sur la couture est si reconnaissable que son port du masque quand il délivre un homme de Quantrill est aussi risible qu'inutile. Il retrouvera cette splendeur criarde en fin de carrière dans *The Deadly Companions* [1], rien de moins qu'un gilet vert bouteille et des jarretières rouges aux manches de chemise, contrastant fort avec la sobriété yankee de Brian Keith, dont il fait le délicieux pendant. Keith est "Yellow Dog", un ancien officier scalpé par

1. Peckinpah, 1961.

Chill Wills, qu'il finit par retrouver au bout d'une longue recherche (et au bout d'une corde). Wills porte une pelisse qui le fait ressembler à un opossum ébouillanté. Cochran joue "Billy", sur un registre franchement dérangé, mais plaisant. C'est le premier film de Peckinpah, sans qu'il puisse y mettre vraiment sa patte : le frère de la vedette féminine Maureen O'Hara produisait, veillant à ce que pas une ligne du script ne soit modifiée. Valant surtout pour Keith, le film est finalement terrassé par le jeu maniéré de la belle rousse principale, et par la musique sautillante qui porte son âge.

Toujours avec Heisler, qui le réclame personnellement, Cochran joue ensuite dans *Storm Warning* un pauvre couillon raciste de Caroline du Nord. Jerry Wald traînait depuis plusieurs années ce scénario lourdingue de Richard Brooks (Mike Curtiz l'aurait déchiré en deux dans le bureau de Wald pour lui indiquer ce qu'il en pensait). Après *Dallas*, l'irrépressible producteur relance Heisler sur le même script, qui lui aussi le trouve mauvais. Selon Heisler, il y avait une partie potable, mais on ne comprenait pas pourquoi la fille qui avait été témoin d'un lynchage refusait de parler. C'est en travaillant sur le scénario avec Daniel Fuchs qu'ils trouvent enfin le déclic : la fille, étrangère à la ville, rend visite à sa sœur. A peine sortie de l'autocar, elle voit des membres du Ku Klux Klan tuer un Noir, dont deux sans cagoule. Arrivée chez sa sœur (Doris Day), Ginger Rogers découvre que l'un des deux hommes est son mari : Cochran. La mécanique du racisme de bourgade est bien montrée, le film nerveux, le portrait du patelin bien vu. Mais le rôle le moins bien écrit est celui du camionneur joué par Cochran, trop bête et trop primaire. L'acteur semble mal à l'aise, pas tant à cause de son rôle indigent que d'avoir l'air débarqué d'une production de province de *A Streetcar Named Desire :* son personnage est un cro-magnon picoleur et violent, sans aucune épaisseur humaine. Cochran est certes resplendissant en t-shirt blanc, ou en bras de chemise avec manches roulées très haut, à la mode de l'époque, mais il s'en sort finalement comme un Brando de braderie. En butant à la fin Doris Day (bonne, mais particulièrement hideuse ici), il accomplit aussi le geste cathartique auquel ont souvent rêvé des millions de spectateurs européens durant les années cinquante et soixante. Mais il est piquant de trouver Doris Day, qui trois ans à peine auparavant faisait ses débuts fracassants de comédienne dans *Romance on the High Seas* [1] – où elle ressemblait exactement à une Ginger Roggers en plus jeune, même pétillant, même coiffure affligeante, la voix en mieux –, finalement jouer la petite sœur de Ginger.

Pour le reste, Warner ne semble pas avoir fondé trop d'espoirs sur Cochran, le trouvant sans doute trop détaché comme jeune premier, et trop beau garçon comme méchant de cinéma. Il se trouve relégué aux productions habiles mais guère originales de Brynie Foy, le "King of the B's" du studio : *Inside the Walls of Folsom Prison*, *The Yanks Are Coming*, ou la troisième resucée musicale de *The Desert Song*. De cette terne période, *Tomorrow Is Another Day* (de l'intéressant Felix Feist) se distingue au moins par sa bizarrerie, et réserve des délices certains. Cochran sort de prison, où il croupit depuis dix-huit ans pour avoir abattu son ivrogne de père en défendant sa mère. Le discours du directeur de prison, sans être spécialement méchant, est d'une sécheresse inhabituelle. Il lui fait remarquer que les garçons de sa génération sont partis à la guerre, en sont parfois revenus suffisamment entiers pour fonder une famille, acheter une maison, retrouver un emploi, mais qu'à lui, Bill, il n'est rien arrivé. "T'es juste plus vieux."

1. *Romance à Rio* – Michael Curtiz, 1948.

Bill se fait ensuite rouler dans la farine par un reporter local qui l'attend à sa sortie de prison et se montre amical avec lui, lui indiquant même où il pourrait trouver un emploi – tout ça pour le descendre en flammes et ruiner ses chances de vie normale dans un article en première page. Quand l'ex-taulard passe au journal et tabasse le journaliste, il est sur le point d'être embarqué par la police, mais le journaliste refuse de porter plainte. "Je l'ai bien cherché", admet-il. Au plan suivant, Bill achète un billet de train pour New York. De nature renfermée, et sortant rarement de son mutisme, Bill se conduit au début comme un débile aux yeux de tous parce qu'il ne connaît ni le prix d'un ticket de bus, ni celui d'un hamburger. Ni, apparemment, celui d'un ticket de taxi-girl. Car c'est au Dreamland qu'il entend rattraper le temps perdu. Il y trouve une blonde dessalée, improbablement jouée par Ruth Roman, qui supporte ses avances maladroites tant qu'il claque ses arriérés de prison sur elle. Elle le ramène chez elle, où ils sont immédiatement confrontés à un homme plus âgé, apparemment un policier. A ce stade, on ne sait s'il s'agit du stratagème coutumier pour plumer les pigeons ou vraiment d'un accident, et on nous laisse ronger cette question aussi longtemps que Bill – qui se retrouve évanoui sur la carpette, après une courte lutte avec l'homme. Quand il se réveille, il est tueur de flic. Du moins le croit-il. En fait, c'est Ruth Roman qui l'a buté accidentellement. La curieuse paire décide alors de partir ensemble et, au terme d'une cavale originale, de se marier. Il y a une séquence aussi mémorable qu'interminable devant un routier, où les fuyards se cachent dans une des voitures transportées sur un semi-remorque.

Jusqu'ici, le scénario suit les rails du film noir : vies fichues d'avance, amnésie, fuite éperdue. Mais tout bascule soudain, dans leur chambre du Shady Nook Motel, lorsque Ruth Roman (l'actrice) retrouve sa couleur naturelle de cheveux (brune) en se faisant une teinture improvisée, alors que Cochran est parti acheter des vêtements pour la route. "Tu veux toujours m'épouser?" Et à ce moment-là, après l'étreinte, le film devient une histoire d'amour entre une fille pas si dessalée qu'elle veut le paraître, et un criminel pas si criminel. Affublés de blue-jeans à larges revers, ils sautent dans un wagon de marchandises en partance pour la Californie, et on se retrouve soudain chez Steinbeck, ou au moins dans l'une ou l'autre des deux versions de *Thieves Like Us* [1]. Ramassés par une famille sortie des *Raisins de la colère*, ils finissent dans un camp de Salinas à ramasser les laitues. Le film devient mélodrame : alors que le couple semble devoir s'en sortir (dans le droit chemin, qui plus est), et qu'ils attendent un enfant, une page de *True Detective* sur Bill et son évasion tombe fortuitement dans les mains des Dawson, la famille de voisins amis. Ils refusent d'abord de croire l'article, ni qu'il puisse s'agir de leur Bill à eux, mais quand Dawson se fait renverser par un camion, sa femme pour couvrir les frais d'hôpital dénonce Bill pour la récompense. Là encore, la scène est traitée avec une sensibilité surprenante qui détonne avec le contexte mélo, même d'une production Henry Blanke, rappelant une trahison similaire à la fin de *Thieves Like Us :* la mère s'arrange pour que ses enfants ne la voient pas dénoncer ses voisins, rembarrant même un des mioches lorsqu'il ne part pas assez vite. On mesure le déchirement causé par sa décision juste à ce ton de voix, injuste envers un autre innocent. Mais le film ne va pas au bout de ses ambitions, si ambition il y a jamais eu : Ruth tire sur Bill pour l'empêcher de tuer le policier venu l'arrêter. Arrivés au poste, chacun s'accuse du meurtre de New York, mais on leur révèle que l'article était

1. *Les amants de la nuit* – Nicholas Ray, 1948, et *Nous sommes tous des voleurs* – Altman, 1974.

erroné : le flic les a innocentés juste avant de mourir à l'hôpital. C'est une fin convenue et décevante qui, en plus du rythme erratique de certains passages, fait de ce *Gun Crazy* revu et corrigé par un Steinbeck de drugstore une expérience aussi frustrante qu'exaltante. La vérité indéniable de certaines scènes est finalement grevée par un scénario intrigant mais truqué. Une véritable *pulp fiction*, sans deuxième degré.

Délivré de son contrat Warner, Cochran va ensuite tourner dans des productions indépendantes variablement faisandées : *Shark River* n'est qu'un travelogue glorifié sur les Everglades, *Carnival Story* [1] une production des King Brothers aussi ambitieuse qu'ennuyeuse, tournée en Allemagne, dans laquelle Cochran joue son salopard habituel, cette fois au détriment d'un couple de plongeurs acrobates. Dans *Back to God's Country* [2] il poursuit de sa haine Rock Hudson et sa copine sur toutes les pistes d'Alaska, pour finir sous les crocs d'un molosse. Quant à *Private Hell 36* [3], Don Siegel rapporte dans ses mémoires que Cochran était bourré au gin tous les après-midi, ainsi que le reste de la compagnie. "Ida Lupino et son mari-associé John Collier étaient de brillants faiseurs. Ils se prenaient pour des artistes, ce qui me paraissait prétentieux. Ils croyaient pouvoir tromper leur monde en filmant sans répétitions et à toute vitesse un script ni fait ni à faire." Les acteurs ne donnent pas vraiment de signes d'ébriété, ce sont les scènes qui sont mal écrites. Il y a des exceptions, tel l'échange entre Cochran et Lupino quand il la quitte sans la culbuter. Lui : "Tu as été chic." Elle : "Je ne sais vraiment pas comment te remercier." Lui : "Je parie que si." Il faut imaginer ça avec Lupino, sa voix rauque chargée de sens. Malgré ce qu'il en dit, Siegel se débrouille très bien

1. Neumann, 1954.
2. *Le justicier impitoyable* – Joseph Pevney, 1953.
3. *Ici brigade criminelle* – Don Siegel, 1955.

de cette histoire éculée (deux partenaires policiers, dont l'un force l'autre à garder un butin), émaillée de perles du genre : "Ils se fabriquent leur propre enfer", et "*They die in strange places*". Le 36 du titre se réfère au numéro d'une caravane de *trailer camp* où est planqué l'argent. Cochran est beau comme un astre noir dans ce film, nerveux, contenu, George Clooney avant la lettre. Howard Duff, son partenaire, surjoue son mauvais rôle du gars à remords. Dorothy Malone, son épouse, n'arrange rien – aussi éteinte et conventionnelle que Siegel parvient à la rendre. Ou alors elle était bourrée au gin elle aussi.

Puis, l'année suivante, en 1956, un sursaut : Cochran produit *Come Next Spring* pour Republic, une histoire rurale et familiale qu'il a développée avec Montgomery Pittman, un figurant de cinéma natif de la Louisiane, futur pilier de feuilletons télévisés comme *77, Sunset Strip*, *The Twilight Zone*, *Maverick* ou *The Rifleman*. Dès que Cochran apparaît en costume noir élimé sur cette route poudreuse d'Arkansas, mouillant la chemise sous un soleil Trucolor, on sait qu'on a quelque chose d'exceptionnel. L'histoire se passe en 1927. Matt Ballot, un fermier ivrogne qui a abandonné sa femme Bess (Ann Sheridan) et ses deux enfants, retourne au pays non seulement contrit, mais sobre. Au début, Bess ne lui autorise que la grange, mais cède de plus en plus par égard pour les enfants. La fillette est muette à cause de la négligence et de l'ivrognerie de Matt. Tout le patelin est contre lui, et ne se gêne pas pour le lui faire savoir. Mais Matt gagne peu à peu les cœurs et le respect de ses voisins en remettant l'exploitation à flot, et par sa conduite lors d'une tornade, puis par le sauvetage de la fillette, perdue dans une carrière. Sheridan est superbe, brave dans sa dureté – autant avec ses enfants qu'avec son mécréant de mari. La scène où elle laisse fondre sa froideur en reconnaissant ses torts est inoubliable. Le film a beau être dirigé par R.G. Springsteen, un vieux routier chez Republic, la distribution est beaucoup plus prestigieuse qu'on ne s'y attendrait pour une pareille production : Walter Brennan, Richard Eyer (excellent), Roscoe Ates, et l'irrépressible James Best en voisin bagarreur. Comme souvent, c'est encore Edgar Buchanan qui enfonce tout le monde sans même essayer, en voisin compréhensif. C'est une histoire ouvertement sentimentale, mélodramatique, même – un film "pour familles", si l'on veut –, mais la musique de Max Steiner a autant de retenue que le jeu des acteurs, et le film possède une sorte de décence innée qu'on trouve chez Tourneur (*Stars in My Crown*), Borzage (*Lazybones*) ou Renoir (*The Southerner* [1]).

Très bien accueilli par la critique américaine lors de sa sortie, *Come Next Spring* n'a néanmoins pas pu capitaliser sur l'excellent bouche-à-oreille qu'il a suscité. D'après Ann Sheridan [2], il y aurait eu du tirage entre Cochran et Herbert J. Yates, l'inculte patron de Republic, et ce dernier se serait vengé en réduisant la promotion de *Come Next Spring* au strict minimum. Idem pour son exploitation. "C'était la première fois que je jouais une mère, et je n'ai jamais eu de meilleures réactions", dira Sheridan à John Kobal en 1966, un an avant sa mort. "C'était un bon rôle et un bon film. Je préférerais qu'on se souvienne de moi dans *Come Next Spring* que dans n'importe lequel de mes films Warner."

Sans doute déçu par cet échec commercial, Cochran va retourner à ses mauvaises habitudes. En 1957, il est à Londres pour *The Weapon*, un ennuyeux film de Val Guest avec Lizabeth Scott et Herbert Marshall. Pour la durée du tournage il s'est trouvé un luxueux appartement sur Belgrave Square, et fait souvent parler de lui dans la presse à

1. *L'homme du Sud* – 1945.
2. Cf. *People Will Talk*, entretiens avec John Kobal, Knopf, 1985.

cause de ses frasques et conquêtes féminines. Ainsi il est dans le numéro de novembre de *Confidential* : SABRINA CASSE UN VASE SUR LA TÊTE DE STEVE COCHRAN. La Jayne Mansfield "made in Britain" avait trouvé l'acteur en compagnie d'une brune dans son appartement. On a du mal à faire le rapport entre ce playboy et l'homme qui la même année campe un ouvrier italien si convaincant dans *Il Grido*. L'Américain a pourtant donné du fil à retordre à Antonioni, refusant pratiquement toute direction spécifique, sous prétexte de ne "pas être une marionnette". Antonioni a souvent dit qu'il lui avait fallu constamment ruser avec lui, et utiliser ses qualités animales à son insu. "Mais je dois dire que j'aime beaucoup Steve Cochran dans le film. Si on ne savait pas qu'il est américain, si son nom était 'Sergio Michelini', personne n'aurait fait d'objection à son égard [1]." *Il Grido* est un film charnière pour Antonioni. Son personnage central est pour une fois un ouvrier, pas un bourgeois. "La précarité de la vie d'un ouvrier fait qu'il ne réagit pas de la même façon à ce qui lui arrive, à ce qui se passe autour de lui", dit Antonioni dans un de ses interviews. Le soudeur de *Il Grido* réagit de manière physique, atavique : plaqué par Alida Valli, avec qui il vit "dans le péché" depuis sept ans, Aldo quitte sa petite ville polesine, après avoir rituellement battu sa femme devant les voisins. Il part ensuite sur les routes du delta du Pô, avec leur fille Rosina. Aldo est employable partout, et les femmes sont attirées par lui. Mais il n'est plus qu'une cosse d'homme. Cochran incarne à merveille cette masculinité vidée. Il va retrouver une ancienne copine (Betsy Blair), qui le rejette par amour-propre. Lui-même ne se sent pas à l'aise avec elle, plus attiré par la sœur. Il y a ensuite un épisode digne de James Cain : Aldo et Rosina trouvent refuge dans une station-service tenue

1. Entretien avec Aldo Tassone in *Parla il cinema italiano* – 1979.

par Virginia, une jeune veuve qui a vendu les terres de son mari pour s'acheter la concession. Rosina et le beau-père de Virginia, deux déracinés, s'entendent comme larrons en foire. Aldo semble aussi devoir s'incruster dans cet étrange ménage. Mais Virginia (l'actrice italienne Dorian Gray, doublée par Monica Vitti) veut être seule avec son homme : elle met le vieillard indigne à l'hospice, et bientôt Rosina est dans l'autocar, en route pour retrouver sa mère. Toujours réticent et largué, Aldo quitte alors Virginia, trouve du travail sur une drague et rêve d'émigrer au Venezuela : c'est donc un homme décidé à reprendre son sort en main qui retourne au pays une fois de plus, peut-être pour demander à Irma (Valli) de partir avec lui et Rosina. Indifférent à toutes les turbulences autour de lui (révoltes paysannes et ouvrières contre les expropriations abusives du gouvernement qui veut construire un aéroport dans la région), il revoit Rosina et la femme qu'il aime, en train de s'occuper d'un bébé. C'est ce bonheur dont il se sent exclu qui le pousse à regagner la tour de raffinerie de betteraves sur laquelle il avait été si heureux, si complet, quelques mois avant. La dernière scène, la chute et le cri, peuvent sembler étrangement mélodramatiques, vu le reste du film remarquablement contrôlé. Mais Aldo ne se jette pas dans le vide; il ne se suicide pas : il s'évanouit, perd connaissance, c'en est trop pour lui, les circuits se bloquent, ne peuvent absorber tout ce qui lui arrive, tout ce qu'il ressent confusément. Cochran, avec sa beauté sombre et son regard buté, parvient à nous faire sentir toute cette détresse.

Dans ses mémoires [1], Betsy Blair rapporte que, comme souvent sur les productions italiennes, les conditions de tournage sur les rives du Pô étaient moins qu'idéales, et l'argent arrivait au compte-gouttes. Plusieurs fois le pro-

1. *The Memory of All That* – Knopf, 2003.

ducteur Franco Cancellieri ne fut pas en mesure d'honorer contrats et salaires. L'actrice américaine (ancienne épouse de Gene Kelly, vivant à l'époque avec Roger Pigaut à Paris), dut déférer une partie du sien. Contrairement aux avertissements répétés de ses amis et agents, elle reçut le reste de son salaire six mois plus tard, des mains mêmes du producteur, à une table du Fouquet's. Steve Cochran, lui, semble avoir négocié plus durement, et à distance : à cause de ces litiges, *Il Grido* n'est sorti aux Etats-Unis qu'en octobre 1962, avec cinq ans de retard, et sous la bannière de Robert Alexander Productions – l'acteur ayant obtenu la distribution sur le territoire américain, en dédommagement d'on ne sait quelle entorse à son contrat.

Entre *Quantrill's Raiders* et *The Big Operator*, Cochran ne fera plus qu'un film notable avant sa mort : *I, Mobster* fait partie de la période mitraillette dans la filmo en rafale de Roger Corman (*Machine Gun Kelly*, etc.), avec un script de Steve Fisher un brin usé aux coudes. Mais la bonne musique de jazz et le jeu mesuré de Cochran et de Robert Strauss rendent le film regardable. Cochran fait encore bonne figure en t-shirt blanc moulant, même si plus tard dans le film les costumes amples lui vont encore mieux. Il y a un chaste strip-tease de Lily St Cyr dans son numéro de baignoire, et la mamma italienne de Cochran a un accent hongrois prononcé. Mais c'est le personnage de Frankie qui est intéressant, joué par Strauss (l'"Animal" hirsute de *Stalag 17*, ici avec d'étranges cheveux blancs coupés court). Frankie est l'ancien patron de Joey (Cochran), mais au lieu de l'éliminer, comme dans tous les films sur les gangsters ambitieux depuis Paul Muni, Joey garde Frankie dans son équipe. Celui-ci devient même son homme de confiance, et décline une première offre de revanche. Si toutes les scènes avec la mère sont d'un ennui terrible, la relation entre Frankie et le héros est exceptionnelle[1] : les deux hommes savent que leur “amitié” ne durera qu’un temps. Et de fait, après avoir amplement eu l’occasion de faire “remplacer” Joey à la tête de l’organisation, Frankie finit par le tuer, quand celui-ci est devenu un risque pour tout le monde. Joey semble comprendre ce comportement. *Nothing personal, just business.*

Cochran va ensuite suivre sa propre boussole, passablement affolée. Très populaire en Angleterre pour son image de prédateur homme à femmes, il ne lésine pas non plus en Californie. En 1960, on le repêche déjà dans le port de San Pedro en compagnie de deux jolies filles nubiles. Il a des accidents en moto et en voiture de sport, et éjecte un ancien boxeur d’un réveillon de jour de l’an à coups de batte de base-ball, ce qui lui vaut 7 500 $ de dommages à payer. Fin 1964, un juge l’exonère contre une chanteuse de vingt-trois ans nommée Ronnie Rae qui l’accusait de l’avoir battue, ligotée et bâillonnée avec des cravates dans sa maison sur Coldwater Canyon Lane. “D’après ce que j’ai découvert sur cette jeune personne hystérique, estimait le juge, M. Cochran lui a sans doute rendu un fier service et l’a empêchée de se blesser plus gravement.” Cochran avait deux témoins présents durant l’incident.

“He lives and works in mysterious ways”, titrait Sidney Skolsky dans une chronique de septembre 63. “Il pilote son propre avion, son propre bateau, il a une fille de vingt ans qu’il ne connaît pas, son premier mariage (une actrice Republic, Fay McKenzie) a duré quelques mois, il a récemment épousé une danoise de dix-neuf ans à Las Vegas, dont il est déjà séparé...”

Ses projets aussi sont mystérieux : déjà en 1961 il cherchait à monter un film d’espionnage d’après un script de

1. Joseph H. Lewis reprendra la même dans *The Big Combo* (*Association criminelle*). La relation entre Richard Conte et son ancien patron Brian Donlevy est moins réussie.

Robert Stevens, *The Executioner*, qu'il voulait faire diriger par Antonioni dans la principauté de San Marino – alors qu'il était en procès avec le producteur d'*Il Grido*. Il essaie aussi d'acquérir les droits sur la vie du héros de western Tom Mix, qu'il veut interpréter. Mais il est finalement de plus en plus intéressé par les tournages exotiques. *Of Love and Desire* l'amène au Mexique avec Curd Jürgens – incontournable tropique des navets moites –, avec cette fois une Merle Oberon défraîchie, d'autres acteurs en fin de course (John Agar, Steve Brodie), et Sammy Davis Jr. Le tout dirigé par Richard Rush, futur auteur allumé de *The Stuntman* [1]. Ensuite c'est le Mozambique, pour un film anglais du même nom avec Hildegarde Knef et plein d'acteurs allemands. *Tell Me in the Sunlight* est réellement son film testament, qui semble avoir complètement disparu de toute carte maritime ou cinéphile. Il l'a tourné lui-même à Nassau aux Bahamas, et après sa mort il aurait été sporadiquement distribué par MovieRama Color, organisation qui n'a que ce vaisseau fantôme à son actif – un film en noir et blanc, qui plus est.

L'UCLA Film Archives en possède miraculeusement une copie "safety", et *Tell Me In the Sunlight* récompense amplement la curiosité. Etrange mélange de film existentiel et de ces "sexploitation movies" qui marchaient à l'époque, c'est comme si David Goodis avait donné un rendez-vous mal embouché à Jacques Rozier. Ou parfois José Benazeraf. Les scènes prennent leur temps, le dialogue est incisif (Cochran a travaillé avec Jo Heims, qui aidera un peu plus tard Eastwood dans la même veine lymphatique sur ses premiers films, *Play Misty For Me* [2] et *Breezy*), tout est tourné en décors naturels, avec des maladresses mais aussi une fraîcheur surprenante. Cochran joue Dave, patron de bananier en escale à Nassau. Au club

1. *Le Diable en boîte* – 1980.
2. *Un frisson dans la nuit*, 1971.

Dirty Dicks (!) il tombe amoureux de Julie, une strip-teaseuse (Shary Marshall, jolie et bien roulée). Les travaux d'approche sont les plus intéressants du film : un pique-nique improvisé en chambre, avant la nique. Une balade en barque entre les cargos. Si le personnage de Cochran est plutôt romantique et n'a pas les mains baladeuses, sa caméra peloteuse mate pour lui. A cause d'un malentendu compliqué, il croit Julie traître et menteuse. A son retour de Miami, il se soûle, va la trouver dans sa chambre (où elle l'attendait, blanche comme neige), et il la viole. La fin est gratinée, comme les paroles de la chanson-thème : "Dis-le-moi à la lumière du jour/Pas au clair de lune/Dis-moi que tu m'aimes." Ecrit, réalisé, joué et même mis en paroles et musique par lui, c'est néanmoins un chant du cygne approprié pour ce mystérieux solitaire qui ne voulait que des filles pour équipage – en tout cas un éloge funèbre plus honorable que celui abusivement fourni en 1992 par Carlos Fuentes.

Dans "Apollon et les putains", la nouvelle qui conclut *L'Oranger*, Fuentes donne libre cours à sa oiseuse imagination sur ce qui a pu se passer à bord, et donne à Cochran un nom que l'acteur aurait pu porter à l'écran dans une quelconque série B : Vince Valera. Il lui donne aussi un passé similaire : un film tourné en Italie avec le grand cinéaste Leonello Padovani. Des conquêtes et des partenaires similaires aussi : "Tu embrassais Susan Hayward, Janet Leigh, Lizabeth Scott... Tu couchais même peut-être avec..." "Tu as toujours aimé les blondes. Les blondes à voix rauque, avec des sourcils noirs très fournis, comme les tiens." Fuentes s'arrête tout de même à l'improbable : "As-tu réellement couché avec Lizabeth Scott ?" Vince Valera quitte bien le port de plaisance d'Acapulco avec un équipage entièrement féminin, mais nettement en surnombre, puisqu'il fait voile avec le personnel complet du bordel qu'il a fréquenté la veille. Le claque s'appelle *El*

Cuento de Hadas. Conte à dormir debout serait plus juste, puisque Blanche-Neige (la maquerelle) et ses *siete putas* entraînent l'acteur dans une dérive érotique plus stupide encore que fatale. En plus des fellations successives (qui font éternuer Nicha la acatarrada, la pute nommée « Atchoum ») et des érections tournant vite au *rigor mortis*, le texte contient des apartés sur "Leonello" si déroutants qu'on en conclut que Fuentes se base sur Visconti au lieu d'Antonioni, par perversité mal embouchée. Ce qui explique peut-être son absurde lecture du *Cri*, l'unique film qui a rendu célèbre Vince Valera. Fuentes aura plus de mordant sur Jean Seberg dans son roman de 1998, *Diana, ou la chasseresse solitaire,* aussi puant, mais plus réussi.

Pour la petite histoire, et seulement parce que pareilles sornettes ont cours sur la scène littéraire, il convient d'affirmer, au vu d'une photo publiée dans un fan-magazine de cinéma guatémaltèque, que les trois femmes mexicaines à bord de la goélette *Rogue* avaient bien l'air de bonniches femmes d'équipage, repasseuses ou cuisinières, en tout cas pas de *party girls*. Il n'empêche que la seule et dernière photo (Associated Press) de l'acteur publiée aux Etats-Unis avant sa mort le montre "sur le point de faire un nouveau film", au large d'Ensenada, en compagnie de sept starlettes à bord d'un yacht. Photo qui a peut-être fait gamberger Fuentes.

TROISIÈME PARTIE

Rencontres du troisième type

14 / RING RING

10 juillet 1984

John Qualen à l'appareil. Vous m'avez demandé un interview. Si vous pouvez rappeler demain vers dix heures, je vous donnerai un interview par téléphone. Je ne donne plus d'interviews en personne. J'ai 87 ans, et je ne respire pas très bien. Mais si vous appelez ce numéro, 326-1476 – JOHN QUA-LEN : Merci.

11 juillet 1984

— Allô, je voudrais parler à M. Qualen, s'il vous plaît.
— C'est M. Qualen.
— C'est au sujet de l'interview que je vous ai demandé pour la télévision française.
— Oh, yaah.
— Je voulais juste vous dire que je comprenais très bien si vous ne pouvez pas nous rencontrer, et aussi que je ne veux pas vous embêter au téléphone si vous ne vous sentez pas très bien.
— Oh, j'étais mal en point hier. J'ai pris de l'oxygène

depuis. J'ai la bouteille là près de moi. Si vous voulez me poser deux, trois questions là maintenant, je peux y répondre.

— Merci, c'est gentil. Je crois que c'est King Vidor qui vous a amené à Hollywod, correct?

— Hein?

— Comment êtes-vous passé du théâtre et de New York à Hollywood?

— Oh. J'étais dans la pièce qui a gagné le Pulitzer – *Street Scene*, écrite par Elmer Rice. Je jouais un portier suédois. On l'a jouée longtemps, ensuite on est partis en tournée, et on l'a jouée à Los Angeles, en 1930 c'était. Sam Goldwyn a acheté les droits et King Vidor l'a fait au cinéma, il m'a pris dedans dans le même rôle, et il a fait un travail remarquable, le film a eu beaucoup de succès. Et pendant que j'étais là-bas, John Ford faisait *Arrowsmith*, avec Ronald Colman et Helen Hayes. Il y avait un rôle de Suédois dedans et il voulait que je le joue. Je l'ai fait, et ça a été un gros coup de chance, parce que j'ai fait huit grands films ensuite avec John Ford. Dès *The Long Voyage Home* [1] j'ai joué avec John Wayne, et j'ai fait huit films avec John Wayne. J'ai fait cent quinze films environ. Je ne sais pas si vous connaissez ce livre. Il y a un livre qui s'appelle *Reel Characters*, Beulah Bondi est dedans, Sam Jaffe aussi, on est une dizaine dedans. Et je suis très fier d'avoir neuf pages dedans, NEUF PAGES, en comptant les photos, mais il y a aussi des informations sur moi.

— Quel est votre rôle favori?

— Le meilleur rôle que j'ai jamais joué c'est dans *The Grapes of Wrath* [2], le personnage de Muley. J'avais une scène très émouvante, et une fois qu'on l'a eu tournée, John Ford, qui pourtant n'était pas un tendre, est venu me trouver et m'a dit qu'il avait vu beaucoup de scènes émou-

---

1. *Les hommes de la mer* – Ford, 1940.
2. *Les raisins de la colère* – Ford, 1940.

vantes dans sa vie, mais que c'était la première fois qu'il y allait de sa larme. Et il m'a remercié. C'est le plus grand compliment qu'on m'a jamais fait, et ça ne venait pas de n'importe qui.

— Qui plus est, de quelqu'un qui ne faisait pas souvent de compliments.

— Hein ?

— Ford était avare de compliments.

— Oh oui. Il pouvait se montrer très très dur. Jamais avec moi, parce que je lui donnais toujours satisfaction, mais je me souviens qu'il enguirlandait souvent Ward Bond. Une fois il lui a dit, devant tout le monde : Bon Dieu de bois, tu vaux vraiment rien, tu ferais mieux de vendre des voitures d'occasion ! Et ça, devant toute l'équipe.

— Est-ce que Ford avait un surnom pour vous, comme il faisait pour beaucoup de membres de sa troupe ?

— Non. Il m'appelait John.

— Il y avait d'autres acteurs qui jouaient les Suédois à Hollywood, mais toujours des comiques, des caricatures comme El Brendel. Vous, par contre, vous n'étiez jamais parodique, vous étiez toujours touchant.

— Parce que mon premier rôle à Hollywood était celui d'un Suédois, beaucoup de producteurs se sont mis dans la tête que j'avais cet accent-là et n'étais pas capable de parler l'anglais correctement. Mais j'ai fait mes études aux Etats-Unis. Je suis né à Vancouver, en Colombie britannique. En 1897. Ce qui me fait 87 ans. J'ai des trous de mémoire de temps en temps, et j'ai besoin d'oxygène pour continuer, mais sinon ça va. Il m'a fallu attendre de jouer le père des triplés dans ce film sur une famille de Canadiens pour qu'on s'aperçoive que je n'étais pas suédois. Jusque-là, j'avais eu du mal à trouver autre chose que des Suédois à jouer. Même chez John Ford, chez lui j'étais surtout suédois. Mais j'ai joué un Italien dans *The High and the Mighty*, avec John Wayne et Robert Stack. J'ai joué les Allemands aussi. Et un Français.

— Un Français ? Dans quoi ?

— Dans *Seventh Heaven*, le remake en 1937. Je jouais "Sewer Rat", avec Jimmy Stewart. On travaillait dans les égouts de Paris. Simone Simon était dedans aussi. Elle était très difficile, très capricieuse. Il lui fallait tel parfum pour telle scène, et un autre pour une autre scène *(rires)* ! Je ne sais pas ce qu'elle est devenue, mais elle a pas duré longtemps à Twentieth Century Fox...

— Vous étiez aussi très bien dans *His Girl Friday* [1].

— Yah. J'avais une scène où je pénètre par la fenêtre du bureau de presse avec un revolver, je suis le prisonnier que tout le monde cherche, un personnage désespéré, et j'avais tellement de feu au fond des yeux que Rosalind Russell a dit à Howard Hawks que je lui faisais peur. Elle voulait qu'ils enlèvent la charge à blanc dans le revolver. Mais il lui a dit qu'il ne pouvait pas faire ça, parce que je devais faire volte-face et tirer par la fenêtre. Il lui a dit de ne pas s'en faire, que j'étais seulement un bon acteur qui mettait tout ce qu'il avait dans une scène. Il n'y avait pas de quoi s'inquiéter, tout irait bien. Jamais je n'aurais cru que je survivrais à Cary Grant et à Roz Russell... Mais regardez, ils sont partis tous les deux. Dans le film, mes scènes n'étaient qu'avec eux deux, et c'est moi qui mourais.

— Est-ce que Ford était différent de Hawks dans sa façon de diriger les acteurs ?

— Non. John Ford laissait les acteurs jouer la scène comme ils la voyaient, et si ça lui convenait, très bien. Si ça ne lui convenait pas, il vous le disait. Hawks était pareil. Souvent en répétition. S'il voyait que vous étiez sur le bon chemin, il vous laissait tranquille. Sinon, il vous le disait. Mike Curtiz était pareil. King Vidor aussi. King

1. *La dame du vendredi* – Hawks, 1940.

Vidor était un merveilleux metteur en scène. Il m'a pris dans un film une fois, *An American Romance* [1], j'avais presque le rôle vedette avec Brian Donlevy. Mais le film n'a pas très bien marché. En tout cas, j'adorais cet homme. J'étais aussi dans *Our Daily Bread* [2]. Il l'avait écrit, dirigé et produit lui-même. Mais ça n'a pas très bien marché non plus. Quelque chose à voir avec la politique.

— Est-ce qu'il y avait des acteurs qui refusaient de jouer avec vous, parce qu'on se souvenait toujours de vous et pas d'eux dans une scène ?

— Non, je ne crois pas. Walter Brennan aimait beaucoup jouer avec moi. Plus tard, il m'a pris plein de fois quand il a eu son émission de télévision, "The Real McCoys". C'était dans les années cinquante. Mais on a fait beaucoup de films ensemble, dont je ne me rappelle plus les titres.

— Mes films préférés de vous sont *The Man Who Shot Liberty Valance*, et *The Searchers* [3].

— *The Searchers*, un bon film, ya. Je ne savais pas lire, mais je mettais mes lunettes quand même. Et je disais [*il prend l'accent*] : "My vife was a schOOOol-teacher, and she reads English goooood [4]" *(rires-toux-alarme). Oh, my.*

— On continue ?

— Ya, ya, ça va.

— Vous avez joué avec Paul Muni bien avant d'être dans *Black Fury* [5], non ?

— Oui. Il jouait l'avocat dans *Counsellor at Law*, qui était aussi écrit par Elmer Rice. J'étais dans cette production, la pièce a duré presque un an au Plymouth Theatre à New York, il y avait la queue jusqu'au bout du trottoir. Ce n'était jamais pareil d'un soir sur l'autre pour nous, parce

1. Vidor, 1944.
2. *Notre pain quotidien* – Vidor, 1934.
3. *La prisonnière du désert* – 1955.
4. "Ma femme est institutrice, elle lit bien l'anglais."
5. *Furie noire* – Curtiz, 1935.

que Paul Muni changeait toujours quelque chose dans sa façon de jouer – une expression, un grognement, c'était nouveau chaque soir. Mais quand ils ont fait le film à Universal un peu plus tard [1], Muni était pris à un autre studio. Moi j'ai fait mon rôle, mais c'est John Barrymore qui jouait l'avocat. Le metteur en scène était William Wyler.

— Est-ce que Hollywood vous a tout de suite plu?

— Oh, oui, j'ai tout de suite adoré Hollywood. L'argent, spécialement. J'avais une famille avec trois filles, on habitait à Westwood. J'étais juste retourné à New York pour faire cette pièce. Je terminais un film, et Elmer Rice m'a télégraphié qu'il avait un bon rôle pour moi dans sa nouvelle pièce. C'était *Counsellor at Law.* Ça a duré un an, entre New York et la tournée. Ensuite j'ai fait le film à Universal, et je suis resté en Californie, parce qu'on n'arrêtait pas de me demander. J'ai acheté une maison à Westwood, au coin de Pelham et Mississippi, pas loin de Beverly Glenn et Olympic. On était très heureux.

— Vous avez toujours été free-lance, jamais sous contrat avec un studio?

— Je gagnais bien ma vie. Naturellement, vous gagnez plus en free-lance que si vous êtes sous contrat, mais vous n'avez pas la sécurité. Mais mon salaire était toujours très satisfaisant.

— Rien qu'en 1935, vous apparaissez dans quatorze films! J'ai vérifié.

— Ya. Mais "apparaître" est bien le mot, sur la plupart je ne travaillais pas bien longtemps. Mais j'ai travaillé quarante semaines sur un film, *An American Romance.* MGM m'a mis sous contrat pour vingt semaines, ensuite encore dix, et encore dix autres semaines parce qu'on est retournés au Minnesota faire les extérieurs dans la mine de

1. *Le grand avocat* – Wyler, 1934.

fer. Ensuite on est allés à Gary, dans l'Indiana, filmer dans une usine sidérurgique. Ensuite ils ont eu des problèmes de script, il a fallu réécrire une partie. J'ai attendu chez moi, mais j'étais toujours payé, jusqu'à ce qu'ils me fassent revenir. Ils étaient obligés de me garder sous cloche, parce que sinon j'aurais pu partir sur un autre film, et comme j'étais dans presque toutes les scènes de celui-ci... Oh, ça a été la bonne affaire pour moi ! Le film n'a pas très bien marché, mais pour moi c'était l'affaire.

— Qui était votre agent ?

— Dans les années trente, c'était l'agence d'Eddie Small, Small-Landau. Plus tard, je me suis mis avec Paul Kohner – un homme merveilleux.

— Avez-vous un film préféré ?

— Oui. *The Grapes of Wrath*, comme j'ai déjà dit. Je reçois toujours des lettres à cause de ce rôle, encore maintenant. On me dit que je suis bon dedans, parce que j'établis le ton pour le reste du film. Cette scène avec Henry Fonda et John Carradine.

— Le rôle de vous que je préfère, c'est le cuisinier de la pension-restaurant que vous jouez dans *The Man Who Shot Liberty Valance.* Quand vous criez "*On the cuff*" chaque fois que vous servez un steak au gros shérif. "Mettez-la sur l'ardoise."

— Ah oui, il s'appelait comment, déjà ? Il est mort, maintenant.

— Andy Devine.

— Devine, oui. Il était très plaisant. Il est dans beaucoup de films de John Ford. Moins que moi, remarquez.

— Comment ça se passait, quand John Ford vous réclamait pour un film ?

— Il faisait dire à mon agent qu'il me voulait pour un rôle, et je leur disais d'envoyer le script. Je voulais toujours lire le script avant.

— Même pour John Ford.

— Oui. Mais je prenais tout ce qu'il m'offrait, parce que je savais qu'il avait du jugement.

— Mais si vous lui aviez dit non une fois, vous croyez qu'il vous aurait redemandé plus tard ?

— *(Rire.)* Oh ça, je ne sais pas ! Mais tous ceux qui travaillaient pour John Ford lui faisaient confiance.

— Bon, monsieur Qualen, je vous remercie beaucoup, même si nous aurions aimé pouvoir vous filmer.

— Oh, vous savez, je suis vieux et tout ridé. A 87 ans, je n'accorde plus d'interview. Mais ça m'a fait plaisir de causer avec vous. Vous voyez, je n'ai même pas eu besoin de la bouteille d'oxygène.

— Au revoir, et merci encore.

— Au revoir.

*

John Qualen est mort le 12 septembre 1987, d'un arrêt cardiaque, au même endroit d'où il téléphonait pour répondre à ces questions trois ans auparavant : à Torrence, une petite communauté balnéaire de Los Angeles, entre le Pacifique et l'aéroport.

15 / ALIAS PAUL VALENTINE

Les seconds couteaux vivent aussi. Ils font certes carrière de mourir et disparaître sans laisser de trace – qui se soucie d'écrire leur *backstory*? Certains, comme Marc Lawrence le vérolé, pouvaient se prétendre détenteurs de douteux records, comme celui d'Acteur le Plus Pourfendu de la Planète, avec 39 lames ("fleurets, couteaux à pain, sabres, couperets de boucher, pics à glace, épées et cimeterres, écrit-il dans un *Daily Variety* d'octobre 1949, et pour éviter toute confusion j'ai délibérément laissé de côté les armes à feu, pendaisons et toute forme de strangulation"). Lawrence, qui s'appelait souvent "Lefty" dans ses films, était un des rares gangsters à pouvoir porter le nœud papillon. A 95 ans, et encore bien agressif avec son accent du Bronx, il espérait encore prendre des coups ; il s'est fait dessouder pour la dernière fois en 1996 dans *Gotti*, sous les traits cadavériques de Carlo Gambino.

Mais quel acteur peut se vanter d'avoir fini au bout d'un hameçon ? Ça, c'est de la mort inédite. C'est du moins ce dont j'essayais de me persuader en attendant mon homme à une des tables en formica de Johny's. Sinon en effet pourquoi s'intéresser à William Wolf Daixel, alias Bill Wolf, alias Valya Valentinoff, alias Paul Valentine ? C'est sous ce dernier nom qu'il apparaissait dans *Out of the Past*[1]. Et disparaissait au bout d'une ligne à lancer, dans le torrent dix mètres plus bas. Dans ce film de Tourneur, le favori de tout le monde, il y a ce garde du corps qui fait la navette entre Mitchum et Kirk Douglas. Un dur à carrure suffisamment conséquente pour paraître baraqué en face de Mitchum, ce qui n'est déjà pas donné à tout le monde, mais qui a aussi quelque chose en plus, que les autres gorilles de cinéma n'ont pas. D'abord le temps d'écran : rarement un homme de main sera plus visible dans un film noir. Il apparaît bien plus que Kirk Douglas. Et surtout, il n'a pas l'air dangereux. En fait, il ne paraît pas du tout menaçant, même s'il exsude la compétence. Et il a le sourire. Il est léger sur ses pieds, mais pas comme peuvent l'être les gros. Paul Valentine n'était pas un Raymond Burr de plus, ni même une tête de chou à la Jack Overman, ou Mike Marzurki (l'"Etrangleur" dans *Night and the City*[2], ou le Moose Malloy de *Murder My Sweet*[3]). Alors qu'est-ce qui rendait ce malabar différent des autres ? C'était ça qui m'amenait.

J'aurais dû deviner la réponse rien qu'au pas encore souple, aux plis souriants des yeux : mon homme était danseur. J'aurais dû me souvenir de *Pennies from Heaven*, dans lequel on le revoit brièvement pas très loin de Christopher Walken – un autre danseur qui a lui aussi fait carrière d'affreux, de tout autre envergure il est vrai. Mais Paul Valentine n'était qu'un nom de cinéma, et l'homme n'était pas qu'un simple *hoofer*, pas qu'un danseur de claquettes qui avait eu sa part de chance, comme Cagney. Il devait son nom de scène, Valya Valentinoff, à nul autre que Léonide Massine. Notre homme était ancien danseur de ballet, doublé d'enfant prodige. Triplé d'un boxeur. Et "encore sur le circuit", s'est-il empressé d'ajouter, avant

1. *Pendez-moi haut et court,* ou *La griffe du passé* – Tourneur, 1947.
2. *Les forbans de la nuit* – Jules Dassin, 1950.
3. *Le crime vient à la fin* – Dmytryk, 1945.

même de commander son déjeuner. Il a d'abord fallu se fader le numéro avec la serveuse. De toute évidence, Bill Wolf était connu comme le loup blanc, pas juste dans le café, mais dans le quartier. Fairfax était non seulement son trottoir, mais son territoire. Pas une maison de retraite du quartier juif qui ne connaisse ses numéros.

Johny's, un seul n mais avec ses mille ampoules électriques, fait l'angle entre Fairfax et Wilshire, juste en face de l'ancien grand magasin art déco May Company; un *coffee shop* fermé aujourd'hui, mais dont les lumières jamais très raisonnables clignotent toujours, en attendant la boule en fonte du démolisseur. L'endroit a eu son heure de gloire, quand Beverly Michaels faisait encore vendre du papier, disons, et il figure même dans *Miracle Mile*, un petit film des années quatre-vingt. Longtemps cet endroit a servi de bureau et de poste d'écoute à notre acteur. Non seulement il donnait encore des spectacles à 75 ans, mais il était membre actif de l'Academy of Motion Picture Arts and Sciences, siégeant au comité de sélection des films étrangers. Une surprise de plus.

D'emblée il m'a glissé sous le nez un éventail d'affichettes photocopiées, entre verres et assiettes. Sur l'une d'elles, le club "Senior Elite of Hollywood" affilié au Temple Beth El annonçait le retour de "Mister Wonderful" sur son programme de fête des Mères. Café gratuit, et le meilleur *danish* de la ville. Et de citer un critique du *Daily News* : "Il n'a pas son pareil pour vous entonner un air en une des quatre langues qu'il maîtrise, et il a sans conteste la plus belle prestance de tous les chanteurs de charme aujourd'hui en activité." Le Cercle Freda Mohr pour les anciens, lui, se félicitait d'avoir engagé ce "baryton, imitateur et danseur émérite", ajoutant dans une lettre de la trésorière : "Vous étiez plus amusant que tous ceux qu'on a eus." La Carter Wright Talent Agency se contentait d'énumérer ses aptitudes (imitations, doublages, bruitages, en russe, polonais, turc, grec, français, espagnol), et ses dimensions (1,91 m, 90 kilos, yeux noisette). Une autre maison de retraite sur Crescent Heights alignait ses films (de l'immortel *Love Island* à *Love Happy*, en passant par *House of Strangers* et "*Yes, Giorgio*", avec Pavarotti), ses apparitions dans les séries télé (*The Naked City*, *Quincy, General Hospital*, *Day of Your Life*), et surtout ses comédies musicales, de *Follow the Girls* à *Gypsy Lady*. Un drôle de pedigree pour l'homme de main de Kirk Douglas qui finit dans la rivière au bout d'un hameçon.

*

William Wolf Daixel est né à New York le 23 mars 1919, son père écrivait, sa mère était infirmière. Cette dernière l'a présenté à l'âge tendre de neuf ans à Léonide Massine, qui après l'avoir regardé danser aurait décrété : "Artistiquement, je ne peux rien apprendre à ce garçon. Mais s'il veut être danseur, il faut qu'il étudie." C'est ce qu'il fera, à grand renfort de bourses, avec Michael Fokine, Michael Mordkin, Helene Veola, la School of American Ballet, et Doris Humphrey. A 14 ans, il est invité à rejoindre les Ballets russes de Monte-Carlo, que l'impresario Sol Hurok faisait tourner aux Etats-Unis. Après un court apprentissage dans la troupe du colonel DeBasil, il est catapulté au rang de premier danseur quand la vedette, le susnommé Massine, se blesse sur scène. Paul Verhoeven n'a rien inventé avec *Showgirls*.

Mais l'enfant prodige est aussi touche-à-tout comme pas deux, il étudie l'art dramatique chez Betty Cashman et à l'American Academy, se fait chanteur d'opérette et de cabaret, puis... boxeur. Dans un article intitulé "This Dancer Packs a Wallop[1]", un journaliste sportif de

1. "Ce danseur a un sacré punch".

l'époque écrit que l'ex-W.W. Daixel Val Valentinoff est "beau gosse, possède un méchant crochet du gauche, ainsi qu'une droite encore plus redoutable. Quant au jeu de jambes n'en parlons pas, après tout il est danseur de ballet". Et de laisser Valentinoff, interviewé à l'entraînement au Gramercy Gym de Manhattan, expliquer sa nouvelle vocation : "C'est à Montréal, au Tic Tock Club, que j'ai découvert que j'avais de la dynamite dans le poing droit. Un soir que je faisais mon numéro, un ivrogne est monté sur la piste et a commencé à bousculer les filles du chorus. Je me suis arrêté de danser, il s'est mis à lancer des coups de poing, alors je lui en ai flanqué un juste à la pointe du menton. C'est seulement quand il a repris connaissance que j'ai appris que j'avais étalé le champion amateur poids lourds du Canada !"

Mais même s'il a un jour combattu au bas d'une affiche au Madison Square Garden, et si Cus D'Amato en personne lui aurait proposé d'être son manager, on n'en a pour preuve qu'une demi-douzaine de comptes rendus, dont celui sur son premier combat à New York : "Le danseur de Broadway aux aspirations pugilistiques n'a pas perdu de temps hier soir à la Jamaica Arena pour expédier Joe Augustino au tapis, vainqueur par k.o. à la première minute du premier round. Par arrangement spécial, cette rencontre entre vétéran et nouveau venu poids lourd faisait la tête d'affiche." Ironiquement, un des meilleurs rôles de sa carrière d'acteur sera celui du fils boxeur dans *House of Strangers*, Pietro Moretti.

Mais ni la danse ni la boxe ne nourrissant son homme, du moins cet homme-ci, Valentinoff se fait alors chanteur d'opérette : Detroit Opera Company, St. Louis Municipal Company, Pittsburgh Light Opera, Radio Music Hall, New York Philharmonic, et les tournées de province dans des comédies musicales comme *The Merry Widow*, *Annie Get Your Gun*, ou le *Wish You Were Here* que Joshua Logan monte finalement sur Broadway. Il se produit pour la première fois en club au Paradise Restaurant de Manhattan, dans “Vénus et Adonis”, un numéro conçu et chorégraphié par lui. Pour son deuxième engagement, il fait un numéro de comique au Riobamba, où se produit aussi un certain Dean Martin, débutant comme lui. Il partage la scène avec la légendaire Sally Rand, célèbre pour danser nue derrière son éventail géant en plumes d’autruche. Lors de ses passages à Los Angeles, il ne manque jamais de distraire les troupes à la Hollywood Canteen, et c’est dans cette ville, la guerre terminée, que Carmen Miranda le repère au Pantages Theatre, où il chante dans la comédie musicale *Gypsy Lady*, rebaptisée *Fortune Teller* pour sa saison à Los Angeles. En juillet 1946, il est placé sous contrat par RKO. Le titre de son premier film, *Build My Gallows High*, était peut-être trop prémonitoire. D’abord, il allait changer (et devenir *Out of the Past*) ; ensuite Paul Valentine n’allait plus jamais s’élever si haut, même pour se pendre.

C’est au volant d’une Buick Roadmaster conduite par “Joe Stefanos” que Jacques Tourneur nous amène au garage station-service de “Jeff Bailey”, dans la bourgade de Bridgeport, haut dans les sierras au sud de Tahoe. En fait, entre les scènes avec le jeune sourd-muet, celle au comptoir du café où il se renseigne sur Bailey auprès de la pipelette locale, et surtout son entrevue avec Bailey, Joe Stefanos est très présent dans le film, et change presque aussi souvent de garde-robe que Jane Greer. Selon les conventions du genre, Paul est l’imper noir, Mitchum l’imper mastic. Leur première confrontation est filmée en un seul plan continu par Tourneur, comme chorégraphié : le jeu de jambes est une chose difficile à oublier, pour un boxeur, et le sourire de Valentine passe d’un coin à l’autre de sa bouche tout comme il se balance sur place d’un pied sur l’autre. Plus tard, il porte de spectaculaires costumes croisés et des cravates voyantes.

De sa scène au bord du torrent, quand le jeune sourd-muet l'empêche de tuer Mitchum en le précipitant dans l'eau avec sa canne à lancer, Valentine dit simplement qu'il était doublé par un cascadeur, mais que Tourneur connaissait bien cette rivière, pour y avoir souvent pêché la truite. L'acteur se souvient mieux des chahuts après les journées de travail à Bridgeport ou Tahoe, de Mitchum qui fumait des joints sans se cacher, et de son comportement parfois outrageux. "C'était l'époque où Bob était l'idole des bobby-soxers, des filles à peine nubiles qui constituaient le plus gros de son fan-club. L'actrice qui joue sa fiancée de cambrousse, Virginia Huston, en pinçait un max pour lui, et un soir au motel, lui et l'horrible qui lui servait toujours de doublure (Big Tim Wallace) sont allés lui rendre visite dans sa chambre. Ils lui ont flanqué une trouille bleue, de quoi la vacciner à vie !"

Pour ce film, Tourneur retrouvait le grand Nicholas Musuraca, qui avait fait la photo de *Cat People* [1] pour lui quelques années auparavant – avec la même félicité : son besoin d'utiliser la lumière dramatiquement, mais de façon réaliste (chaque source de lumière justifiée), était en effet crucial pour Tourneur – autant que le réalisme que lui apportait le tournage en extérieurs dans des endroits qu'il connaissait intimement. Chose que Musuraca, vétéran des petites productions bon marché, était à même de lui donner. Avec lui, plus encore qu'avec son collègue en obscurité, le Hongrois John Alton, le noir était vraiment noir.

Paul Valentine n'aura jamais l'air aussi fringant au cinéma que dans les pardessus et costumes croisés de Joe Stefanos. Surtout deux ans plus tard dans *House of Strangers*, son dernier rôle un peu consistant. Dans ce film de Mankiewicz, Valentine joue Pietro, le doux débile boxeur auquel le patriarche Gino Moretti (Edward G. Robinson)

1. *La féline* – Jacques Tourneur, 1942.

enjoint constamment de la boucler. Il est très loin de se tailler la part du lion dans cette famille (Richard Conte et Luther Adler parmi les fils, et Susan Hayward, elle-même redoutable voleuse de scènes). Pietro est aussi piètre boxeur : faible du buffet, “troppo panza”, et rien dans le cigare. Quand il perd la rencontre, le vieux Gino lui confisque son peignoir, aux armes des Moretti. Dans le civil, Pietro est un simple garde de jour dans une banque. Pourtant, le taré se rebiffe et fait plonger son frangin (Adler). Le dialogue ne manque pas de sel (Mank ou Yordan ?). Parlant de sa femme :

— Elle m’aura tout le reste de sa vie.

— Tu parles d’une condamnation à perpète. Pas de réduction de peine pour bonne conduite ?

Le reste de sa carrière de cinéma est encore moins reluisant : un des deux frères criminels dans *Special Agent* en 49, un de ces “programmers” que William Thomas (cheville ouvrière du tandem de producteurs Thomas-Pine) fabriquait au moule pour Paramount ; un sergent dans *Love Happy*[1], le come-back tardif des Marx Brothers, dans lequel Valentine a toutes ses scènes avec Vera-Ellen, alors que le détective privé Grunion joué par Groucho a les siennes avec Marilyn.

En 1952, notre homme figure dans *Something to Live For*[2], le moins connu des films de George Stevens, sur l’alcoolisme, avec Joan Fontaine et Ray Milland. Et quand la même année il tient pour la seule fois de sa vie une tête d’affiche au cinéma, il faut que ce soit dans *Love Island*, un film qui marque la fin de vingt ans de carrière pour Bud Pollard, sans doute le plus obscur des cinéastes d’exploitation, qui n’a jamais travaillé pour un studio digne de ce nom, mais pour d’éphémères compagnies comme Cosmos

1. *La pêche au trésor* – David Miller, 1949.
2. *L’ivresse et l’amour.*

Pictures, Unique, Southland, Imperial, All-American ou Astor – pour lesquelles il concoctait des films musicaux fauchés avec Steppin'Fetchit, Louis Jordan, ou l'immortelle Barbara "Butterbeans" Bradford, et des titres swinguants comme *Tall, Tan & Terrific* [1].

Love Island, dans lequel Valentine jouait pourtant en face d'Eva Gabor, a échappé à toute détection durant un demi-siècle, même sur le radar des malades de Something Weird Videos. Autant dire perdu à jamais. Que s'est-il passé ? En cela l'acteur ne diffère pas de ses collègues en malchance, qu'ils soient chanteurs, comiques ou cabots. Il devait avoir tel rôle prestigieux, mais son agent a merdé le coup. Tel film, peut-être même *Love Island*, devait à l'origine être produit par un vrai studio. Les *hard luck stories* sont trop nombreuses, et les excuses trop régulières, pour toutes sonner vrai. Mais dans le cas de Valentine, il y avait aussi ses carrières parallèles – sans parler de ses mariages.

En 1945, avant de s'installer à Hollywood, Valentine avait épousé une blonde de son âge, statuesque créature de Minneapolis née Wilis Marie Van Schaak, un nom pas vraiment viable pour une artiste de music-hall. En fait, Lili St Cyr, comme elle se faisait déjà appeler, n'était selon Valentine "qu'une danseuse de burlesque" qu'il avait repérée en train de s'éplucher dans le sous-sol de Leon and Eddie's, le bouge sur la 42e Rue, avant de la prendre en main et de la transformer en une des plus célèbres strip-teaseuses du monde. "Je l'ai emmenée avec moi à Hollywood et j'ai commencé à lui apprendre des choses, chorégraphier ses numéros, leur donner un côté plus classique, un certain cachet..."

Une photo de presse assez étonnante montre le couple en maillot de bain faisant des entrechats sur la plage de

1. "Grand, bronzé et formidable".

Santa Barbara. Son idée du cachet, apparemment. Il n'empêche que Lili est rapidement devenue une sensation, le nom de St Cyr connu dans le pays entier, juste au moment où Valentine perdait son contrat RKO. Il revendique pourtant la paternité de deux des numéros pour lesquels la grande blonde sinueuse reste le plus connue : celui du bain moussant, et son strip-tease à rebours. Le couple était déjà séparé quand Lili s'est vu interdire dans un club de West Hollywood, sur cette partie de Sunset ironiquement baptisée le Strip. Un nouvel arrêté municipal défendait à tout artiste de se dévêtir sur scène. Qu'à cela ne tienne, selon le numéro conçu par l'astucieux Monsieur Valentine, quand le rideau se levait, Lili était dans sa baignoire, en sortait nue, et sa grosse cAMériste en robe noire et tablier blanc l'assistait pour agrafer sa guêpière, enfiler ses bas, se tortiller pour entrer au chausse-pied dans un fourreau en lamé, jusqu'au triomphant final. Le temps que les édiles fassent voter un nouvel arrêté, Lili St Cyr avait terminé son engagement de trois semaines et quitté L.A. Le numéro est resté à son répertoire pendant des années.

Paul Valentine, lui, s'est vite lassé d'être Monsieur St Cyr. Sa femme était toujours partie en tournée. Les journaux de l'époque se régalaient de sa demande de divorce, surtout de son grief principal, comme quoi "les hommes de la nation entière voient plus ma femme que moi. Et les rares fois qu'elle est à la maison, elle est tellement antisociale qu'elle refuse de recevoir des amis, ou même d'allumer la radio. Et pas moyen de la faire aller au cinéma, sauf pour aller voir Clifton Webb, son acteur préféré." Conditions de vie conjugale intenables effectivement : en septembre 1949, le juge accordait le divorce, et à Lili la maison qu'ils avaient à Beverly Hills sur Canyon Drive.

Malgré tout, les torts étaient peut-être plus partagés qu'il ne le prétend : à charge, cette publicité dans le *Hollywood*

Citizen News, datée d'octobre 1948, pour le Mayan Theatre, temple du divertissement équivoque dans le centre-ville. On y passait, en attraction avant la version "italienne non censurée" de *Carmen* (avec la "voluptuous Viviane Romance" comme vedette), un numéro "si torride que la scène en fait des cloques" : STRIP THRU SPAIN, présenté et chorégraphié par Paul Valentine, avec Bobby Morris, Cuca Martinez (The Spanish Bombshell), le taureau Ferdinand et les Chili-Pepper Girls. De Cuca Martinez, le toujours élégant Walter Winchell se contentait de dire à l'époque dans sa rubrique à ragots qu'elle "faisait passer Jane Russell pour Lena la Hyène".

Il faut croire néanmoins que les ex-époux sont demeurés amis, car en mai 1952, Valentine défraie une nouvelle fois la chronique avec ses fracas conjugaux. Winchell, toujours lui, n'en perd pas une miette : "Maupassant-sur-Broadway : Paul Valentine, qui répète avec Josh Logan la comédie musicale très attendue *Wish You Were Here*, a deux charmantes poupées qui l'attendent tous les soirs à l'entrée des artistes. Les deux charmeuses se trouvent être... ses épouses. Son ex est la vedette de strip-tease Lili St Cyr." Le *Sunday News* rendait autrement compte du mariage contesté entre Valentine et Flavine Bashi Abdul Ali Khan, avec un innommable et intraduisible calembour en gros titre : "SULTANA A-PAULS ABDUL ALI [1]." Flavine, venue à New York faire sa médecine, avait trente-trois ans et était nièce du shah d'Iran, fille de haut dignitaire, lequel dans une série d'impérieux télégrammes exigeait l'annulation du mariage, la donzelle étant promise à un autre parti depuis l'âge de onze ans. Il menaçait de la déshériter. La presse new-yorkaise donnait son support aux tourtereaux : "SHE STICKS TO HUBBY : POP CAN KEEP HIS MILLIONS [2]." Flavine, qui à l'origine devait recevoir en dot

1. "Sultane consterne Abdul Ali", jeu de mots sur "appall" (A-Paul).
2. "Elle reste avec son mari, Papa peut se fourrer ses millions quelque part."

l'équivalent immobilier d'une ville de province, se montrait prête à y renoncer. Paul Valentine aussi : "Je gagne suffisamment bien ma vie." Suffisamment pour pouvoir emménager avec sa princesse sans le sou dans un appartement-terrasse avec vue sur l'Hudson. Délaissant la médecine, la seconde Mme Valentine est devenue "scénariste, habilleuse, actrice et professeur d'arts dramatiques", tout en élevant leurs deux fils, Victor Elivahu et Tyrone Moses. A ce jour, "Filly [1]", comme l'appelle affectueusement son époux, est toujours Mme Valentine.

C'est du moins ce qu'affirmaient en 1997 le mari et son press-book, volontiers grandiloquents tous les deux, mais ce dernier contenant aussi d'indéniables signes de gloire. Ainsi deux grandes caricatures d'Hirschfeld en première page du *New York Times Sunday Magazine*, espacées de quatorze ans. Sur la première, fin mai 1944, il figure sous le nom de Val Valentinoff aux côtés de Jackie Gleason (en costume de mataf) et d'Irina Baronova (en ballerine), vedettes de *Follow the Girls*. Sur la seconde, "Paul Valentine" cette fois, il est en costume de matador. La vedette de *Oh, Captain*, Tony Randall, est dessinée avec deux têtes pour suggérer sa double vie, et Valentine a la main sur sa femme, jouée par Jacqueline McKeever. Les critiques de ses prestations à la télévision offrent aussi une explication à sa carrière hollywoodienne passablement mitée : les "dramatiques" de télévison, dont c'était l'âge d'or, se tournaient en direct et à New York, où il résidait. Il y a fait meilleure carrière qu'à Hollywood. On le remarque particulièrement dans un épisode de *Danger* sur CBS, "The Paperbox Kid", adapté d'une nouvelle de Mark Hellinger par le scénariste blacklisté Walter Bernstein et mis en scène par un jeune Sidney Lumet. Martin Ritt joue le voyou loufoque qui finit sur la chaise électrique. Valentine

1. "Pouliche".

donne, selon la critique du *Times*, “un portrait de marlou saisissant, à la fois hâbleur et beau gosse”. Et il est “particulièrement convaincant en plouc du bayou, borné et superstitieux”, dans un épisode de *Lights Out* sur NBC, “The Last Supper”.

Revenu à Los Angeles dans les années soixante-dix, Valentine a continué d’apparaître sporadiquement à l’écran : un client dans *All Night Long*, de Jean-Claude Tramont, charmant film de 1981 très peu vu à l’époque, pourtant avec Barbra Streisand et Gene Hackman. Retour aux costumes croisés dans *True Confessions* [1], d’Ulu Grosbard, dans lequel il jouait un flic, toujours avec le sourire en coin. Et il n’a pas échappé au filet de Taylor Hackford pour le remake de *La Griffe du passé*. Tout comme Jane Greer, il a servi de talisman fétichiste à ce projet mal embouché mais au titre approprié (*Against All Odds* [2]), jouant un conseiller municipal embobiné par Jane Greer et son avocat-conseil Richard Widmark dans une combine immobilière à Bel Air.

C’est peut-être quelque part entre les consécrations d’Hirschfeld du *New York Times* et les lettres de remerciement du Go-Go Stroke Club of Beverly Hills [3] (où il a chanté en hébreu, irlandais, russe et italien pour le plus grand plaisir des hémiplégiques) que se situe la carrière de Paul Valentine. Trop d’occasions ratées, trop de coupures de presse dans l’album, ou dans son dossier à la bibliothèque de l’Academy qu’il va lui-même périodiquement rembourrer. Mais entre tout ça, la scène, le ring, l’écran, la piste de danse, Flavine et Lili St Cyr, il y a aussi une vie amusante et bien remplie, dont tout homme pourrait être satisfait.

---

1. *Sanglantes confessions* – 1981.
2. *Contre toute attente* – Taylor Hackford, 1984.
3. “Go-Go Club des Frappés d’Apoplexie”.

16 / EXORCISME À MORGANZA

Lorsqu'au téléphone je lui ai avoué, sous couvert de rigolade, avoir longtemps eu trop peur pour l'appeler, Cat Man a répliqué jovialement : "Faut pas, faut pas. Ça fait au moins cinq ans que j'ai pas tué personne." Avec le temps, Hayward Robillard s'est parfaitement fait à l'idée que pour beaucoup de gens il représente à jamais, sans qu'il soit pour autant connu d'eux, le Mal personnifié et l'incarnation du Sud intolérant. Dans *Easy Rider*, c'est lui qui, dans la fameuse scène du café où on refuse tacitement de servir les trois motards hirsutes joués par Fonda, Hopper et Nicholson, marmonnait entre ses dents : "That's some Yankee queers [pédés du Nord]. Visez un peu le drapeau sur cette bécane." Avec sa tronche et ses avant-bras à la Popeye, son cure-dents et sa casquette jaune avec CAT écrit dessus – une de ces "gimme-caps" qui commençaient à faire fureur et qui lui avait été donnée par un concessionnaire en excavatrices et bulldozers Caterpillar –, Cat Man était de loin celui qui avait le plus de mordant parmi les autochtones bornés. Au milieu des lamentables "C'est-y un gars ou une fille ?" ou "Croyez qu'ils sont venus chercher des noises ?", Cat Man répliquait : "Sais pas trop, shérif, mais donnez-moi le signal et je leur jette des pierres dessus." Plus sinistrement, il prophétisait : "I still think they'll never make the parish line." Et effectivement, ils n'ont pas franchi la limite du comté sans dommage. Robillard est un des *rednecks* qui attaquent les trois voyageurs dans leur sommeil et qui tuent Nicholson à coups de gourdin.

De tous ceux que j'avais essayé de joindre à Morganza pour qu'ils me parlent de ce tournage qui avait dû un brin retourner leur bourgade de Louisiane, Cat Man était celui que j'avais la hantise d'appeler. Lui et le péquenot goitreux qui tire sur Hopper de la cabine de son camion ont longtemps figuré en tête de mon trouillomètre personnel, dans mes cauchemars comme dans la vie, et quelque chose me dit que je ne dois pas être le seul. Combien d'autostoppeurs un peu chevelus à l'époque sont arrivés d'Europe persuadés de se faire dessouder au fusil à pompe dès la sortie de New York par le premier bouseux qui se pointerait en pickup avec un peu de blanc autour des oreilles ? Car c'était ça l'impact d'*Easy Rider*, pas un bon film du tout, mais un film à nourrir les fantasmes – et un film que tout le monde a vu. Une synthèse mal ficelée de l'air du temps : rock, drogues, route, zooms et grands espaces. Les fantasmes étaient aussi niais qu'ils étaient puissants. Deux tarés à moto. Le rêve américain perverti, la balade qui n'allait nulle part. C'était aussi un film authentiquement choquant – pas tant à cause des pétards fumés, de la cocaïne vendue ou du LSD pris dans le cimetière, que parce qu'il documentait, plus justement que les films plus graves qui s'y essaieront après (*Medium Cool*, *Zabriskie Point*), l'incroyable divorce des générations qui existait en 1968 dans ce pays – une sorte de guerre civile intériorisée, un schisme impensable aujourd'hui, dont on a pratiquement oublié la teneur, le parfum, tout comme l'incroyable énergie qui s'en dégageait, positive comme négative.

Et Hayward Robillard, alias Cat Man même encore aujourd'hui dans le patelin, était définitivement de l'autre côté de la barricade à l'époque. Ironiquement, c'est lui qui s'était montré le plus causant au téléphone. Les autres étaient soit morts, soit partis depuis longtemps, à part Arnold Hess Jr., le shérif adjoint dans le film, qui l'était aussi en vrai à l'époque. Il n'avait pas l'air enchanté à l'idée de répondre à des questions – trop pris avec son commerce de bétail. Si je voulais rappeler dans une semaine... Suzie Ramagos, une des greluches à fou rire dans le café, avait bien encore une tante dans le bled, mais comme les autres filles du café elle s'était mariée et avait quitté le bourg. Elle s'appelait Suzie Vosburg à présent et habitait Baton Rouge.

Morganza est un bled tout en long blotti contre le Mississippi : il y a la voie ferrée, la Route One bordée de cinq commerces, et un chapelet de maisons qui s'étire sur près d'un mille et demi, et puis la digue – le "levee" des chansons folk – qui protège Morganza et les terres environnantes contre les crues. Le patelin le plus conséquent avoisinant est New Roads, à douze bornes au sud. Baton Rouge semble très loin, soixante kilomètres au sud-est. En arrivant j'avais vainement cherché le café qu'on voit dans le film avec ses deux panneaux ronds Coca-Cola, HOMEMADE PIES et LUNCHES écrit sur les deux vitrines, la cloche bleue de Ma Bell qui indiquait qu'on pouvait téléphoner à l'intérieur, et les deux distributeurs de boules de gomme attachés avec des chaînes comme des vélos. Aujourd'hui, le seul café du patelin se cache derrière l'aluminium peint en blanc d'une station-service : flambant neuf, et arborant le nom extravagant de Louisiana Express and Daiquiri. On peut certes y trouver de quoi manger – *po'boys, crawfish pies* et toute cette bonne merde cajun –, mais il est clair que le Daiquiri ne servira jamais de second living-room pour les gens du village, comme le faisait l'autre café. En 1989 Morganza comptait 886 habitants. En 1997, le panneau à l'entrée du village disait "Pop. 759".

Comme promis, Robillard est passé me prendre à bord d'un pickup Toyota bleu nuit – preuve que les choses changent, même à Morganza, et qu'on finit toujours par acheter japonais. Vingt ans de diabète et deux anévrismes l'ont laissé un peu diminué, mais le Cat Man est néanmoins immédiatement reconnaissable. Il ramène encore ses quarante livres de poissons-chats du fleuve tous les matins. A l'arrière de son bateau c'est marqué : CAT MAN GETS HIS CATS. Dans le pays, on l'appelait "Hay Boy" dans le temps. Il était connu pour toujours avoir une canne à pêche ou un fusil à la main. Mais après le film, il est resté Cat Man pour toujours. Son accent est encore plus noir et épais que le café qu'il sert chez lui dans de petites tasses en céramique. Avant de m'amener dans sa confortable maisonnette, il s'arrête sur la Route One devant un bout de terrain déblayé. "Vouliez voir le Molossol Café ? Eh ben c'est là ! C'est tout ce qui reste, ils l'ont rasé il y a deux mois. C'était fermé depuis dix ans au moins, quand Miss Blackie Hebert est allée rejoindre son fils, qui est docteur à Baton Rouge."

D'un coup de casquette il indique le Bethel Baptist Worship Center ("Pastor : Elwood Crews"). "Déjà qu'ils avaient démoli la salle de billard pour construire... Ça leur a pris du temps, mais ils ont finalement persuadé le type qui avait les deux autres commerces. Ils ont rasé le tout pour faire un parking, qui en plus servira que le dimanche." Une fois attablé devant la toile cirée dans son séjour, le dégoût le reprend : "Vous le croirez si vous voulez, mais ils vendaient les briques de la turne cinq dollars pièce en souvenir ! Les briques du café d'*Easy Rider.* Une cousine germaine à moi est mariée avec le gus qui a vendu. Rien à fiche de tes briques, que j'y ai dit, alors elle m'a fait :

'Attends, j'ai aut'chose qui va te plaire.' Vous vous souvenez comme chaque alcôve en bois dans le café avait sa banquette et son petit miroir collé au-dessus de la table ?" Il montre un miroir rectangulaire accroché au-dessus de la toile cirée. "Elle m'en a donné un, et ça j'ai bien voulu, ça m'a fait plaisir."

Au bout d'une heure de conversation, il est clair que de tous les autochtones, c'est finalement pour lui, le féroce bouffeur de hippies, que *Easy Rider* a le plus compté. Un article paru sur lui il y a dix ans dans le *Baton Rouge Advocate* est encadré au mur. Lui-même et sa femme Celie ont pris des photos noir et blanc lors du tournage, arrangées dans des albums juste revenus du relieur. Un ami de l'Illinois leur a envoyé des photogrammes du film un peu tremblés, pris sur un poste de télé. Cat Man désigne les participants, un à un. "Lui c'était un bon ami à moi, P.E. Causey. Buddy Causey, qu'on l'appelait. Il était dans le bois, faisait les estimations et tout ça. Il est mort, maintenant. Lui aussi, Blase Dawson. Croirez-vous que ce gars-là il avait un diplôme de l'université de Louisiane, un diplôme de musique, et pis un autre encore, en... comment que ça s'appelle déjà ? *Petroleum geology*, c'est ça. Eh ben avec ses deux peaux d'âne, le gars tenait une pépinière. Deux diplômes, et il faisait pousser des putains de fleurs et des tomates ! Tous les gens dans le café étaient du coin. Duffy Laffont. Paul Guedry Jr. Ici on voit Miss Hebert, elle est dans le film aussi. Y'avait juste celui-là, le gros balèze (Nicholson lève les yeux au ciel en l'indiquant : "He's a biggie"), lui le jeunot on le connaissait pas. Il sortait avec la fille à Miss Hebert, Mary Kaye. Un joueur de football.

"Le café c'était notre seconde maison. Ma femme travaillait à la ville et ne rentrait que le soir, on n'avait pas d'enfants. Quand j'avais un moment de libre, c'était toujours au café que j'allais. Tous les gens du pays se retrouvaient là. Pas comme maintenant que tout le monde regarde la télévision. Quand le type de la production venu en éclaireur m'a demandé si je voulais jouer dans la scène, j'ai dit non, j'ai pas le temps. J'étais entrepreneur de bâtiment, pensez si j'avais le temps. Et je bossais sur une drague sur le fleuve dans mes moments creux. Peter Fonda j'en avais rien à battre, ça voulait rien dire pour moi. Mais ils sont arrivés au patelin avec leurs caravanes et leurs motos. Et Peter Fonda a tellement insisté que comme un idiot je me suis laissé embobiner. Il disait que ça prendrait vingt minutes. Mon œil, oui. Deux jours, que ça a pris. Ils payaient vingt dollars la journée, et en plus fallait signer des papiers, comme quoi on réclamerait plus rien. *Real big time !* Et moi le Peter y me disait rien qui vaille. Ni les deux autres, d'ailleurs. *Didn't care for them AT ALL.*

“Mais quand ils nous ont dit qu'on pouvait déblatérer sur eux tout ce qu'on voulait, j'ai dit d'accord, à condition qu'ils promettent de rien mettre sur les négros dans leur film. Parce que quand ils font des films sur la Louisiane ou le Sud en général, c'est toujours *nigger* par-ci, *nigger* par-là. Nous les Noirs par ici on leur a jamais rien fait de mal, vous pouvez demander. Alors j'ai dit à l'autre, là, avec les longs tiffards et les griffes en sautoir, j'y ai dit : d'accord pour vous traiter de tous les noms, mais pas de *niggers* ni rien. Ils ont promis. Mais je voyais bien à leurs façons de faire que c'était ce genre-là. On avait deux filles à la cuisine du café, des petites Noires qu'avaient pas trois ans d'école à elles deux, et tout de suite il y en a dans l'équipe qu'ont essayé de frayer avec elles. Et ça, en Louisiane, à l'époque, ça se faisait pas. *Didn't cut it AT ALL.* Je leur ai dit d'arrêter tout de suite, de couper ça dans le bourgeon, comme on dit, sinon ils risquaient de se le faire couper pour de bon, et c'est pour le coup qu'ils atteindraient jamais la limite du comté.”

D'après le directeur de production Paul Lewis, le café

avait un côté réservé aux Noirs, où ils jouaient de la musique plus intéressante. Il raconte aussi que Hopper avait refusé les figurants qu'il lui avait trouvés, recrutés aux alentours dans les troupes de théâtre amateur. Il voulait les vrais habitués du café, et insistait pour que Lewis les obtienne, "au péril de sa vie". Robillard confirme que l'animosité qu'on voit sur l'écran entre les freaks et les péquenots était réelle.

"Et je vais vous dire : si on avait su ce qu'on sait maintenant, ce qu'il y a dans ce film, ils s'en seraient jamais sortis vivants. Tels qu'ils étaient, on les a seulement pris pour une bande de tarés [*sorry ass idjits*]. Ou au moins je les aurais traités d'autre chose que de *yankee queers*. Parce que faut bien dire ce qui est, eux et moi on était pas pareils DU TOUT. Moi, j'ai mis vingt ans avant de me rendre compte que *damn yankee* ça s'écrivait en deux mots."

Pourtant, ni Robillard ni les autres participants n'ont eu le sentiment de s'être laissé berner, ou que le film les montrait sous un jour peu flatteur. "Non, c'est ce qu'on pensait vraiment d'eux. C'est ce qu'on pense encore d'eux. Mais croyez-vous que ces enfoirés nous auraient seulement prévenus que ça jouait près de chez nous ? Rien. Pas ça. On y est tous allés dans l'autocar de l'équipe de foot. Tout le bourg. Ça jouait au King Theatre à New Roads. On a ni aimé, ni pas aimé. Moi les motos, la musique, ça me bottait bien. Le seul truc que je peux pas encaisser c'est quand ils vont à La Nouvelle-Orléans, les filles, les drogues et toute cette merde dans le cimetière, parce que là ça devient juste idiot, et nocif pour les jeunes. Sinon, ça allait. Le deal de coke, ça allait. Le meurtre du connard avec le casque de foot, on savait, puisqu'on était dans la scène. Ils ont été faire ça là-bas à Krotz Springs, dans les bois qu'étaient tout moches avec les arbres morts. Moi je leur avais dit : pourquoi pas me demander, je connais tous les coins, j'en connais des très jolis. Mais ils avaient ce préjugé que le Sud, ça devait être comme ça. Moche.

“Le film, ça allait. C’est juste eux que je pouvais pas blairer. Surtout le Peter Fonda, qu’était grande gueule et con, fallait l’entendre. Ils avaient eu des accrochages avec les Teamsters, les gars du syndicat des transporteurs à Baton Rouge. Et à cette époque, ces mecs-là étaient mauvais comme tout. Une vraie plaie sur l’humanité. Evidemment, eux les hippies leur équipe était pas syndiquée, et ils allaient se faire racketter. Moi je portais pas le syndicat dans mon cœur non plus : chaque fois que je voulais travailler sur un chantier, je devais payer un de leurs zèbres et faire le travail à sa place. Mais Peter Fonda il m’a dit qu’il se faisait pas de bile pour ça. ‘On a toute la protection qu’il faut’, qu’il a fait en tapotant sa ceinture. Là-dessous il avait un pistolet. Je lui ai dit : ‘Man, j’espère que t’as du sel et du poivre sur toi, parce que ton putain de pétard à la con ils vont te le faire BOUFFER. Comme si ça allait les arrêter ! Ils vont te laisser tranquille, tu vas filmer tout ce que tu veux, mais quand tu vas repartir pour la Californie, ils vont bailler ton camion dans le fossé et faudra raquer.’ Bref, je sais pas s’il a payé ni quoi, mais il est quand même rentré en Californie.”

Robillard hoche la tête, avant de concéder que le film l’a marqué plus qu’il ne voudrait l’admettre, même si l’équipe n’a passé que deux jours à Morganza : “Je me suis fait un peu charrier au pays. Parce qu’après *Easy Rider*, je me suis acheté une Harley-Davidson. Une Sportster 900 cc. Pas avec la longue fourche comme les autres tarés, ni le guidon haut, fallait quand même pas pousser. Et puis leurs engins étaient inconfortables comme tout, ils pouvaient à peine rouler, et surtout pas vite. Mais enfin, c’est vrai que ça m’a un peu tourneboulé. Le seul d’entre eux que je blairais bien, c’était leur petit mecton de cascadeur, celui qu’était sur les bécanes quand il fallait blinder sur une seule roue, ou à la fin quand ils se font dézinguer au fusil et que la moto explose. Vous voyez, là-bas dehors dans la cour, ben avant il y avait un grand arbre qui faisait de l'ombre. C'est sous cet arbre que le mecton a goupillé les explosifs sur la bécane. Il avait un détonateur, trois secondes de délai. Il avait trois secondes pour sauter et s'éloigner avant que le réservoir explose. Ensuite ils ont été tourner ça à quinze bornes au nord, près du "levee". Ils avaient l'hélicoptère, un tout petit machin de rien du tout qui penchait dès que le gars à la caméra s'asseyait dedans. Les deux gars dans le camion qui tirent sur eux, c'étaient pas des gars du coin, ils venaient de l'autre côté de l'eau. Sais pas où ils ont été les chercher."

C'est encore Jack Nicholson qui a le moins impressionné Robillard. "Même aujourd'hui, je comprends pas ce que les gens lui trouvent. L'autre, là, celui en peau de daim avec les franges, il me bottait encore assez, parce qu'il était habillé western, et que moi j'aime les westerns. Il m'a même dit que si je venais vivre en Californie, il se faisait fort de me trouver des petits rôles dans des westerns, il en faisait son affaire. Et je mentirais si je disais que j'y ai pas réfléchi une minute. Mais je venais de m'acheter du matériel, des pelleteuses et des bulldozers. Je me voyais déjà rentrer bredouille de Californie, j'aurais fait quoi après? J'aurais plus eu de boulot ni rien... Mais j'y ai quand même pensé. Oh, cinq minutes, pas plus. Parce que faut dire, c'était tout menteurs et compagnie. Je me souviens, la seule chose qui me plaisait chez Dennis Hopper c'était son costume, sa chemise et son pantalon en daim. Toute ma vie j'ai chassé le cerf. J'en ai tué deux cent trente-six, à la carabine et à l'arbalète. Je me disais qu'avec une tenue pareille, j'aurais plus à me biler pour les épines. Je lui ai demandé où je pourrais écrire pour m'en faire envoyer une comme la sienne, et évidemment il m'a dit qu'il me donnerait son costume une fois le film terminé. '*Man, you got it, no problem.*' Tu parles, tiens."

Quand je lui dis en prenant congé que j'ai rencontré Hopper plusieurs fois, à Tulsa et à Los Angeles, et que ça risque encore de m'arriver, Hayward Robillard remonte sa ceinture de pantalon et fait, d'un air sérieux mais pas spécialement vindicatif : "Ben si vous le voyez, dites-lui que Cat Man attend toujours sa putain de chemise en daim."

17 / LE VRAI LUKE LA MAIN FROIDE

> *"Un autre type qui jouait au Gaslight avec moi c'était Luke Askew, qui plus tard est devenu acteur de cinéma. Luke venait de Géorgie et chantait des airs de Muddy, Wolf et Jimmy Reed. Il ne jouait pas de la guitare, mais il avait un accompagnateur. Luke était un Blanc qui sonnait comme Bobby Blue Bland..."*
>
> Bob Dylan, *Chroniques* 2005.

C'est sur la couverture d'un 33-tours que Joyce Selznick, directrice de casting extraordinaire, a vu la tête de Luke Askew pour la première fois à New York, en 1966. Quand on lui demande sur quel label, le rebelle hausse les épaules d'un air évasif. "Le disque a à peine été distribué. Heureusement, d'ailleurs, parce que j'avais perdu ma voix quand j'ai enregistré ça. Trop picolé la veille..." Askew avait vingt-neuf ans quand Joyce Selznick l'a envoyé voir Otto Preminger dans ses bureaux sur Park Avenue. "Tout était blanc dans son bureau, ou noir. Et meublé très cher. Il m'a fait attendre deux minutes pour pouvoir faire son entrée théâtrale. Ils faisaient tous ça, ces gars de la vieille école. Mais ils ressemblaient à de vrais producteurs – pas comme ceux de maintenant qui descendent à peine de leur skateboard pour vous recevoir... 'MISSTER ASSKEW, VOULD YOU

CARE FOR A VIENNESE PASTRY ? ESSPRESSO, PERHAPSSS ?'" Il va falloir s'habituer. Askew imite toujours les gens dont il parle. Preminger. Peckinpah. John Wayne...

Difficile de croire – vu la courbe qu'a suivie sa carrière – que Luke Askew était un plus grand nom dans le métier que celui de Dennis Hopper quand ils ont fait *Easy Rider*, et qu'il devait, par contrat, partager l'affiche du film avec Fonda et Hopper, son nom en aussi gros que le leur. Ou de se persuader que Hopper a modelé son personnage dans le film sur ce qu'il avait vu d'Askew sur le tournage de *Cool Hand Luke*. Askew jouait le hippie dans *Easy Rider*, l'auto-stoppeur laconique qui emmène les deux motards sur la commune de New Buffalo. Mais l'acteur n'avait rien d'un hippie – en fait il les conchiait ouvertement. Askew était le rebelle label d'origine, Gram Parsons avant la lettre, le sudiste de bonne famille qui avait envoyé tout promener pour une piaule à treize dollars sur MacDougall dans Greenwich Village. Et c'est devant ce "walk-up" sans eau chaude qu'est venue se garer la limousine qui devait l'emporter vers sa nouvelle carrière. "J'avais prévenu mes potes, qui me reluquaient sans toutefois vouloir se faire repérer, parce que ce n'était pas cool, ce que je faisais. On avait déjà dit que Dylan avait vendu son âme au commerce. Pareil pour Miles, pour Paul Newman... Tous *selling out*, comme on disait à l'époque. Et moi j'allais faire pareil. Quitter mon taudis pour l'aéroport, et six heures plus tard me retrouver dans un motel à Baton Rouge, avec Michael Caine, Jane Fonda et Faye Dunaway. Enfin, Faye n'était pas plus connue que moi à l'époque. J'étais beaucoup plus impressionné par le fait que Rex Ingram était là aussi. Etant môme, ce grand acteur noir m'avait fichu une trouille bleue dans *The Thief of Bagdad* [1]. Il jouait le génie qui sortait d'une bouteille... Putain,

1. *Le voleur de Bagdad* – Ludwig Berger et Michael Powell, 1940.

et j'allais jouer avec Rex Ingram ! Pour moi, c'était ça, Hollywood. Et Otto, évidemment... En un sens, j'ai eu de la chance, j'ai juste attrapé les derniers feux, la toute fin de la courbe, quand ces gens faisaient encore tout avec style. On mangeait sous une immense tente de cirque, il y avait des nappes blanches et de l'argenterie. Avec Otto on ne faisait pas la queue devant un camion comme aujourd'hui. On ne mangeait pas dans du plastique."

De la limousine envoyée par la production de *Hurry Sundown* [1] est sorti un chauffeur en livrée. "En livrée, man, avec gants et tout ça. Première chose qu'il a faite, c'est de me remettre une enveloppe avec de l'argent liquide. Ensuite il m'a emmené chez un tailleur uptown, où on m'a habillé. Tout était prévu, les mesures déjà envoyées, je n'ai fait que l'essayage et suis reparti avec les costumes. Ensuite, en route pour l'aéroport. Sur le tournage de *Hurry Sundown* j'ai vu des choses que je ne reverrai plus jamais. Je jouais un des bons à rien du patelin, un des meneurs du Klan. Le directeur de la photo était un type de la vieille école qui avait reçu un oscar pour *Shane*, Loyal Griggs. J'avais une scène où je téléphonais, juste vêtu d'un bas de pyjama. Griggs m'a tout de suite fait passer au maquillage, me faire badigeonner tout le corps, parce que j'étais trop blanc – difficile à éclairer correctement, il disait. Une fois fini, j'avais l'air d'un Indien. Caramel, j'étais ! Quand il est arrivé sur le plateau, Otto s'est étranglé et s'est mis à hurler. 'Chai choisi ce garçon CHUSTEMENT à cause de sa PLANCHEUR !' L'autre a protesté pour la forme, et Otto l'a viré sur-le-champ, oscar ou pas. Le soir même, Griggs était dans l'avion pour L.A. Moi j'ai été me doucher, et Otto a éclairé et filmé la scène lui-même. Syndicat ou pas, il s'en battait. Ils ont fait venir Robert Krasner le lendemain."

1. *Que vienne la nuit* – Otto Preminger, 1967.

Askew est né à Macon en 1937. Dans sa famille, on était éduqué en académie militaire, on faisait son service, ensuite son droit. On était avocat de père en fils, pour passer ensuite à la politique. Luke a bien fait les études, mais il a tout envoyé promener pour devenir disc-jockey dans une station de radio, puis chanteur dans le Village. Son apogée était quand il faisait ses apparitions au Gaslight. C'était l'époque où Dave Van Ronk régnait suprême sur le club de folk, un sous-sol sur MacDougall. Noel Stookey, futur Peter de Peter, Paul and Mary, était annonceur et maître de cérémonie, en plus de faire un numéro d'imitations. L'engagement était payé soixante dollars la semaine, en liquide – cachet le plus royal de tous les clubs du Village. Il y avait Van Ronk et sa moustache de phoque – et bien sûr Dylan. Mais Askew préférait nettement traîner dans les boîtes de jazz. Il avait un copain à la porte du Five Spot, un club exigu où il pouvait traîner devant une bière toute la soirée à écouter Thelonious Monk. "Son piano était à un mètre de moi. New York était le centre du monde. Pas seulement la musique, mais la peinture aussi. C'est pour ça qu'une fois à Hollywood, je ne pouvais pas prendre les choses très au sérieux. Je sais que ça m'a fait beaucoup de tort, mais à l'époque je m'en foutais."

Dennis Hopper avait peut-être des toiles de De Kooning chez lui à Hollywood. Askew, lui, buvait des coups avec le peintre au Cedar Tavern dans le Village. Et il portait déjà ses cheveux aux épaules, le seul à Hollywood en 1967. *Cool Hand Luke* était censé se passer dans le Sud profond, mais a été tourné à Stockton, sur la plaine alluviale à l'est de San Francisco. "Dennis a été bluffé quand j'ai refusé de me faire couper les cheveux en arrivant pour jouer le rôle du garde, celui qui ne parle jamais et dont on ne voit jamais les yeux à cause des lunettes d'aviateur. Finalement ils m'ont fait un chignon et m'ont mis un chapeau par-dessus. Hé, j'arrivais de New York, j'allais pas me laisser emmerder. C'était mon attitude au début. Dennis n'avait qu'un rôle minuscule, un des prisonniers. Mais Hopper est un type intéressant – une vraie éponge. Il est malin, et n'oublie jamais rien. En fait, nos carrières respectives ont suivi les mêmes courbes, on s'est tous les deux beaucoup nui avec notre arrogance, avec les drogues et l'alcool. Bien sûr, il a beaucoup mieux tiré sa bille que moi, comme on sait."

Il a quand même été donné à Askew, au fil des ans, d'enfoncer la main de William Devane dans un broyeur à ordures, et de finir d'une mort tout aussi sensationnelle dans le film culte de John Flynn, *Rolling Thunder.* Dans *Will Penny* [1], il avait une bonne altercation avec Charlton Heston. Il joue "Foxy", un des employés de Ben Johnson, et porte un gilet en peau de vache. Il est remarquable dans l'épatant *The Culpepper Cattle Company* [2], encore plus pour son silence éloquent que pour sa façon de jouer du couteau. Il est par contre méconnaissable derrière sa moustache dans *The Great Northfield, Minnesota, Raid* [3], où il joue un des frères Younger. Et il a travaillé pour John Wayne, Kirk Douglas, Preminger et Peckinpah. Il est le premier à savoir qu'aujourd'hui les jeunes metteurs en scène l'engagent autant pour ses "war stories" et anecdotes de tournage que pour son talent.

C'est aussi ce que j'étais venu chercher en le relançant chez lui cet été 1997. Je l'avais trouvé dans une petite maison adossée à une réserve indienne, en lisière de Julian, un bourg pimpant au milieu des montagnes et des vergers de pommes, à deux heures de San Diego. Budd Boetticher n'habitait pas très loin, et était encore en vie. La maison était méticuleusement rangée. Miles jouait sur la platine. Askew venait juste de finir de nourrir les oiseaux.

---

1. *Will Penny le solitaire* – Tom Gries, 1968.
2. *La poussière, la sueur et la poudre* – Dick Richards, 1972.
3. *La légende de Jesse James* – Philip Kaufman, 1972.

Il était en jean et t-shirt, dans une forme enviable pour tout âge, sans parler de ses soixante-cinq ans. Il avait beau avoir tout arrêté depuis sept ans, alcool, drogues, et même la viande et les produits laitiers, c'est l'air dubitatif qu'il proposait du lait de soja pour le café. Après l'interview, il mettra une heure vingt pour faire un pot de café biologique, debout dans la cuisine, à parler d'Emilio Fernandez ou à faire des imitations du Duke. Mais le café était excellent. Un peu comme ces petits rôles qu'il a joués toutes ces années, sans gloire, seulement remarqués de ses pairs.

"Ce qu'on apprend vite dans ce métier, c'est que très peu de gens sur un plateau sont bons à ce qu'ils font. La plupart y vont juste à la tâte, espérant pouvoir s'en tirer sans qu'on les repère. Moi, c'est généralement une prise, deux maximum. Sur *Rolling Thunder*, j'avais une scène où je devais tuer un flic, au sol devant moi. Pour des raisons techniques, on m'avait perché sur une caisse de machino, à cause de l'angle que voulait Flynn. Le timing était crucial. Flynn comptait, 'un' je tournais mon regard, 'deux' les yeux, 'trois' je levais le flingue. Une fois fini, Flynn m'a dit qu'il ne connaissait que Robert Ryan qui soit capable de faire les choses aussi précisément du premier coup." Tourné en décors naturels à San Antonio, dont un vrai bordel en activité dans l'Eastside pour les scènes de la fin, ce film utilise Askew à son optimum dans le rôle d'"Automatic Slim". Et pourtant il a dû jouer une bagarre alors qu'il était malade comme un chien, victime d'un empoisonnement alimentaire.

En 1997, quand je l'ai rencontré, Askew venait juste de se remettre au cinéma. Les années quatre-vingt avaient été dures, l'alcool finissant par lui jouer des tours. "Mais une fois arrêté, ça a été encore pire. Je ne trouvais pas de travail. Et je ne me trouvais plus bon du tout dans le peu de travail que je faisais. C'est souvent le cas quand on arrête de boire. On n'est pas de très bonne compagnie.

Enfin, les autres ne vous trouvent pas de bonne compagnie. Finalement j'ai dit, 'fuck it', et j'ai déménagé à Portland avec la ferme intention d'arrêter. C'est à Bill Paxton que je dois d'être revenu. C'est lui qui m'a fait engager dans *Travelers*, le premier film de Jack Green, le chef opérateur de Clint Eastwood. C'est un film sur ces Irlandais qui vivent un peu comme des gitans dans les Caroline et en Ohio, mais qui ne sont pas roms du tout. Escrocs et arnaqueurs, oui. Je joue un rôle intéressant, celui de Boss Jack, le chef du clan. Et là, avec Bill, je viens de terminer *The Newton Boys* à Austin. Pour la première fois de ma vie, un metteur en scène (Richard Linklater) me fait travailler autrement et me pousse à chercher. J'ai tellement l'habitude que les gens me disent : 'Fais ton truc.' *One-Take Luke*, on m'appelle (Luke Une-seule-prise)."

Pour quelqu'un de volontiers dédaigneux envers l'industrie qui l'emploie, Askew est remarquablement disert sur son métier, et encore plus perspicace dans ses observations. Il a l'élocution et le phrasé des gens intelligents et cultivés qui aiment parler, et peut-être aussi le son de leur voix. Sur Jack Green : "Vous prenez ce qu'il fait dans *Unforgiven*, la façon dont il arrive à couvrir tout le monde dans la scène de massacre à la fin, dans le saloon. C'est une chose de filmer cent personnes dehors, et autrement plus difficile d'en filmer six à l'intérieur. Il fait des trucs très complexes, on sait où tout le monde se trouve, à tout moment. Ce n'est pas donné à tout le monde, il y a l'éclairage, les acteurs, les cascadeurs... Quand je lui ai demandé en combien de jours ils avaient tourné la séquence, il m'a dit 'un'. Ce qui me laisse sur le cul."

De son propre aveu, Askew a mis longtemps à admettre que ce métier s'apprenait. Sur *Cool Hand Luke*, par exemple, il a tout de suite rejeté Paul Newman. Mais aux yeux de Hopper ou de Harry Dean Stanton (qui jouait de la guitare et chantait), le vrai Luke-la-main-froide, c'était Askew. "J'aurais pourtant pu apprendre pas mal de Paul. Mais à l'époque dans le Village on le traitait de vendu. Il avait quitté le théâtre pour Hollywood. C'était évidemment très con, mais je marchais à ce diapason-là. Je refusais presque tout ce qu'on me proposait. J'avais cet agent, un des plus gros, Jack Gilardi. Je le rendais fou. Il m'obtenait une audition, j'allais à Sausalito voir ma future femme à la place. J'emmenais Dennis Hopper. San Francisco nous paraissait cool. Los Angeles, c'était ringue. Alors vous imaginez, quand Jack m'a annoncé qu'on me voulait pour *The Green Berets* [1] ! J'ai dit jamais de la vie, je bosse pas avec un facho pour glorifier une guerre impérialiste. Mais Jack me suppliait, laisse-moi faire mon travail, il disait. Alors j'ai exigé 1 750 $ la semaine comme cachet, plus mon nom en covedette. J'étais sûr que comme ça ils refuseraient, et que j'aurais la paix. Mais ils étaient coincés, Bruce Dern leur avait fait faux bond au dernier moment, sa fille était morte, ou malade, je ne sais plus. Toujours est-il qu'ils ont tout accepté, et c'est comme ça que je me suis retrouvé à Fort Benning, à cent bornes d'où j'avais grandi, les cheveux au milieu du dos, moustache, collier en sautoir, toute la panoplie. On m'a amené voir Wayne. Il m'a regardé d'un air accablé. 'Coupez-lui tout ça', il a fait finalement. Il avait l'air mal en point, et pas heureux du tout, les choses se passaient mal sur ce tournage. Mais il se sentait déjà mieux de pouvoir dire à quelqu'un comme moi d'aller se faire raser la boule à zéro."

Celui qui un an plus tard se ferait remarquer en veste de Sgt. Pepper sur un bord de route d'Arizona était pour l'instant le Sgt. Provo, ordonnance du colonel que jouait Wayne dans un film honni d'avance. Le pire, dit Askew,

1. *Les bérets verts* – John Wayne, 1967.

c'est que Wayne a fini par l'avoir à la bonne, et que le sentiment était réciproque. "J'étais avec lui dans toutes les scènes, puisque je suis son aide de camp. Il aimait bien avoir un mec dans mon genre sous la main pour faire ses commentaires. Et il appréciait le fait que je sache saluer et parler comme un militaire. Je n'avais pas fait toutes ces putain d'académies pour rien. Wayne n'était absolument pas fait pour mettre en scène. Il voulait que tout le monde joue comme lui. On avait un Vietnamien minuscule, qui jouait un officier. Wayne lui montrait comment jouer sa scène. Il mimait. A la fin, Wayne a fait, avec ce grand soupir et sa voix traînante qui étaient sa marque de fabrique : 'Serait peut-être temps de fermer la John Wayne School of Acting.' Parce qu'il n'était pas dupe. C'était un homme intelligent et drôle, et j'ai dans l'idée qu'il méprisait les militaires de Fort Benning. Il me disait : 'Vivement qu'on se casse d'ici, je peux plus supporter ces têtes de cons.' Il jouait aux échecs tous les soirs et il picolait sec, mais fallait pas qu'il surprenne quelqu'un en train de boire sur le tournage. Enfin, sauf Aldo Ray. Je me souviendrai toujours, un matin, ils avaient cette scène ensemble, et Aldo tient sa caisse, pour changer, il est malade comme un chien. Ils font la scène. Aldo dodeline de la tête et oops, tourne la tête sans s'arrêter de jouer, finit son dialogue. Une fois la prise finie, Wayne le regarde et fait : 'Aldo, qu'est-ce que t'as sur ta manche ?' Ray avait dégueulé tranquillement et continué la scène. Wayne a commencé à l'insulter. Aldo a pris son petit air calme qu'il avait quand il s'apprêtait à cogner. Ses petits yeux plissés. [Askew prend une voix haute et éraillée.] 'John, personne me cause comme ça. Personne.' Il refusait de l'appeler Duke, comme faisaient tous les lèche-cul qu'il avait autour de lui. Moi aussi je l'appelais John. Et Wayne, au fond, aimait qu'on lui tienne tête. Il n'a pas viré Aldo. 'AW-RIGHT, va te changer, dépêche-toi de revenir !' Un homme intéressant."

*

Tout le monde se souvient du hippie qu'il joue dans *Easy Rider*, sinon du nom de Luke Askew. Au générique, il s'appelle "Stranger on the road". Les deux motards le prennent en stop aux alentours de Flagstaff, Arizona. Ses gestes sont mesurés et délibérés. Sur le bord de la route il ne bouge même pas, attend que les deux Harley tarabiscotées fassent demi-tour pour le prendre. Il monte sans dire un mot. Sa frange est sale, son air laconique ; il a surtout cette façon de se tenir, dos droit, derrière Fonda sur la Harley. Il avait aussi quelques-unes des meilleures répliques. "*You could be a trifle polite. A small thing to ask.*" Arrivé à la commune, il est le seul parmi les autres tarés de hippies qui semble conserver son quant-à-soi. "Je voyais le mec comme une espèce de *hustler*, un marle juste toléré sur la commune parce qu'il amenait de la dope. Il ne fait pas vraiment partie de la communauté, il ne partage pas son idéologie, il est juste là pour sauter les filles." Commentaire qui prend tout son sel à côté des pieuses homélies que débite Fonda dans le film – trouduc Captain America qui affirme, contre toute évidence, que leurs semailles porteront leurs fruits.

La communauté, censée se trouver au Nouveau-Mexique, s'était en fait improvisée dans un canyon de Malibu, les hippies pour la plupart ramassés le soir sur le Sunset Strip devant les clubs de rock. Ces séquences du début ont été tournées tout à la fin, après leur retour à L.A. "Le grand tipi, le bâtiment principal, raconte Askew, était en styrofoam, juste un cadre en bois et de la mousse plastique par-dessus, le tout devait peser à peine trente kilos..." Laszlo Kovacs fera ce fameux panoramique à 360 degrés sur ces extraordinaires jeunes visages accusant déjà les coups de soleil et ceux de l'acide – comme unc peinture de la Renaissance. Pourtant, Luke Askew avait une présence et une authenticité que ne possédaient pas les autres. Il avait déjà ce qui deviendra sa carte de visite dans les années et les westerns à venir : masque indéchiffrable, couperose aux joues, et cette voix mesurée comme de la poudre. Mais en 1967, il était tout sauf un hippie, malgré les tifs et la moustache en guidon. Ce “hipster” de la première heure s'était même insurgé contre les perlouses, les futals rayés et la chemise de communiant que Dennis Hopper insistait pour lui faire porter. Quant au luxe du cinéma, “on avait trois Cortès, des véhicules de camping de l'époque. Ma femme Maggie et moi on en avait un, avec chauffeur, Dennis en avait un et Peter en avait un. Ma partie du film – moi je n'ai jamais vu Jack, par exemple – a juste duré deux semaines. On a commencé à Flagstaff, en Arizona, et on a roulé au nord jusqu'à Taos, au Nouveau-Mexique. Ensuite pour la commune on était de retour à L.A. ; ils ont juste envoyé un camion sur le Strip et ramassé tous ces hippies, leur ont filé dix dollars par jour et toute la dope qu'ils pouvaient fumer. Ils ne savaient ni qui ils étaient, ni où ils étaient, et ils s'en contrefoutaient. Une fois fini, ils voulaient s'installer dans la communauté ! Il a fallu leur expliquer qu'ils ne pouvaient pas habiter là. ‘Why not, man ?’ *(Rires.)* Rappelez-vous : je ne faisais pas partie de cette culture hippie, je n'y ai jamais souscrit. On portait les cheveux longs à New York, mais on n'était pas des hippies. Le mot hippie était un terme pour les gens qui venaient au Village le week-end, qui étaient totalement ‘straight’. Ils arrivaient dans une coffee-house avec leur petit sac, en costume trois pièces, et ressortaient en pattes d'eph' et cafetan. On appelait ces motherfuckers ‘hippy-dippy’. Dans son livre *The White Negro*, Norman Mailer distingue trois façons d'être à la coule à cette époque, trois catégories. Les forains, les musiciens de jazz blancs, et les déménageurs du Village. C'était un vrai phénomène culturel, les déménageurs du Village, et j'en ai fait partie.

Je suis arrivé au Village en 58. La plupart des mecs qui s'y trouvaient à la même époque avaient fait la Corée. Moi aussi, mais pas sur le terrain. J'étais dans l'armée de l'air, service des renseignements militaires. On n'avait pas encore les cheveux longs, on s'habillait chez Hudson's Army & Navy, parce que ça coûtait rien et que c'était du tissu sombre, pas besoin de faire nettoyer. Col roulé, caban, tout en noir. C'était le look qu'on avait, plus tard repris par les mecs de la mode. Alors quand Dennis s'est amené avec l'accoutrement qu'il voulait que je porte dans *Easy Rider*... La veste était à moi, la grenat avec les épaulettes, et le phare cousu sur la manche. Je l'avais achetée à San Francisco, mais je la portais avec un pantalon droit, des bonnes chaussures en daim. Le London look. Mais ces futals à rayures, et la chemise de communiant, man, pleeeeeze.

"*We were stoned out of our minds*, rappelle Askew, tout le monde sur le film était pété, tout le temps. Les joints qu'on voit étaient des vrais joints. La scène du feu de camp, on avait passé la journée à la préparer. Arrivé le moment de tourner le soir, on avait tout oublié. Il ne restait plus que trois potes en train d'échanger des riffs. Tout le film est comme ça. Peter qui est trop près du feu et qui s'essuie les yeux. Moi qui lui dis 'je te vois pas bouger pour autant'. Tout est improvisé. Nicholson aussi, à ce qu'on m'a dit, et je veux bien le croire. Dennis voulait que ce soit comme ça, il ne voulait pas être le patron en train de dire : Fais-ci, Fais ça. Et il pouvait se le permettre, avec Laszlo Kovacs de l'autre côté de la caméra. Laszlo, lui, ne fumait pas. Ni Paul Lewis, le directeur de production – un bon pote de Dennis, qui veillait au grain pour tout."

Askew devait figurer sur l'affiche du film. A ce stade, son nom était plus connu et prometteur que celui de Hopper ou de Nicholson. Mais l'arrangement s'était fait à l'amiable, dans un nuage de cannabis, tous pour un, un pour tous. Et quelle importance? Personne n'aurait pu prédire l'extraordinaire succès – et pactole – que représenterait le film. Peu après la sortie d'*Easy Rider*, avec déjà plusieurs millions de dollars en caisse, Bert Schneider et Bob Rafelson furent à ce point embarrassés par la conduite cavalière des deux auteurs-vedettes qu'ils allèrent jusqu'à partager leurs pourcentages aux bénéfices avec certains des collaborateurs grugés. Producteurs, ils avaient fait le tampon entre Columbia et les deux grosses têtes. Askew s'est vu attribuer un royal 10 % de 1 % des bénéfices. A ce jour, l'acteur estime avoir touché aux alentours de 25 000 $ sur trente ans. Ce qui donne une idée des recettes que le film a faites – et continue de faire – dans le monde entier en plus de quarante ans. Encore une fois, Askew ne blâme que lui-même. "J'ai signé le contrat, c'était un accord bâti sur des promesses non tenues. Jack Gilardi, mon agent, ne voulait pas le croire quand je lui ai dit ça. Il était fou! Mais j'étais comme ça à l'époque. Et ça en aurait étouffé d'autres, mais moi je ne laisse pas ces trucs-là me pourrir l'existence. Je passe à autre chose."

Askew a rejoué plus tard avec et pour Fonda. Et avec Hopper à Berlin. Il reste en contact avec les deux, même s'il précise : "Quand je cause à Fonda, on ne parle pas de Dennis. Et quand je parle avec Dennis, on ne cause pas de Peter." Le film à Berlin est encore une histoire de train fantôme, fait en Europe en 1982, *White Star*. "Ni Dennis ni moi n'étions encore 'réformés' à ce moment, autant dire que c'était la folie. Et Berlin est un très bon endroit pour faire des folies. Je joue un trafiquant d'armes, de drogues et de réfugiés; je porte la barbe et un costume à piqûres. Dennis joue un producteur de musique qui veut relancer sa carrière à Berlin avec ce môme, supposé être un chanteur aussi chaud qu'un pistolet à deux dollars. Un môme qu'on avait rencontré à L.A., Dennis et moi, un chanteur de New Wave, ou est-ce que je sais. Le môme me tue. Le film est une connerie absolue, fait par des Allemands. Heureusement, personne ne l'a vu."

Wanda Nevada, avec Peter Fonda en 79, fut un peu plus gratifiant, "même si le film a plein de défauts. C'était surtout bizarre de jouer avec Henry Fonda. Je l'avais rencontré une fois à un dîner chez Jane, et Henry était un peu du genre inaccessible. J'étais impressionné par lui, comme je ne l'ai jamais été par Wayne, par exemple. Wayne, je n'oubliais jamais que c'était Wayne. Fonda, c'était différent. J'avais vu tellement de films avec lui étant gosse. Mais cette famille, mon Dieu, cette famille. Une fois avec Bill Hayward, qui était sur *Easy Rider* et est de la famille Fonda par alliance, on a essayé d'y voir clair, de comprendre qui était avec qui, et quand. Entre Leland Hayward, Margaret Sullavan et les autres femmes de Hank, celle qui s'est suicidée (la mère de Peter), et Katharine Hepburn, qui figure là aussi quelque part. On se dit que ça ne devait pas être facile tous les jours d'être Peter ou Jane. Peter sur *Wanda Nevada* était très heureux, parce que je crois que pour lui et Hank c'était une sorte de réconciliation."

Sur *Easy Rider*, Askew était le seul à venir de New York, à part Warren Finnerty, qui joue le fermier, avec et sans son dentier. "Warren était membre fondateur du Living Theater. Je l'avais vu trois ou quatre fois dans *The Connection*, où il jouait Leach, le proprio de l'immeuble. Aucune représentation n'était semblable, ils avaient juste un cadre, et ils allaient avec ce qui se passait. C'est pour ça que la pièce avec ces gars-là était meilleure que le film qu'en a fait Shirley Clarke, même si Warren joue Leach dedans aussi. Elle a fait le film parce que l'acteur qui jouait 'Cowboy' et elle vivaient ensemble au Chelsea Hotel, sur la 23e Rue. Mais Warren n'était pas un junkie, même s'il en a joué beaucoup (dans *Panic in Needle Park*, notamment). Dennis Hopper le prenait dans tous ses films.

Monte Hellman aussi, il l'a mis dans *Cockfighter*. Dennis a connu Warren Finnerty sur *Cool Hand Luke*, comme il m'a connu aussi. Warren jouait Tattoo, un des prisonniers. Et Dennis avait un rôle de rien du tout, il s'appelait 'Babalugat'. Quand on y repense, *Cool Hand Luke* n'était pas un film comme les autres. Un vrai congrès de *character actors* : George Kennedy, Jo Van Fleet, Strother Martin, Joe Don Baker, Anthony Zerbe, Ralph Waite [que Askew retrouvera trois ans plus tard sur *The Magnificent Seven Ride !*, celui dans lequel Lee Van Cleef remplace Yul Brynner]. Stuart Rosenberg, voilà quelqu'un que j'aimerais revoir. Un metteur en scène qui vous dirigeait comme un acteur, pas comme un truc qu'on peut bouger comme de l'équipement, qui vous cloue quelque part et vous braque une caméra dessus. Il parlait toujours tout bas, d'une voix comme ensommeillée. Une fois il me prend à part : 'Luke, je vais faire un gros plan sur toi, ta figure va emplir ce grand écran Panavision, alors surtout tu ne bouges rien, que les yeux. Tu ne dis rien, tu tournes juste les yeux quand je te le dirai.' C'est le plan où je suis debout dans la cour du pénitencier, je tourne le dos aux prisonniers qui sont en train de chanter. Je les regarde, je regarde Paul, et c'est tout. C'est un des plans les plus efficaces du film, parce que ça fiche la trouille. Juste la menace. Ah, qu'est-ce que j'aimerais retravailler avec Rosenberg. Et John Flynn. Et Otto !" *(Rires.)*

Il est ironique que ce néo-beatnik volontiers intello, nourri à l'asphalte de Greenwich Village, ait surtout fait carrière à cheval, sur des tournages aussi lointains que l'Italie ou Durango. Non qu'il les apprécie particulièrement. Sur *Pat Garrett*, il a surtout attendu. "Je devais jouer avec Bob Dylan, juste une scène. On était deux demi-frères, sang-mêlé, il allait y avoir une fusillade, alors on se carapatait. C'était tout ! J'avais signé pour ça. Enfin, mon agent avait accepté ces termes, juste une semaine là-bas, un cacheton à 50 000 $, si je me souviens bien. Sauf qu'un des producteurs était Gordon Carroll, qui était sur *Cool Hand Luke*. Un prince parmi les producteurs, éducation parfaite, et un vrai être humain. Bref, il a changé les termes, le prix a grimpé. J'arrive à Durango, ils tournaient déjà depuis trois semaines, folie complète. Sam et Kristofferson réécrivaient tout le film. Le rôle de Dylan était changé, parce que maintenant il allait faire la musique, et il voulait rester plus longtemps. Du coup, ils ont changé le mien aussi, et maintenant j'étais 'Eno'. Tout le monde prenait des tas de drogues, ça picolait comme jamais. Rudy Wurlitzer, l'auteur du scénario, ressemblait de plus en plus à un épouvantail, d'une maigreur à faire peur. Il ne savait plus très bien ce qu'il faisait là, sauf que Sam aimait sa touche et voulait le mettre dans le film. Rudy était perdu dans ce climat surréaliste, ce qui est étrange, parce qu'on pourrait le voir très surréaliste lui-même, comme mec. Bref, le chaos. La folie. Et Durango, mon Dieu. On pourrait croire que c'est formidable d'être des semaines et des semaines dans cette ville à attendre d'être appelé sur un tournage de Sam Peckinpah. Moi ce motel me ressortait par les yeux. Durango n'a rien d'une ville cowboy. C'est une ville de marchands de bétail. Tout le monde est riche et se balade en costumes coûteux mais mal coupés, un pistolet enfoncé dans la ceinture. Je me souviens de ce restaurant affreux. Je venais de passer deux heures à entendre Chill Wills, un des acteurs fétiches de Peckinpah, jacter tant et plus. Je n'étais que modérément intéressé. Et voilà que s'amène Emilio Fernandez. Soûl comme lui seul pouvait l'être. Je veux dire, moi aussi je picolais à l'époque, et beaucoup, même. La génétique c'est terrible, je viens d'une famille qui possède une capacité inhumaine à tenir l'alcool, c'était bien ça le drame. Mais enfin, je savais me tenir. Fernandez, lui, était soûl comme un cochon, et faisait un ivrogne lamentable. Il commande un steak. Il avait toujours ce pistolet à la ceinture, un gros calibre .45 plaqué or que John Wayne lui avait donné, ou je ne sais plus qui. On savait tous qu'il avait déjà tué un homme, ou plusieurs. Son steak arrive. Il coupe péniblement dedans, y met les mains, du graillon partout, ensuite il couine comme ça : 'Ce n'est pas de cette façon que j'aime mon steak.' Le ton posé, tranquille de l'ivrogne. Il sort le .45, et le pointe sur le serveur. Mais il a les pattes toutes graisseuses, le flingue lui gicle du poing et tombe par terre. Aussitôt les autres mozos lui tombent dessus et commencent à le tabasser. Et je veux dire, à vraiment le battre comme plâtre, comme il le méritait. Moi je suis déjà dehors, adios. Non, Durango c'était pas la joie. La poussière rouge. La bouffe infecte. L'attente."

Peckinpah était "fou à lier", mais "un mec bien". Askew avait testé pour lui auparavant. "Seule fois de toute ma carrière que j'ai tourné un essai pour un rôle. Celui que Ben Johnson a finalement joué dans *The Wild Bunch*. Pour l'essai, on a joué la scène où ils attaquent la banque. Et le mec qui jouait le môme dans la scène (celle jouée par Bo Hopkins dans le film) était Mitch Ryder, le chanteur des Detroit Wheels. 'Little Lupe Lu', 'Devil With the Blue Dress On', tout ça. On s'entendait comme larrons en foire, parce qu'on parlait musique. Mais Mitch ne savait pas ce qu'il foutait là, ce n'était pas son monde. Sam m'a rappelé plus tard pour me dire que j'étais brillant comme acteur, mais qu'il allait donner le rôle à Ben Johnson. 'Brillant, mais pas authentique', il m'a dit. Et c'est vrai. Je ne suis authentique dans rien, moi je suis un styliste. Un de mes acteurs favoris c'est Toshiro Mifune."

Un *character actor* qui refuse de tourner des essais, ce n'est pas banal. Askew explique ça par le tour qu'a vite pris sa carrière. "Il n'était pas possible que je puisse devenir un acteur important à Hollywood, à part peut-être les deux premières années. Quand je suis arrivé, j'étais la nouvelle tête, on faisait attention à moi. Mais pas très longtemps. Je suis en partie responsable, par mon attitude, mais il faut dire aussi qu'à cette époque Hollywood n'était pas prêt pour un mec comme moi, je ne les intéressais pas. On voulait encore des acteurs classiquement beaux, jeunes premiers et tout ça. Hollywood ne pouvait m'accepter que dans la vilenie. La mode des antihéros n'est venue qu'un peu après. Et j'étais déjà catalogué, établi comme méchant. Je me souviens, il y a cinq ans, le *L.A. Times* a fait un article sur le Top Ten des meilleurs méchants de cinéma. Un journaliste est monté me voir à Malibu, m'a montré la liste, et sur les dix je ne me souvenais plus que de William Smith. On avait tous une niche. Moi j'étais le mec cool, nonchalant. Je ne me battais jamais, je n'étais pas un gorille, pas physique. Juste une menace. Je venais juste pour vous tuer. Et des rôles comme ça, j'en ai fait à mort. Au point que les producteurs ont fini par dire : 'Trouvez-moi un type genre Luke Askew', sans savoir que j'étais encore dans le métier."

Askew ne s'en vante pas, mais son premier tueur psychopathe n'était pas son meilleur, même s'il est covedette dedans avec Raquel Welch, et s'il meurt très spectaculairement, flambé comme une crêpe. C'était un an après *Easy Rider*, qui avait secoué le cocotier à Hollywood. Les studios dinosaures ne savaient plus à quels saints se vouer et étaient prêts à faire confiance à n'importe quel jeune chevelu emperlouzé qui passait le seuil de leur bureau. Mais certains, comme MGM, jouaient encore sur les deux tableaux et se vouaient aux seins comme aux saints : Antonioni, oui, mais aussi les go-go girls topless de *Flareup* [1]. Leon Fromkess, l'homme des films tournés en six jours à PRC, produisait désormais ce genre de trucs pour Metro, n'en croyant pas son bonheur : filmer à Las Vegas

1. *Tueur de filles* – James Neilson, 1970.

au Riviera, des danseuses à seins nus, ça vous changeait des cartons-pâtes des rogatons PRC. Ann Savage, la féroce actrice de *Detour*, raconte qu'il y avait dans ce petit studio miteux sur Formosa Avenue une starlette du nom de Lola qui se faisait plus d'argent à louer son manteau de fourrure chaque fois qu'une production PRC en avait besoin, qu'à jouer dans les films. Raquel Welch, elle, dans *Flareup*, est en jupes-culottes et chaussettes montantes d'un bout à l'autre du film, sauf quand on la voit sur scène (mais pas les seins à l'air comme ses consœurs). De toute façon, l'orchestre psychédélique qui joue derrière les filles est encore plus toc que le skaï des banquettes, et plus obscène que le spectacle, comme l'est la navrante musique de Les Baxter (et sa chanson thème "Micheeeeeeele"). Le guitariste, tout spécialement, est la lubricité simiesque personnifiée, et son ampli n'est sûrement pas branché. C'est aussi l'époque des coiffures démentes, et la lesbienne qui partage la loge de Raquel se dispute le pompon avec la première fille à se faire dessouder. C'est pourtant Luke Askew qui a la frange qui tue : en col roulé noir et veston velours côtelé, il joue un tueur positivement poisseux de haine et d'habileté. Les yeux hagards, il tue son ex-femme dans les jardins du Riviera, côté piscine. Après quoi il est en fuite et poursuite à la fois. Il écrase une autre copine de Raquel avec sa voiture, ainsi que le flic chargé de la protéger. Voyant ça, Raquel file à L.A., où son patron de Vegas (un sosie de Bernard Blier) lui a arrangé un emploi de danseuse au Losers, un club sur La Cienega qui annonce le programme en lettres rouges : "*Bottomless and LSD Review*". Luke force un junkie pédé nommé "Sailor" à lui dire où se trouve Raquel, et il se rend à L.A. en stop, tuant son bienfaiteur pour lui piquer sa voiture. Comme il est psycho en plus d'être tueur, il tourmente sa proie en lui téléphonant. Elle s'enfuit, inexplicablement, dans l'ancien zoo de Los Angeles. Les cris de fauves et de babouins qui ponctuent la poursuite sont encore plus inexplicables, puisque le zoo est clairement désaffecté. Qu'importe, puisque Raquel au terme de cette poursuite inutile tombe dans les bras des flics. S'ensuit une romance à Carrillo Beach avec un beau mec sensible qui gare les voitures au club. Il a des posters de James Dean et Che Guevara aux murs chez lui, et du papier peint. C'est là que Luke finit par retrouver Raquel. Il attend son mec pour les tuer tous les deux, mais elle se réfugie dans la cuisine, l'asperge de fluide à barbecue, et craque une allumette. Ça nous fait un Luke flambé, une belle mort pour un *character actor*. Le tout filmé en couleurs, de manière tout à fait capable mais sans génie, par un tâcheron de chez Disney. Et pour Askew, à peine commencé, cette drôle de façon de capitaliser sur *Easy Rider* sent la pente douce, en plus du roussi.

*

Mais auparavant il aura eu les honneurs de l'Italie, où Luke va faire son western spaghetti – un des très rares films de sa carrière entièrement bâtis sur lui. "*Notte dei Serpenti*, articule-t-il lentement d'un ton sarcastique aujourd'hui. C'était censé être ce grand film épique. Je ne l'ai jamais vu, mais je me souviens du premier jour. Ils m'ont emmené dans un salon de coiffure assez connu à Rome, Ruchetti, et première chose que je sens, une brûlure incroyable au cuir chevelu. Je ne comprenais pas ce qu'ils faisaient, personne ne parlait anglais. Je portais une chemise bleu marine, et une goutte de la gelée turquoise qu'ils m'ont collée sur les cheveux est tombée sur ma manche, qui est immédiatement devenue blanche. Je regarde dans la glace, j'avais les cheveux transparents, comme du vermicelle thaïlandais. Je ressemblais à Warhol. Ils m'ont esquinté le cuir chevelu à vie. J'étais comme un albinos.

Ensuite ils m'ont teint en blond-blanc. Et ils m'ont fait jouer tout le film en sandales, allez savoir pourquoi."

Dans une scène mémorable, un "Mexicain" pisse dans une bouteille de tequila et la tend au gringo, qui boit et s'étrangle avant de recracher. Gros succès parmi les pistoleros. Sinon, il passe la première moitié du film à se traîner et très mal tirer au pistolet. Le spectateur, lui, est tué à coups de zooms assassins. "Je jouais un riche propriétaire terrien qui un soir de soûlerie joue à Guillaume Tell avec son fils, vise une pomme posée sur sa tête, et lui brûle la cervelle ! Evidemment, après ça sa femme ne veut plus le voir, il perd tout, sa fortune, sa terre, son cheval, et devient une épave en sandales, recueilli par un bandit mexicain, qui le garde pour s'amuser. Arrive cette sorcière, jouée par Maria Konopka, une Yougoslave de Londres qui disait connaître Michael Caine et me rendait dix kilos, avec un cou épais comme ma cuisse. Elle me bourre de peyotl et me remet sur pieds, je deviens sobre et je tue tout ce qui bouge sur mon passage. Ces Italiens, ils font les meilleurs et les pires films du monde. Pas de milieu. Je l'ignorais, mais les producteurs avaient monté une campagne publicitaire sur moi, comme quoi ils m'avaient découvert sur une commune, où je prenais du peyotl tous les jours, même que j'en avais apporté avec moi en Italie, et je ne sais plus encore quelles conneries. Bref, ils ont projeté le film une fois à Rome, et ont commencé à se bigorner, des procès tous azimuts. Le film a disparu, et n'a jamais joué nulle part, en tout cas pas par chez moi [1]."

L'autre film dans lequel il tient la vedette est pareillement fantôme. Cette fois au Canada. "J'ai remporté un prix d'interprétation à un festival là-bas. Ils m'appellent à L.A. pour me l'apprendre, et je dis, super. Le lendemain ils

---

1. Il a néanmoins été doublé et distribué en France : *Un tueur nommé Luke* – Giulio Petroni, 1970.

me rappellent pour me dire, désolé, Luke, mais les nationalistes francophones ont menacé de foutre une bombe si le film était primé. De toute façon, personne ici n'a vu le film. Ça s'appelait *Slipstream*, je jouais un disc-jockey sur une de ces stations pirates qu'ils avaient à l'époque à Toronto. Je jouais beaucoup de Van Morrison, je me souviens. Le producteur était gallois. Le metteur en scène était canadien et ne savait pas ce qu'il faisait, mais heureusement le chef op', lui, savait. Mais j'aime bien Toronto. Quand on est dans mon métier, on prend souvent un boulot en fonction de l'endroit où ça se tourne. J'ai accepté de faire des épisodes de *Kung-Fu* rien que pour être à Toronto avec mon vieux pote David Carradine. C'est une bonne période, pour les vieux mécréants comme nous. David aussi fait son come-back [c'était avant *Kill Bill*]. L'autre jour il me fait, c'est étrange, mais les gens ont l'air de s'intéresser à moi, tout d'un coup. Et je lui dis, tu sais pourquoi ? On n'est plus beaucoup de cette époque à encore pouvoir tenir debout et retenir une réplique. Il y a toi, Bo [Hopkins], et moi. Les autres, ceux avec qui on travaillait et qui vivent encore, sont tous mal en point. Soit devenus obèses à cause de l'alcool, soit devenus fous par les drogues, ou alors ils vivent des vies étranges dans des endroits étranges, souvent dans le désert. C'est ce qui arrive aux *character actors*. Moi j'ai arrêté de boire simplement parce que David a arrêté de boire. Comme je buvais avec Carradine, ce n'était plus drôle."

Ces derniers temps, Askew paraît ne plus faire des films qu'avec la bande de Bill Paxton et Dwight Yokoam. Il est reparti au Canada tourner avec Paxton, et en 2005 on devait le voir dans un film assassin sur le... golf. Si un sport mérite Luke Askew en ange exterminateur, c'est bien le golf.

18 / UNE MAISON VIDE À BEL-AIR

Il était chez lui à Beverly Hills en juin 87, en survêtement de velours grenat, assis comme un bouddha sous un énorme portrait de Nancy Kwan en Suzie Wong. Impeccablement civil et prévenant, le teint plâtreux et les cheveux fous, il était aussi clairement déprimé. A quel point, nous ne le savions pas encore. L'équipe de "Cinéma-Cinémas" était venue l'interroger sur John Fante, qu'il avait connu en 1955 au moment d'adapter le roman de ce dernier, *Full of Life*, et deux ans plus tard quand Harry Cohn les avait envoyés à Naples écrire et faire les repérages pour un film avec Jack Lemmon, *The Roses*. C'était l'époque où Richard Quine avait Hollywood dans le creux de sa main, un des roitelets de la Columbia, avant de se diluer comme beaucoup dans les douteuses coproductions de Hollywood-sur-Tibre, Hollywood-sur-Tamise, Hollywood-sur-Seine, ou sur Mékong. Ancien acteur, il a connu sa première femme sur un plateau de cinéma, et eu beaucoup de vedettes pour "amies" : Judy Holliday, Natalie Wood, et bien sûr Kim Novak.

Car Nancy Kwan avait beau orner le mur derrière lui, c'était de Kim qu'il nous parlait, qu'il a dirigée dans quatre films et qui l'a laissé choir au pied de l'autel en

1960. Il s'en était apparemment remis avec le temps, sa voix tremblant plus quand il évoquait sa mise sur la touche sur le plan professionnel. Harry Cohn l'avait choisi pour faire débuter à l'écran la blonde qui devait remplacer la rousse (Rita Hayworth), au cas où celle-ci continuerait de ruer dans les brancards. Il s'était peut-être dit qu'un ancien acteur comme Quine saurait calmer son trac, et c'est ce qui s'était passé. *Pushover* [1] était un sympathique petit film policier qui ne cherchait même pas à cacher son inspiration directe (pour plus d'"assurance sur la mort", on avait recruté Fred McMurray), et la blonde pulpeuse avait été remarquée en Europe dès cette première apparition : Roger Tailleur en bave d'amour dès mai 56 dans un numéro de *Positif*, dont elle fait aussi la couverture. Avec elle, Quine fera encore *Bell, Book and Candle* [2], *Strangers When We Meet* [3], et *The Notorious Landlady* [4].

En été 1981, il parlait encore d'elle avec affection : "Contrairement à ce qu'on pense, c'est une femme très vive et intelligente. Dès le début elle a compris qu'il lui faudrait travailler. Elle se savait peu douée au départ comme actrice, mais elle a tout de suite su qu'elle devrait travailler pour conserver ce que le hasard lui avait apporté, ce succès inespéré. Et elle y est parvenue. Elle a pris des cours d'art dramatique et elle a étudié dur. Car elle était comme Monroe, et pas seulement parce que son vrai prénom était Marilyn : avant tout ça, Kim était juste Miss Deep-freeze, qui posait pour les publicités des réfrigérateurs Thor..."

Fils d'acteurs de music-hall né à Detroit en 1920, Quine était à Los Angeles dès l'âge de six ans, sur les planches à dix (dans la pièce *Cardinal de Richelieu*), et dans son premier film en 1933. Grand garçon maladroit au physique

1. *Du plomb pour l'inspecteur* – 1954.
2. *Adorable voisine* – 1958
3. *Liaisons secrètes* – 1960.
4. *L'inquiétante dame en noir* – 1962.

ingrat, il jouait les enfants souvent odieux ou stupides, notamment dans *Counsellor at Law*, *Jane Eyre*, et *Dinky*, histoire coécrite par John Fante (déjà), dans laquelle il est élève officier. Puis sur Broadway il joue les adolescents, une fois dirigé par Minnelli. MGM le place ensuite sous contrat, où il continue de jouer les utilités : *Babes on Broadway*, *For Me and My gal*, le serveur de sodas dans la version 1942 de *My Sister Eileen*, qu'il avait joué sur scène et dont il dirigera le remake en 1955 [1]. La même année, il figure dans un film de Sylvan Symon, *Tish*, qui se déroule dans une pension de famille dirigée par trois vieilles filles, Marjorie Main, ZaSu Pitts et Aline MacMahon. Susan Peters joue une des jeunes filles de l'histoire, qui épouse secrètement Richard Quine avant que celui-ci parte à la guerre et disparaisse, la laissant enceinte.

La jeune actrice avait commencé sa carrière à la Warner (où elle avait notamment joué avec Bogart dans *The Big Shot*) sous son vrai nom, Suzan Carnahan, que MGM avait changé en Susan Peters en rachetant son contrat en 1942. Le studio fondait de grands espoirs sur cette actrice vive et fraîche, qu'elle réalisera un an plus tard en remportant l'oscar du meilleur second rôle face à Ronald Colman, jouant merveilleusement bien un personnage pourtant difficile dans *Random Harvest* [2]. Elle est bouleversante dans la scène de la chapelle où, censée préparer son mariage avec l'amnésique Colman, elle le libère de ses engagements. Peters devient pour le studio et ses communiqués de presse la “star de demain”. Le 17 novembre 1943, Quine l'épouse, comme dans *Tish*. Mais le résultat est presque aussi tragique que le film. Les deux acteurs poursuivent leurs carrières respectives : Quine s'engage dans les gardes-côtes en 1943, où il rencontre son futur partenaire Blake Edwards, tout en cachetonnant comme

1. *Ma sœur est du tonnerre* – 1955.
2. *Prisonniers du passé* – Mervyn LeRoy, 1943.

acteur chez Metro, Columbia ou RKO. Peters joue dans *Young Ideas*, et le tristement célèbre *Song of Russia*. En 1944 elle est avec Lana Turner dans *Keep Your Powder Dry* – “garde ta poudre au sec”, un titre frivole, mais horriblement ironique, vu la tragédie à venir : le jour de l’an 1945, au cours d’une partie de chasse au canard sur le lac Cuyamaca près de San Diego, une carabine est laissée dans l’herbe, Peters va pour la ramasser, une branche accroche la détente, une balle de 22 long rifle lui fracasse la colonne vertébrale. Elle reste paralysée en dessous de la taille. Un article un an plus tard la dépeint brave et optimiste : elle aimerait faire de la radio ; elle aimerait adopter un enfant. Quine et elle vont à la pêche et voir des matchs de football ensemble. Il lui a acheté une voiture spéciale ; elle peut conduire et être indépendante. Ils vivent en appartement, font des pique-niques avec Lucille Ball et Desi Arnaz. Susan fait la cuisine pour huit. “Elle aurait pu faire de ma vie un enfer, déclare le mari ; au lieu de ça, la vie avec elle est sans problème.” Lucille Ball leur a offert un projecteur 16 mm. Ils passent des films tous les soirs, et jouent aux cartes comme des malades – poker et gin-rummy. Peters veut à tout prix refaire un film pour MGM, qui a payé toutes les notes d’hôpital et l’a gardée sous contrat, “sans publicité, pas comme le font souvent les grandes organisations”. Et elle termine par une déclaration crève-cœur : “J’espère que dans deux ans il y aura plus à écrire sur moi.”

MGM finit pourtant par la laisser partir. Le couple adopte un enfant, Tim, mais divorce deux ans plus tard. Les proches disent que c’est comme si elle ne voulait plus être un fardeau. Elle décide de vivre seule. On pense à la scène de *Random Harvest* avec Colman. Elle a lu son regard perdu, elle a compris qu’il n’est plus là pour elle, qu’il est ailleurs avec une autre, et décide brusquement de lui rendre sa liberté. Son plus beau rôle, joué avec tant de passion et de talent que même les membres d'ordinaire bornés de l'Academy ont reconnu ce bref éclair. Et sa vie semble effectivement sortir d'un roman de James Hilton. Après son accident, Susan Peters essaiera néanmoins d'exercer ses dons dans *The Sign of the Ram* [1], film Columbia dans lequel elle joue une infirme qui s'ingénie à rendre tout le monde malheureux autour d'elle. Elle est toujours aussi radieuse, mais ni le script (de Charles Bennett) ni la mise en scène ne l'aident beaucoup. Elle tente alors de reprendre sa carrière au théâtre partout où il y a des rôles à petites voitures, dans *The Glass Menagerie*, *The Barretts of Wimpole Street*, et, en 1951, dans le feuilleton télévisé *Miss Susan*, où elle jouait une sorte de "Ironside" en jupons, avocate à roulettes. Mais l'émission ne dure qu'une saison et l'actrice, percluse de douleurs en permanence, devient une véritable recluse sur le ranch de son frère à Visalia, capitale de l'oignon près de Fresno dans la San Joaquin Valley. Elle s'y laisse mourir de faim à 31 ans, le 23 octobre 1952.

*

Quine, lui, se tire beaucoup mieux du drame : en 1945 il vient de jouer en vedette dans *We've Never Been Licked*, un film patriotique sur un jeune Américain élevé au Japon. Puis en 1948, son studio Columbia le laisse diriger un petit film de boxe avec Cameron Mitchell, *Leather Gloves*. Jusqu'en 1954 il va concocter, avec son copain garde-côte Blake Edwards, des comédies ou des *musicals* sans conséquence. Mickey Rooney en est souvent la vedette, qui restera en relation avec lui pratiquement jusqu'à la fin de sa vie. Quine et Edwards collaborent sur sept films, tous pour Columbia, dont le seul vraiment mémorable est *Drive*

1. *Le signe du bélier* – Sturges, 1948.

a Crooked Road, dans lequel Rooney joue un garagiste qui s'énamoure d'une poule de gangster et participe à un hold-up pour ses beaux yeux – un des films noirs les plus tristes du genre. C'est donc tout naturellement qu'on donne *Pushover* à Quine l'année suivante. Il semble avoir trouvé sa voie, mais il continue à alterner des films intéressants avec les produits maison qu'on lui demande de faire : comédies musicales avec Frankie Laine, comédies pas drôles comme *The Solid Gold Cadillac*, ou adaptations littéraires pas drôles comme *Full of Life* – toutes deux avec sa copine Judy Holliday.

Il est difficile aujourd'hui de mesurer le succès considérable que remportaient ces comédies Columbia. Le titre français de *It Happened to Jane* en donne assez bien la teneur, sinon la saveur : "Train, amour et crustacés". Encore qu'à revoir *The Solid Gold Cadillac,* et certaines comédies de Cukor, on se demande pourquoi il a été traité de sous-Cukor pour ses films avec Holliday. Par contre, ses comédies militaires comme *Operation Mad Ball* [1], jadis portées aux nues, sont devenues à la revoyure aussi insupportables que Jack Lemmon. *Bell, Book and Candle* – histoire de sorcières ayant élu leurs pénates à Greenwich Village – a aussi mal vieilli que les bongos de Lemmon. Mais c'était l'année de *Vertigo*, et Novak a rarement été plus belle que photographiée en couleurs par James Wong Howe dans cette robe noire toute simple, mais si peu stricte. James Stewart paraît plus coupant et énervé que d'habitude en voisin de l'adorable sorcière : c'est qu'il ne tenait pas du tout à faire ce film avec Novak. Mais Cohn, dans ce qui fut sans doute son dernier coup fumant (il meurt cette année-là), avait prêté Novak à Paramount pour le film d'Hitchcock à condition que Stewart vienne rendre la pareille à Columbia.

Si Stewart tire la tronche, à servir de faire-valoir pour

1. *Le bal des cinglés* – 1957.

des acteurs “jazzbos” marmonnants comme Lemmon et Ernie Kovacs, Dick Quine, lui, était aux anges. Ami et mentor de Novak depuis des années, il filait le parfait amour avec son actrice, alors qu'en même temps les (fausses) rumeurs de mariage avec Sammy Davis couraient toujours (ce qui, a-t-on affirmé à l'époque, aurait précipité la mort de l'apoplectique Harry Cohn). On doit à cette liaison à peine secrète entre Quine et Novak, qui culminera début 1960, un des plus beaux films qu'Hollywood ait jamais faits sur l'adultère : *Strangers When We Meet.* Et une des plus étranges histoires où la vie fait la peau à la fiction, nourrissant le film de façon inoubliable.

Il s'agit en surface d'une banale concoction sur l'adultère en Scope-couleurs, même assez déprimante, mais merveilleusement transcendée par ce qui se passait sur le tournage entre Quine et Novak, et, par défaut, entre Kirk Douglas et les deux autres. L'histoire et le script d'Evan Hunter, scénariste de *The Birds* pour Hitchcock, regorgent de scènes glauques : Walter Matthau en voisin libidineux, Novak cédant aux avances du laitier, barbecues éthyliques, etc., jusqu'au renoncement final des deux amants, aussi écœurant que peu crédible. Le mari frigide de Novak est hautement improbable, vu la sensualité extraordinaire de l'actrice dans le film, tout comme l'est la froide rectitude de Barbara Rush, image conventionnelle de l'épouse qui plombe les films des années cinquante, qu'il s'agisse de *La fureur de vivre* (elle devait même jouer la mère de James Dean à l'origine) ou de *Graine de violence.* Evan Hunter, qu'on connaît surtout pour les romans policiers qu'il écrivait sous le nom d'Ed McBain, est aussi l'auteur de ce dernier film, et Barbara Rush dans le film de Quine est bien la sœur d'Anne Francis, l'épouvantable femme pot-au-feu de Glenn Ford dans celui de Richard Brooks. Mais Quine semble se servir de l'insécurité de Novak, notamment dans la scène du restaurant au bord de l'océan où elle tente vainement d'expliquer à Douglas pourquoi elle s'est laissée aller à une liaison glauque avec un employé du supermarché. Ses explications sont absurdes, le dialogue médiocre, et la rage de Douglas presque tangible; mais la panique de Novak, le manque d'estime qu'elle a pour son talent d'actrice, lui font dire autre chose avec ses yeux. Un grand moment de cinéma.

Mais c'est aussi un grand film sur le surmoi social, moins les voisins ou la morale que le travail, jugé plus important que l'amour. Sous ses extérieurs de mélo torride, *Strangers When We Meet* est un film sérieux, qui parle gravement de l'amour et du travail. C'est cette maison que construit Douglas dans le film qui ancre tout : elle est l'expression de sa liberté et de celle de son client – un auteur de mauvais best-sellers que Douglas encourage à changer de cap, tout comme il le force à se laisser construire une maison de rêve onéreuse qui défie les conventions. Il y aurait tout un livre à écrire sur l'architecte comme symbole de l'individualisme américain : *The Fountainhead* [1], bien sûr, la superbe absurdité des derniers plans de King Vidor montrant La Femme s'envoler littéralement au ciel vers le génie Gary Cooper dans un ascenseur à grande vitesse. Mais aussi, dans *The Last Tycoon* [2], la scène où DeNiro montre à l'inconnue la maison qu'il se construit en bord de mer, un rêve qui pour rester rêve doit demeurer fondations, ce qu'il y a de plus lisible – ce qui ressemble le plus aux plans tirés sur la comète (et aux douzaines de scénarios qu'il supervise chaque mois ?). Car il est évident que dans son film, Quine s'assimile aux deux hommes qui construisent la maison : Kovacs le vendu, qui paie pour, et Douglas l'intransigeant "artiste", qui paiera peut-être le prix le plus lourd. Les échanges apparemment bon enfant entre les deux hommes sont les plus réussis du

1. *Le rebelle* – Vidor, 1949.
2. *Le dernier nabab* – Kazan, 1976.

film : les hésitations de l'auteur à succès, son air ravi quand il saute finalement le pas et écrit un bon livre, pour changer. Et Douglas décidant de partir à l'étranger construire une ville entière. L'ironie est que Quine, l'aspirant artiste, restera le tâcheron cinéaste à succès, Gros-Jean comme devant, avec les clés du bonheur, mais sans le bonheur.

Car contrairement aux pratiques courantes, Columbia n'avait pas fait construire la maison du film derrière le studio, mais avait acheté à grands frais un beau terrain sur une colline de Bel-Air. C'est que Columbia comptait offrir cette maison de 250 000 $ à Quine et Novak, respectivement pilier et vedette du studio, comme cadeau de mariage ; leur liaison était à ce point publique. Et si manifeste que Kirk Douglas avait pris Quine en grippe, l'accusant de ne s'occuper que de son actrice ; *Strangers When We Meet* bénéficie énormément de la frustration de Douglas sur le tournage, puisqu'il joue essentiellement un homme assailli de pulsions contradictoires : envie de réussite, envie sexuelle, envie de famille. Quelqu'un à qui tout arrive, et qui finalement renonce à tout.

Vers la fin du tournage, la maison pratiquement terminée, le studio fait une déclaration à la presse : on va célébrer les fiançailles, le mariage est imminent, le couple recevra les clés du royaume. Mais Kim Novak panique, disparaît tout en faisant dire à la presse que tout est annulé, que Quine et elle restent bons amis, mais c'est tout. Un cruel farceur fait néanmoins livrer des caisses de champagne sur le plateau, qui doivent être retournées. Profondément humilié, Quine hérite bien de la maison sur la colline, mais vide – histoire de tournage quand même d'un autre calibre que *La Nuit américaine*. Quine et Novak resteront effectivement en bons termes ; deux ans plus tard, il la dirige encore dans *The Notorious Landlady*. Mais dans son désarroi, une occasion se présente : remplacer Negulesco sur *The World of Suzie Wong*. Voyage, exotisme, érotisme. Dans la foulée, et sans doute le même état d'esprit, il ira à Paris (*When It Sizzles* [1]), avec William Holden, et enchaînera avec *Sex and the Single Girl*, terminant sur *How to Murder Your Wife* [2], comédies qui sembleraient dénoter une certaine tournure d'esprit, mais aussi drôles qu'un épanchement de synovie. Quine est d'ores et déjà candidat au titre du cinéaste abonné aux titres bizarroïdes : *Sex and the Single Girl* ("Une vierge sur canapé") est de la petite bière à côté de *Oh Dad, Poor Dad, Mama's Hung You In The Closet and I'm Feelin' so Sad*, en 1967. Ou *W*, son thriller avec Twiggy, en 1974.

L'ambition artistique n'a cessé de le tenailler cependant, entre les mariages et les coups de fric : en 1958 il devait faire *The Image Makers*, le roman best-seller de B.V. Dryer adapté par John Michael Hayes et produit par Charles Schnee. Projet qui tombe à l'eau, comme celui d'adapter *That Hill Girl*, roman de Charles Williams dans la lignée de *Fantasia chez les ploucs*, avec Kim Novak en fille des collines. Dans ses papiers on trouve une adaptation du roman de Robert Nathan, *The Color of Evening*, qu'il a écrite avec Hesper Anderson. C'est une comédie romantique du type excentrique et "artistique" qui se faisait dans les années quarante, avec de nombreuses références intellectuelles – mais en même temps légère et drôle, par moments, sur l'art, l'amour, le bonheur, et l'attirance d'un homme âgé pour une très jeune fille, Hermione, qui collectionne "les moineaux, les bécasseaux, et les artistes à ailes cassées".

En 1961 Quine a cherché à acheter les droit du western satirique de Richard Condon, *A Talent for Loving*, pour les voir filer vers les Beatles, l'option ayant expiré. Ironiquement, il fera quand même le film sept ans plus tard en Espagne, Paramount ayant récupéré les droits. C'est un

1. *Deux têtes folles* – 1964.
2. *Comment tuer votre femme* – 1964.

film sur la nymphomanie, avec Richard Widmark, Geneviève Page, son pote Cesar Romero, et sa toute nouvelle épouse Fran Jeffries (Quine a été marié pendant sept ans à Barbara Bushman, la fille de F.X. Bushman – qui jouait Messala dans le premier *Ben Hur*). Dans le même ordre d'idées, il était le metteur en scène prévu pour *Catch 22* en 1969, mais devra se contenter du remake télé quatre ans plus tard avec Richard Dreyfuss. Il fait d'ailleurs plus de télévision ("Colombo") que de films. Son adaptation de *Moonshine War* d'Elmore Leonard est une catastrophe, avec Patrick McGoohan et Alan Alda rivalisant d'accents aussi imbuvables que le whisky de contrebande en question, et son dernier film d'envergure, une version comique pas drôle du *Prisonnier de Zenda* qu'il filme à Salzbourg avec Peter Sellers pour les frères Mirisch, n'est pas plus probant. Sellers et Quine remettent néanmoins ça deux ans plus tard, en 1979, sur *The Fiendish Plot of Dr Fu Manchu*, une comédie beaucoup plus drôle, produite par *Playboy*. Mais Sellers vire Quine au bout de deux semaines de tournage, et le film est terminé par Piers Haggard. En 1980, Quine intente un procès à CAA, pour un film au titre prémonitoire, *The Picture That Nobody Should See* [1], qu'il devait diriger pour la compagnie de Mickey Rooney. L'agence se rebiffe avec un contre-procès, et les misères dorées continuent.

"Toute ma vie j'entendrai ce coup de feu", disait-il en 1946 après l'accident de sa première femme. "C'était si fantastique, pas un cri de tout l'épisode. Si calme, si fichtrement calme durant tout ce temps. Et elle répétait : 'Je veux seulement te dire que je ne vais pas mourir.'" Dans *Dr Gillespie's New Assistant*, le deuxième film que Quine et Peters firent ensemble à Metro en 1942, sur lequel ils s'étaient fiancés, Quine était un des trois jeunes

1. "Le film que personne ne devrait aller voir".

chirurgiens (avec Van Johnson et Keye Luke) mis à l'épreuve par Lionel Barrymore pour déterminer qui remplacerait le docteur Kildare. Pour le rôle, Quine avait suivi des cours rudimentaires de médecine. Mais ni premiers soins ni expérience en chirurgie n'y pouvaient rien : Susan Peters resterait invalide. Et malgré la bonne vie, les femmes et la notoriété, Dick Quine resterait cet amuseur élégant mais toujours un peu distant, avec cette pointe de tristesse qui s'accentuera avec les ans. Il fait ses derniers films avec Sellers, un comique au caractère difficile, voire aussi neurasthénique que lui.

Ensuite Quine passera neuf ans à ruminer le passé. Nous l'avions rencontré en été 1987. Il essayait de faire bonne figure, de nous régaler des frasques de Fante en Italie. A sa veuve, Fante avait dit que c'était l'extravagance de Quine à Naples et son attitude cavalière envers le studio qui avaient poussé Harry Cohn à les faire rentrer. “Pourquoi ?” avait télégraphié Quine. “Parce que je te le dis”, avait répondu Cohn. Le script était pourtant terminé. Selon Quine, Cohn avait simplement dépensé tout l'argent que lui allouait pour l'année la Bank of Boston, l'établissement qui finançait ses opérations. Il lui fallait attendre le début de la prochaine année fiscale pour d'autres débours, et entretemps Jack Lemmon était passé à autre chose. A l'époque, Quine s'accommodait bien de ces aléas du métier. Moins quand les offres ont commencé à se faire rares.

Deux ans après notre visite, le 10 juin 1989, dans la même lugubre maison de Beverly Hills, Richard Quine s'est tiré un coup de fusil dans la tête. Peut-être en avait-il assez d'attendre que le téléphone sonne. Peut-être avait-il dit vrai en 1946, peut-être avait-il effectivement entendu cette détonation le restant de sa vie.

19 / LA MUJER PANTERA

Lors de la rétrospective Jacques Tourneur à San Sebastian en septembre 1988, Simone Simon en était l'invitée principale. De toute la manifestation elle ne donna qu'une seule conférence de presse, filmée par la télévision espagnole. Selon les organisateurs, elle refusait tout autre interview. Elle ne pouvait pourtant arguer ni de la fatigue, ni de la timidité : devant les journalistes du festival, elle avait au contraire surpris par son allant et son franc-parler. A quelqu'un qui s'émerveillait de la trouver encore si "mujer pantera", elle avait répliqué en souriant : "Il y a deux sortes de femmes, celles qui finissent vaches, et celles qui finissent chèvres. Moi je serais plutôt le genre chèvre." L'actrice avait peut-être été un peu agacée par l'étroitesse des questions, lesquelles tendaient à la réduire à cet unique rôle d'icône de série B et cet accent transylvanien qu'elle avait dans Cat People *– film culte certes, mais qui pour elle n'était qu'un épisode, et pas des plus reluisants, d'une carrière bien remplie, des deux côtés de l'Atlantique. Après tout, elle avait travaillé avec les plus grands : Renoir, Lang, Dieterle, Duvivier, Allégret, Prévert, Tourjansky, Ophuls. Du coup, Simone Simon trouvait sans doute commode de se retrancher dans* *ce rôle de "petite femme de Paris", de panthère à griffe facile, dans lequel l'avaient cantonnée les machines à publicité de Hollywood.*

Il a suffi d'un mot laissé à la réception de son hôtel : "Lizabeth Scott vous dit bien le bonjour." Le subterfuge en était un, mais il avait le mérite d'être vrai : j'avais interviewé l'actrice trois mois auparavant, dans la petite maison toute blanche que son producteur-manager Hal Wallis lui avait fait acheter dans les années quarante. La dame à la voix éraillée n'avait pas froid aux yeux non plus. Une fois dans la suite de Simone Simon, je me suis vite aperçu qu'il était inutile de lui tirer les vers du nez : sa mémoire des noms, dates et lieux était tout bonnement effarante. Au bout de quatre heures d'entretien, quand sa dame de compagnie est venue la prendre pour sortir dîner, on n'en était qu'à l'après-guerre. Parisienne jusqu'au bout des ongles, elle déroulait toutes ces affiches d'opérettes, de pièces de boulevard, films et courts-métrages, tous ces noms de producteurs, impresarios, collègues acteurs et chanteurs, avec une précision confondante. Son vocabulaire avait tout du bestiaire aussi : non seulement la féline, la chèvre ou la vache de la conférence de presse, mais aussi "c'est à ce moment-là que je me suis aperçue que je marchais en crabe", ou, bien sûr, "la mémoire d'éléphant".

*

TOURJANSKY – C'EST VRAIMENT LUI QUI M'A DÉCOUVERTE

Oh c'est très compliqué, ça fait partie des choses qui sont rabâchi-rabâcha, mais plus les années passent, moins on me le demande. Et ça m'amuse que vous me le demandiez, parce que maintenant on croit que je suis née à partir de *Cat People* – c'est drôle, on ne se rend pas compte. Hier à la conférence de presse, on m'a dit : "Vous êtes apparue brusquement au cinéma, et vous avez disparu" aussi brusquement. Or, s'il y a quelqu'un qui n'est pas apparu brusquement au cinéma, c'est bien moi ! J'ai quand même végété pendant deux ans, Tourjansky y compris, jusqu'à ce que Marc Allégret me confie le rôle de Puck dans *Lac aux dames*. Avant ça, j'étais une petite actrice comique qui avait le deuxième rôle féminin, sinon le troisième ; dans le premier Tourjansky, il m'a fait jouer le rôle d'une journaliste qui interviewe un chanteur. Le film s'appelait *Le chanteur inconnu*, et avait pour vedette un chanteur d'opéra du nom de Lucien Muratore, qui jouait un amnésique. C'était absurde, vu qu'il était mondialement connu – il perdait la mémoire, et personne ne le reconnaissait ! Jim Gérald faisait le journaliste, et il avait une petite assistante, que je jouais ; pendant tout le film j'avais un petit appareil photo en bandoulière. Jeanson a écrit ça, je crois, avec Clouzot !

Vous voulez savoir comment Tourjansky m'a découverte ? Il m'a vue au restaurant. Chez Albert, aux Champs-Elysées. On m'avait dit, tu sais, si tu veux trouver du travail, il y a un endroit où vont tous les metteurs en scène – j'habitais chez mes parents à l'époque, je me faisais envoyer des convocations bidon des studios Braunberger-Richebé, qui très gentiment me les envoyaient, et je disais à mon beau-père que j'allais au studio pour des rendez-vous, mais en fait, tous les jours, j'allais à ce restaurant. Et ce qui devait arriver arriva, Tourjansky m'a repérée. Maintenant, en plus d'aller déjeuner tous les jours là-bas, je sortais aussi beaucoup le soir, en cachette de mes parents, sous de faux prétextes ; je passais par l'escalier de service, et je buvais beaucoup de vodka, parce que je fréquentais une boîte de nuit russe vers la place de la Madeleine qui s'appelait Le Caneton, un endroit grand comme cette chambre d'hôtel.

N'oubliez pas, je n'avais que dix-neuf ans et demi. Et j'avais en face de moi un type qui me regardait tout le temps avec beaucoup d'insistance. C'était Lewis Milestone ; il venait de faire *A l'ouest rien de nouveau* en Amérique, mais il était d'origine russe, comme Tourjansky. Un jour il téléphone à Tourjansky pour lui dire, j'ai vu une petite hier soir, formidable pour le cinéma, je ne sais pas qui c'est – et il me décrit. Là-dessus, Tourjansky lui dit, moi j'en ai vu une beaucoup mieux que la tienne, elle est comme ci, comme ça, et pendant quarante-huit heures ils ont surenchéri à mon sujet, parce qu'évidemment ils parlaient tous les deux de moi, sans savoir que c'était la même fille. Finalement, Tourjansky m'a convoquée pour faire un essai pour son rôle d'assistante journaliste. J'étais parmi une trentaine de candidates – et je ne sais pas, j'ai dû plaire aux maquilleurs, parce qu'ils m'ont fait la blague qu'ils font toujours aux débutants. Tourjansky et son maquilleur, Boris Je-Ne-Sais-Plus-Quoi, ont décidé que j'avais une fossette qui ne collait pas, ils m'ont mis du plâtre et des machins, et ça n'allait toujours pas ; trois fois ils m'ont démaquillée et remaquillée. Ensuite ils m'ont mis un nez droit, postiche. Tout ça pour s'amuser et m'humilier, mais moi j'étais tellement enchantée d'être là, dans cette ambiance de studio – vous savez, cette odeur –, bref, j'ai très bien pris ça. Et j'ai tourné un petit bout de scène où je devais tripoter les boutons de Jim Gérald en faisant comme ça... et j'ai été engagée. Pendant que je tournais ce film, je jouais au théâtre le soir, un tout petit rôle dans *Le Roi Candaule* (Gide). C'était crevant, heureusement que j'étais jeune ; à cette époque-là je me levais à sept heures du matin, et je jouais jusqu'à minuit. *Le chanteur inconnu* est sorti, les critiques sur moi étaient bonnes :

“Une nouvelle comique est née”, mais uniquement comique ; “ne pourra rien faire d’autre”, ils avaient l’air de dire. Après ça, Anatole Osso m’a engagée, j’ai tourné à Budapest avec Annabella un autre rôle comique (dans *Soir de rafle*), et puis encore un face à Jules Berry dans *Le roi des palaces*, de Carmine Gallone – j’en ai tourné comme ça, je ne sais plus combien. Sans parler de mon premier court-métrage, fait avant le Tourjansky, où j’étais abominable. On m’avait dit, vous êtes la femme qui trompe son mari chez le dentiste. Le dentiste était joué par René Lefebvre, un merveilleux acteur. Il faisait asseoir le gros mari sur la chaise et lui ouvrait la bouche avec un clip et pendant ce temps-là il me pelotait ; c’était la grande histoire, un court-métrage idiot qui s’appelait *On opère sans douleur*. Mais après le Tourjansky j’en ai fait sept autres à la file, à Berlin, à Budapest – c’était déjà très international le cinéma à ce moment-là – par exemple, j’en ai fait un à Berlin, un film de Léo Joannon qui s’appelait *Durand contre Durand*, avec Roger Tréville ; c’était en Allemagne, mais pas à la UFA. Ce film a joué exactement un soir au cinéma du Colisée, pas deux ; il n’a pas tenu l’affiche et n’est plus jamais repassé. Je jouais un petit laideron, on m’avait tiré les cheveux en arrière... mais c’est amusant tout ça, parce que deux ans après, à ce même Colisée ils ont été les seuls à prendre *Lac aux dames*, dont personne ne voulait. Le Colisée l’a pris en remplacement d’un film qui avait fait un four, et il est resté un an à l’affiche, au même cinéma.

Cette histoire de court-métrage me rappelle que pendant les deux jours où j’ai travaillé dessus, j’ai rencontré tous ceux qui m’ont fait travailler par la suite : Jean Renoir, Claude Heymann, Jacques Prévert, Pierre Prévert, Marc Allégret, Yves Allégret, tous dans le même studio. Ils étaient tous à l’entrée de la cour, à faire les beaux dans leurs petits manteaux en poil de chameau, enfin bref, je les ai tous rencontrés à cette époque-là, et je leur ai tapé dans l'œil à tous. Moi, à ce moment-là, tout ce que je voulais c'était travailler dans le cinéma, j'étais pleine de vitalité.

L'AMÉRIQUE EN 36

Lac aux dames a été tourné en 33, c'est sorti en 34 parce que personne n'en voulait. Auquel moment je jouais aux Bouffes-Parisiens dans une comédie musicale, auquel moment je répétais dans une opérette appelée *Dédé*, qui avait été écrite pour Maurice Chevalier juste après la Première Guerre, et Willemetz, mon patron aux Bouffes, avait décidé de me mettre en face de Jean Sablon dans le rôle de Chevalier, qui n'a pas fait l'affaire parce qu'il syncopait la musique, ce qui était considéré comme un crime de lèse-majesté. Je répétais *Dédé*, juste avant que le *Lac* sorte, et j'ai été prise de malaise, je me suis tapé une belle petite péritonite qui m'a duré six semaines ; pendant ce temps-là *Lac* est sorti, et quand il s'est mis à faire un succès, moi j'étais au lit à la clinique. Nous sommes au printemps 34. Convalescence jusqu'à l'automne. Willemetz, me voyant soudain vedette, me donne le premier rôle dans *Toi c'est moi*, une opérette qu'il avait prévu de faire sauter au bout de deux mois pour être remplacée par *La créole*, d'Offenbach, avec Joséphine Baker. Mais nous avons eu un tel triomphe que nous avons duré d'octobre 34 à mai 35, et pendant cette saison j'ai aussi joué dans *Les yeux noirs*, de Tourjansky, tout en recevant des offres de la Metro, de Twentieth Century, de je ne sais plus qui encore, je crois qu'il n'y a que deux studios qui ne m'ont pas demandée à cette époque-là.

Ils avaient tous des correspondants à Paris. Là il y a eu un petit jeu de ma part, puisque je n'avais aucune envie de quitter Paris ; j'avais ma petite position aux Bouffes-

Parisiens, j'étais tranquille. Finalement, ils m'ont envoyé quelqu'un de la Columbia qui s'appelait Paul Kohner, qui est devenu mon agent ensuite. Ils m'ont eue à l'usure. Il y avait un M. Sherek, très distingué, un genre major Thompson. Toutes les semaines je recevais des propositions de différents studios, auxquelles je ne répondais même pas, j'étais d'une insolence à cette époque-là... à tel point qu'un jour Sherek m'a envoyé une feuille blanche avec un timbre épinglé à la page. Ça m'a fait un déclic, comme avec vous hier avec votre petit mot, donc je lui ai répondu, il est venu me voir dans ma loge et il m'a dit, c'est pas tout ça, mais les autres studios vous offrent 500 $ par semaine, un contrat de sept ans, le contrat classique. La Fox, elle, vous en offre 750. Seulement ils voulaient que je fasse un essai, voir si je pouvais parler et chanter en anglais.

Georges Tabet, qui était mon partenaire au théâtre, m'a écrit un petit sketch, et puis j'ai chanté la chanson "If You Were The Only Girl In The World", et il m'a accompagnée au piano. Alors j'ai tourné l'essai avec mon Georges à côté (c'est d'ailleurs là que je me suis aperçue que je marchais en crabe, en me voyant sur le bout d'essai), mais bref, entre-temps Winnie Sheehan est parti, le patron de la Fox qui m'avait fait l'offre de 750 $ après m'avoir vue dans *Lac aux dames*, et le studio a été transformé en Twentieth Century Fox, avec Zanuck chargé de la production ; quand ils m'ont répondu qu'ils étaient d'accord pour me prendre à ce prix-là, je venais juste de voir un ami, André Daven, qui revenait de Californie et qui m'a dit : "Simone, ils te veulent TOUS. Tu leur demandes DEUX MILLE DOLLARS, tu les auras. Comme tu n'as pas envie d'y aller de toute façon, qu'est-ce que tu risques ?" Alors par jeu j'ai fait transmettre ma demande par Sherek. Je me disais chic, ils vont refuser, je vais rester à Paris. Manque de pot, ils ont mis trois semaines à répondre, mais ils ont dit oui. Là, j'étais bien attrapée.

J'habitais le George V à ce moment-là. Je tournais *Les yeux noirs* avec Harry Baur pour Tourjansky. Quelqu'un est venu du consulat et on a signé les contrats, je devais être en Californie, mettons le 15 septembre, pour être sous contrat à partir d'octobre. Il y avait un sceau sur le contrat, un machin rouge tout ce qu'il y a d'officiel. Je suis partie seule, comme une folle, j'ai pris le *S.S. La Fayette*, je me souviens à bord il y avait Ray Ventura, le chef d'orchestre. Il y avait aussi un journaliste canadien avec qui j'ai sympathisé et qui m'a dit : "Simone, avec le caractère que vous avez, vous allez vous casser la gueule en Amérique." Je lui ai dit que ça m'était complètement égal. Pour vous dire le culot que j'avais à cette époque-là : au même moment où on parlait du contrat à 750 $ la semaine, j'étais allée voir le représentant de Metro à Paris, un Mister Lawrence, – j'avais déjà vu mon ami de Californie –, je m'étais affublée de bijoux et d'une robe de taffetas ridicule. Bref, je vais le voir et je lui dis : "You know, I want two thousand", et il me dit : "But you don't DESERVE two thousand !", et moi : "Appelez-moi quand je les mériterai." Il faut vous dire qu'en 1935, deux mille dollars la semaine, c'était le cachet de Clark Gable.

LE LANCEMENT PUBLICITAIRE

Arrivée à New York. Avec une malle. Le service de publicité du studio a dit ensuite que j'en avais trente-deux. J'avais à peine de quoi en remplir une. Deux types de la Fox m'attendaient sur le quai, et moi en descendant la passerelle, plaf, je me prends une bûche. J'ai trouvé ça très amusant, parce qu'évidemment je me rappelais la prédiction du journaliste canadien, comme quoi j'allais me ramasser à Hollywood. Ils m'avaient mise au Waldorf, un hôtel sublime, j'avais une suite six fois comme celle-ci, et moi durant tout ce temps j'avais un cafard, mais un cafard ! En plus de ça, interdiction de prendre l'avion, parce que Will Rogers venait de périr en vol, et les assurances du studio refusaient de me laisser monter dans un avion. Trois jours et trois nuits de train. J'avais pris ma méthode Assimil pour le Pullman (j'avais fait trois ans d'anglais, quand même). Avant que je quitte New York ils ont insisté pour que j'aille au Radio City Music Hall. Pour parfaire l'éducation de la petite Française. Alors j'y suis allée, flanquée de mes deux gorilles. Il y avait des girls, c'était comme les Folies-Bergère, en plus grand.

Arrivée à Los Angeles, j'ai fait ma mauvaise tête. Ils m'avaient mise au Beverly Wilshire, et moi je ne voulais pas rester dans un machin aussi grandiose ; je voulais aller là où m'avait dit mon ami André, au Garden of Allah, où descendait aussi Marcel Achard ; un endroit sublime, avec des petits bungalows et une piscine, sur Sunset Boulevard presque en face du Château Marmont. C'était un petit bijou. L'entrée était quelconque, mais à l'intérieur c'était le paradis. Il y avait des bungalows loués entiers, et d'autres par moitié. Moi j'avais un rez-de-chaussée, j'étais en dessous de Mervyn LeRoy, qui menait ses ébats conjugaux au-dessus de ma tête. Et là, ils m'ont envoyé un truc très épais avec des questions toutes plus farfelues les unes que les autres. Quel est votre animal préféré, votre couleur préférée, etc. Arrivée à la question "Quel est votre animal préféré", alors là... Figurez-vous qu'en 1932 j'avais travaillé à Berlin avec Jean Gabin et Brigitte Helm dans un film qui s'appelait *L'étoile de Valence*, pour la UFA, dans la version française ; dedans il y avait Ginette Leclerc, qui était ma copine aux Bouffes, et un jour nous sommes allées nous balader au Jardin d'acclimatation, et je suis tombée en arrêt devant une panthère noire. Mais un animal vraiment sublime, bien autre chose que celles du film, parce que celles du film c'étaient des vieux trucs, alors quand ils m'ont posé la question j'ai mis "panthère noire". Allez savoir...

Evidemment les gens du studio ont raconté à la presse que je voulais me balader dans la rue avec une panthère. Comme quoi j'en avais pris l'habitude en grandissant à Madagascar, où mon père nous avait emmenées Maman et moi, parce qu'il était ingénieur des Mines. Ils exagéraient sur tout, ils vous faisaient dire ce qu'ils voulaient. Par exemple, comme ils avaient sorti *Lac aux dames* sous un titre qui en anglais voulait dire *La tendre sauvageonne*, ils disaient que j'étais une sauvage. Bon. A peine arrivée en Californie, ils m'ont mise "on the payroll", comme ils disaient, sous salaire à partir du 1er octobre. A ce moment-là j'ai fait des photos, avec George Hurrell et Gene Kornman ; la première série était très bien. Ce sont celles que les fans m'envoient encore aujourd'hui pour les autographes, rien que de voir comment j'étais et comme je suis maintenant, ça me rend malade. J'étais superbe, au mieux de ma forme, j'avais 24 ans, et j'étais bien photographiée pour une fois. Ils avaient le studio exprès pour les séances de pose, avec loges et tout ça.

A la Fox, au début j'étais dans une loge comme tout le monde, mais comme mon premier film a bien marché *(Girls Dormitory)*, j'ai eu tout de suite droit à une loge plus grande, une double. "Comment la voulez-vous ?" ils m'ont demandé. On pouvait la meubler comme on voulait. A partir de ce moment-là c'était le maquillage dans le salon, la salle de bain, la douche, dingue ! Moi j'étais à côté de Loretta Young ; il y avait Wallace Beery, Alice Faye, et un peu plus tard Tyrone Power, nous étions six ou sept à avoir droit au "Star Building" ; mais moi ça ne m'impressionnait pas plus que ça. C'était bien, c'était confortable ; sauf que j'avais meublé ça très mal, ils m'ont arrangé ça en style français, vraiment atroce, bleu et rose.

UNE RENARDE À LA TWENTIETH CENTURY FOX

Dès que j'ai commencé à toucher mon salaire, ils ont voulu me mettre dans un film qui s'appelait *Take a Message to Garcia*, avec Wallace Beery, où je devais jouer une patriote cubaine qui brandissait le drapeau et tout ça. J'ai été voir Zanuck, je lui ai dit, écoutez, vraiment, j'ai les yeux gris et des taches de rousseur, je me vois mal en Cubaine, mais si vous y tenez... Dans mon contrat j'avais le droit de dire non à un rôle ; alors j'ai dit non. Quand ils ont vu ça, ils n'ont rien dit et il s'est passé du temps, mais malheureusement pour moi j'ai fait la connaissance de Howard Hughes, qui m'a fait son brin de cour traditionnel – je ne m'en suis ni formalisée ni flattée, il faisait ça à toutes les filles – et vous savez comment ils sont là-bas, première chose qu'on vous demande c'est "How much do you make ?", combien vous gagnez. Alors moi j'ai dit : "Je commence à deux mille la semaine, après ça sera deux mille cinq, après on verra." Un jour Howard Hughes m'invite à dîner sur un yacht avec Joe Schenck, qui était le grand patron de la Fox, au-dessus de Zanuck. Et nous voilà embarqués avec Joe Schenck et sa petite amie, et Howard Hughes comptant bien que je devienne la sienne. Il nous amène voir un de ses avions, et ensuite dans la voiture, en nous ramenant au bateau, il fait à Joe Schenck : "Vous savez, votre petite Française, elle gagne pas mal d'argent dans votre studio..." "Ah oui ? demande Schenck, combien ?" "Deux mille dollars la semaine", et là Schenck s'exclame : "Ah ? Mais elle ne travaille pas !" Le lendemain, j'étais convoquée par le gars qui s'occupait des acteurs, qui me fait : "Dites donc, vous gagnez tout ça, mais vous avez refusé de travailler, alors on va transférer votre contrat, il ne commencera que dans deux mois, quand on aura un film prêt pour vous.” Mais moi j’ai dit ah mais non, vous m’avez fait rater le film que je devais faire avec Marc Allégret (*Mayerling*, qu’il n’a pas pu tourner, et qu’Anatole Litvak a fait après), moi je suis arrivée ici prête pour vous, vous n’avez pas de film, je n’y suis pour rien. J’y allais un peu fort, là; mais ça m’amusait. Alors il m’a dit : “Ah, if you don’t want to play ball with us, we won’t play ball with you.” Moi j’ai dit : “Bah, it don’t mean anything to me.” Alors ils m’ont mise dans *Under Two Flags* [1], dirigé par Frank Lloyd, avec Ronald Colman et Wallace Beery. On a fait les photos – parce qu’on faisait les photos avant le film, avec les costumes et tout, quinze jours avant le tournage. J’ai aussi appris à monter à cheval pendant quinze jours. Et au tout début, pendant que je jouais une scène avec Ronald Colman, pof, je ressens une douleur que je connaissais bien – un début de péritonite. C’était fin 35, début 36. On m’a transportée à l’hôpital Cedars of Lebanon, où j’ai été très très malade. Les docteurs de l’assurance, les docteurs du studio, ils sont tous venus m’ausculter. Après le défilé, Frank Lloyd m’a dit : “Ne craignez rien, on vous attendra.” Je t’en fiche, on ne m’a pas attendue. Et j’ai appris, à l’hôpital même, que Claudette Colbert m’avait remplacée, moyennant un cachet de 150 000 $, et heureusement qu’elle a eu ce truc-là parce qu’elle a dit l’autre jour au festival de Deauville que si elle n’avait pas eu ce film, elle n’aurait pas travaillé de toute l’année. Mais croyez-vous qu’elle m’aurait seulement envoyé un petit mot, de compatriote à compatriote, pour me dire qu’elle était désolée? RIEN, pas ça. Elle était free-lance. Elle en plus, elle a refusé de monter à cheval, on l’a photographiée devant des transparences, tandis que moi on m’avait fait monter ce gros

1. *Sous deux drapeaux* – 1936.

cheval sur un petit sentier jusqu'au ranch de Wallace Beery – j'étais morte de trouille ! Remarquez, en un sens, j'ai eu du pot, parce que qui a entendu parler de *Under Two Flags ?*

On pourrait penser que je n'ai pas été une affaire sensationnelle pour la Fox, mais pour moi non plus ce n'était pas une affaire, parce que pendant ce temps-là je n'étais pas payée. Dès qu'on est malade, le *payroll*, on peut se brosser, *out*. Charles Boyer, qui était mon ami depuis longtemps, m'a dit, dès que tu seras remise, je t'envoie mon ami Charlie Feldman qui est mon agent, et il te prendra par le bras et t'amènera voir Zanuck, pour montrer que tu es là et que tu es capable de travailler. A partir de ce moment-là, ils seront obligés de te remettre sur le *payroll*. Parce que moi j'avais bien besoin d'y retourner, sur leur fameux *payroll*, vu le prix exorbitant des docteurs et de l'hôpital là-bas. Effectivement, au bout de six semaines, Charlie m'a emmenée au studio – je tenais à peine sur mes jambes – et il n'a même pas pris sa commission normale, seulement la moitié.

Alors après ça ils m'ont offert *Girls Dormitory*, avec cet amour d'Herbert Marshall, et Ruth Chatterton, et là, il fallait faire de l'escrime ; oh, pas beaucoup, si peu, mais je n'avais plus un muscle après ma maladie, et j'en ai bavé. Ça c'est sorti en septembre 36 ; ils ont fait une publicité du tonnerre sur moi – ce qui est heureux, parce que dans ma candeur je ne m'étais même pas souciée de mettre une clause de publicité dans mon contrat, je me disais que s'ils me payaient autant, ils seraient bien obligés de rentrer dans leurs sous...

La petite Française incasable énervait peut-être Zanuck et la presse hollywoodienne par ses humeurs, mais après avoir vu Girls Dormitory [1], *le critique du* New York Times *écrivait que le Parlement américain "devrait annuler la*

1. Irving Cummins – 1936.

dette de guerre de la France en considération du don qu'elle a fait de Simone Simon à Hollywood". Des cinq films qu'elle fait à cette époque pour la Fox, Ladies in Love [1] *est néanmoins le plus frappant. Non qu'il soit bon, loin de là, mais l'apparition de Simone en nymphette au milieu du film, en costume et casquette de marin, est saisissante. Basé sur une pièce hongroise du futur auteur de* Heaven Can Wait, *Laszló Bus-Feketé,* Ladies in Love *suivait une formule qu'affectionnait Zanuck, qu'il utilisera notamment dans* Three Blind Mice, Moon Over Miami, How To Marry a Millionaire, The Best of Everything, *etc. Deux ou trois filles prennent un appartement ensemble et vont à la chasse au mari. Ici c'est Constance Bennett, Loretta Young et Janet Gaynor qui "montent à Budapest". La première trouve le roué Paul Lukas, la bêtasse Loretta s'entiche d'un jeune Tyrone Power, et Gaynor élève des lapins de laboratoire pour Don Ameche, tout en servant d'assistante au magicien Alan Mowbray. Mais quand "Marie" arrive de Paris, appelant Paul Lukas "Tonton" sans vraiment tromper son monde, rien ne va plus. Deux moues friponnes de plus, et Lukas perd la boule. On les voit à la fin prendre le train pour Vienne, et l'autel.*

Simon est moins jolie et moins bien servie par le rôle nettement plus important qu'elle a ensuite dans le remake parlant de Seventh Heaven, *de Henry King. Elle joue Diane, la fille des rues recueillie par l'égoutier parisien James Stewart. Le script, les décors et la direction sont si épouvantables qu'il n'est jamais question d'atteindre le septième ciel – on sort à peine de l'égout. Et comme dit John Qualen, qui joue "Sewer Rat" avec un râtelier et un accent français qui le rendent méconnaissable : "Simone Simon était difficile, et on n'en a plus beaucoup entendu parler."*

1. Edward Griffith – 1936.

Ce n'est pas tout à fait le cas, car avant de rentrer en France pour La bête humaine *et un rôle autrement consistant que les idioties que Zanuck lui donnait à faire, l'actrice s'est retrouvée l'objet d'un scandale, connu comme "l'affaire des clés d'or". En 1938, comme elle traînait son ancienne secrétaire en justice, l'accusant d'avoir imité sa signature sur un chèque de 13 000 $, il fut révélé que Simon avait donné des clés de chez elle (en or massif) à plusieurs de ses "amis spéciaux" – sous-entendu, "messieurs". La presse à scandale n'a pourtant jamais été capable d'associer son nom à aucun de ces "amis", à part George Gershwin. L'actrice à l'époque soutenait qu'il ne s'agissait que d'une coutume de chez elle. Depuis, elle suggère que si le studio n'a pas monté ça de toutes pièces, il n'a rien fait non plus pour étouffer le scandale, trop content de se débarrasser d'une vedette insolente et peu maniable. On peut se faire une idée de ce traitement avec un article publié dans* Collier's *en avril 1937, intitulé "Temper from Paris", où le journaliste, Kyle Chrichton, se moque ouvertement de son accent, de ses caprices, et de sa façon de traiter les hommes. Il est fait mention de François Louis-Dreyfus, patron de* L'Intransigeant, *qui aurait traversé l'Atlantique en dirigeable (le fameux* Hindenburg), *et le continent en train jusqu'à Hollywood, juste pour s'entendre refuser son offre de mariage. L'article colporte aussi les fabrications du studio sur les exigences de l'actrice, comme son soi-disant goût pour les panthères, qu'elle aurait acquis durant son enfance à Madagascar, où son père était ingénieur sur une mine de graphite. Née à Béthune, élevée à Marseille et à l'étranger, elle était venue à Paris à l'âge de 17 ans, débutant comme modiste tout en prenant des leçons de chant chez la mère de Danielle Darrieux. Sur sa période hollywoodienne, il est difficile de séparer ce qu'elle disait de ce qu'on lui faisait dire. Mais elle n'a jamais rien eu de* *bon à déclarer sur* Love and Hisses, *une bêtise avec le déplaisant chroniqueur radio Walter Winchell, ni sur* Josette, *où elle chantait dans un cabaret. Don Ameche et Robert Young, deux frères qui la prennent pourtant pour une croqueuse de diamants avec des vues sur leur père, finissent tous deux par s'enticher de "Renée LeBlanc". Pour comprendre sa première venue à Hollywood, puis sa seconde, il faut aussi la replacer dans le contexte des émigrés. Lequel passe obligatoirement par Charles Boyer, ambassadeur culturel officieux mais effectif des Français à Hollywood.*

BOYER

Charles, je l'ai rencontré en même temps qu'André Daven. Boyer tournait *Tumulte* à la UFA, en 31 ; je l'avais rencontré au restaurant avec Mady Berry et une dame qui s'appelait Clara Tambour, qui avait chanté "La Marseillaise" dans les années 14-18. Daven et Boyer sont venus les saluer, et c'est comme ça que j'ai connu Charles. Charles a été très gentil, très bienveillant pour moi, comme il l'était pour ses compatriotes. Il y avait un groupe de Français – pas tellement en 36, remarquez – il y avait Jacques Thiry, un auteur français, riche bourgeois qui avait entretenu toutes ces dames dont le nom se terminait par *i* ou *y*, Falconetti, Arletty, et je ne sais qui encore. Il était venu à Hollywood et il travaillait comme scénariste. Il m'avait prise en main, à me tanner avec *La vie de Jésus* jusqu'à trois heures du matin au Garden of Allah. Et puis il y avait Robert Florey, Lily Pons, tout ça. Mais il n'y avait pas autant de Français que plus tard, pendant la guerre. Pendant la guerre à Hollywood il y avait Julien Duvivier et sa femme, René Clair et sa femme, Jean Gabin

– avec sa Marlène – il y avait Marcel Dalio, André Daven, Danièle Parola, moi. Annabella est venue aussi, mais elle était très en main avec son Tyrone. Il y avait Michèle Morgan, Charles bien sûr. Charles, sa mère, et sa fondation. Annabella faisait bande à part avec les Américains. Moi j'étais très bande Marlène-Jean-Dalio – Jean Levy-Strauss. J'allais beaucoup chez les Daven et chez Charles, je recevais un petit peu – mais je ne sortais plus en boîte de nuit, j'étais déjà vieille avant l'âge. J'ai connu Kisling à cette époque, et j'ai commencé à faire de la peinture.

IL ÉTAIT UNE DEUXIÈME FOIS L'AMÉRIQUE

Ça a commencé avec *Three for Three*, la comédie musicale de Sacha Guitry, qu'on a jouée et rodée pendant quatre mois dans toute l'Amérique. C'était l'histoire de trois filles à la recherche du bonheur, au commencement nous étions des fermières qui héritions de dix mille dollars et qui décidions d'aller à Miami pour trouver un riche mari, l'une se déguise en héritière, l'autre en femme de chambre, l'autre en secrétaire. Ça se passait au tournant du siècle. Mais au bout de trois mois, c'était devenu contemporain, et nous étions devenues des chanteuses de cabaret, parce qu'au fur et à mesure on nous avait changé tout le dialogue, sauf que des fois il y avait des histoires de poulets ou de vaches à traire qui réapparaissaient, de l'histoire d'avant, c'était à mourir de rire. Quand j'ai eu fini ça, c'était en avril 40. En avril, Dieterle a insisté pour m'avoir à la RKO, où il tournait *The Devil and Daniel Webster* [1]. Entre-temps j'ai joué au théâtre au Canada *Les jours heureux* de Paul Henri Puget, et j'ai fait des *personal*

1. *Tous les biens de la terre* – connu aussi en anglais sous le titre *All That Money Can Buy.*

appearances – je travaillais beaucoup. J'ai même fait un peu de music-hall à Brooklyn. Je n'étais pas sous contrat, je n'ai fait qu'un film à la RKO à ce moment-là.

Walter Huston était inoubliable en Malin ("Appelez-moi Scratch, ça ira pour l'instant"), et Simone Simon plus féline que jamais, en soubrette ("Are you French?" "No, I'm not anything.")

J'ai toutes mes coupures de presse (elle dit *clippings*), je peux me repérer. Sinon, moi je m'y perds, encore que j'aie une sorte de chronologie dans ma tête, et puis il y a Maman. Maman là, Maman pas là, c'est marrant les scrapbooks, l'autre jour j'ai retrouvé Victor McLaglen, qui faisait des *personal appearances* avec moi. A l'époque ils avaient des attractions entre les films, du music-hall. Victor McLaglen, lui, il avait des histoires drôles à raconter, mais moi, dans chaque ville, dès que je sortais du train j'allais répéter avec l'orchestre, parce que je chantais à onze heure et demie, et rechantais à trois heures, et rechantais à six heures, et à minuit. Et on restait à tuer le temps dans les loges. Vous avez vu, hier, je suis restée enfermée toute la journée, c'est une vieille habitude. Rester des journées entières dans les loges – parce que les faux cils, parce que maquillée, parce qu'il fallait avoir six robes du soir différentes à cause des resquilleurs qui restaient d'une séance à l'autre, et qu'il ne fallait pas décevoir – j'ai fait deux semaines avec Milton Berle, qui est devenu vedette de télévision après; il était amoureux de Maman, il lui faisait une cour effrénée, Maman était superbe, faut dire... Enfin ça c'était après, parce que Maman n'était plus avec moi ce coup-là, elle en avait assez de jouer les mères. Elle était très drôle, Maman.

Donc première carrière américaine : cinq films à la Fox. La Fox me laisse tomber, je rentre en France et je fais *La bête humaine.* Je tourne *Cavalcade d'amour* pour Raymond Bernard, et je rencontre les Schubert, les promoteurs de Broadway, qui m'engagent pour faire la pièce de Guitry en Amérique juste avant la déclaration de guerre, donc je n'étais pas destinée à passer la guerre en France. Je répète cette pièce qu'on joue quatre mois. Je fais interview sur interview.

Durant la période RKO, il n'y a pas eu de prise en main, comme ça s'était passé à la Fox. Enfin, si vous voulez, il y a eu prise en main morale de Val Lewton – il prenait les gens sous sa coupe, comme Jacques Tourneur, Robert Wise et tous ces gens-là. Wise était monteur au studio, et c'est Val qui l'a fait débuter, avec moi, dans *Mademoiselle Fifi.* Il ne connaissait rien à la mise en scène. Alors qu'il y avait un homme qui aurait tué pour diriger ce film, c'était Max Ophuls. Je me souviens d'une réunion où il y avait Val Lewton assis derrière son bureau, Max sur le canapé, et moi à côté ; il nous avait présentés pour que ça se passe bien, et moi j'ai lu dans les yeux de Max Ophuls, primo qu'il avait désespérément besoin de travailler, et deusio de tourner *Mademoiselle Fifi.* C'était une histoire pour lui, d'après deux nouvelles de Maupassant, "Boule de suif" et "Mademoiselle Fifi". Et Val était pour, sauf que ses supérieurs n'ont pas voulu que ce soit Ophuls. C'est dégueulasse, quand on y pense. Et je crois que c'est à cause de cette histoire, qui s'est passée en 43, qu'en 1950 Max a pensé à moi pour faire *La Ronde.* Je crois qu'il a senti que j'étais de tout cœur pour lui. Je ne le connaissais pas. Il était *free-lance*, comme moi. Mais je me souviens que sur *La Ronde,* il passait son temps à dire : "Je vais leur montrer." Parce qu'enfin, connaissant Val Lewton, je suis sûre qu'il aurait choisi Max s'il avait pu, qui avait tout de même fait *Liebelei* et était un metteur en scène consacré dans son pays. Ils étaient plusieurs comme ça. Prenez Adolphe Osso. Un très grand producteur français. Il y avait

Pathé, il y avait la Paramount, il y avait Braunberger-Richebé, il y avait Adolphe Osso, et les frères Nathan. Osso sur ses films il y avait une tour Eiffel, et ça disait “Adolphe Osso présente”. Il échoue à Hollywood en 40-41, comme réfugié juif russe. Metro lui donne un petit emploi comme aide-assistant de je ne sais qui, à cinq cents dollars par semaine, un grand producteur comme lui. Et Adolphe avait une femme ravissante, Marcelle, une fille et un fils. Bon. Il amène sa femme et sa fille, et le garçon reste sur la Côte Est. Et à un moment, il décide de faire venir son fils. Comme il n’avait pas beaucoup d’argent, il le fait venir en autocar. Et pendant ce temps-là, la Metro décide de mettre des gens dehors. Adolphe est sur la liste, mais il ne le sait pas encore. Là-dessus, dans le car le fils a une altercation avec un passager, qui le traite de sale juif. Il se bagarre, se retrouve en prison, et il se pend dans sa cellule. Adolphe Osso apprend que son fils s’est pendu en prison, le lendemain il reçoit sa notice de renvoi. Voilà, c’est Hollywood.

HOLLYWOOD PENDANT LA GUERRE

J’ai commencé par habiter le Beverly Hills Hotel, et à la fin le Wilshire Palms. Le rêve. Palmiers, piscine, bungalows et tout ça. Moi j’avais un appartement avec un très long balcon. En dessous de moi j’avais Henri Verneuil, il y avait Jean Negulesco qui habitait à côté dans un petit bungalow. Je suis passée directement du Wilshire Palms à New York, me disant, bon, ma carrière est foutue, c’est fini, n’insistons pas. Parce que Val Lewton avait eu beau me dire, je vais tâcher de rendre *Mademoiselle Fifi* “digne de vous” (au lieu de Maupassant), eh bien pardon, il faut voir les choses en face, c’était un petit caca. A la suite de quoi j'ai été engagée par les King Brothers, et là on pouvait difficilement tomber plus bas. Ces gens étaient incroyables, graisseux, vulgaires. J'ai tourné un film pour eux, avec Robert Mitchum – qui ne s'en vante jamais, d'ailleurs, j'ai remarqué, mais c'est pourtant là-dedans qu'il a débuté. C'était dirigé par Joe May, qui était un très grand metteur en scène allemand avant guerre, et qu'ils traitaient comme un rien du tout. Nous avons tourné ce film en vingt et un jours, le scénario était de Philip Yordan, et ça s'appelait *Johnny Doesn't Live Here Anymore.* L'histoire d'une fille à qui un copain prêtait son appartement, sauf qu'il avait aussi donné sa clé à cinq soldats. Tous les corps d'armée étaient représentés : Marines, Navy, Air Force, service infirmier. Alors à chaque fois la fille (moi) ouvrait la porte et disait "Johnny doesn't live here anymore", Johnny n'habite plus ici. Mitchum je me souviens faisait le marin, dans la bande. Il n'en parle jamais, mais j'ai l'affiche de ça chez moi, je peux le prouver.

Simone Simon quitte donc une deuxième fois Hollywood sur une histoire de clés. "Après ce Johnny, je me suis dit que j'avais touché le fond et qu'il était temps de partir." Ici la dame se montre aussi inexacte qu'injuste pour ce pauvre Robert Wise, avec qui elle a encore fait Curse of the Cat People [1]*, un film où, de façon appropriée, l'actrice n'apparaissait qu'en spectre. Loin d'être une suite à un grand succès populaire,* Curse of the Cat People *est à bien des égards un meilleur film que le précédent, même si bien moins sensationnel. Il fait aussi peur parce que tout se passe dans la tête d'une enfant – genre de psychologie dont Wise se fera une spécialité* (*voir* The Haunting [2]) *– et aussi parce qu'il est mieux écrit, par DeWitt Bodeen, scénariste des deux films. Il possède une sensibilité et une*

1. *La malédiction des hommes-chats* – 1944.
2. *La maison du diable* – 1963.

poésie différentes de celles de Cat People *– presque les mêmes que dans les premiers films de Frankenstein. Et c'est assez extraordinaire de retrouver exactement la même distribution que dans l'original, à part Tom Conway, dont le personnage de psychologue est avantageusement remplacé par un enseignant compréhensif joué par Kent Smith, talent fantomatique s'il en fut.*

Simon dans son entretien n'était malheureusement pas plus diserte sur Bodeen, un auteur intéressant (qui plus tard écrira l'adaptation de Billy Budd *pour Peter Ustinov), ni même sur Lewton. "Un érudit comme il y en avait peu à Hollywood. Val m'envoyait 'Les Chats' de Baudelaire, dédicacé comme si le poème était de lui ; j'ai une lettre divine de lui. Il s'occupait de* All That Money Can Buy, *c'est comme ça que je l'ai connu à RKO. Ils ont rebaptisé ça en* The Devil and Miss Jones.*" Mais elle n'explique en rien ce qui faisait de Lewton un tel anachronisme dans la ville où elle travaillait.*

Manny Farber est le seul à avoir su reconnaître l'anémie comme ingrédient principal de ces films diaphanes qui ont si bien vieilli (comme il sied aux ectoplasmes) : Cat People, I Walked With a Zombie [1], Death Ship, The Body Snatcher [2], The Leopard Man, *etc. Anémie de ces histoires sans action ni chocs véritables, anémie qui se communiquait jusqu'au jeu des acteurs – y compris celui de Simone Simon. Lewton croyait curieusement en l'intelligence du spectateur, et pouvoir remplacer le palpitant par l'historiquement correct. Dans son court essai inégalé sur le producteur, Farber écrit : "Contrairement à la majorité des autres artisans de Hollywood, Lewton était si inepte à fournir le genre de punch toujours associé aux films américains, que le peu d'action ou d'intrigue qu'il arrivait à créer semblait aussi grossier et incroyable que*

1. *Vaudou* – Tourneur, 1943.
2. *Le récupérateur de cadavres* – Robert Wise, 1945.

le maquillage de music-hall sur les indiens de son Apache Drums [1] *– le dernier et le moins bon de ses films (...) Ses talents étaient ceux d'un tiède bibliophile, sa conception de ce qui constituait le 'bon cinéma' avait trop à voir avec l'emploi de citations de Donne ou Shakespeare, relier les scènes avec un rare chant folklorique, capturer le climat avec une description exacte de plat haïtien, et, dans les séquences pensives, s'assurer qu'un second rôle a bien une bouche d'époque, sans rouge à lèvres moderne. Ses efforts suggéraient plus souvent qu'à leur tour une approximation de* Jane Eyre. *Lewton et ses scénaristes collaboraient à de sincères histoires pulp pour adultes, qui vous donnaient de solides renseignements sur des sujets comme la zoanthropie ou les premiers asiles d'aliénés anglais, tout en évitant presque religieusement les formules de l'horreur." Mais il ajoutait aussi que ces curieuses carences faisaient que les films de Lewton, dans leur majorité, avaient perdu très peu de l'effet qu'ils possédaient à leur sortie. Un peu comme Simone Simon.*

NEW YORK ET LA VIE D'ARTISTE

"J'en avais tellement soupé de Hollywood que je suis retournée à New York, et je ne me suis plus du tout occupée de cinéma. Je me suis inscrite à l'Art Students League, j'ai travaillé avec Bernard Lamothe grâce à Monsieur Vertheil, l'illustrateur, qui trouvait que j'avais un petit talent de dessinatrice. Et voilà. Voilà pour la deuxième carrière américaine."

En août 1948, un article du Chicago Tribune *affirmait que Simone Simon aurait promis à son fiancé, le Baron*

1. *Quand les tambours s'arrêteront* – Hugo Fregonese, 1951.

Goldschmidt – un descendant de la branche autrichienne des Rothschild – d'abandonner le cinéma après leur mariage. Mais l'actrice ne s'est jamais mariée de sa vie. De retour en Europe, elle fera encore des films en Angleterre, Italie, Allemagne et bien sûr en France, dont les deux chefs-d'œuvre d'Ophuls, La Ronde *et* Le Plaisir. *Sa dernière apparition sur les planches à Paris était dans* La courte paille, *en 1966, et au cinéma dans* La femme en bleu [1], *en 73.*

En 1962, James H. Nicholson (père de Jack) et Sam Arkoff cherchaient à réunir les acteurs de Cat People *en vue de faire* The Cat in the Bird Cage *(le chat dans la cage à oiseaux) pour leur compagnie de films d'exploitation, American International. Le film s'inscrirait dans la série des films basés sur des histoires d'Edgar Poe qu'ils avaient commencé à produire, et le scénario serait écrit par l'auteur de* Cat People. *DeWitt Bodeen, qui résidait alors dans la communauté artistique de Laguna Beach, avait à l'époque déclaré au* Herald Examiner *: "Simone Simon vit à présent à Paris, rue de Tilsitt, et connaît le succès comme artiste peintre. Physiquement, elle ne paraît pas un jour de plus que quand elle était à Hollywood."*

---

1. Michel Deville.

20 / UN ATHÉNIEN À HOLLYWOOD

"*It was a beautiful town. A company town.*" Frank Mazzola a le regard embué par le souvenir d'une ville qu'il n'a pourtant jamais quittée de sa vie. "Quand on travaillait pour un studio, on y était pour un bail. Nous c'était la Fox, les anciens studios, ceux sur Western et Sunset, où se trouvaient aussi les labos Technicolor. Une fois, on nous a engagés tous les sept, les sept mioches Mazzola, dans une comédie musicale avec Walter Huston et Deanna Durbin, *Always In My Heart*. On travaillait tout le temps, quand on était mômes. Dad a fini par plaquer la Fox parce qu'ils voulaient lui faire changer de nom. Il s'appelait Al Mazzola, il venait de Philadelphie, une famille de terrassiers ; son père s'était remarié, et un jour sa belle-mère l'a enfermé dans la cave parce qu'il était allé au cirque. Histoire classique : il s'est tiré, il a rejoint le cirque, il avait treize ans. C'était un athlète, mon père, alors il a fait tout le circuit : music-hall, comédies muettes d'une, puis deux bobines. C'est comme ça qu'il a connu Chaplin, Laurel et Hardy – il les connaissait d'avant. Lui il s'est spécialisé dans les Keystone Comedies, avec Al Saint John. Mais toute la famille était dans le cinéma : mon parrain, Gene Ruggiero, par exemple, était monteur sur *Ninotchka*. Il a eu son boulot sur un terrain de golf à New York en faisant le caddy pour Joe Schenck, le patron de United Artists, qui distribuait aussi les films de Keaton. Ma mère aussi était actrice, elle joue la mère de DeNiro dans *The Godfather II,* et mon frère Eugene était Ramsès II dans *The Ten Commandments*, le fils de Yul Brynner avec la tresse, que Moïse fait périr. Gene aujourd'hui est directeur de production, il était sur *Little Buddah* avec Bertolucci... Même mes sœurs sont dans le cinéma : Joan enseigne l'école aux enfants qui travaillent sur les tournages, et Kathleen est prof d'art dramatique."

Les histoires s'égrènent avec Frank Mazzola, pas toujours vérifiables, mais suffisamment. Lui aussi jouait dans les films. Le plus souvent des rôles ethniques, parce qu'il était brun et mat de peau. Un Arabe dans la rue de *Casablanca.* Un joueur de football américain dans *L'enfant aux cheveux verts*, de Losey. "On n'était pas vraiment acteurs, on apprenait juste en faisant. Dans *The Story of G.I. Joe* [1], avec Mitchum, je jouais un mioche italien – simplement parce que mon père était pote avec Bill Wellman ; il était son cascadeur attitré dans ses vieux films d'aviation. Quand il fallait quelqu'un pour se mettre debout sur une aile de biplan, c'était Al Mazzola qu'on appelait. J'ai joué une scène avec Julie Harris dans *A l'est d'Eden*, qui a été coupée au montage. Mais pour moi, adolescent, Kazan c'était juste un mec en t-shirt cradingue, ça ne voulait rien dire. Je ne tenais pas à être acteur. On se sentait au-dessus de ça, les Mazzola. Je jouais au football, dans une équipe universitaire qui était bonne cette année-là. Mon frère Lenny avait un orchestre de swing qui a gagné la 'Battle of the Bands' une fois au Palladium."

Mazzola montre une photo avec treize stands de musique marqués Lenny Mazzola, et un grand type en veste

1. *Les forçats de la gloire* – 1945.

blanche. “Voyez ces mecs qui se cachent derrière leur trompette, et lui là, derrière son trombone? C’étaient des mecs de l’orchestre de Stan Kenton. Ça se passait durant la grève des musiciens, en 48. Ces types ne tenaient pas à être reconnus. Mais ces musiciens sensass’ répétaient dans le garage que les gars Mazzola avaient transformé en salle de répète, entre Sunset et Harold Way. Tout ça pour dire que les acteurs ne m’impressionnaient pas du tout.”

Même James Dean. Pour Mazzola, essayer de se joindre à la troupe de *Rebel Without a Cause* lui causait plutôt un dilemme : en ce mois de décembre 1954, son équipe de l’université de l’Oregon était bien partie pour jouer la finale, le grand match au Rose Bowl. Mazzola jouait “fullback”, et avait une réputation. Peut-être même un avenir. Pourtant il voulait à toute force voir Nicholas Ray. Le directeur de casting ne voulait pas de lui. Il le trouvait trop dur, sa réputation un peu trop exaltée. Mais heureusement, un des acteurs déjà pressenti pour le film n’arrêtait pas de casser les oreilles du metteur en scène à propos de ce Mazzola, qui faisait de la boxe à Hollywood High, qui était chef de bande, un club qu’ils avaient là-bas, les Athenians. Un jour, par hasard, alors que Frank se faisait rembarrer par le directeur de casting, Ray a ouvert la porte de son bureau et a trouvé Frank dans la salle d’attente. Ils ont bavardé une minute, et finalement Ray lui a demandé de lire le script, voir ce qu’il pensait de l’argot, des répliques... “Il y avait des trucs vraiment nunuches, dit aujourd’hui Mazzola. Avec mon frère on a passé le script au crible. Ce soir-là le club s’était justement donné rendez-vous chez Mimi’s, un café sur Sunset, juste en face d’où se trouve le Guitar Center aujourd’hui. On avait entendu dire que des gars allaient venir nous chercher des noises, alors on était là, avec nos gants en cuir, et les rouleaux de monnaie pour les coups de poing. Nick a vu tout ça, il a vu la tension monter, ce moment d’expectative si excitant. Je l'avais fait passer pour mon oncle, ce soir-là ! Finalement, les autres mecs se sont pointés, bagnoles trafiquées et tout ça, et on a frisé la castagne à deux ou trois reprises. J'ai tout fait pour calmer le jeu. Alors Nick a dit qu'il en avait assez vu, et de venir le voir au studio le lendemain."

Frank sort une autre photo aux teintes toutes passées : des gueules plus "beat generation" que voyous, un peu comme les premiers surfers en Californie. Ils sont presque tous athlètes, en jeans à larges revers, chaussettes blanches, chemises flanelle à carreaux, le t-shirt blanc visible sur les cols ouverts. "Lui à gauche c'est Jack Hollywood, champion Golden Gloves poids moyens de Los Angeles ; il est allé aux Jeux olympiques. L'autre à côté, avec l'ukulélé, c'est Frank, il boxait aussi. Derrière il y a Mel Faber, qui aujourd'hui enseigne à l'université de Toronto et écrit des bouquins sur Shakespeare. A droite le grand baraqué c'est Hoppy Hopkinson, grand joueur de football avec moi à Oregon State. Et puis là au bout, le beau ténébreux avec les cheveux en arrière, qui sourit quand il se brûle, c'est moi.

"On s'habillait pas n'importe comment. Les Athenians n'étaient pas des traîne-savates. On avait grandi durant la guerre, avec des frères et des pères qui s'étaient fait tuer, on avait un sens de l'honneur. On avait un gang simplement parce qu'à Hollywood on était la cible parfaite pour les bandes d'East-L.A. ou de la Vallée qui venaient le vendredi soir embêter nos gonzesses. Il fallait se défendre. Et on le faisait. Mais comme l'a dit une fois Nick Ray en rigolant : 'Mon conseiller chef de bande vivait dans une maison largement aussi belle que celle de mon scénariste ou de mon producteur.' Et si Frank Mazzola en qualité de conseiller technique officieux a servi à quelque chose, ce fut de transformer les délinquants stéréotypés du scénario en bande plausible – des jeunes issus non des bas-fonds, mais de milieux aisés. "Leurs bagnoles ne collaient pas du tout. On leur avait refilé des vraies guimbardes (*little flivvers*), comme aux Dead End Kids. Ça puait les conventions Côte Est. Nous on aurait préféré mourir que de rouler là-dedans. Le mec qui pouvait pas me blairer, c'était l'accessoiriste de Warner chargé des bagnoles ; je disais non à tout ce qu'il amenait, et Nick m'appuyait. Les *Merc 49s* [Mercury] qu'on voit dans le film, c'est ce qu'on conduisait. Même la décapotable dans la scène où on vient chercher Natalie devant chez Jimmy, au début, c'était la tire d'un autre membre de notre club, Syd Field, qui est aujourd'hui le gourou du scénario à Hollywood. Il gagne un fric fou avec ses manuels et ses conférences sur comment écrire un scénar."

Encore une photo, celle-ci prise au fameux Bungalow 2 du Château Marmont, la suite à deux étages qu'habitait Ray durant la préparation du film : Frank, assis par terre, vêtu d'une chemise manches courtes à carreaux, regarde les autres membres de la troupe lire leur texte, l'air dubitatif. Ray est de dos, tout comme le scénariste Stewart Stern (qui venait de faire deux films pour Zinnemann avec des enfants pour sujets). James Dean, en polo noir et lunettes, est à moitié caché derrière un abat-jour. Jim Backus a l'air découragé d'avance, Natalie Wood est en sandales étoilées et boucles d'oreilles pendantes. Elle rit de bon cœur et montre un bout de soutif. Nick Adams a des bottes de cowboy et mâche son crayon. Dennis Stock, le photographe de plateau, enregistre tout ce beau désordre avec un magnétophone à bandes. En fait ce jour-là Frank ne lisait pas les répliques de "Crunch", le chef de bande qu'il joue dans le film. Le rôle était réservé à Dennis Hopper, seul acteur du lot à être sous contrat au studio, et donc à faire valoir – instructions de Jack Warner. Frank devait juste jouer les utilités. Mais au premier jour du tournage, les choses auront changé.

Le premier jour, Nick Ray tourne en Cinémascope noir

et blanc. Derrière le fameux planétarium, Frank Mazzola chorégraphie la bagarre au couteau. Du moins se contente-t-il de mimer le combat qu'il a vraiment eu récemment, au coin de Selma et Cahuenga. Ce jour-là il avait drapé sa veste autour de son bras pour éviter de se le faire trop entailler. La scène sera tournée ainsi. Puis tournée à nouveau deux jours plus tard, mais cette fois-ci en Technicolor. Ordres de Jack Warner (on a dit aussi qu'une des caméras spéciales contrôlées par Technicolor s'était libérée). Entre-temps, Dennis Hopper, qui couche avec Natalie Wood, apprend que Ray fait de même depuis plusieurs semaines. Insultes, scènes de jalousie. Hopper à la niche, relégué aux utilités. Frank Mazzola devient Crunch, à jamais. Jeans à revers, veste de cuir. C'est lui qui tient Sal Mineo pendant que Hopper le frappe. C'est lui qui tient le revolver dans la maison abandonnée. “La vieille maison où se cache Plato est celle de *Sunset Boulevard*, qui contrairement à ce que le truquage du début peut faire penser, ne se trouvait pas sur Sunset, mais sur Wilshire – en fait, la maison du milliardaire Paul Getty, le roi du pétrole. Elle a été détruite depuis, mais il y en a une à côté qui lui appartenait aussi.”

Les tensions ne se limitent pas à Hopper. L'édition anniversaire vidéo du film contient une séance de casting en bonus. A un moment, James Dean, en veston mohair, drape son bras autour des épaules de Frank et réussit à le dérider. “Voyez son expression juste avant”, commente Mazzola, “l'air de dire : ‘Qu'est-ce que je peux bien faire avec un être pareil ?’ En réalité, il cherchait à m'éviter de me faire lourder de la troupe. Tout l'après-midi ce jour-là, Corey Allen (qui joue Buzz et tombe de la falaise lors du *chicken run*) m'avait cherché. Il arrêtait pas de m'envoyer des vannes. Ça faisait partie du jeu, je suppose, entrer dans le personnage et tout ça. Mais moi, leurs trucs d'acteurs à la noix, j'étais pas au courant ; et même si je l'avais été...

Bref, j'étais juste sur le point de lui rentrer dans les plumes. Jimmy s'en est aperçu et est venu me trouver pour me détendre, me dérider. Il a fait ça pour que je reste dans le film. On ne voit pas souvent James Dean dans une attitude aussi détendue, vous savez. Sur le tournage, il était très distant avec nous."

Mais l'incident a créé un lien entre les deux garçons. "Il m'a fichu les foies plus d'une fois dans sa satanée Porsche. Le mec était inconscient, il ne connaissait pas la peur. Et une fois aussi sur sa moto, à toute berzingue du Marmont jusqu'au studio à Burbank. Mais après ça, ils lui ont interdit de s'en servir de tout le tournage. Il avait vingt-quatre ans, j'en avais dix-neuf. Il me disait qu'il avait peur d'être trop vieux pour le rôle. Mais je me souviendrai toujours du jour où j'ai chorégraphié la bagarre au couteau. Quand ils l'ont refaite en couleurs, ils ont changé des trucs. Mais la première version c'était entièrement moi. J'avais orchestré ça comme un match de boxe. Un de mes potes s'était pris un coup de couteau au cours d'une bagarre, à Colo Park, au carrefour de Selma et Cahuenga. C'était notre turf, alors j'ai été trouver le mec qui avait fait ça, et il a sorti un couteau. J'avais ce blouson en cuir, et pour pas me faire trop entailler je l'ai enroulé sur l'avant-bras. Je ne me suis pas débiné, et finalement le gars a arrêté. Donc je leur montre ça. Pas le truc à la torero avec les banderilles, ça c'est Corey qui a eu cette idée. Et je leur ai surtout dit où se procurer les fringues. Hollywood et Wilcox, le vieux surplus Army and Navy qu'ils avaient là-bas. Le fameux blouson de Jimmy, c'est juste un des *bomber jackets* que portaient les Athenians. Sauf qu'ils étaient bleus. Celui de Jimmy est teint en rouge."

Frank a tellement contribué au réalisme du film que le producteur David Weisbart a écrit au bras droit de Jack Warner, Steve Trilling, pour que le studio le récompense de ses peines. Frank a obtenu deux cents dollars de bonus.

Et plus il racontait d'histoires à Nick Ray, plus celui-ci était intéressé par les Athenians, et cette famille de Hollywood, avec l'orchestre de swing, et les voitures. Mais il voulait surtout en savoir plus sur un incident à San Bernardino entre certains membres des Athenians et un vrai gang de motards, droit sortis d'un cauchemar de Laszlo Benedek. Au cours de ce week-end un peu grave, Frank a eu toutes ses dents cassées. "Deux, trois cents bécanes il y avait à ce rassemblement. A côté, *The Wild One*[1] c'était vraiment du chiqué. Un épicier nous a menacés d'un fusil par-dessus le comptoir. Et on a eu deux grandes bagarres au couteau. Nous, on ne se battait jamais au couteau, mais il a bien fallu y aller. Finalement un motard est mort. Les mecs du bureau du shérif sont venus, il voulaient savoir qui avait buté... un grand escogriffe dans l'autre bande, un de leurs meneurs. Appelons-le Ingram. Ils voulaient plus nous féliciter qu'autre chose, parce que pour eux, Ingram, c'était bon débarras. Quand j'ai raconté l'histoire à Nick, il a tout de suite voulu que je l'écrive, en faire un scénario qui s'appellerait *The Athenians*. Il allait former une compagnie de production avec Jimmy Dean. Alors vous imaginez l'été que je venais de passer. Dix-neuf ans, le tournage était terminé depuis fin mai, mais j'allais travailler avec ces mecs-là pour leur compagnie. Et puis un jour, fin septembre, j'étais au coin de Sunset et Gardner, je me souviendrai toujours, c'était en fin d'après-midi. Tout d'un coup la nouvelle s'est répandue dans la rue. Jimmy s'était tué en voiture. Et c'est tout un monde qui a disparu pour moi."

Mazzola en était encore à se demander s'il allait retourner à l'université de l'Oregon, où il avait une bourse comme athlète. En première année, il avait logé dans la même *fraternity* que Ken Kesey. Le futur Merry Prankster

1. L'équipée sauvage – Laszlo Benedek, 1953.

et romancier était dans l'équipe de lutte de l'université. Juste un peu avant la fin du tournage, le 5 mai 1955, Kesey avait écrit cette lettre à Frank.

Mazzola :
Sais pas trop comment te dire ça. J'aime pas demander de faveur à personne, mais en dehors de Gil, qui sera en camp de vacances, toi et Hopkinson vous êtes les seuls que je connaisse dans tout l'Etat de Californie.
Je ne sais pas si tu peux m'aider ou non. Gil dit que si, et je ne sais pas si toute cette histoire de cinéma était des bobards ou non. Je n'ai jamais su si on pouvait se blairer – on n'a jamais eu le temps – mais je crois qu'on pense un peu pareil, quand on veut quelque chose on le prend, et le reste on s'en branle.
Comme tu te rappelles peut-être, je veux faire du cinéma, ça peut paraître infantile comme désir, mais j'ai l'intention de le poursuivre. Toi tu voulais entrer dans les affaires, on sera peut-être à même de s'entraider.
Je vais descendre à L.A. dès que les cours seront finis, sans plan, sans relations ni amis. Je vais juste essayer d'apprendre ce que je peux en trois mois – et si ça se présente bien, la fac peut aller se faire voir. Mais je ne connais rien de cette ville, ni où trouver à crécher, je ne sais pas dans quels coins sont les studios et je ne saurais pas quoi faire même si je savais. Tu peux m'aider avec ça. Et si tu travailles toujours aux studios et connais du monde, tu peux m'aider avec ça aussi. J'aimerais voir un plateau de près, mais je peux faire n'importe quoi, peindre, balayer, tapisser, du moment que je peux me rincer l'œil et apprendre.
Je ne sais pas si je peux te rendre la pareille. Si c'est la crémerie ou la brasserie qui t'intéresse comme branche, là je peux t'aider. Je connais un ou deux grossiums dans la partie par ici. (...) J'ai dit à Hammer que j'allais descendre te voir, et il ne m'a pas paru très chaud à cette idée. Il a l'air de croire que tu n'es pas le mec le plus stable au monde, mais bon, il est un peu con.
J'ai vu Blackboard Jungle *deux fois de suite et je t'ai cherché dedans – ça me paraissait ton genre de truc – mais je ne t'ai pas vu.*

Je crois que c'est tout. On se connaît pas assez pour papoter sur papier. Tu vas peut-être penser que j'ai écrit cette lettre rien que parce que j'avais besoin de toi, et tu auras raison. Gil me dit que tu m'aideras, mais Kay Wilkins dit que tu es trop hâbleur pour ça. Peut-être, on verra bien, mais faut bien que j'écrive pour le savoir.

Kesey

PS [script] Réponds à cette lettre si tu peux.

Le futur auteur de *Vol au-dessus d'un nid de coucou* est bien venu à Los Angeles, et Mazzola l'a aidé. "J'avais un pote qui travaillait pour Pennebaker, la compagnie de Brando. Ils étaient en train de préparer *One-Eyed Jacks*, alors je l'ai mis dans les pattes de Bob Dorf, et je n'ai plus entendu parler de Kesey. Bien longtemps après j'ai lu dans un magazine qu'il faisait tout ce foin dans un autocar psychédélique, et qu'il était fugitif, planqué au Mexique ou je ne sais quoi. Mais entre-temps, j'avais changé d'intérêt."

Au contact de Dave Weisbart, le producteur de *Rebel*, lui-même ancien monteur à la Warner, Frank est devenu fasciné par le montage. L'époque était aussi très propice, on pouvait expérimenter et innover. C'est ce qu'il a fait. Et c'est ce qui l'a ramené une nouvelle fois au "fucking Chateau Marmont".

"A cause de Nick et Jimmy – et aussi de Stewart Stern [1], qui plus tard est devenu le scénariste de *Rachel, Rachel* pour Paul Newman, et de *The Last Movie* pour Dennis Hopper – j'ai découvert que le cinéma était un art, pas juste l'industrie que je connaissais depuis tout petit. Je me suis mis à fréquenter le Cañon à Beverly Hills, et le Vogue sur Hollywood Boulevard, deux salles qui passaient des

1. Stern était aussi du sérail : son oncle était Adolph Zukor, fondateur de la Paramount, et il était de la famille Loew.

films étrangers – Fellini, Godard, Kurosawa et tout ça. Et à Hollywood, les seuls à approcher de ces noms-là c'étaient Nick Ray et Kazan. J'ai commencé comme assistant monteur, sur des films comme *The Party*, pour Blake Edwards."

"Au bout de mon apprentissage, je me suis retrouvé sous contrat avec Joe Levine, le type qui a produit *The Graduate* [1] et avait un doigt dans toutes ces coproductions européennes, *Divorce à l'italienne*, *8 ½*, *Le mépris* et tout ça. Il avait un deal avec Avco-Embassy. J'avais remonté *La piscine* pour lui, le film de Jacques Deray, avec Delon et Romy Schneider, qu'il trouvait trop lent pour le public américain. Et là j'étais en train de monter *Macho Callahan* pour Levine, quand Donald Cammell m'a appelé pour me demander de l'aider sur un film qu'il avait commencé de monter à Londres, mais que Warner venait de refuser de distribuer. Ken Hyman, le patron du studio, avait qualifié le film de 'répugnant'. C'était *Performance.* On s'est rencontrés au Marmont, et on a très vite vu qu'on était sur la même longueur d'onde. Hyman, par contre, m'a bien fait savoir que si je collaborais avec Cammell sur le film, il ferait en sorte que je ne puisse plus jamais travailler à Hollywood. Et il a foutrement bien réussi.

"Mais je l'ai fait quand même, j'ai pris la copie de travail d'où elle se trouvait à Burbank et je l'ai apportée aux vieux studios Goldwyn, à Hollywood. Là, dans la journée, je montais *Macho Callahan* [2], et tous les soirs je travaillais de sept heures à cinq heures du matin avec Donald sur son film. Deux semaines de ce régime, j'ai dû dire au producteur que je ne pouvais plus monter son film. C'était une histoire de guerre de Sécession avec David Janssen. Pour moi, après deux semaines à monter *Performance* sur les chansons, *Macho Callahan* c'était comme si j'avais du

1. *Le lauréat* – Mike Nichols, 1967.
2. Bernard Kowalski, 1970 ; western avec Jean Seberg et Lee J. Cobb.

plomb dans les mains. Heureusement, juste après ça Peter Fonda m'a demandé de monter *The Hired Hand* pour lui, et je ne me suis pas retrouvé tout de suite sur la paille.

"Donald avait quelques repères, une partie des chansons seulement. On avait 'Memo from Turner', chanson qui entre parenthèses a été entièrement écrite par Donald et Nick Roeg, enfin les paroles, même si par contrat on ne peut pas le dire. Et moi je montais sur les chansons, pas sur la musique. Chose que je ne faisais jamais d'habitude. Le studio voulait enlever le plus gros de ce qui importait à Donald, la partie avec les gangsters londoniens. Eux ils voulaient plus de Jagger, plus de musique, plus de sexe. Mais en devant condenser les quatre premières bobines, on a aussi trouvé le film, le style du film. Donald avait déjà cette idée des flash-cuts, et l'a approfondie. On s'entendait bien, c'était comme deux joueurs de jazz, très instinctif. Une fois terminé, Warner a d'abord enlevé deux ou trois minutes de violence – Chas (James Fox) en train de se faire tabasser. Mais en gros, c'était notre montage, et c'est ce qu'ils montrent encore en Europe. Après la sortie US, par contre, ça a choqué tellement de gens, ça a été 'tout le monde aux abris'. Ils l'ont remonté de façon abominable. La version VHS ici est horrible."

Par Mazzola, avec qui il est resté en relation jusqu'à son suicide, on peut aussi se faire une idée plus claire du flamboyant dandy écossais qu'était Donald Seton Cammell. "Parce que Nick Roeg a fait pas mal de films par la suite et a eu une carrière importante, les gens ont toujours cru que c'était lui l'homme derrière *Performance*. Alors que Nick détestait le film, et le déteste toujours. Mais pour Donald, ça a été dur. Il était intransigeant, et pour tout dire il faisait peur aux gens. Donald avait tout ce passé 'Swinging London', et des tas de contacts dans le monde de l'art et du rock. Très jeune, dans les années cinquante, il avait connu un succès précoce comme peintre, il était devenu portraitiste très demandé. C'est comme ça qu'il avait toutes ces relations mondaines, parmi la noblesse britannique et le monde de l'art. Mais il racontait aussi qu'Aleister Crowley l'avait fait sauter sur ses genoux étant petit ! Et quand il voulait effaroucher les gens, Donald donnait dans ce côté sataniste un peu à la mode à cette époque. Ensuite il a laissé tomber la peinture et s'est installé à Paris avec Deborah, un modèle très en vogue, et ils ont marqué pas mal de monde – ils avaient une vie sexuelle pandémique, dirons-nous. Elle, surtout, savait recruter les filles. Quand je l'ai connu, Donald habitait Laurel Canyon, comme tous les Anglais ici, une maison haut perchée dans un cul-de-sac, assez inquiétante."

Ce que Cammell écrivait n'était pas pour tout le monde. Il est l'auteur de dizaines de scénarios, qu'il vendait aux enchères : des choses avec des titres comme *Faro*, *Thirty Three And a Third*, *The Beard*, *Fun Fan*, *The Last Video*, ou *King of Heroin*. Mais il réussissait néanmoins à travailler dans le système. Il a fait *The Demon Seed* à MGM, par exemple – sur lequel Mazzola a travaillé. "L'histoire d'une femme qui se fait inséminer par un robot – ça plaisait beaucoup à Donald, ça ! Avec Julie Christie. Par contre il ne supportait pas d'avoir les gens du studio sur son dos.

"Juste après *Performance*, on a longtemps attendu qu'il puisse monter son grand projet, *Ishtar* – qui n'a rien à voir avec le film du même nom avec Warren Beatty et Dustin Hoffman. Il devait y avoir Brando, Orson Welles, Jane Fonda, Dominique Sanda, et ça devait se faire en Afrique du Sud. Grosse production. Très compliquée à monter comme affaire. Entre-temps, j'avais terminé de monter *The Hired Hand*, le western de Peter Fonda. J'étais devenu pote avec Vilmos Zsigmond, le chef opérateur. Donald a écrit un truc tiré de *Ishtar*, peut-être pour l'inclure dans le film plus tard, et il voulait tourner dans le désert. Vilmos avait cette caméra Cinémascope parce qu'il allait faire *Images* avec Robert Altman. Il a dit à Altman qu'il voulait tester la caméra dans le désert, et c'est comme ça qu'on s'est retrouvés un week-end, Vilmos, mon frère Anthony, Donald et sa copine marocaine Myriam Gibril. On a tourné ces bobines, puis l'argent ne s'est jamais matérialisé, *Ishtar* est tombé à l'eau, et tout le monde est retourné travailler pour croûter. Les années ont passé, et le négatif de ce truc s'est trouvé perdu. Mais après la mort de Donald, ma mère a déménagé et j'ai dû vider toute cette grande maison qu'on avait, sur Fairfax et Sunset. Et dans le garage, j'ai retrouvé ce truc qu'on avait fait dans le désert. Les deux acteurs, Bruce LaSalle et Myriam, habitaient encore ici. Le musicien que je voulais utiliser, Bruce Langhorn (le Mister Tambourine Man de Dylan), était disponible aussi. Bref, j'ai restauré le film et je l'ai montré un soir au studio Raleigh, près de Paramount. Et qui se pointe? Amish McAlpine, l'ami écossais de Donald qui était coproducteur de *Wild Side*, le dernier film de Donald, qu'on lui avait retiré au bout de deux semaines de montage. Les distributeurs avaient fait remonter le film, gardant toutes les scènes de sexe lesbien entre Anne Heche et Joan Chen, sans rien jeter. C'est vrai que les scènes étaient assez chaudes, mais ce n'est pas ce que Donald avait en tête en faisant le film. Je lui ai dit de retirer son nom, mais il était au fond très optimiste comme type, malgré tout ce qui lui est arrivé dans sa calamiteuse carrière. Il m'a dit non, il avait bon espoir de rétablir son montage pour la distribution européenne. Et puis une semaine plus tard, il s'est tiré une balle dans la tête."

On a souvent dit que Cammell s'était tué à cause de ce qui lui était arrivé avec *Wild Side,* thriller sexuel qui bénéficiait d'une performance encore plus loufoque que de coutume de la part de Christopher Walken, pourtant abonné à ce registre. Mais ce serait ignorer que Cammell trimbalait le Glock 17 dans son petit sac noir partout où il allait depuis deux ou trois ans. Il avait dit à sa femme China que lorsqu'il ne pourrait plus l'aimer, lorsqu'il se sentirait trop vieux, il partirait. Il disait ne pas comprendre les Occidentaux qui souhaitaient toujours ne "pas se voir partir", mourir accidentellement par exemple. Lui au contraire envisageait ça comme une ultime aventure, dans une vie d'hédoniste déjà bien remplie, rayon sensations. Et, si du moins on en croit China Cammell (ce qui n'est pas le cas de Mazzola), ce curieux foireur ascétique a eu son vœu exaucé : il serait resté conscient, sans douleur apparente, entre dix et vingt minutes, selon ceux qui rapportent l'histoire. Il aurait même dit à China, "est-ce que vous voyez le portrait de Borges ?" – allusion à la fameuse scène finale de *Performance*, où une balle traverse le cerveau de Jagger, et où une image de l'écrivain argentin apparaît. Mazzola est le seul qui résiste encore à pareille histoire. "Ils étaient à cran tous les deux, Donald et China. Elle allait le quitter pour un mec qu'elle voyait, un monteur qu'elle a même imposé un moment sur *Wild Side*. J'étais dans la maison le matin après sa mort. China était avec un autre ami. On a bu du jus de fruits à la table de la cuisine. Elle nous a dit qu'ils s'étaient disputés, qu'elle allait partir. Rien sur ce que Donald lui aurait dit après s'être tiré une balle dans la tête. Elle n'est devenue dépositaire de la mémoire et de l'art de Donald qu'après coup."

Cammell avait rencontré China alors qu'elle avait quatorze ans et était encore à l'école de Hollywood High. C'était la fille d'une grande amie et maîtresse de Marlon Brando, et elle faisait elle-même partie de la tribu Brando. Lequel a d'ailleurs écrit un script pour que Cammell le dirige – *Jericho*, qui devait être joué par Cathy Moriarty et Brando lui-même. Mais le cinéaste était trop raide, trop hautain. Ou, pour citer un détracteur, "Donald s'est pissé sur la jambe et a créé des tas d'obstacles, si bien que le projet a capoté". D'autres disent que c'est la faute à Brando et à son notoire mauvais karma.

*

En tout cas, Donald Cammell avait bel et bien chamboulé le monde de Frank Mazzola, comme l'avaient fait Nick Ray et James Dean des années auparavant. Et pour tout cela, il se retrouve finalement avec une carrière de monteur éminente mais singulièrement sporadique ; et une autre de témoin professionnel, encore que non rémunérée. Il démarche encore aujourd'hui son scénario sur les Athéniens. Son dossier comporte un synopsis, avec en couverture une photocopie couleurs montrant Frank et Jimmy sur ciel violet au-dessus du Hollywood Sign, et le toujours réfrigérant "Based on a true story" en sous-titre. A l'intérieur, on trouve une des *call sheets* de *Rebel* ("Int-ext. Deserted Mansion. Location : Wilshire Blvd. HAVING HAD LUNCH"). Des photos de Frank sur le tournage, et aussi dans l'équipe de foot d'Oregon State. Une affichette pour une projection de *Rebel* sur le campus de Berkeley, dans les années quatre-vingt, avec Nicholas Ray en personne, est plus intrigante encore. On y voit la tête de Jimmy Dean genre mont Rushmore, et de cette falaise tombe une Plymouth – celle du *chicken run*. Ray, très mal en point à l'époque, avait fait appel à Mazzola pour qu'il lui prête de l'argent. Sans doute pour des médicaments ou une drogue quelconque. L'affichette est en tout cas scribouillée "*Pour Frank Mazzola, qui a tant contribué à faire de la texture de* Rebel *une réalité vivante*", et péniblement signée "Nick".

Ce qui est suffisant, finalement, pour rentrer chez soi justifié.

21 / UNE VIE HOLLYWOODIENNE

Mentionnez n'importe quel nom à Joe Newman, il vous dit d'abord qu'il était le neveu d'Untel, ou le mari de Trucmuche. C'est que Newman, qui a fait une longue carrière de metteur en scène après la guerre, est une véritable mémoire vivante de Hollywood ; et que pour lui Hollywood a toujours été une affaire de famille. La sienne n'était pas du métier, mais il a grandi sur Gramercy Place, entre Franklin et Hollywood Blvd, lorsque la rue s'appelait encore Morgan Place. "Les collines au nord de Franklin étaient couvertes de houx sauvage, qu'on vendait sur le Boulevard juste avant Noël quand on était gamins. Nos voisins étaient Wallace Reid et Dorothy Davenport – deux grandes stars du muet."

Alors que Reid, premier "matinee idol" du cinéma, et son plus notoire morphinomane, s'écroulait d'épuisement sur le tournage de *Thirty Days* (il mourra trois mois plus tard, le 18 janvier 1923), le jeune Joseph Newman, à treize ans, amorçait sa carrière dans le show-business en collants verts sur la scène de l'Egyptian Theatre, la toute nouvelle salle du promoteur Sid Grauman sur Hollywood Blvd. "Mon chef scout, Charles Gorman, était un grand ami de Douglas Fairbanks. Il faisait parfois l'acteur dans ses films, et il est devenu maquilleur par la suite. Cette fois, il nous avait obtenu des rôles de figurants dans le prologue de *Robin Hood*[1]. Toute la troupe de boy-scouts !" Ce n'était pas rien, vu que les billets pour la première coûtaient cinq dollars, et que même les billets courants ensuite étaient à un dollar soixante-quinze. *Robin Hood* était un événement, le premier film à coûter plus d'un million à produire, le premier film à ne passer que dans une seule salle durant des mois à Los Angeles.

Un an plus tard, la famille Newman déménageait pour Culver City, déjà site des studios de Thomas Ince et de Pathé, mais pas encore de MGM, qui ne sera formé qu'en 1925. "On habitait sur six hectares de noyers tout au bout de Washington Boulevard, du côté de Venice, là où se trouvait le Plantation Club." Dans les années vingt, Culver City était le paradis des bootleggers à Los Angeles. L'alcool illégal arrivait du Canada ou du Mexique par bateaux, à Venice ou Santa Monica, et, l'implantation du cinéma aidant, Washington Blvd était littéralement bordé de night-clubs, speakeasies et restaurants louches comme le Green Mill, le Doo Doo Inn, le Monkey Farm, le Midnight Frolics ou le Club Royale. Culver City était une municipalité indépendante de Los Angeles, avec ses propres décrets et règlements, dont les gangsters profitaient. Le club le plus important était le Cotton Club de Frank Sebastian, où passaient Ellington, Cab Calloway et Louis Armstrong (lequel se fera arrêter pour possession de marijuana lors de son premier engagement au Cotton Club). Le Plantation Club dont parle Joe Newman a été rouvert en août 1928 après un incendie, par son nouveau propriétaire Fatty Arbuckle, recyclé restaurateur après le fameux scandale qui l'avait plus ou moins mis sur le sable. Pris de remords pour l'avoir abandonné à son sort, une

1. *Robin des Bois* – Allan Dwan, 1922.

partie de la communauté du cinéma avait volé à son secours quand Fatty s'était trouvé à court d'argent pour reconstruire le Plantation. Cedric Gibbons, le chef décorateur de Metro, avait fait l'intérieur. Keaton, Chaplin, Harry Langdon et Bebe Daniels étaient venus faire l'ouverture, où Fatty s'était produit sur scène dans un de ses numéros. Le succès de l'établissement fut de courte durée, Arbuckle devant revendre en 1930 après le crash boursier.

Le jeune Joe Newman, lui, était plus marqué par les bâtiments en adobe près de chez lui, qui servaient tout le temps aux gens de cinéma pour filmer westerns et scènes mexicaines. Son père, arrivé d'Allemagne, était dans la chaussure. Après un passage en Utah, où Joe était né en 1909, il avait amené sa famille à Los Angeles. Joe a fréquenté la Los Angeles Grammar School, puis une école secondaire à Venice, où Myrna Loy et Joan Blondell étaient aussi. Mais, les affaires de son père ayant mal tourné, il dut quitter l'école à seize ans pour soutenir sa famille, devenant garçon de bureau à MGM, "juste un an après la fusion". Metro, Louis B. Mayer et Sam Goldwyn s'étaient associés au circuit de distribution Loew's, en avril 1924.

*

La première tâche du jeune Newman chaque matin était de remplir le stylo d'Eddie Mannix, le manager général du studio. "A l'encre verte." C'est ce genre de détail qui rend la mémoire de Joseph Newman si précieuse – non par son importance, mais parce que, contrairement à beaucoup de ses congénères, il ne se laisse jamais influencer par le folklore qui s'est accumulé sur Hollywood comme autant de barnaches. Quand il vous affirme avoir été le premier à dire bonjour à Garbo à la réception du studio, on le croit. Quand il vous dit avoir passé des jours et des jours à distribuer les cartons-déjeuners aux trois mille extra durant le tournage de la course de chariots de *Ben Hur*, il peut vous indiquer non seulement où était reconstitué le Circus Maximus ("au coin de Venice et La Cienega, sauf que La Cienega n'était pas encore tracée à cette époque-là"), mais aussi combien touchaient les extra (trois dollars par jour). Quarante-deux cameramen avaient été recrutés, sous la direction nominale de Fred Niblo et de B. Reeves Eason ("Breezy Eason, on l'appelait"), lequel fut en réalité entièrement responsable des séquences de courses. Il y avait une trentaine d'assistants répartis dans la foule de figurants, dont William Wyler, le futur réalisateur du remake en 1958, en toge comme tout le monde, et communiquant avec "Breezy" par signaux à bras, comme dans la Marine.

Les souvenirs de Joe Newman ne sont pas qu'anecdotiques : quand, promu "script-clerk" (on ne disait pas script-boy), il vous dit avoir passé des dimanches à assister Thalberg qui refilmait des scènes avec Norma Shearer sur *The Student Prince* [1] derrière le dos de Lubitsch, c'est une révélation. Car si le prince de "Retake City" (comme on appelait le studio) était connu pour ses intenses préparations et pour son contrôle sur le produit fini, personne n'a jamais vu Thalberg tourner quoi que ce soit. Selon Newman, il s'agissait de scènes qu'il avait écrites lui-même, et qu'il filmait en secret. Les dimanches étaient sacrés à Hollywood – sans doute plus que le contrôle de Lubitsch sur ses films à cette époque. En 1934, quand il remettra les pieds au studio pour *The Merry Widow*, les choses en iront tout autrement. Plus d'interférence de Thalberg, et Newman serait désormais assistant. "J'étais censé surtout m'occuper de la version française, qu'on tournait en même temps. Jeanette MacDonald était dedans

1. *Le prince étudiant* – 1927.

avec Chevalier, elle parlait couramment le français." Mais plus d'Edward Everett Horton en ambassadeur Popoff.

Newman devait sa promotion au Malin, et à Cecil B. DeMille. Il était troisième assistant sur *Madam Satan*[1], une importante comédie musicale qui se tournait au studio en 1929. Mitchell Leisen était premier assistant, Richard Rossen second, et quand les deux tombèrent malades, Newman se retrouva pendant deux jours à commander deux cents personnes, dont un extra nommé Anthony Quinn, qui devait devenir le gendre de C.B. Lequel se montra très gentil et compréhensif envers Newman. Encore une légende de plombée. Newman avait vingt et un ans. *Madam Satan* fut un four retentissant, précipitant le départ de DeMille pour Paramount.

Ayant pratiquement grandi avec le studio, Newman connaît intimement son personnel, du moins le MGM d'avant guerre. Certains de ses amis furent plus tard ses employeurs. Comme Vic Orsatti, le jeune frère de Frank (l'agent qui avait un accès privilégié à Mayer parce qu'il avait été, disait-on, son bootlegger), qui devait dans les années soixante produire deux des films les plus importants de Newman, *This Island Earth*[2] et *Flight to Hong Kong*. Questionnez-le sur un metteur en scène qui vous intrigue, comme Felix Feist, Newman ne sait même pas qu'il a réalisé des films chez RKO (*The Devil Thumbs a Ride*, *The Threat*) ou chez Warner (*Tomorrow's Another Day*), mais il peut vous dire que son père était chef de la distribution de Metro, et même plus tard vice-président du studio. "Je connaissais très bien Felix, on a débuté ensemble quand je dirigeais des secondes équipes. Et après la guerre, on a passé plus d'un mois dans tout le sud du pays à tester des gamins pour *The Yearling*[3]. On s'est bien

1. *Madame Satan* – 1930.
2. *Les survivants de l'infini* – Joseph Newman, 1955.
3. *Jody et le faon* – Clarence Brown, 1946.

amusés, même si on a raté Claude Jarman à Nashville, le garçon qu'ils ont finalement sélectionné."

Pour Newman, Robert Z. Leonard était "Pop" Leonard, Cedric Gibbons, "Gibby". Avec lui on apprend qu'il y avait à l'origine une catégorie pour les premiers assistants aux oscars – pratique abandonnée en 1937. "Il n'y avait pas de femmes assistantes à Metro. Ce n'était pas considéré comme un poste désirable, et surtout pas glamour pour un sou. Les horaires étaient terribles." Sur *Doughboys* [1], le seul Buster Keaton sur lequel il ait travaillé, Newman a même doublé Sally Eilers, conduisant une ambulance et déguisé en femme. "Keaton ne dirigeait pas, il laissait faire Ed Sedgwick... Eddie Brophy était dedans aussi, son premier film."

Newman est ici dans l'erreur. Le grimaçant Brophy était déjà dans *The Cameraman*, en 1928, le premier film que Keaton a fait à MGM. Il est dans la fameuse scène à la piscine où Buster et lui essaient de se déshabiller en même temps dans la cabine ("*Stay out of my undershirt !*"). Et il est pratiquement dans tous les Keaton parlants. "Avant de faire l'acteur, précise Newman, Eddie était premier assistant, et régisseur de plateau. Mais il a fait une longue carrière de second rôle, toujours avec sa façon de parler du coin de la bouche, et son air agressif. Il avait beau jouer les gars déplaisants, il était très populaire auprès du public. *Doughboys*, on a filmé ça à deux pas de Ventura Boulevard, quand ce n'était qu'une route de campagne à deux voies. Et dans ce temps-là, aucune des routes ne traversait la montagne par les canyons. Mulholland Drive était encore en construction. Et il y avait Chalk Hill, une carrière du côté de Calabassas, où il y a maintenant la maison de retraite des gens de cinéma. Toute l'équipe, Keaton et les acteurs, ont vécu un mois sous la tente dans un camp, sauf le week-end où on rentrait chez soi."

1. *Buster s'en va-t-en-guerre* – 1931.

Comme responsable de seconde équipe, Newman dirigeait toutes les scènes avec Asta (seul) sur les films de la série *The Thin Man*. "On avait deux ou trois Asta sous la main en permanence. Leur dresseur s'appelait Weathermark. George E. Emerson était le dresseur de chimpanzés, pour les Tarzan." Sur *San Francisco* [1], Newman était préposé au tremblement de terre : "Des maquettes, montées sur des balanciers de huit à dix mètres. Sous la direction d'Arnold Gillespie, un décorateur qui est devenu chef des effets spéciaux au studio." La poussière utilisée à l'époque pour ce genre de scènes s'appelait *Fuller's earth*. Pas pour le grand Sam, qui n'était pas encore né au cinéma, mais pour "terre à foulon", l'argile utilisée dans le textile pour dégraisser et fouler le drap. Elle avait l'avantage pour les machinistes de moins piquer les yeux que la poussière normale. Newman se souvient aussi d'un détail touchant – encore à l'encontre de la légende. Un jour, sur *San Francisco*, D.W. Griffith est venu rendre visite à W.S. Van Dyke sur le plateau, et celui-ci l'a laissé diriger jusqu'au soir, en hommage. "Des scènes avec Jeanette Mac Donald, précise Newman. Il y avait plein d'anciennes gloires régulièrement employées au studio, enfin des gens qui nous paraissaient carrément antiques, à nous les jeunes. E. Mason Hopper, mon Dieu ! Il avait fait son premier film chez Essanay en 1911 ! Il a dirigé Robert Montgomery dans son premier grand rôle au studio, quand Norma Shearer l'a réclamé spécifiquement (*Their Own Desire*, en 1929). Il faisait très bien la cuisine, je me souviens – un fin gourmet." Son dernier film, en 1934 et dans un autre studio, était intitulé de manière appropriée *Curtain at Eight*, "rideau à huit heures". "On avait aussi May McAvoy, qui avait été vedette dans *Ben Hur*, et qui a fait de la figuration chez nous longtemps après."

---

1. Woody S. Van Dyke, 1938.

Tout le monde paraissait vieux à Newman. Charles Brabin, vétéran anglais qui avait commencé sa carrière chez Edison, et s'était fait renvoyer du tournage italien de *Ben Hur* par Mayer en 1924, "devait bien avoir soixante ans". Il n'en avait en fait que quarante-sept lorsque Newman travailla avec lui pour la première fois en 1930. "*The Ship From Shanghai*, on a tourné ça à Catalina, sur un yacht. Toute l'équipe était logée au St. Catherine, qui était un très bon hôtel appartenant aux Wrigley, la fortune des chewing-gums. On mangeait et buvait très bien aussi, ce qui semblait importer plus à Brabin que le reste. Tous les matins on partait au large, et alors là, les ennuis commençaient. Brabin laissait ses acteurs cabotiner comme ils voulaient. C'était le tout début du parlant, et certains des acteurs, comme Louis Wolheim (sorte de Michel Simon californien, immense vedette après *All Quiet on the Western Front*), n'avaient pas d'expérience de la scène. Toutes les actrices avaient le mal de mer. Oh, ce n'était pas un très bon film."

Peut-être pas un très bon film, mais à coup sûr un des plus curieux. Comme presque tous les premiers parlants, il y avait un numéro musical, ici un étrangissime "Singing in the Rain" par un orchestre de ragtime entièrement chinois, y compris le chanteur – peut-être même de Shanghai, qui sait, comme les images documentaires du début. L'histoire originale, par Dale Collins, s'appelait *Ordeal* (rude épreuve), ce qui annonçait la couleur pour les spectateurs. C'est une des rares fois où le "Komissar" et chef des rouges de Hollywood, John H. Lawson, a l'occasion de donner vent à ses convictions. En deux mots, sur ce yacht censé représenter la société, les riches sont stupides, incapables, et jouent au bridge ; l'équipage est tatoué, basané et rancunier, ou carrément fou, comme le steward de l'enfer joué par Wolheim, qui malmène les rombières de façon amusante. Brabin bat les cartes avec des mouvements de caméra étranges. On a peine à imaginer les énormes caméras (avec leurs cages insonorisées) sur ce yacht au large de Catalina, l'île en face de Long Beach qui servait à tous les films de pirates jusqu'à ce que Hollywood déménage en Italie dans les années soixante.

Sur *Stage Mother*, où il était cette fois l'assistant de Brabin, Joe Newman dit l'avoir énormément aidé avec ses angles et son montage. "Il s'en fichait éperdument. C'était un homme charmant, très gentil avec moi, mais pas un bosseur. Du moins dans cette période de sa vie. Après son renvoi de *Ben Hur*, il avait fait un procès au studio, et pour éviter de lui verser les dédommagements qu'il réclamait, Metro lui a fait un contrat très accommodant, je crois." Karen Morley, qui a joué dans deux films de Brabin, disait même qu'on lui avait fait un contrat à vie. Ce qui expliquerait son comportement cavalier sur les plateaux. "Le script de *Stage Mother* était épouvantable. On avait Franchot Tone et Alice Brady. Les danses étaient chorégraphiées par Albertina Rasch, qui était mariée à Dimitri Tiomkin. On avait déjà fait toute une séquence de bal ensemble, sur *The Merry Widow*. Elle était très sévère envers les ballerines. Elle et Dimitri parlaient avec un accent russe impossible, difficile à déchiffrer. Les chansons étaient d'Herb Brown et Arthur Freed, qui bien sûr n'était pas encore producteur au studio."

The Merry Widow reste un bon souvenir pour Newman. "Les acteurs français restaient piqués là pendant que l'équipe américaine tournait. Ensuite on faisait la même scène avec eux. Aucun de ces acteurs ne parlait anglais, sauf Akim Tamiroff, qui était dans les deux versions (mais pas dans le même rôle !). Lubitsch ne parlait pas un mot de français, moi encore moins. Mais il avait amené avec lui un assistant belge nommé Joe Lefert, qui traduisait, et aussi un régisseur nommé Doktor Locke. Qui lui, bien que tout à fait capable, ne connaissait pas du tout le système de production qu'on avait. Du coup, j'avais beaucoup à faire sur ce film. Décors immenses, des salles de bal comme je n'en avais encore jamais vu. Chacun était au sommet de sa carrière sur ce film, sauf moi. Il y avait beaucoup de journalistes sur le plateau. Mais c'est Herman Bing qui avait les meilleures scènes, même si on ne les voit pas dans le film, parce que Lubitsch, qui avait un accent encore plus épais que le sien, s'entêtait à vouloir lui enseigner comment parler anglais. Tout le monde était écroulé. Y compris Lubitsch finalement, parce qu'il voyait de l'humour dans tout, même quand c'était lui qui en pâtissait." Les dialogues français étaient de Marcel Achard, alors résident californien.

Gregory LaCava est un autre metteur en scène qui a fait impression sur Newman : "Ils l'ont fait venir pour *Gabriel Over the White House*, en 1932. C'était un ancien dessinateur humoristique, il faisait des cartoons, et il avait beaucoup d'idées neuves pour chaque scène. Les fondus enchaînés, il ignorait. Il faisait des coupes brutes, ce qui innovait à l'époque. Avant, tout devait s'enchaîner sans heurt, ce qui ralentissait le tempo. Je me suis souvenu de ça au moment de diriger mes propres films. C'était la première production de Walter Wanger au studio, d'après un livre dont personne n'avait entendu parler [Newman veut sans doute dire un livre anonyme, écrit par un familier de la Maison Blanche]. Le président que jouait Walter Huston était basé sur Warren Harding, et c'était une satire sur tous ses potes corrompus. Huston commence le film comme un Harding, mais il se cogne la tête dans un accident de voiture et il devient un homme différent et prend vraiment les affaires du pays en main, renvoie tout son cabinet, etc. Je suppose que c'était un coup de chapeau à Roosevelt." Etrangement, pour quelqu'un qui voyait régulièrement Hearst au studio, Newman ne sait pas que Wanger et MGM avaient entrepris ce projet sous la pression du magnat des journaux, qui à cette époque soutenait Roosevelt aux élections.

Dans sa position d'homme invisible, Newman était pourtant bien placé pour observer. Marion Davies était tout le temps en retard, "mais moins que Norma Shearer. Marion Davies, elle, c'était juste vingt minutes, pour marquer le coup. Bien sûr, Hearst arrivait sur le plateau avec elle. Il avait une ligne de téléphone privée dans la loge de Miss Davies, d'où il dirigeait son empire. Une crème d'homme, d'ailleurs. Jamais il n'élevait la voix, jamais désagréable avec vous, et jamais il n'intervenait dans la production d'un film. Miss Davies, elle, avait son domaine, sa secrétaire privée, son maquilleur, son habilleuse, tout le tintouin. Mais Raoul Walsh s'en fichait. Il disait : 'Magne-toi, poupée !' Mais elle et Hearst l'adoraient encore plus pour ça. D'ailleurs, elle se moquait volontiers d'elle-même et des vedettes qui se donnaient des airs. Dans le film qu'on faisait – *Going Hollywood* – elle faisait des imitations d'autres actrices qui étaient à crouler de rire. Walsh avait toujours un fauteuil de metteur en scène plus haut que les autres, comme pour les arbitres de tennis. Et une cravache. Et jamais il n'était sans son *Racing Form,* sa feuille de turf pour préparer ses paris mutuels pendant les répétitions. Même s'il ne répétait pas beaucoup. Autant qu'il pouvait, il laissait faire les assistants. Il avait aussi ses balles de golf, et un trou spécial avec un filet autour. Il nous rendait dingues avec ses putts ! Mais il savait ce qu'il faisait. Il avait un bon sens du tempo pour les scènes. C'était aussi le premier film de Bing Crosby. Mon Dieu, sa mère l'amenait au studio le matin et le ramenait le soir en voiture ! Elle lui servait de manager."

Il arrivait à Newman de diriger des scènes d'un film, pas simplement des secondes équipes. Comme sur la comédie musicale *Firefly*. "Pop Leonard, qui avait un cœur deux fois plus gros que la normale, a eu la maladie de l'altitude.

On était à Lone Pine, dans les Sierras à quatre heures de Los Angeles, avec une doublure pour Jeanette Mac Donald. Elle, jamais elle ne serait venue en extérieurs, surtout pas pour monter sur un bourricot. Pop a fait ses gros plans plus tard au studio. Mais j'ai tourné une grande partie du numéro musical, 'Donkey Serenade'. Et plus tard, sur *A Yank at Oxford*, j'ai fait toutes les séquences de course d'avirons entre Oxford et Cambridge. J'étais en Angleterre pour autre chose. Ils venaient de me promouvoir réalisateur de courts-métrages, mais presque aussitôt Metro a ouvert des studios en Angleterre et ils m'ont envoyé m'occuper de ça. Sans doute parce qu'à ce moment-là, j'en savais beaucoup sur la bonne marche d'un studio, étant passé par à peu près tous les stades de production. Mais c'est encore George Hill qui m'a le plus appris. Il m'a même engagé comme assistant personnel pendant deux ans. Il payait mon salaire de sa poche. Il me montrait tous les aspects de la mise en scène, de la préparation au montage – sa façon de me mettre le pied à l'étrier comme metteur en scène. Chose qui n'arrivait pas souvent avec les assistants, surtout à Metro. Sur *The Secret Six*, le premier film que j'ai fait avec lui, je lui ai recommandé Gable. Je l'avais déjà fait engager par Harry Beaumont pour un tout petit rôle de pianiste dessalé sur *Dance, Fools, Dance*. J'en ai parlé à George Hill, qui a montré le bout de film à Thalberg. Cette année-là, Gable a fait huit films au studio. Gable et moi, on est restés amis jusqu'à sa mort, un des rares acteurs que je voyais socialement."

The Secret Six était encore une histoire de Frances Marion, qui avait écrit *The Big House* pour Hill, son mari à l'époque. "C'était un bien meilleur film de gangsters que tout ce que faisait Warner. Wallace Beery était la vedette, et Johnny Mack Brown, l'ancien boxeur. C'était aussi le premier film de Jean Harlow au studio, et de Ralph Bellamy. *Hell's Divers*, le film suivant, on a été faire ça à San

Diego. On était à l'hôtel Coronado, celui de *Some Like It Hot*. On a filmé sur le *SS Saratoga*, sur le *Lexington* et sur le *Langley*. Des rafiots qui ont coulé plus tard à Pearl Habor. Beery savait piloter. Gable et moi, on s'est fait emmener par des pilotes, mais c'est Harold Marzorati et Charlie Marshall qui ont filmé les séquences aériennes. Marzorati est devenu le spécialiste des transparences à Metro. Et Marshall a fait toutes les séquences aériennes au studio jusqu'aux années quarante."

La même année, Newman a accompagné Hill visiter le chantier du Boulder Dam, qui devait passer pour le barrage du Dniepr dans *Soviet*, une grosse production que préparait Thalberg sur la révolution soviétique. "Hill devait diriger ça, et on a même filmé la construction de Boulder Dam avec un cameraman nommé Harold Lipstein. J'ai participé à des réunions avec Thalberg, ils ont amené Boris Ingster (collaborateur d'Eisenstein tout juste revenu du fiasco de *Que Viva Mexico !*) pour travailler dessus, et d'autres encore. Frances Marion était la première scénariste sur *Soviet*. Mais c'était un projet supervisé de près par Thalberg. Il a ensuite amené Isaac Levine, dont le fils est toujours correspondant de guerre aujourd'hui. C'était une histoire entièrement russe, où figuraient Lénine, Staline, et même Trotski, je crois bien. Le problème, c'est qu'ils n'ont jamais réussi à en faire une histoire personnelle, avoir un héros qu'on pourrait suivre. Mais c'était supposé être un truc immense, très cher, avec Beery, Dressler, Crawford et Gable ! Et puis un beau jour, en octobre 38, ils ont fait venir Capra de Columbia. Il a passé quatre mois sur *Soviet*, et le projet a été abandonné. Mayer était contre."

"Hill s'est retrouvé à faire *Clear the Wires*, avec Lee Tracy, une histoire de reporter que Gable devait jouer, mais Thalberg avait besoin de lui pour *A Free Soul*, avec Shearer. Tracy était un acteur fantastique, très rapide. Delmer Daves avait écrit le script, un de ses premiers.

Pendant ce temps-là, Hill me faisait superviser la construction du ranch qu'il s'était acheté sur Big Bear Lake. Et il continuait à m'enseigner. Il m'a laissé faire tout un montage sur *Secret Six*. C'était un sacré buveur, mais il avait de quoi irriguer, mesurant près de deux mètres. Jamais sur le travail, pourtant. Il avait quand même une bonne descente. Et l'alcool le rendait morose. On ne m'ôtera pas de l'idée que son suicide est dû à ça, une de ses humeurs passagères. D'accord, il était en train de divorcer de Frances Marion, mais je suis sûr que s'il avait tenu jusqu'au matin, il ne se serait pas tué. Moi j'étais très occupé sur *Riptide* avec Thalberg, je ne passais pas beaucoup de temps avec George Hill durant cette période. Tout ce que je peux dire, c'est que pour une femme, il ne devait pas être facile à vivre avec."

Riptide était un film d'Eddie Goulding, un grand ami de Thalberg. Selon Newman, Goulding était la seule exception à la règle que s'était faite Thalberg concernant les scénarios. "Il n'intervenait jamais sur un plateau, sauf vers la fin, quand il s'est fait évincer par Mayer et qu'il avait son unité de production. Et encore, il ne venait que pour arbitrer les prises de bec entre Norma Shearer et le metteur en scène du moment. Pas toujours en faveur de sa femme, d'ailleurs. Mais par exemple, sur *China Seas* Tay Garnett et Jean Harlow avaient un problème avec une scène, qui se passait mal. Ni Furthman ni McGuinness, les scénaristes, n'étaient sur le plateau. Tay et Thalberg ont réécrit la scène sur place, et Tay l'a tournée telle quelle. Thalberg était tatillon avant et après le tournage. Il faisait réécrire et réécrire, tourner et retourner. *Dinner at Eight* [1], il a bien dû y avoir un mois de scènes additionnelles, mais ça c'était Selznick, qui était encore pire. Eddie Goulding, c'était différent. Il était le seul que Thalberg laissait commencer

1. *Les invités de huit heures* – Cukor, 1933.

un film avec seulement quelques pages de script écrites. *Riptide*, *Maytime*, il n'y avait même pas de scénario temporaire. Mais bon, durant *Riptide*, Thalberg était très malade, et durant *Maytime*, il est mort. C'était peut-être aussi dû aux circonstances.

"Thalberg aurait sans doute pu devenir un grand monteur. Metteur en scène, je ne sais pas. Mais il connaissait la mécanique d'un film. Il était assez pète-sec. Il ne tolérait pas l'incompétence, ça je peux vous le dire. Pas très agréable comme type. Quand on le voyait, c'était toujours à cause de Shearer. Sur les films qu'il produisait lui-même vers la fin, elle venait sur le plateau à l'heure, mais elle ne sortait de sa loge que bien plus tard. Elle n'aimait jamais la façon dont elle était coiffée, sa robe, son maquillage, il y avait toujours quelque chose qui clochait. Sur *Riptide*, on a bien dû avoir cinq candidats pour la photo. Finalement, elle a jeté son dévolu sur Ray June, qui est devenu son cameraman attitré. Je pense que ça venait de Garbo, qui ne voulait tourner qu'avec Bill Daniels. Du coup, les autres vedettes du studio voulaient faire pareil. Evidemment, Norma Shearer était magnifique, peu importe qui l'éclairait et la filmait. Mais elle était très maligne, très intelligente. On a minimisé son talent parce qu'elle était mariée à Thalberg."

L'atmosphère sur le plateau de *Riptide* était on ne peut plus british, avec Herbert Marshall, Robert Montgomery, et bien sûr Goulding lui-même – mais guère heureux pour autant. Goulding a dû s'absenter pour venir au chevet de sa femme malade, et Marshall rendait tout le monde fou avec son alcoolisme, et sa nouvelle jambe artificielle dont il se plaignait constamment. "*Maytime*, c'est encore une autre histoire. Goulding l'a démarré sans véritable script. Je suis probablement un des rares au studio à avoir vu Thalberg quand il était gravement malade, parce que le matin je lui apportais les pages que Goulding écrivait dans la nuit.

Thalberg habitait à Santa Monica à ce moment-là. Il lisait les pages, écrivait des notes dessus, et je repartais à Culver City avec. J'ai aussi été à l'enterrement de Thalberg, à la petite synagogue sur Wilshire. Tout le studio y était, évidemment, et les patrons des autres studios. Hunt Stromberg a hérité de *Maytime*, et la direction a profité de la disparition de Thalberg pour virer Goulding. Ils ont tout repris depuis le début, remplacé Paul Lukas par John Barrymore, et Pop Leonard a dirigé le film. Je suis resté l'assistant."

Newman était aussi sur le seul film jamais réalisé par Cedric Gibbons, le chef décorateur du studio. "Il voulait mettre en scène, et je crois que pour le décourager ils lui ont donné *Tarzan and His Mate* à faire. Quand on pense à cet homme si délicat, avec ses poignets mousquetaires, et au bureau fabuleux qu'il avait hérité de Erte, qu'on avait fait venir pour *La bohème* – le voir associé à quelque chose comme Johnny Weismuller et sa guenon, c'est un peu sidérant. Mais il s'est montré beau joueur. Erroll Taggart, le monteur de Tod Browning, a fait le plus gros du travail. Et le film n'est pas mauvais. Taggart était aussi sur le dernier film que j'ai fait avec Charles Brabin, et il lui a été d'un grand secours. Le studio voulait faire un film en écran large, un procédé nommé Grandeur, en 70 mm, le seul que MGM ait jamais fait avant le Cinémascope. *The Great Meadow* était un film sur les pionniers, avec Johnny Mack Brown qui emmène un convoi vers le Kentucky. Le tournage a été très dur, en extérieurs près de Sonora, dans les sierras californiennes – un endroit nommé Dardanelles. Il n'y avait pas beaucoup de transparences dans ce film, et Brabin bougeait beaucoup la caméra, qui était immense. Je me souviens d'un plan à 360 degrés. Les pionniers faisaient le cercle contre les Indiens. On avait posé des rails en pleine clairière, en cercle, la caméra montée sur un vieux landau de bébé. Le film en lui-même n'était pas mal, mais les Indiens ont reçu de très mauvaises critiques !"

Newman a été promu réalisateur de courts-métrages en 1937, quand Jack Cummings est devenu responsable du service. "C'était le neveu de Mayer, mais il était monté des rangs, il avait tout fait avant, régisseur, assistant, puis assistant de Joe Cohn, qui s'occupait de la bonne marche du studio. Joe Cohn était un gros atout pour eux. Il s'arrangeait toujours pour conserver les décors, il avait une véritable bibliothèque de décors, qu'il réutilisait selon les besoins. Il leur a fait économiser un argent fou. Lui et Gibbons s'entendaient bien pour ça. Cummings m'a donné mon premier film à faire en même temps que Chertok, un autre copain à moi quand j'étais script-clerk. Chertok a aussi été chef du service musique, ensuite il est devenu producteur de télévision. Harold Bucquet aussi a débuté dans ce service, il est devenu réalisateur ensuite. Pareil pour Roy Rowland, qui était marié à la nièce de Mayer, Ruth Cummings ; qui elle était scénariste à Metro ! Fred Zinnemann, lui, venait du service documentation. C'est comme ça qu'il s'est mis à diriger des courts. Mais en général, MGM bombardait rarement un assistant au poste de réalisateur. Al Raboch, qui était sur le premier *Ben Hur* et a longtemps été le collaborateur de Brabin, je crois qu'ils l'ont laissé faire un film dans les années vingt, c'est tout. Mais avec ce département des courts-métrages, ça a lentement changé. Jules Dassin est venu de là, David Miller, Zinnemann."

En 1935, Newman gagnait 150 $ la semaine comme assistant. "On pouvait s'acheter une Ford pour 900 $. Les courts étaient un bon entraînement. J'ai fait trois 'Pete Smith', et des Nesbitt aussi [documentaires The March of Time]. Je n'ai jamais fait de 'Benchley', par contre. Mais la série qui m'a le plus appris, c'est encore 'Crime Does Not Pay'. J'en avais fait un sur les faux-monnayeurs. Jusque très tard dans les années soixante, c'était interdit par la loi d'utiliser de vrais dollars dans un film. C'est la première fois qu'on voyait des vrais billets à l'écran. Mais, bon, Hoover avait donné la permission, puisqu'on lui faisait reluire ses chaussures toutes les semaines. C'était la série favorite de Louis B. Mayer, naturellement. C'est pour ça qu'en 1942 il a dit à Dore Schary de me confier un long-métrage à faire. Bien sûr, Schary ne s'occupait encore que des séries B, et il m'a donné un truc bien mité, *Northwest Rangers*. Ils avaient pris l'histoire de *Manhattan Melodrama* et l'avaient replacée dans la police montée au Canada ! Et évidemment, James Craig n'était pas Gable, ni William Lundigan William Powell... John Carradine était dedans, et c'est aussi le premier film de Keenan Wynn. Ensuite j'ai été mobilisé. Je ne suis retourné à MGM qu'en 1957."

*

Aujourd'hui, à quatre-vingt-quinze ans, Joseph Newman est un gentil monsieur toujours prêt à vous parler du passé, pas nécessairement de ses films à lui. "Mais pas trop longtemps, prévient-il toujours. Au bout d'une heure, je faiblis." Nos conversations avaient toujours lieu au même endroit : le restaurant de la chaîne Coco's, sur DeSoto, très loin de Los Angeles dans la vallée de San Fernando. Newman a le dos voûté mais l'œil clair et l'esprit vif. Il conduit tout seul sa voiture et parle d'une voix chevrotante mais néanmoins très articulée. Il habite Chatsworth, non loin des ranchs utilisés par les studios quand il était assistant. Il ne possède pourtant aucun mémento de sa longue carrière, sa maison ayant brûlé dans le grand incendie de 1976. Mais le plus étonnant, c'est que le cinéaste habite Chatsworth depuis 1939. Toutes ces années où il travaillait à Metro, ou quand il était sous contrat à la Fox, Newman se levait à quatre heures du matin pour se rendre au studio. Chatsworth à cette époque était en rase campagne, bordée de lacs et de ranchs, la route juste une piste à deux voies. “Souvent je ne croisais pas une seule automobile de tout le trajet.” L’histoire de Joseph Newman n’a jamais été chantée très haut, mais je la trouve à la fois digne et émouvante, représentant exactement le genre d’artisanat qui se faisait à Hollywood, en même temps que les grandes bouffées d’art et de commerce.

Newman n’a jamais eu grande réputation auprès des cinéphiles. Tavernier et Coursodon sont des rares à lui consacrer un peu de place (dans leur *Cinéma américain*), mais surtout pour le dénigrer. Ils lui retirent jusqu’à la responsabilité des séquences qu’ils jugent à sauver de sa filmographie, attribuant (à tort) les scènes d’incendie de *Red Skies of Montana* à Henry Hathaway, et les meilleures séquences de *This Island Earth* à Jack Arnold. Ils ne sont pas les seuls : Phil Hardy, dans son indispensable *Western Movies*, ne perd jamais une occasion de souligner combien Newman est mou dans sa mise en scène. Or, si Newman a certainement manqué d’ambition en restant trop longtemps et acceptant un peu n’importe quoi à la Twentieth Century Fox dans les années cinquante, il est l’auteur de quelques films originaux, dont un bon film de guerre, deux solides westerns tardifs, et un exceptionnel film policier, *711 Ocean Drive*. C’est lui qui a découvert Harold Russell, le marin manchot de *The Best Years of Our Lives*. En 1943, Newman l’avait filmé dans un documentaire sur la réhabilitation des anciens combattants mutilés, le très remarqué *Diary of a Sergeant*. Trois ans plus tard, Russell remportait un des sept oscars attribués au film de Wyler et Goldwyn.

Newman faisait ces films d’instruction aux vieux studios Astoria, à New York. Il se souvient aussi d’avoir réalisé *Easy to Get* (facile à choper), un documentaire sur les maladies vénériennes destiné aux hommes de troupe noirs. “On avait le champion de boxe Joe Louis là-dedans.

Il était simple soldat, et on l'avait réquisitionné. Il faisait un petit laïus." Sur *Diary of a Sergeant*, Newman avait le cameraman de Ray June, Ellie Fredericks, qui fera plus tard la photo de *Invasion of the Body Snatchers* [1] pour Don Siegel. Mais il est certain que ces films pour l'armée ont influencé Newman au moins autant que son apprentissage sur la série "Le crime ne paie pas" à la Metro. On retrouve, jusque dans ses films des années soixante, les parenthèses comiquement sentencieuses et moralisatrices qui caractérisaient la série ; mais les premiers films de Newman se distinguent aussi par leur usage forcené des décors naturels. "Je ne pouvais plus supporter l'idée de tourner en studio. Ça et les fondus enchaînés. C'était passé de mode. Et ça m'enchantait d'avoir avec moi un homme comme William Daniels sur mon quatrième film, *Abandoned*. Le cameraman attitré de Garbo, de douze ans plus vieux que moi, avec qui on crapahutait partout dans le centre-ville, sur Bunker Hill, à l'Armée du Salut et à l'hôtel de ville, pour filmer cette histoire de filles mères et de trafic de bébés ! Billy Daniels adorait filmer à la va-vite et en extérieurs. Une fois à la Metro, je tournais en seconde équipe, et il avait demandé à le faire. Une scène filmée sur un capot de voiture, à grande vitesse. Le photographe de Garbo, en seconde équipe ! L'année suivante, Bill a encore plus biché, quand Hellinger l'a confié à Dassin pour le tournage de *The Naked City* à New York. Il lui a fait promettre de ne plus picoler, ce qui avec Billy était toujours un problème."

Si *Northwest Rangers* est nullissime, *Jungle Patrol*, le premier film de Newman après sa démobilisation au printemps 1948, est très intéressant. Basé sur *West of Tomorrow*, une pièce inédite de William Bowers, il bénéficiait de ce fait des dialogues mitraillette brillants qui

1. *L'invasion des profanateurs de sépultures* – Don Siegel, 1956.

feront plus tard la réputation de ce scénariste auprès des amateurs de films noirs. Il s'agissait ici d'un film de guerre. "Twentieth Century Fox distribuait le film, mais je l'ai tourné aux General Service Studios, sur McCadden – où étaient Korda et Eddie Small pendant la guerre. Le film a coûté 125 000 $ – tourné en dix jours, pour Frank Seltzer, un producteur indépendant avec qui j'allais faire plus tard *711 Ocean Drive*. Frank était un type de la vieille école, il savait tout ce qu'il fallait savoir sur l'exploitation d'un film. Je l'avais connu à MGM, où il s'occupait des bandes-annonces – lui et Frank Whitbeck. Francis Swann a fait le script de *Jungle Patrol*, avec Bill Bowers, qui s'entendait très bien avec lui. C'était un petit film ingénieux. On ne montrait pas les combats aériens (qu'on ne pouvait de toute façon pas se payer), on ne les suivait qu'à travers les conversations staccato entre le chef d'escadron et ses hommes, comme si la caméra suivait ces interceptions d'avions japonais. Richard Jaeckel était dedans – un de ses premiers rôles. Sam Fuller est venu plusieurs fois nous regarder tourner. On est devenus amis. Il raffolait de *711 Ocean Drive;* mais ça c'était plus tard."

Newman a encore travaillé pour un autre producteur indépendant, W.R. Frank, sur *The Great Dan Patch,* un film qu'il préférerait oublier. "Dan Patch était un trotteur très célèbre dans le milieu turfiste. On a fait ça aussi à General Service, mais le budget était plus considérable. On avait Gail Russell et Dennis O'Keefe. On a tourné les scènes de courses sur le ranch que Zeppo Marx avait dans la vallée, au coin de Reseda et Devonshire." Le film était en noir et blanc, teinté sépia, pour faire historique. *Time* l'a qualifié de "haridelle sentimentale". "Après ça, j'ai travaillé huit semaines pour Eddie Small à essayer de sauver un western qu'il avait, avec George Montgomery [1].

1. Qui deviendra *Davy Crockett, Indian Scout*, film Reliance de Lew Landers sorti par United Artists en 1950.

On travaillait dans un bureau au studio Goldwyn, sur Formosa. Howard Hughes avait le sien juste en face. Eddie Small était ami avec lui, mais Hughes nous bassinait sans arrêt avec ses scores de bowling. Qu'est-ce qu'il aimait le bowling, cet homme-là...

"*Ocean* était une idée de Frank Seltzer au départ, sur un *wire service*, une ligne télégraphique qui sert aux bookmakers pour tricher sur les paris. Il avait pris un type pour écrire ça, je ne me rappelle plus qui, et on était chez Frank quand Jerry Bresler m'a téléphoné pour demander si je voulais bien assurer la mise en scène d'un truc qu'il produisait à Universal, le film sur les filles mères, *Abandoned.* Je crois qu'il avait un scénario fini, une histoire originale par un type nommé Irwin Gielgud. On avait une très bonne distribution sur *Abandoned :* Dennis O'Keefe encore, avec qui je m'entendais bien, Gale Storm, Jeff Chandler (son premier grand rôle), Raymond Burr et Marjorie Rambeau. Et Mike Mazurki ! Je me souviens du veston de Raymond Burr, une vraie tente à rayures... Bresler a peut-être pensé à moi parce que j'avais déjà fait un film sur le sujet, *Women in Hiding*, dans la série 'Le crime ne paie pas', avec Marsha Hunt comme vedette. Comme j'ai dit, on n'a filmé pratiquement qu'en extérieurs. Le film a été bien accueilli par les critiques."

Même s'il lui est supérieur, *711 Ocean Drive* est aussi du même moule qu'*Abandoned*, ou que les films fauchés que Newman fera plus tard pour Allied Artists. Il y a toujours les fameuse séquences "serre-livres" moralisatrices qui amorcent et terminent le film. Ces vestiges des années quarante sont ce qu'il y a de plus difficile à digérer dans son cinéma. *Ocean* est encore un film indépendant, produit par Seltzer, mais cette fois financé entièrement par un ami à lui qui possédait une chaîne de salles de cinéma à Chicago, Ed Silverman. "On a fait ça en 1949 pour moins de 400 000 $, et bien qu'on ait bénéficié d'une distribution du tonnerre, tout l'argent dépensé se voit sur l'écran. Tous les acteurs étaient free-lance. Je dois admettre qu'on a essayé d'avoir des vedettes plus conséquentes, mais ces gens-là étaient tous sous contrat avec les studios. Alors on a pris Eddie O'Brien, et je dois dire qu'il a fourni un excellent travail. Jamais de problème avec Eddie – toujours à l'heure, toujours sachant ses répliques. Sur ma recommandation, Seltzer avait mis Francis Swann sur le script, mais c'est vraiment Richard English, venu après, qui est responsable pour la qualité du film. C'est lui qui l'a vraiment écrit, et surtout qui a trouvé comment amplifier l'histoire. Et puis on avait ce merveilleux directeur photo, Franz Planer, qui avait fait tous ces films avec Max Ophuls. Jamais je ne m'en serais tiré à filmer les immenses tunnels sous Boulder Dam sans Planer. Et lui aussi, comme Daniels, adorait filmer en extérieurs. J'avais une vraie équipe de vieux de la vieille ! Enfin, ils me paraissaient tels à l'époque. Mon monteur Bert Jordan, qui avait fait *Jungle Patrol* avec moi, était un régulier des films de Hal Roach, *Les petites canailles* – c'est vous dire. Il avait près de soixante-dix ans. Il a monté ça à General Service."

Edmond O'Brien joue un installateur de téléphone nommé Mal Granger qui apporte son expertise à un réseau de bookmakers. Il invente un système permettant de connaître le résultat des courses sur la Côte Est avec une légère avance sur tout le monde. La Mafia est à même de louer ce service aux bookies du Nevada et de Californie. Granger se rend vite indispensable à ses nouveaux employeurs, prend goût à la belle vie (l'adresse du titre se réfère à la luxueuse garçonnière qu'il loue à Malibu), et se met à avoir les yeux plus gros que le ventre ; ou les yeux baladeurs, qu'il s'agisse de Dorothy Patrick ou de Joanne Dru, cette dernière mariée au lieutenant du Big Boss, joué par Donald Porter. O'Brien est l'acteur idéal pour un tel rôle : assez malin pour l'ambition, pas assez pour savoir où s'arrêter. Assez ordinaire pour être crédible en électricien, mais aussi en tombeur de ces dames. Otto Kruger joue le Big Boss, un contre-emploi très réussi pour ce suave acteur. De même, les traits plaisants de Donald Porter (nouveau venu intégral à l'époque) cachent une âme de sadique qui bat sa femme. Le bovin Barry Kelley joue le bookie qui donne son premier job à Granger ; Robert Osterloh et Sammy White jouent des *characters* inoubliables, nommés respectivement Gizzi et Chippie. Le film “s'élargit”, comme le souligne Newman, avec les très belles séquences tournées à Palm Springs, où Granger rencontre finalement Kruger chez Porter. Mais une fois découvert et en fuite, Granger semble soudain tombé dans un autre film : les séquences à Boulder Dam, pour impressionnantes qu'elles soient, paraissent hétérogènes au reste. Newman revendique l'idée d'aller filmer à Boulder Dam, qu'il avait vu construire quand il travaillait pour George Hill. Il savait que les immenses tunnels seraient un site idéal pour une poursuite. Mais c'est une idée à la Hitchcock (Newman se fait même filmer au milieu d'un groupe de touristes qui visitent le barrage !), qui nuit finalement au film plus qu'elle ne lui apporte.

711 Ocean Drive ouvre sur un avertissement qui fait régulièrement crouler de rire les spectateurs suffisamment chanceux pour en voir une rare projection : “A cause des révélations faites par ce film, de puissants intérêts criminels ont tenté de décourager le tournage, avec menaces de violence et rétributions à la clé. C'est seulement sous la protection armée de la police dans les divers endroits où a été tourné le film que cette histoire a pu atteindre l'écran aujourd'hui.” Newman affirme pourtant que ce n'était pas du pipeau publicitaire. “On cherchait des endroits où filmer à Las Vegas, quand une nuit Frank Seltzer a reçu un coup de fil. ‘On veut vous avertir, pour votre bien, que vous et vos collègues avez intérêt à quitter la ville demain.' On a d'abord cru à un canular, mais après avoir parlé à plusieurs contacts, il s'est avéré que certaines personnes à Cleveland, qui opéraient ce service de télégraphe pour bookies, étaient aussi propriétaires de plusieurs casinos à Vegas. Ils nous mettaient au défi de faire le film. On avait déjà mis en boîte quelques plans de rues nocturnes, avec néons et voitures, en seconde équipe, alors on est partis. Les séquences de la maison, censées se passer à Vegas, ont été tournées dans la maison de quelqu'un qu'on connaissait à Palm Springs. Les scènes de casino sont les seules faites dans des décors, alors qu'à l'origine on voulait filmer dans un vrai casino. On avait nos bureaux aux studios Hal Roach, et on a construit nos décors là-bas. La scène où O'Brien réunit les bookies pour leur annoncer qu'il s'aligne sur les types de Cleveland et qu'ils vont devoir payer plus pour le service, on a tourné ça contre un mur nu de plateau. Sinon, tous les endroits étaient réels : le restaurant drive-in où se réunissent O'Brien, Chippie et le flic, c'était Dolores, sur Wilshire (célèbre pour son sandwich à l'aubergine). La maison de Malibu était la maison de quelqu'un là-bas, le stade de base-ball c'était le vieux Gilmore Field, près de Farmer's Market. On a filmé dans les vrais couloirs de l'hôtel de ville, et dans un vrai restaurant à Palm Springs, le Dolls House, et à la Los Angeles Gas Company, sur Formosa, qui était toujours un bon extérieur, avec les réservoirs et tout ça. La compagnie de téléphone au début, où on voit le standard, c'est celle de Santa Monica. La maison où le gangster se fait tuer était à Beverly Hills. Les scènes de courses on a fait ça à Del Mar. La maison qu'ils utilisent pour espionner avec les jumelles, c'était une vraie maison qu'on a trouvée là-bas. Et bien sûr on est retournés au Nevada pour les séquences à Boulder Dam, mais sous la protection armée des Rangers. La seule chose, c'est qu'on a évité de mentionner Cleveland dans tout le film. On était courageux, mais pas téméraires.

"Les gens se souviennent toujours de Chippie dans le film. C'était le premier rôle de Sammy White, qui avait fait une petite carrière de comique avant, mais c'est tout. Il avait une drôle de façon d'utiliser son regard, et j'ai essayé d'en profiter. Il a eu beaucoup de succès avec le film, et a fait une bonne carrière d'acteur secondaire ensuite. Il est dans un tas de films avec Tracy et Hepburn, par exemple." Newman avait aussi le sentiment de faire du bon travail, et même d'innover par moments. "On a fait un travelling sans rails dans un vrai restaurant, par exemple – ce qui ne se faisait pas très souvent. Et j'ai pu filmer comme je le voulais depuis longtemps. Par exemple, dans le restaurant, la scène avec le maître d'hôtel. Il arrive à la table et dit : 'Vous vouliez me voir, monsieur Granger ?' Je suis sur un gros plan d'O'Brien et la voix est hors champ. Ensuite je coupe sur un plan à deux, au lieu d'élargir avec un travelling arrière. Ce serait la chose normale à faire, reculer pour inclure le maître d'hôtel. Sauf que je n'ai rien pour reculer, rien qui justifie que je recule. Et j'avais une aversion des mouvements de caméra arbitraires." Newman se souvient aussi d'avoir utilisé un procédé antédiluvien nommé *Shipman backing*, au lieu de transparences normales. "Les derniers plans sur Kruger, où on est censé être au Knickerbocker Hotel, c'est fait sur plateau contre une immense projection, un agrandissement de plus de trente mètres de large. Mais là où j'en ai bavé, c'est sur les séquences dans le casino, à cause du manque d'extra. On a dû pas mal trafiquer au montage. C'était avant le son sur bandes, on en était encore au son sur pellicule, donc il fallait faire tous ces plans en extérieurs à la perche. Il n'y a aucun son réenregistré dans ce film." Pour évoquer Vegas, ils avaient aussi monté une grande enseigne sur un toit de plateau chez Hal Roach, APACHE HOTEL. "Et un travelling nous amenait sur O'Brien en train de trafiquer la ligne téléphonique. Cette histoire de retard effectué avec un enregistrement était un truc que quelqu'un avait utilisé en vrai. On avait un type nommé Block comme consultant, qui nous a expliqué comment on procédait. Le même truc a été utilisé plus tard dans *The Sting*[1], mais c'était la première fois qu'on le montrait à l'écran. Et il y avait une enquête du FBI sur ces activités à l'époque, ce qui a pas mal contribué au succès du film. Qui a été considérable. Heureusement pour moi, car j'avais des parts sur les bénéfices."

"La prochaine fois que vous vous direz que ce n'est qu'un petit pari à deux dollars, souvenez-vous que cela contribue à la corruption et aux meurtres auxquels vous venez d'assister." Ainsi se conclut le film. Newman revendique entièrement le dispositif. "C'était mon choix. Personne ne nous a forcés. Bien entendu, on n'a eu aucun problème avec la censure. C'était un film pour familles. Un bon film. Il est sorti avant que je ne rentre d'Europe, donc j'ai raté les critiques, qui étaient toutes bonnes. J'ai eu tellement d'offres après ce coup-là, quand j'y pense. Les Orsatti m'attendaient à la gare comme si j'étais le messie. Harry Cohn voulait me mettre sous contrat immédiatement. Il m'en a toujours voulu de ne pas avoir accepté, je n'ai jamais pu travailler pour Columbia par la suite. Fox, Howard Hughes, ils étaient tous après moi. Mais je ne voulais signer avec personne, j'avais pris goût à cette indépendance. Zanuck adorait *Ocean*. Et Julian Blaustein était producteur à Twentieth. Il venait juste de faire *Broken Arrow*. J'avais été sous ses ordres dans l'armée. Il m'a envoyé un scénario en me disant qu'il aurait Burt Lancaster. Alors évidemment, j'étais tout excité. Sauf que j'ai eu Paul Douglas à la place. *The Guy Who Came Back* était une histoire de joueur de football, le script n'était pas

1. *L'arnaque* – George Roy Hill, 1974.

terrible, même si c'était écrit par Allan Scott. On a filmé les scènes de football au vieux Wrigley Field de Los Angeles, sur Avalon et la 41e. On avait quand même une bonne distribution, Linda Darnell, Joan Bennett, et Zero Mostel ! Mais bon, Paul Douglas, c'était pas Lancaster. C'est comme ça que j'ai signé avec Twentieth Century Fox et que je me suis retrouvé à faire six films pour eux en deux ans et demi."

Avant son tunnel Fox, il y a eu le bizarre interlude italien pour Newman. "J'ai hérité de *Lucky Nick Crain* parce que les frères Woolf, John et James, étaient à Los Angeles pour engager William Bowers. Déjà producteurs bien établis à Londres, ils venaient de fonder Romulus Productions, et ils avaient cet affreux roman de James Hadley Chase, *I'll Get You For This* [1]. Ils voulaient que Bill l'adapte. Bill leur a dit qu'il ne le ferait que si j'étais dans le coup. Il leur a montré *Jungle Patrol*, et les frères Woolf ont dit d'accord. Moi j'ai accepté seulement par admiration pour Bowers. Je ne voyais pas comment il allait s'en tirer, parce que c'était une histoire de gangster qui arrive en Italie et se lie d'amitié avec un gosse des rues, mais tout le monde le bat froid et il ne sait pas pourquoi. Finalement il découvre qu'on l'accuse d'avoir tué plusieurs personnes des services secrets, ou je ne sais plus quoi. Il y avait des tonnes d'exposition, des choses qu'on ne pouvait pas voir sur l'écran. Mais Bill était brillant, il avait déjà une bonne idée pour le début, alors j'ai dit oui. Les Woolf avaient déjà engagé George Raft, sans scénario. Evidemment, Bill s'est soûlé. Il a écrit dix pages, ensuite il s'est pris une muflée qui a duré deux mois. Du coup, on a engagé Richard Macaulay, qui avait fait plusieurs scripts pour Raft. Je suis parti pour Londres avec lui, et puis arrivé à New York, il s'est marié. J'ai même été son témoin ! Mais sur le

1. *Douze balles dans la peau*, en Série Noire – 1954.

Queen Mary, il n'a pas quitté le bar de toute la traversée, et à Londres il est resté soûl comme un lord durant des semaines. Le producteur attitré du film, Joe Kaufman, a fait venir George Callahan et je l'ai emmené en Italie avec moi en repérages. Raft, lui, avait ses dates, juste une lucarne pour nous. J'ai dû faire à peu près tout sur ce film. Pour la photo, j'avais encore un vieux de la vieille. Otto Heller était un Tchèque qui travaillait en Europe depuis les années vingt et qui avait fait tous les pays, de Mayerling à Sarajevo, pourrait-on dire – il était même avec Curt Courant sur le film de Max Ophuls. Par la suite il a filmé *The Ladykillers*, *Peeping Tom*, et tous ces films basés sur les romans de Len Deighton, *Ipcress File* et tout ça. Quand on me parle de tous ces vieux artistes ombrageux chatouilleux du tempérament, ça me fait rigoler. Mais le seul pays où Heller n'avait jamais tourné, c'était justement l'Italie. Côté distribution, on avait Raft et Coleen Gray. On voulait Peter Lorre pour le rôle du mystérieux Massine, mais on a eu Charles Goldner, qui est loin d'être Peter Lorre ! Je ne dirai pas que c'est un bon film, non, mais le gamin qui se lie d'amitié avec Raft était très bon. C'était Enzo Staiola, l'enfant dans *Le voleur de bicyclette*. Enfin, voilà pour ma période néo-réaliste."

*

Pour son premier vrai film Fox, Newman se retrouvait dans la cage à poules du studio. *Love Nest* est une comédie insipide, malgré des dialogues signés I.A.L. Diamond, futur collaborateur de Billy Wilder, et la présence toujours réchauffante de Marilyn Monroe. Sinon, tout était en carton-pâte : la "rue new-yorkaise" du studio, William Lundigan et June Haver. Newman se souvient surtout avec tendresse de Frank Fay ("un picoleur de première, mais un homme délicieux"), et de son premier contact professionnel avec Zanuck. “Il intervenait beaucoup sur la distribution, il regardait les rushes très tard le soir, vers minuit-une heure. Le matin, vous aviez toujours un mot de lui, souvent des compliments, mais même s’il avait des objections c’était toujours poli, jamais de sarcasmes. Très agréable de travailler avec lui. J’avais réclamé Monroe pour un film précédent et j’étais ravi de l’avoir. Zanuck aussi apparemment, parce qu’il l’a mise sous contrat juste après. Mais le film n’a pas bien marché du tout. La comédie n’était peut-être pas mon fort.”

Son film suivant, sur les pompiers du ciel, avait l’avantage de l’aérer un peu : il a tourné *Red Skies of Montana* dans les rues de Missoula et dans des forêts calcinées aux alentours. “Mais on a surtout construit cette incroyable forêt en bordure du studio, là où sont les immeubles de Century City aujourd’hui. On avait fait venir tous ces arbres des sierras, des pins énormes, et la forêt allait jusqu’à Pico Boulevard et Roxbury Park, là où est l’hôtel Marriott. Si vous allez là-bas vous aurez peine à le croire. C’était un incroyable boulot de la part du service construction de la Fox. Il y avait tous ces tuyaux enterrés sous les arbres, avec du gaz au jet, on faisait brûler à volonté. Dans le film on a un peu d’images d’archives, mais 80 % des scènes d’incendie sont faites sur ce plateau. Et ce n’était pas bon marché, même en 1951. On a tourné dessus tellement longtemps, les riverains ont commencé à rouspéter. La nuit, le ciel rougeoyait, c’était phénoménal. En plein Los Angeles ! Ce film a demandé une préparation incroyable. A cette époque, le studio avait son propre avion, avec pilote sous salaire en permanence. Il m’a emmené au Montana pour les repérages. Si bien que je n’ai pas eu beaucoup de temps pour m’occuper du script. L’histoire était essentiellement celle d’un film de guerre, transposée à la vie civile. Je me disais que Widmark et Jeffrey Hunter seraient intéressants à opposer. Et Zanuck adorait Richard Boone, depuis le succès de *Halls of Montezuma* [1]. Boone était épatant, il apportait toujours quelque chose à un personnage. J'avais Charlie Clarke pour la photo cette fois, je le connaissais de la Metro, où il faisait de la photo aérienne. C'était mon premier film en Technicolor. Harry Jackson a fini le film, les derniers dix jours, parce que Clarke a été expédié à Nairobi filmer les transparences pour *Snows of Kilimanjaro* [2]. C'était comme ça, à l'époque. Pareil avec les acteurs. Notre tournage a duré si longtemps, ils faisaient d'autres films en même temps. Buchinsky, Richard Crenna, tous les nouveaux, ils faisaient *The Pride of St. Louis, Fixed Bayonets* [3]. Et Boone tournait *Return of the Texan* [4]. Widmark était une perle, j'aurais bien voulu l'avoir plus souvent. Très expérimenté comme acteur. Jeff Hunter aussi, je le trouvais très doué, il aurait pu devenir un grand acteur, s'il n'était pas parti en Italie, ni mort d'un traumatisme crânien à 43 ans."

Sam Engel était le producteur nominal du film. "Zanuck s'est occupé du film de bout en bout. Engel était son homme à tout faire, avec lui depuis sa période Warner. Mais en fait, de tout mon temps chez Fox, je n'ai jamais vu un producteur sur le plateau. C'était merveilleux pour moi. Franchement, j'aurais dû faire de meilleurs films, j'aurais dû amener des sujets à Zanuck et essayer de le convaincre. Au lieu de ça... *Red Skies* était typique de Zanuck, un film de producteur. Il aimait voir le drame se jouer *contre* l'action, pas l'action juste en fond. Et c'était un gros boulot de montage, ce à quoi il excellait. Pour l'incendie de forêt sur Pico Boulevard, on avait jusqu'à six caméras qui tournaient en même temps. Beaucoup de montage. Le service son chez Fox était incroyable aussi,

1. *Okinawa* – Milestone, 1951.
2. *Les neiges du Kilimanjaro* – Henry King, 1952.
3. *Baïonnette au canon* – Sam Fuller, 1951.
4. Delmer Daves, 1951.

leurs effets sonores, les équipes son sur le plateau, excellentes. Côté musique, j'ai évidemment travaillé avec toute la famille Newman (la mienne n'a aucun lien de parenté avec la leur). Alfred, Lionel, même Emil, qui pourtant ne travaillait pas au studio, du moins comme salarié.

"Je suis passé directement de *Red Skies* à *Outcasts of Poker Flat*, Eddie North avait déjà terminé le script. Je suis immédiatement parti en repérages, tout ça pour finalement me retrouver en studio. Il y avait eu plusieurs versions de cette nouvelle de Bret Harte, une chez RKO en 1937 mise en scène par ce très vieux réalisateur, Christy Cabanne (qu'on prononçait Cab-ann-ay). Un type au style flamboyant avec une fine moustache et des cheveux teints en noir peignés en arrière. Il avait travaillé avec Griffith, je crois. Avant ça, en 1919 John Ford en avait fait une version muette. On nous a reproché (enfin, le *New Yorker* nous a reproché) d'avoir rajouté le voleur de banques à l'histoire. C'était la contribution de Darryl Zanuck. Il voulait John Ireland pour ce rôle, mais je l'ai persuadé de prendre Cameron Mitchell, que je connaissais de la Metro, et qui ne travaillait pas beaucoup. Coup de chance, Zanuck a adoré le test. Avec Ireland, ça aurait été plus intérieur. Il m'en a toujours voulu pour cette histoire de rôle perdu, il était très désagréable les rares fois où on se rencontrait. C'est Bill Bowers encore une fois qui a arrangé les dialogues, même s'il n'est pas au générique."

Pony Soldier [1] a été un cauchemar pour Newman : un western tourné en Arizona, sous la neige. Ce qui paraît approprié, puisque c'est une histoire de police montée qui se passe au Canada. "J'aurais préféré aller au Canada en été, plutôt qu'en Arizona au mois de mars. Mais c'était le dernier film de Tyrone Power pour le studio, et il avait une date limite. Zanuck nous a expédiés à Sedona. L'Anderson

1. *La dernière flèche*, 1952.

Company, qui construisait des camps dans la région depuis la construction du Boulder Dam, nous en a construit un aux petits oignons. Le premier jour était ensoleillé, mais avec de gros nuages magnifiques. Arrivée la nuit, il neigeait. On était là avec toute une équipe sous la tente, et il neigeait. Le lendemain on a filmé des scènes de tipis dans un hangar. Si je me souviens bien, il y avait une histoire originale ou un livre au départ, mais on n'a gardé que le mirage (le bateau sur la plaine), et le coup du type qui arrive à convaincre les Indiens de le suivre à travers la plaine. Le reste, John Higgins, Zanuck et Sam Engel l'ont concocté ensemble. Higgins écrivait des courts-métrages dans le temps à Metro, il avait fait pas mal de 'Crime Does Not Pay'. Et puis il s'était mis à écrire pour Eddie Small, des films de Tony Mann en particulier. Mais pour vous donner une idée de comment se passaient les choses, j'ignorais qu'il avait seulement mis les pieds au studio, quand on m'a donné le film à faire.

"Richard Boone avait été désigné pour jouer le chef cree, Standing Bear, et il aurait été magnifique dans ce rôle. Mais il ne se voyait pas en chef indien. Il n'aimait pas le rôle, il disait qu'il ne ressemblait pas du tout à un Indien, alors que si ! Enfin, résultat des courses, au bout de cinq jours de tournage, le voilà malade, à la mort. On a dû le remplacer par Stuart Randall, ce qui n'était pas un bon choix. C'est un acteur cérébral, qui ne faisait pas le poids en face de Cameron Mitchell, un acteur très physique. Le film a beaucoup souffert de la perte de Boone. Et des rétrécissements de budget. Je n'avais pas autant d'Indiens que j'aurais dû, pas autant de tipis non plus, il a fallu arranger ça avec des plans truqués, qu'on appelait des *Sersen shots* à l'époque, pour donner l'impression de toute une tribu, au lieu de nos malheureux figurants. Le fort, on l'a construit en studio. Le tournage a duré deux mois et demi. Tyrone Power était la plus grosse vedette que je dirigeais, à ce stade de ma carrière. Une crème d'homme, un plaisir de travailler avec lui. Il voulait faire quelque chose de différent, il en avait assez d'être juste le beau gars et la gravure de mode. Juste après, il partait pour New York, jouer une pièce. Il voulait devenir meilleur acteur, ce qu'il aurait sans doute fait, s'il n'était pas mort peu après. Durant le tournage, Zanuck a commencé à s'inquiéter, il trouvait qu'il n'y avait pas assez d'action et il a beaucoup réécrit. Ce qui a donné un tournage long et éprouvant, en plus des jambes cassées, des plaies aux jambes infectées. Tyrone a souffert de laryngite deux ou trois jours, et Robert Horton s'est brûlé les cheveux et les mains dans une scène d'incendie. C'est finalement Thomas Gomez qui vole le film, mais c'était une vision libérale et assez naïve des Indiens, en vogue à l'époque. Un peu dans le moule de *Broken Arrow* [1]. Mais pas aussi bon."

D'un mauvais film de prestige, Newman passait ensuite à la casse, filmant *Dangerous Crossing* sur les ruines du *Titanic*. "C'était au départ une émission de radio, écrite par John Dickson Carr, un épisode du programme "Suspense". Leo Townsend a écrit notre scénario – un ancien journaliste, bon pour les dialogues, moins bon pour la construction. Mais c'était une bonne histoire de suspense. On a fait ça à toute vitesse et sur un budget ridicule. On nous a envoyés sur les restes de décors de *Titanic* [2], aux vieux studios Fox, sur Western et Sunset. Lesquels décors venaient d'un autre rafiot qu'ils avaient remodelé. Mais c'est un film enlevé, juste soixante-quinze minutes. C'était mon dernier film chez Twentieth. Au départ, j'avais cru qu'on me donnerait des tas de choix intéressants. Mais c'était l'époque où ils commençaient à ne plus faire que des trucs à grand spectacle en Scope-couleurs, pour contrecarrer la concurrence de la télevision.

1. *La flèche brisée* – Delmer Daves, 1950.
2. Jean Negulesco, 1951.

En 1951, j'avais 45 ans. Je me suis dit que si je voulais que ma carrière devienne quelque chose, il m'appartenait de chercher des histoires intéressantes, et de le faire moi-même. Howard Hughes voulait faire quelque chose avec moi, un grand film sur la guerre de Corée. On m'a mis sous contrat, à la semaine. J'ai attendu six semaines, durant lesquelles il m'a appelé une fois, je crois. Et puis il s'est désintéressé du truc, il avait d'autres chats à fouetter, des affaires personnelles, une comparution devant une commission sénatoriale à propos de Hughes Aircrafts. Alors j'ai dit à Vic Orsatti que j'aimerais former une compagnie avec lui. Et c'est ce qu'on a fait. Son agence n'allait pas fort, ses clients partaient tous pour William Morris, MCA ou Charlie Feldman. Lequel a même essayé de racheter sa boîte. Vic voulait produire, alors on a fondé Sabre Productions. On avait des bureaux sur Beverly Drive, à Beverly Hills, et chacun de nous avait la moitié des actions de la compagnie. J'ai écrit une histoire de délinquants juvéniles, mais c'était encore un peu tôt, il n'y avait pas de James Dean ni de Sal Mineo pour jouer ces rôles-là. Et un jour arrive ce livre au bureau de Vic, intitulé *The Alien Machine*— une histoire d'avion saisi par des forces extraterrestres. On a eu les droits pour des clopinettes, et on a mis Edward O'Callaghan dessus, parce qu'on ne pouvait pas payer un scénariste très cher. Il avait travaillé sur *Lucky Nick Crain*, et ma foi il a fait du bon travail, du moins la construction, qui est en gros ce qu'on a filmé. On a aussi fait faire des dessins, et l'artiste était formidable, il a bien fait une centaine de dessins. J'aimerais me souvenir de son nom, parce qu'il était extraordinaire, et ses esquisses ont beaucoup contribué au look du film, qui est très prisé encore aujourd'hui [1]. Alex

1. L'artiste en question était Franciscus L.A.M, Baron Van Lamsweerde. Aussi connu sous le pseudonyme de Frans Van dans le milieu de la science-fiction.

Golitzen a son nom au générique, mais il était le chef décorateur du studio, à la tête de tout le service, un peu comme Gibbons à Metro. Le nom au générique ne veut jamais rien dire. Et dans ce cas précis, le crédit devrait revenir au dessinateur des esquisses. On est allés voir Arthur Krim avec ça, mais United Artists ne voulait pas entendre parler de nous. Universal adorait le projet, mais voulait nous le racheter. On a résisté, parce que je voulais rester indépendant, mais finalement ils nous ont racheté le projet pour une somme globale. Une somme respectable, mais rien en comparaison de ce qu'on aurait gagné si on avait été au pourcentage, parce que le film a été très profitable, et l'est toujours. C'était Universal avant que MCA ne rachète le studio. Milton Rachmil était encore en place. Et Edward Muhl, qui s'occupait de la partie financière du studio, était fou de *This Island Earth*. Il nous a donné William Alland comme producteur, qui avait été avec Welles du temps de la radio. C'est lui qui fait la voix de la fausse émission d'actualités basée sur 'The March of Time' dans *Citizen Kane*. Il voulait peaufiner un peu le script, qui en avait besoin, et il voulait le faire lui-même – ce qu'il a fait, avec un copain de l'armée que j'ai amené, Franklin Coen."

Encore aujourd'hui, Newman est souvent connu pour ce seul film en Amérique. Il n'est pas sans le savoir. "C'est avec ce film que j'ai presque accompli ce que je m'étais mis en tête de faire, c'est-à-dire contrôler tout un film, à partir du choix de l'histoire jusqu'au montage final. C'est le seul film avec lequel j'ai pu faire ça, même si je m'en suis approché avec *Flight to Hong Kong*." Sans doute pour subsister durant les tractations avec Universal, Newman a accepté un film fauché chez Allied Artists, *The Human Jungle*. "Allied, c'est là où les frères Mirisch ont débuté – Walter et Marvin. Walter était chef de production là-bas, sous Broidy. Et un de la tribu Goetz, que je connaissais de l'époque MGM, était producteur. Le script était de William Sackheim et Daniel Fuchs. Les dialogues était meilleurs que d'ordinaire. C'était l'histoire d'un commissariat de police dans un mauvais quartier – Boyle Heights, je crois. Après le meurtre d'une strip-teaseuse, le chef de la police (Emile Meyer, évidemment !) envoie un de ses meilleurs hommes reprendre le commisariat en main. Le capitaine était joué par Gary Merrill, et il trouve de la résistance parmi les hommes, notamment Regis Toomey. Claude Akins jouait un malfrat, et Chuck Connors était le meurtrier de la strip-teaseuse. C'était son premier film. Il était premier baseman avec les Los Angeles Angels, quand le club n'était pas encore en division nationale. Je l'avais connu par Cameron Mitchell, qui était fanatique de baseball. Jan Sterling était la petite amie de Connors. Elle était formidable dans ce rôle. Elle et moi on avait passé près d'une semaine dans tous les clubs de strip-tease minables qu'il y avait à l'époque sur Western Avenue, et je crois que l'atmosphère s'en ressent. J'avais déjà voulu la prendre pour *Lucky Nick Crain* – je l'avais vue dans une pièce à New York et je la trouvais excellente actrice. Le film était en noir et blanc, mais grand écran, format 1.5. On a fait une projection au studio Goldwyn pour le chef du LAPD, William Parker, et il nous a dit que c'était la meilleure histoire sur la police qu'il avait jamais vue. Il m'a félicité personnellement. Mais les critiques aussi étaient les meilleures que je recevais depuis des années – ou recevrais après."

Variety a qualifié le film de "meilleure histoire policière depuis *Detective Story* [1]". "Superbement joué, ce film au tempo haletant magnifiquement dirigé par Joe Newman laissera le spectateur flageolant des genoux, surtout durant le spectaculaire final." C'était une fusillade qui prenait

1. *Histoire de détective* – William Wyler, 1951.

place dans l'ancienne brasserie Pabst de Los Angeles, un des nombreux décors industriels qu'affectionnait Newman. Il y a une brasserie aussi dans *Dangerous Crossing*. Malgré son look passablement élimé, *The Human Jungle* a ses moments. Comme c'est le cas dans beaucoup de films "exposés" de l'époque (même si ce n'en est pas un dans la forme, le script de Fuchs évitant justement le manichéisme habituel de ce genre de films), le "Mister Big" qui tire les ficelles de l'organisation criminelle ("*I just finance things*") est un vieux sensuel très gentil. Il a cette réplique plaisamment caustique, sans doute due à Fuchs : "Mandy, quand on vit dans un pays aussi formidable que celui-ci, c'est un privilège de payer des impôts." Et les scènes d'effeuillage sont si réalistes qu'on croirait sentir le désinfectant. Jan Sterling est brillante dans son rôle de danseuse délurée, crachant au visage du flic qui s'est fait passer pour un "civil" pour la forcer à coopérer. Même sa façon de chanter comme une casserole durant son numéro de strip-tease sonne juste. Et il faut la voir crapahuter en talons aiguilles dans la brasserie, ce grand singe de Chuck Connors aux fesses.

Mais juste quand il trouvait ses marques, Newman retombait dans les coups faisandés. Cette fois c'était Sam Marx, l'ancien chef du service scénario à Metro, qui faisait appel à lui pour sa première production Universal. Le script de *Kiss of Fire* (tout un programme) était de deux amis de Newman aussi, Franklin Coen et Richard Collins – une sombre histoire d'aventures reliée en cuir de Cordoue, avec Maures et Hidalgos dans le désert. "Barbara Rush et Martha Hyer étaient très belles, mais c'est tout. Jack Palance voulait jouer El Tigre, un personnage romantique, pour le changer des salopards qu'il jouait tout le temps, mais ce n'était pas une bonne idée. Le public ne l'acceptait pas en jeune premier." *Kiss of Fire* lui a-t-il donné envie de retravailler avec Palance ? "Non."

Après ça, Sabre a signé un accord de distribution avec United Artists. Mais la route de l'indépendance était pavée de désillusions. La compagnie de Newman et Orsatti devait faire *Flight to Hong Kong* et *Mister Tex*, une histoire de Frank Coen, mais seul le premier film a pu être réalisé, et l'expérience les poussa à abandonner la collaboration. "Ils n'ont pas voulu nous donner les vedettes qu'on voulait pour *Flight to Hong Kong*, ni un budget nous permettant la couleur. Alors je me suis dit que je ne voulais pas attacher mon avenir à ces gens-là. Et puis Vic Orsatti et moi n'étions plus d'accord sur rien. Il voulait surtout faire de la télévision. Mon dilemme, c'est que j'avais connu le confort chez Twentieth, un salaire à 2 400 $ la semaine, garanti sur deux ans. En fait, la parfaite façon de procéder pour moi avait été ce que m'avait permis Silverman et Seltzer : financer *711 Ocean Drive* sans accord de distribution préalable. Ce qui s'est révélé très profitable. Mais Silverman n'a plus jamais refait de films. On lui a pourtant envoyé *Mister Tex*. Je tenais à ce genre de liberté, j'y avais pris goût, mais ce n'était pas possible. Et puis je crois que l'agence de Vic en a pris un coup après la mort de Frank, ses clients sont tous partis. Je suis resté avec lui par amitié, mais je crois que ça m'a fait du tort. Par exemple, il voulait absolument Rory Calhoun pour *Hong Kong*. Calhoun était une grosse vedette de télévision, mais un acteur très limité. Moi j'aurais voulu Tony Quinn pour le rôle, ou Vic Mature." Ce qui semble être le leitmotiv de sa carrière. Paul Douglas pour Lancaster. Calhoun pour Mature. Mais Newman acceptait ces compromis.

Flight to Hong Kong souffre encore du syndrome de la voix off, mais, comme beaucoup de films de Newman, possède un bon tempo. Et qui pourrait résister à Tim Carey, qui joue "Lugado" et s'entend demander s'il aimerait être payé pour voler les bagages de quelqu'un ? La réponse ne se fait pas attendre : "Considérez-vous comme kidnappé." Barbara Rush est plus raide que jamais, son jeu passé à la laque, comme ses coiffures (faisant songer à l'immortelle réplique de Warren Beatty dans *Shampoo*, quand Jack Warden lui demande quelles garanties il a pour le prêt qu'il demande. "I do Barbara Rush [1]", répond le roi du blow-dry, après mûre réflexion).

Il n'y a par contre pas grand-chose à sauver de *Death in Small Doses* (à part le titre réjouissant), un film sur les camionneurs qui prennent trop d'amphétamines pour ne pas s'endormir au volant. "J'ai fait ça pour dépanner Walter Mirisch, je voulais lui rendre ce service parce qu'on était en affaires. C'était un script de rien du tout et on a fait ça à Newhall et dans les environs de L.A. en neuf jours. Peter Graves joue l'agent qui infiltre le réseau de trafiquants de pilules parmi les camionneurs, dont Chuck Connors, qui en fait des kilos à parler 'jive' et jouer du jazz sur le juke-box."

Finalement, Newman a réalisé le tout premier film des frères Mirisch comme producteurs indépendants, un western écrit par l'incontournable Martin Goldsmith, un pilier de PRC, auteur de *Detour*. *Fort Massacre* était en Scope-couleurs, et rompt par le ton à la fois avec les westerns courants et les rôles joués par Joel McCrea jusque-là (avant *Ride The High Country*). McCrea joue un sergent que les circonstances ont laissé à la tête d'un peloton de cavalerie, qu'il mène à sa perte à cause de sa haine des Indiens. A chaque escarmouche dans le désert, des hommes meurent. Et malgré une occasion de se joindre à un convoi qui les mènerait en sûreté au fort qu'on ne voit jamais, il poursuit son absurde mission. Plus encore que son racisme dévorant (sa femme a tué leurs enfants pour les soustraire aux Indiens), McCrea est hanté par le

---

1. "Je coiffe Barbara Rush", mais aussi, plus vulgairement "Je me fais Barbara Rush."

commandement dont il a hérité contre son gré. Il rouspète sans cesse qu'il va sans doute prendre la mauvaise décision, mais que quelqu'un doit la prendre. Et de fait, il va s'enterrer dans un village paiute à flanc de montagne que les Indiens vont vite assiéger et que les soldats baptisent Fort Massacre. Entièrement filmé en extérieurs du côté de Gallup au Nouveau-Mexique ("Il n'y a pas un seul plan fait en studio", affirme Newman), *Fort Massacre* regorge d'humour et de gestes choquants fleurant la potence, choses qu'on retrouvera plus tard dans *A Thunder of Drums* [1], son autre bon western. Donnant l'ordre à un soldat de creuser une tombe pour le lieutenant incapable qui vient de se faire tuer, le caporal laisse tomber : "Profond de trois pieds ça suffira, c'était qu'une moitié d'homme." Et même les professionnels aguerris, assoiffés et constamment harcelés, ne peuvent finalement tolérer le comportement de leur supérieur, quand celui-ci tue un chef indien venu se rendre sans arme. Mais là encore, Newman résiste à l'emphase. Juste un plan bref sur les soldats qui se regardent. On connaît peu de westerns plus dépouillés et plus laconiques : une attaque sur un point d'eau s'effectue sans un mot, juste de l'action. Les occupants d'un *trading post* font la grimace en voyant les soldats arriver : "Chaque fois qu'ils viennent nous protéger, on se fait incendier." Newman joue aussi sur la personnalité de McCrea, d'ordinaire décente et affable. C'est d'autant plus glaçant de l'entendre ruminer tout haut sur l'acte de sa femme : "Tuer des Indiens quand ils vous tirent dessus, c'est facile. Mais il faut un sacré courage pour faire ce qu'elle a fait." Les hommes de troupe sont également bien dépeints, idéalement servis par un joli ramassis de grognards : Robert Osterloh, John Russell, et Anthony Caruso – l'Italien en scout indien, pour changer. C'est encore

1. *Tonnerre Apache* – 1961.

Forrest Tucker qui impressionne le plus, en soldat de carrière irlandais. De tous, c'est lui qui montre le plus de compréhension pour McCrea, mais quand celui-ci accuse le vieux Paiute d'être l'instigateur du siège monté par les Indiens invisibles, et va pour l'exécuter aussi, Tucker abat son supérieur sans émoi. Tout le monde meurt, sauf deux hommes de troupe et deux Paiutes. *Fort Massacre* est un western brutal et réaliste, précurseur du bien plus coté *Ulzana's Raid* [1], de Robert Aldrich et Alan Sharp. "Disons qu'on essayait de montrer les Indiens pour ce qu'ils étaient, estime aujourd'hui Newman. Leur rendre justice, sans pour autant les idéaliser."

Joel McCrea était venu avec sa femme Frances Dee au Nouveau-Mexique. "Ils n'aimaient pas prendre l'avion, ils sont venus en train jusqu'à Gallup. C'était un couple qui avait les pieds sur terre. Pour McCrea, il n'y avait pas que le cinéma dans la vie – il aimait l'existence qu'il s'était faite avec sa femme sur son ranch à Thousand Oaks. Comme acteur on sentait qu'il n'était pas prêt à trop se fouler, mais en même temps, il avait un bon sens dramatique, et un timing impeccable. Lui il était dans le métier depuis encore plus longtemps que moi. Il était champion de tennis, et ça lui avait ouvert bien des portes. Un homme merveilleux. En soixante-dix ans, je n'ai jamais entendu quelqu'un dire du mal de Joel McCrea." Le deuxième western de Newman pour les frères Mirisch était moins merveilleux. *Gunfight at Dodge City* [2] était l'histoire de Bat Masterson. Encore Joel McCrea, encore Martin Goldsmith au scénario. Quatre semaines de tournage, plus que ce dont Newman avait disposé pour le western précédent, mais le plus gros en décors chez Goldwyn, et dans la "western street" de Republic, à Newhall. Ce film de pure routine n'est mémorable que pour la réplique de McCrea,

1. *Fureur apache* – Aldrich, 1972.
2. *Le shérif aux mains rouges* – 1959.

contemplant son adversaire et ses hommes gisant au milieu de la grand-rue. "En ce qui me concerne, ça règle la question des élections de demain."

"Les Mirisch ont fait un ou deux films comme ça qui n'étaient pas terribles, dit Newman, mais ensuite ils ont eu *Some Like It Hot*[1], et ça les a vraiment remis sur pied. Ensuite ils ont reperdu leur chemise sur un western de John Ford, *The Horse Soldiers*[2]. Et *Man of the West*[3] n'a pas bien marché non plus. Celui-ci on me l'a proposé, mais Gary Cooper voulait Tony Mann. Je me suis retrouvé à faire *The Big Circus*[4], un film qu'Irwin Allen avait essayé de monter à Columbia. Il était producteur, mais il voulait mettre en scène lui-même. Allied Artists voulait bien faire le film, mais pas avec lui comme réalisateur. Broidy, le patron d'Allied, m'a envoyé le script, écrit par Charles Bennett. Je connaissais Irwin Allen depuis 1946, quand il était agent littéraire chez les Orsatti. Mais son ambition était de mettre en scène, alors forcément, il m'en voulait un peu. Il était fou de cirque, il connaissait vraiment cette atmosphère, et il avait fait faire des esquisses de nombreuses séquences, qui se sont révélées très utiles. On a été obligés d'aller faire ça sur le *back lot* de MGM, vu la taille du chapiteau – qui était vraiment formidable. La distribution aussi était prestigieuse, surtout pour un film Allied Artists. Vic Mature était le propriétaire du cirque, Red Buttons le représentant de la banque d'investissement, Rhonda Fleming la publiciste, Vincent Price le Monsieur Loyal, et Peter Lorre le clown. On avait même Steve Allen en annonceur de radio. Et Gilbert Roland en équilibriste qui traversait le Niagara sur une corde ! [Une des pires transparences de l'histoire du cinéma, soit dit en passant.]

1. *Certains l'aiment chaud* – Wilder, 1959.
2. *Les cavaliers* – John Ford, 1959.
3. *L'homme de l'Ouest* – Anthony Mann, 1958.
4. *Le cirque fantastique* – 1959.

C'était plutôt classe, pour une compagnie comme Allied Artists. Encore qu'on pourrait dire que tout ce monde-là était un peu sur le déclin, à part peut-être Mature. Même Charles Bennett avait écrit des choses autrement meilleures, avec Wilder. Bennett était un homme charmant, très vieille école, mais il prenait toujours le parti d'Irwin, qui couvait un peu trop le tournage. Qui a été ardu et interminable."

Newman était retourné à Metro par la porte de derrière au bout de vingt ans. Le portail de devant allait bientôt s'ouvrir, mais avec "Abandonnez tout espoir" écrit au-dessus. C'était 1959, Marthy Thau, l'ancien bras droit de Mayer, dirigeait MGM par défaut. "Il me connaissait depuis toujours et il m'aimait bien, alors quand ils ont fait venir Al Zimbalist au studio pour un remake de *Tarzan*, il lui a recommandé de me prendre. Enfin, ordonné." Encore un jeu des sept familles. "Al était un cousin de Sam Zimbalist, un monteur à Metro qui était devenu producteur. Al, lui, était producteur indépendant. On avait Denny Miller cette fois pour jouer Tarzan, une vedette dans l'équipe de basket de l'UCLA. On avait un script tout prêt à tourner – refaire Tarzan c'était vraiment la décision de Benny Thau et de Sol Siegel, les deux pontes de MGM. On recyclait tout, on disposait des kilomètres de pellicule couleurs que Metro avait jamais impressionnés en Afrique. On a même utilisé le fameux combat de Johnny Weissmuller sous l'eau, contre le crocodile – et comme c'était en noir et blanc, on l'a fait teinter pour que ça passe avec le reste. Ils avaient encore George Emerson, le dresseur de chimpanzés, pour qui j'avais bossé dans le temps. Moi, je dois dire qu'à partir de ce moment-là, j'ai laissé courir. Le seul intérêt historique, c'est que Miller est le seul Tarzan à ne pas dire un mot de tout le film."

*

Plus Hollywood allait mal, plus Newman était en demande. Il avait la réputation de savoir faire des films en peu de jours avec des budgets déraisonnables. Il y a d'abord eu *The Lawbreakers*, un "pilot" glorifié pour la série télévisée "The Asphalt Jungle". "J'ai travaillé avec W.R. Burnett là-dessus. On avait du beau monde, Vera Miles et tout ça. Ensuite il y a eu *The Arnold Rothstein Story,* que j'ai fait en 1960 mais qui n'est sorti qu'un an après. Sam Bischoff m'a appelé pour ça, quand il était encore à Allied Artists. J'aimais beaucoup travailler pour lui. Encore une fois, ils avaient un script tout prêt, écrit par Jo Swerling, que je n'ai jamais rencontré. C'était bâti autour de David Janssen, qui avait végété des années à Universal mais qui maintenant était une vedette de télévision importante, après sa série *Richard Diamond, Private Detective.* Il n'avait pas encore fait *The Fugitive.* C'était un acteur curieux. A la télévision il jouait de façon très stylisée. Sa théorie c'est que comme il n'était jamais arrivé à rien en jouant normalement, il allait s'en tenir à ce style, qui l'avait bien servi. Il n'y avait pas moyen de lui en faire changer. Etant très intelligent, il était parfaitement conscient que c'était un jeu affecté. En tout cas, ce n'était pas bon pour le film. C'était l'histoire de ce joueur légendaire sur Broadway [1]. On avait Diane Foster. Jack Carson jouait un gangster. Tous les plateaux du studio étaient à nous, il ne se passait rien d'autre chez Allied (les anciens studios Monogram, sur Sunset dans East Hollywood). Ça s'appelait *King of The Roaring 20's – The Arnold Rothstein Story.* On ne pouvait pas se relever d'un titre pareil. Et ils en ont fait de la mortadelle au montage, taillé là-dedans comme on fait pour les films télé, tchac-tchac." Le film a fait tchac-tchac aussi au box-office – un bide terrible.

---

1. Sujet d'un livre récent de Nick Tosches, *King of the Jews*.

Rothstein a curieusement le même look que *The Rise and Fall of Legs Diamond* de Boetticher, même grisaille, même laideur des acteurs, mêmes décors toc. Aussi raide et sans vie aussi, comme le jeu de Janssen, encore plus atone que de coutume. Rooney, en ami d'enfance évincé, n'est pas aussi efficace qu'à l'ordinaire dans son cabotinage. Et le script de Swerling est un vrai gâchis, ne touchant à rien des activités moins reluisantes du flamboyant Rothstein, comme son réseau de prostitution, sa part dans Murder, Inc., et le fait qu'il ait été le premier à organiser le trafic d'héroïne sur la Côte Est. Rothstein est juste présenté comme un cerveau brillant, plus malin que les autres.

"C'était une mauvaise passe pour Allied, qui n'a bien marché qu'entre 53 et 60, se contente de dire Newman aujourd'hui. Mais je m'étais bien entendu avec Janssen. Il m'a humblement demandé si je ne pouvais pas trouver des petits rôles à faire pour sa mère et sa sœur. Alors j'en ai refait un autre avec lui, toujours pour Allied. Cette fois, c'était avec Frank Gruber, l'auteur de best-sellers. Il était producteur de fait, il avait écrit le script, je ne pouvais pas changer une ligne parce que je l'avais sur le dos en permanence. L'intrigue de *Twenty Plus Two* était très compliquée, aussi mystifiante que le titre, et si j'avais pu, je l'aurais simplifiée. On faisait des navettes entre Los Angeles, Chicago, New York et le North Dakota. La seule chose que j'aimais bien, c'était Dina Merrill, sa relation avec Janssen. Elle était excellente, et Janssen peut-être que j'ai réussi un tout petit peu à le faire sortir de son moule télé. On avait aussi Robert Strauss, et Agnes Moorehead – très intelligente, elle savait vraiment ce qu'elle faisait. Mais, bon, on avait cet écrivain à succès qui avait le pouvoir, amoureux de chaque mot qu'il avait écrit. Le studio lui faisait confiance, parce que son roman de gare s'était vendu par millions. Et les retournements d'intrigue étaient le secret de son succès. Le film n'avait pas l'air mal, en

Scope noir et blanc, comme on faisait beaucoup à l'époque. Mais c'était assez difficile à suivre. On comprenait vaguement que Merrill avait été une prostituée, mais il fallait s'accrocher. Je ne sais toujours pas à quoi ça fait référence, *Twenty Plus Two*. Mais je me souviens que c'est la première chose que j'ai demandée à Gruber."

Même s'il fera ensuite l'ennuyeux et terne *The George Raft Story* pour Allied, Newman quitte le métier sur un roulement de tambour : *A Thunder of Drums* est véritablement son chant du cygne, et son dernier bon film. Il n'y a aucun tambour dans ce western, ni côté indien, ni côté cavalerie. Newman était de retour à son *alma mater*, MGM, et *Drums* a un côté élégiaque difficile à manquer. John Ford faisait encore des films en 1961, mais avec de plus en plus de mal. *Drums* est écrit par James Warner Bellah, dont les nouvelles servaient souvent de base aux films de cavalerie de Ford. Le capitaine Maddocks joué ici par Richard Boone est rongé par une colère rentrée très différente que celle qui habite Henry Fonda dans *Fort Apache*. Mais c'est surtout un autre capitaine que rappelle Maddocks, le Nathan Brittles de *She Wore a Yellow Ribbon*. C'est comme si Boone avait chaussé les bottes de John Wayne, dix ans plus tard. Newman ose même un écho plus précis, faisant dire à Boone ce que Wayne répète à ses officiers et à Joanne Dru : "Ne vous excusez jamais. C'est un signe de faiblesse." C'est ce qu'un général a dit à Maddocks, le jour où il a commis une erreur coûteuse en vies. Maddocks prend son purgatoire au sérieux, et au lieu de boire, comme le font les commandants de fort dans beaucoup de westerns, il en fait sa terne gloire. "Ça prend du temps, mais on finit par leur damer le pion", dit-il au sujet des Apaches. Maddocks est en territoire comanche, tous ses officiers parlent de Comanches, ou de signes comanches. Mais Maddocks sait dès le début qu'il n'y a jamais eu de Comanches dans ces escarmouches, "seulement des Apaches qui voulaient nous faire envoyer des troupes au sud".

Bien sûr, Newman n'a pas Frank Nugent pour passer derrière Bellah, ni même James Kevin McGuinness. Son western est plus rudimentaire. L'homme de troupe joué par Charles Bronson ne pense qu'à la fesse. Deux femmes violées ne provoquent pour toute réaction qu'un "Poueeeeh, qu'est-ce qu'elles schlinguent !" de sa part. Les officiers n'ont pas grand relief, mais *A Thunder of Drums* est un très acceptable tableau de la vie de garnison dans la cavalerie américaine : l'ennui de la vie au fort, ses mesquineries sociales. Chacun observe les mouvements des autres. George Hamilton embrasse la femme d'un autre officier dès son arrivée. Boone épie Hamilton et Luana Patten, qui ironiquement porte le nom de Tracey Hamilton dans le film, comme s'il avait déjà laissé sa marque sur elle (ils se connaissent du temps de West Point). Comme c'était la mode au début des années soixante, le studio tient à placer une idole des jeunes dans le film. Newman hérite de Duane Eddie, connu pour sa "twangy guitar" au hit-parade, mais ici relégué au rôle de clairon. Il y a une scène amusante où Slim Pickens le voit donner la sérénade à une fille de pionniers. "Y a des jours où je me dis que je devrais économiser sur ma solde. *Git me a gui-tar*." Et si le film appartient à Boone, les deux hommes de troupe joués par Bronson et Pickens en sont les braconniers. Ils volent toutes les scènes où ils figurent. Bronson en particulier, comiquement volubile (quand on connaît le reste de sa carrière mutique). Il crache aussi sur tout ce qui bouge : flèche apache, poulets dans le fort, et même George Hamilton (un "running gag" que reprendront Philip Kaufman et Clint Eastwood dans *Josey Wales*).

Le film a une drôle de structure, confiné au fort pendant une longue période où on entend plus parler des Indiens qu'on ne les voit. En fait, Maddocks reste amarré à sa carte d'état-major, envoyant tel ou tel officier en missions qu'on ne voit jamais se dérouler, ou dont on ne voit que les piètres résultats. Mais quand Boone et Hamilton sortent finalement sur le terrain, le film est fabuleusement mené. Au lieu de faits d'armes, on a d'interminables marches forcées en quête de signes. Au lieu d'actions clairement lisibles, juste une manœuvre qui se dessine dans la tête de Maddocks. Jamais peut-être le travail si banal et si spécifique du soldat en désert américain n'a été mieux montré. La mort du sergent joué par Arthur O'Connell en particulier est subtilement mise en scène par Newman. La bataille est terminée. Après un rare compliment à Hamilton, Boone ôte sa tunique, et comme à son habitude hurle "Rodermill !" Au plan précédent on a vu un dernier Apache sur une crête, et on attend la flèche pour Maddocks. Celle-ci ne vient pas. Il y a juste ce silence à l'appel. Le sergent est mort de l'autre côté du torrent, hors champ, découvert par le clairon. Lequel n'arrive pas à croire que le vieux sergent soit mort. Il répète l'expression favorite du sergent : "*Nobody dies.*" Personne ne meurt. Maddocks, lui, se contente de prononcer son nom, doucement cette fois, en guise d'oraison : "Sergent Karl Rodermill." Comparé à ce genre de pudeur dans les relations, celle de Wayne et de son caporal Concannon dans *Yellow Ribbon* touche presque à l'indécence. Pour le reste, les dialogues sont moins scintillants, mais adéquats. Et Ford n'a jamais fait mieux sur les dilemmes du commandement que Boone ici, qui intériorise tout.

"C'était une histoire de Bellah que le producteur (Robert Enders) avait déjà faite pour la télévision, se souvient Newman. Il voulait la refaire, façon élargie. Je crois qu'il a proposé un script terminé au studio, et ils l'ont engagé pour le produire. Il était beaucoup plus jeune que moi, très agréable comme garçon. Une bonne expérience, bien que je ne l'aie jamais revu. Le film a eu beaucoup de succès, et s'est révélé encore plus profitable à la télévision. Il passe sans arrêt, encore aujourd'hui." Le *Hollywood Reporter*, pour une fois, résume bien la situation, présentant *A Thunder of Drums* comme un "film de cavalerie aussi dur qu'intelligent (*literate*), où l'humour perce souvent l'ambiance déprimante". Et la mise en scène de Newman était jugée "rigoureuse, imaginative et incisive" par la même publication.

"On a tourné ça du côté de Tucson en Arizona, et je crois qu'on a réussi à obtenir le réalisme que je cherchais – ce qui est difficile avec un western. Par exemple, quand on quitte enfin le fort, il n'y a pas de bataille, on voit surtout les hommes en file indienne aller d'un endroit à un autre, rien de glorieux. La vie d'un soldat de cavalerie dans l'Ouest, c'était surtout ça. Des corvées de détail, enterrer les cadavres. J'ai malheureusement été obligé de quitter le montage avant qu'il soit fini, parce que j'avais un autre film que je devais faire chez Allied, le truc sur George Raft. Mais ils ont fait du bon travail, c'est le film que je voulais. La musique est peut-être un peu trop présente."

Le "truc sur George Raft" était nettement moins glorieux. "Ray Danton était un choix catastrophique pour jouer Raft. Il en faisait des kilos, alors que George était très calme et parlait à voix basse. En plus, Danton dansait comme un pied, ce qui est un comble si on veut jouer Raft, qui était gracieux en tout dans sa façon de bouger. La scène du boléro, il s'en est tiré seulement parce qu'il avait Barrie Chase dans les bras, qui elle était une excellente danseuse. Les critiques du film mentionnent toujours Jayne Mansfield et Neville Brand, qui faisait Capone. Evidemment, George n'avait pas eu son mot à dire dans cette affaire. Mais il est venu plusieurs fois sur le plateau, et il avait l'air satisfait. Moi je trouvais ça très surprenant de sa part, parce qu'il faut bien dire que le script n'était pas fameux [pourtant signé Daniel Mainwaring et Crane

Wilbur]. Brad Dexter, l'ancien boxeur que j'avais déjà eu sur *Twenty Plus Two*, jouait un gangster basé sur Bugsy Siegel, l'ami d'enfance de Raft. Dans le film, il emprunte une grosse somme d'argent à Raft et ne le rembourse jamais. Ce qui s'est réellement passé, d'après ce que m'a dit George. Je crois que c'était 100 000 $, ce qui dans les années quarante était une somme énorme."

Joseph Newman n'a plus fait que de la télévision ensuite, jusqu'en 1965. Dix épisodes sur *The Alfred Hitchcock Hour*, quelques *Twilight Zone*, un *Wichita Town* avec Frank Lovejoy en Judge Roy Bean, et un des premiers épisodes de *The Big Valley*. Le plus étonnant peut-être chez Newman n'est pas sa carrière en demi-teinte, mais qu'après quarante années passées dans le cinéma il lui en soit resté presque autant pour se les remémorer. On pourrait croire pareil destin presque aussi effrayant que de faire des bout-à-bout de Tarzan chez MGM, mais Joe Newman ne semble pas avoir de problème avec ça. Ses souvenirs sont aussi vifs et verts que les collants et hauts-de-chausse qu'il portait sur la scène de l'Egyptian en première partie de *Robin Hood*, ou que l'encre dans le stylo d'Eddie Mannix.

22 / L'ULTIME CARACTÈRE

"As a sinner he's a winner/Honey, he's no beginner[1]."

Frank Zappa, chanson-thème pour *The World's Greatest Sinner.*

Timothy Carey est le *character actor* le plus radical du cinéma. Avec lui, la Méthode rejoint la métempsycose, et le caractère le caractériel. Non que Timothy Agoglia Carey ait jamais mis son 45 fillette à l'Actor's Studio. Mais, qu'il joue un poilu de la Première Guerre mondiale ou un Cajun désarticulé, Tim Carey n'est jamais dans le même film que ses collègues qu'on voit sur l'écran; ou plutôt il pèche par empathie, semblant désireux de jouer tous les rôles dans une même scène. Une autre façon de dire qu'il donne une dimension grand patron au cabotinage. Même confiné à l'arrière-plan, Carey meurt d'envie d'exister. Son seul sourire Electrolux peut vous aspirer tout un décor. Ses œillades appuyées ne font qu'une bouchée de ce qui transpire devant lui. Regardez-le grimacer comme un chacal allumé aux amphés dans *Crime Wave*[2], où il tient

1. "Comme pécheur, il se pose un peu là/Chéri, il a rien d'un débutant."
2. *Chasse au gang* – DeToth, 1954.

un rôle pourtant minuscule. Les malfrats rappliquent chez l'ancien taulard joué par Gene Nelson, qui essaie de se refaire une vie honnête avec Phyllis Kirk. Nelson n'a pas d'autre choix que d'aider les fugitifs à braquer une banque à Glendale, parce qu'ils laissent Phyllis Kirk sous la garde de Carey, ce qui revient à confier Titi à Gros-minet. Comme disait Andre DeToth de Carey quarante ans plus tard : "Il était bon, mais fallait le surveiller."

Avant de faire rayonner sa personnalité un peu spéciale sur l'humanité et de devenir aussi apprécié que l'hépatite B dans les boîtes de casting, puis d'épuiser la bonne volonté de ses quelques fans dans le métier, Carey aura marqué l'époque par quelques rôles indélébiles : Nikki, qui abat le cheval de course dans *The Killing*; Ferol, le soldat de *Paths of Glory* [1] qui mange du canard lors du repas des condamnés et écrase un cafard d'un geste satisfait ("Ça nous donne l'avantage"); ou le pilier de cantina qui enfonce le nez de la fille dans un bol de chili et qui meurt de façon explosive dans *One-Eyed Jacks* [2]. Sans parler de la scène de son propre film, *The World's Greatest Sinner*, où il poignarde une hostie de communion.

Timothy Agoglia Carey est né à Brooklyn en 1929. Le grand-père était banquier, les fils bootleggers. "Aux courses, il les maudissait chaque fois qu'il les voyait au paddock." La famille fait grand cas d'une photo sur laquelle on voit une cousine posant assise sur le genou d'Al Capone. "Coppola voulait me faire jouer dans *The Godfather* [3], rien que pour pouvoir utiliser la photo." Grandpa Rocco a dépensé une fortune sur le caveau de famille, "une vraie cathédrale". Carey avait une sœur et deux frères, dont l'un travaillait au *Brooklyn Eagle,* et vit toujours à New York.

Tout jeune, Tim avait pour seule ambition d'impres-

1. *Les sentiers de la gloire* – Kubrick, 1957.
2. *La vengeance aux deux visages* – Brando, 1960.
3. *Le parrain* – Francis Ford Coppola, 1972.

sionner un jour ses copains au cinéma du quartier. Renvoyé de cinq écoles avant l'âge de quinze ans, et fort de sa taille, il se faisait passer pour basketteur dans les universités pour manger gratis à la cantine. Il s'est aussi engagé dans les Marines, presque aussitôt remercié lorsqu'il s'avéra qu'il avait menti sur son âge. "Après ça, aimait-il dire, me faire passer pour acteur, c'était de la petite bière." Ses débuts au cinéma sont effectivement placés sous le signe de la supercherie, et annoncent les dégâts à venir. "En 1951, j'étais à Hollywood, où on m'a tout de suite éjecté des studios Columbia. En rentrant bredouille à New York, en stop, je me suis arrêté au Nouveau-Mexique, où Billy Wilder faisait un film avec Kirk Douglas, *Ace in the Hole*. Je vais le trouver sur le plateau : 'Monsieur Wilder, je suis Timothy Carey, j'ai étudié la méthode Stanislavski...', et il me fait : 'Ja, ja, okay, va-t'en signer là-bas, disleur que c'est moi qui t'envoie.' L'assistant ne voulait pas de moi, mais finalement un extra a fait faux bond ce jour-là, et me voilà dans le film, je suis un des hommes venus secourir le mineur coincé au fond du puits. Je regardais la caméra, voir comment je pourrais me faire remarquer, si bien que j'en arrive à masquer Kirk Douglas. Comprenez, je voulais que mes potes de Brooklyn puissent me voir sur l'écran. J'étais là à essayer de tirer le maximum de cette scène, quand tout à coup un mec me tape sur l'épaule. 'Le metteur en scène veut plus de toi, tu te casses.' Et il me donne cinq coupons, valables pour sept dollars cinquante chacun. Première production qui m'engage, première production qui me vire.

"On m'avait parlé d'un autre tournage un peu plus au nord, à Durango au Colorado, alors j'ai fait du stop jusque là-bas. C'était *Across the Wide Missouri* [1], et je me suis pointé directement à la caravane de Clark Gable. Il m'a

1. *Au-delà du Missouri* – William Wellman, 1951.

pris pour un des principaux acteurs qui devaient jouer avec lui, et m'a invité à l'intérieur. Le lendemain, quand il a compris son erreur, il ne m'a plus causé de la journée. Mais j'ai eu un rôle. Je jouais un mort étendu par terre le nez dans l'eau. J'avais des flèches dans le dos. Le metteur en scène, William Wellman, arrêtait pas de glapir : 'Ce type est censé être mort, pourquoi il bouge comme ça?' Mais j'ai fait un gros succès à Brooklyn."

Encouragé au-delà de toute raison, il retourne à Hollywood jouer les utilités. Dans *Hellgate* [1], un remake du *Prisoner of Shark Island* de John Ford, il est déjà avec Sterling Hayden. Dans *Bloodhound of Broadway*, une comédie musicale Fox, il joue un malfrat, déjà avec Buchinsky (Charles Bronson). Il apparaît ensuite trente secondes dans une jungle en carton passant pour le Congo belge, derrière Walter Slezak, confrontant Mitchum dans *White Witch Doctor* [2]. Mitchum l'abat d'une balle. Carey touche à peine terre que Hathaway passe au plan suivant, mais cette coupe aussi brutale que maladroite laisse penser que Carey jouait déjà les prolongations avec sa scène d'agonie. Ensuite quelqu'un l'amène à Laszlo Benedek, qui cherchait des gars "genre asocial" pour *The Wild One*. Carey se retrouve dans le gang de motards adverse, celui de Chino (Lee Marvin), mais Benedek, pas fou, ne laisse pas Carey monter sur une moto. Ce qui n'empêche pas le fantassin d'asperger Marlon Brando avec une cannette de bière secouée, ni d'occuper un standard de téléphone avec ses potes en terrorisant l'opératrice.

Dans *Crime Wave*, Carey retrouve Hayden et Buchinsky. Il campe de façon déjà frappante un affeux nommé Johnny, comme sorti d'un cartoon de *Mad* magazine. Ses répliques sont pour la plupart inintelligibles, passant difficilement la barrière blanche de son alarmant sourire. Il

1. Charles Marquis Warren, 1952.
2. *La sorcière blanche* – Hathaway, 1953.

porte un costume croisé sombre et une pochette voyante. Quand le chef de bande (l'impressionnant Ted De Corsia) explique le plan du hold-up, Carey est dans le fond de la pièce comme un malheureux, cherchant désespérément à attirer l'attention. Tout y passe, œillades, sourires carnassiers, il fait même des ronds de fumée avec sa cigarette comme un Indien au sommet d'une colline. Soudain un bruit les fait sursauter. "C'est rien, dit Johnny avec son sourire de banshee, la dame a juste fait tomber la savonnette." On laisse ensuite Phyllis Kirk aux bons soins de Johnny. "Il est notre assurance." De sa voix geignarde et ridiculement plaintive, Carey propose une partie de cartes à la fille, "pour tuer le temps". Plus tard, ils jouent toujours, écoutant les communiqués de police à la radio. Elle avance une carte, il lui saisit le poignet. Quand la police annonce que le casse était un guet-apens, Carey prend la fille et la serre contre lui : "*You and Steve, you and Steve !*" Et il la frappe sur le sommet du crâne, comme on fend du bois. Steve arrive juste à temps et entreprend de démolir Carey. L'acteur qui joue Steve (Gene Nelson) a beau être un ancien danseur de claquettes, faire deux têtes de moins que Carey et lui rendre trente kilos au bas mot, il lui flanque une dégelée et lui fait dévaler l'escalier extérieur, juste aux pieds de Sims, le policier (Hayden). Ce sera une constante de la tumultueuse carrière de Timothy Carey : malgré sa taille (un mètre quatre-vingt-dix-huit) et ses airs menaçants, il prend toujours sa trempe.

DeToth dira plus tard : "Ça m'amusait de trouver tous ces quasi-inconnus pour les petits rôles. Buchinsky, je l'avais vu dans un théâtre local. Carey, le directeur de casting ne voulait même pas me le montrer. 'J'ai bien cet énergumène, là, qui ferait l'affaire. Mais c'est un vrai malade.'" Ceci un an avant *East of Eden* [1], et deux avant

1. *A l'est d'Eden* – Kazan 1955.

The Killing. Et malgré la réputation téflon du film de Kubrick, on peut avancer que *Crime Wave* est à bien des égards plus réussi que *The Killing*, plus moderne, de ton autant que de forme. Il n'est pas vieilli par la voix off "Dragnet" (même si ironique) qui plombe un peu le film de Kubrick, ni par la psychologie de drugstore qui rend *Gun Crazy* un peu cucul en dehors des moments de pur génie. Et *Crime Wave*, tourné sur les chapeaux de roues en treize jours par un DeToth clairement enivré de liberté, est au moins aussi audacieux que le film culte de Joseph H. Lewis, et aussi insolent. C'est la vraie naissance d'une menace nommée Timothy Carey.

Satisfait de ce coup, l'acteur essaie de persuader Hathaway de lui redonner une chance, cette fois-ci à la Fox, pour un rôle dans *Prince Valiant*. "Sterling Hayden était la vedette, encore une fois, moi c'est Sir Black que je voulais. Chez Western Costume, j'ai trouvé ce qu'il me fallait, cotte de mailles, gant et masse d'armes. Mais comme je n'avais pas l'autorisation de mettre les pieds à Twentieth Century Fox, j'ai dû faire le mur, ce qui était coton, dans cet accoutrement. Un golfeur du terrain à côté m'a fait la courte échelle pour franchir la clôture, mais j'arrivais quand même trop tard pour les auditions. Alors je me suis pointé à la cantine, où M. Hathaway déjeunait. 'C'est moi, Sir Black ! Mes hommes sont légion ! Je suis ici pour le rôle. Vous me le donnez ?' Ils m'ont escorté jusqu'à la sortie. J'ai pas eu le rôle, mais c'était amusant."

*

Il a eu plus de chance à la Paramount, où se tournait *Alaska Seas*, un film de Jerry Hopper incroyablement fauché, réalisé sur plateau et aquarium, avec icebergs miniatures et pêche au saumon en boîte. Le film est pourtant écrit par Daniel Mainwaring, et vaut surtout pour l'intéressant triangle constitué par Jan Sterling et deux amis rivaux, Robert Ryan et Brian Keith. Ryan joue un pourri intégral, un sommet de noirceur, même pour lui. Keith est formidable, comme d'habitude, montagne de patience et de tolérance, marmonnant ses excuses conciliantes jusqu'à l'explosion finale. Carey joue un réparateur de bateaux nommé Wycoff, qui poursuit Ryan quand celui-ci reprend son bateau sans payer la facture. Il en fait des kilos avec un chat qu'il caresse jusqu'à usure. Vers la fin du film, le chat aussi lisse et rose qu'un chihuahua, on voit Ryan et son bateau de pêche, offrant une croisière sans retour à un Wycoff ligoté. Là encore, le monteur nous prive d'une scène de mort en haute mer. "Robert Ryan était un type bien. Mais si vous étiez en train d'en rajouter dans une scène, si vous essayiez de vous sortir les tripes, il disait : 'Bon, ça va comme ça.' Il aimait pas trop."

Carey joue ensuite le videur du bordel tenu par Jo Van Fleet, la mère de James Dean dans *East of Eden*. Grande silhouette mémorable au bout du couloir sombre. Tournage à Mendocino, sur la côte pacifique au nord de San Francisco. "Dans le livre de Steinbeck c'est un rôle important, mais pas dans le film." Il n'empêche : la photo de publicité montrant le frêle James Dean assis à côté de l'immense Timothy Carey – genre sauterelle devant l'iguane – fournit autant de kilométrage à l'acteur que la persistante rumeur selon laquelle Carey aurait étalé Elia Kazan d'un coup de poing. Juste un malentendu, prétend l'acteur (on a aussi raconté que c'était Kazan qui avait frappé Tim). "Il voulait que je réenregistre mon dialogue en studio, et moi je voulais pas faire de *loopings*." A mettre au même compte que cette histoire de malle sur la jetée de Santa Monica, un de ses premiers gags publicitaires manqués, pour un film intitulé *Finger Man*, que Carey a tourné la même année. "Je devais me jeter à la mer enfermé dans cette malle, comme Houdini. Mais un crétin de journaliste a voulu la fermer au cadenas, et j'ai refusé. La police est venue et m'a embarqué."

La malle en question figure bien dans *Finger Man*, un polar produit par Allied Artists, mais Carey y met le cadavre de Peggy Castle après l'avoir trucidée (et avoir laissé ses empreintes partout, même si le "finger" du titre ne se réfère pas à ça). *Finger Man* pourrait être rendu par "La Balance", ou "Le doulos" – c'est en tout cas un épatant petit film, en partie grâce aux acteurs, et aussi à la musique remarquable de Paul Dunlap (intrigant pourvoyeur de musique au mètre, qui fera plus tard celle de *The Naked Kiss* [1]). Le toujours convaincant Frank Lovejoy joue Casey Martin, un malfrat récemment sorti de prison, sur le point de se faire coffrer à vie après s'être fait poisser pour un vol de camion. Son charme élimé et son air las sont idéaux pour ce rôle de "three-time-loser", tout comme son passé de sergent démobilisé le rend plausible quand il doit tabasser des types plus costauds que lui. *Finger Man* est dirigé par Harold Schuster, l'ancien monteur attitré de Murnau à la Fox, qui a fait de bons films dans les années cinquante. Pour éviter de replonger, Lovejoy devient mouchard, infiltrant un gang pour le FBI. La cible désignée est Dutch Becker, l'intouchable grossium d'un réseau de détournement de camions (chargements d'alcool principalement) et de prostitution. Grâce à une ancienne grue qui en pince pour lui (excellente Peggy Castle), Martin parvient sans peine à se faire remarquer du Boss (l'imposant Forrest Tucker), tout en gardant ses distances et cognant tout ce qui bouge – surtout Lou Terpe, le gorille hâbleur de Tucker joué par Tim Carey. "Il me plaît, il me plaît", ne cesse de dire le Boss, amusé. Le grotesque Lou apprécie nettement moins. Ce rôle de torpille est sans doute, question minutage et présence d'écran, le plus

1. *Police spéciale* – Sam Fuller, 1964.

conséquent qu'ait jamais eu Carey dans sa carrière "commerciale". Sa première apparition est saisissante : chez Torchy's, la boîte fréquentée par le Boss, les présentations sont faites.

— Lou, tu connais Casey, je crois.

— Ouais, on a fait quatre ans ferme à Atlanta ensemble. Je peux pas l'encadrer.

— Oh, toi tu n'aimes personne.

— Personne. Sauf toi, Dutch.

En costume noir et luisant comme ses cheveux gominés, Carey fume constamment, mégot entre les doigts. On croirait Peter Sellers dans une de ses réincarnations de *Lolita* : voix basse, yeux blancs, et toujours le geste inattendu. Ici il pousse sa cannette de bière sur le piano-bar tout contre Peggy Castle, pour une raison connue de lui seul. La Psycho-Method.

Boudiné dans son costume croisé, il y a déjà rudoyé une poule qui gardait un peu d'argent de côté. "Ote tes sales pattes moites !" proteste la fille. En fait, toutes les femmes du film lui disent de garder ses sales pattes pour lui. C'est Lovejoy le "Finger Man", mais c'est Carey qui se triture sans cesse les doigts, brûlant de les mettre à contribution. Dans une autre scène chez Torchy's, il est assis comme un paria à une table voisine de celle de "Dutch", aspirant toute la lumière du plateau comme un buvard. Il caresse l'épaule d'une fille avec un sourire horrible. Elle a l'air d'apprécier moyennement, comme si une tarentule lui courait dessus. Malgré sa grande taille et ses airs, Lou se révèle d'une lâcheté patentée. Quand Lovejoy apprend qu'il a zigouillé Peggy, il démolit littéralement Carey, qui gigote de façon intermittente sur le ciment comme un cancrelat – sauvé juste à temps par l'arrivée des policiers. Lesquels se demandent comment le mettre hors circulation, le temps de capturer son patron. "Désordre sur la voie publique ?" propose l'un d'eux en regardant Carey gigoter par terre. "Ah oui, il fait désordre."

Carey se souvient que Forrest Tucker ne l'aimait pas beaucoup. "Il me traitait de tous les noms." Mais que Frank Lovejoy était une crème d'homme. Lovejoy est un de ces acteurs versatiles peu célébrés, mais excellents en tout : qu'il soit le flic ami de Bogart dans *In a Lonely Place* ; le sergent dans le très bon film de guerre de Stuart Heisler, *Beachhead* [1] ; le policier qui s'attaque au "Wolf Pack", le gang de délinquants de *Mad at the World* [2] ; le physicien nucléaire dans le débile et rigolo *Shack Out On 101* [3] ; un des deux chasseurs victimes du *Hitch-Hiker* d'Ida Lupino ; ou encore le bookmaker qui croit pouvoir faire tourner son racket de façon relativement propre, dans *The System* [4]. Et il est positivement tragique dans *Try and Get Me* [5], entraîné dans une spirale criminelle par un diabolique Lloyd Bridges, et finalement lynché après avoir tué l'enfant qu'ils ont kidnappé. Dans *In a Lonely Place*, sa bécasse de femme lui dit ses quatre vérités, une poignante déclaration d'amour pot-au-feu. Voyant le policier fasciné par la personnalité compliquée et explosive de son ancien officier, elle explose : "Moi je suis contente que tu sois ordinaire, et pas un génie comme lui." C'est Lovejoy tout craché, sa carrière résumée en une réplique. D'où sa relative obscurité, du moins en France. Mais en plus, il aimait bien Tim Carey.

C'est que le monde pour Carey revient finalement à un triptyque "jugement dernier" divisant ceux qui le toléraient, et ceux qui lui collaient des coups de tatane. Avec pas grand-chose dans le purgatoire au milieu. "Oui, c'est un peu ça, concédait-il sur la fin de sa vie. Il y avait ce

1. *La patrouille infernale* – Heisler, 1954.
2. Havry Essex, 1955.
3. Edouard Dein, 1955.
4. Lewis Seiler, 1953.
5. *Fureur sur la ville* – CyEndfield, retitré *The Sound of Fury*, 1950.

producteur associé sur *Finger Man*, John Burrough, un type magnifique, dont le père était président d'Allied Artists, ce qui fait qu'ils me prenaient toujours dans leurs productions. John, son père était d'origine irlandaise et italienne, comme moi. BYOO-tiful guy." Dans *Finger Man,* Carey aura néanmoins eu le temps de déballer sa panoplie de tics, grimaces et attitudes. Il mâchouille un cure-dent, puis le casse entre ses doigts. Personne n'a jamais joué ni ne jouera plus comme lui – à part peut-être Clu Gulager dans *The Killers* [1] – dans le genre gestuelle envahissante. Au cours d'une scène, il suit intensément ce qui se passe, boit les autres acteurs du regard, à longs traits, jamais impassible, aussi neutre et détaché qu'un épileptique en crise. Il était inévitable que cette gargouille agitée attire l'attention de Stanley Kubrick, qui à l'époque voyait tous les films. Selon son producteur des débuts, James B. Harris, Kubrick l'a repéré dans *Crime Wave* et a tout de suite pensé à lui pour *The Killing*. Selon Carey, c'est Hayden qui devait tirer à la carabine dans la première scène où il le recrute – ce Thompson M.1 à la poignée si distinctive. "Mais Sterling Hayden s'est démis le dos, alors c'est lui qui caresse le chiot, et moi qui tire. Mais l'idée de parler entre mes dents, ça c'est de moi." Jim Thompson, auteur du scénario, lui donne le merveilleux nom de Nikki Arcane. Plus tard, dans le parking de l'hippodrome quand il s'agit de se débarrasser du gardien noir joué par James Edwards, Carey crache sa fameuse réplique comme un fer à souder : "C'est ça, *nigger*, dégage."

Harris rapporte que ce mot a causé bien des controverses, jusque dans sa famille, où le serviteur noir qui l'avait élevé enfant l'a pris à partie lorsqu'il a vu le film. "Il ne comprenait pas. Evidemment, le mot *négro* était justement là pour choquer, même Nikki l'utilise pour

1. *A bout portant* – Don Siegel, 1964.

choquer. Il faut à tout prix que le gardien le laisse tranquille, la course va commencer, il doit tuer le cheval." Ironiquement, Carey à cette époque habitait Watts, et ne sortait qu'avec des femmes noires. "Mes seuls vices étaient le jeu et les femmes. Je ne buvais pas, je ne me droguais pas. Je n'avais pas besoin de stimulants, pas besoin de synthèse – j'étais ma propre cocaïne ! Mais les filles noires, ça oui, ça y allait."

Avant ça, il y aura sa prestation dans *The Last Wagon* [1], un des plus beaux westerns de Richard Widmark. Carey s'est toujours plaint de la vedette, qui joue un Cheyenne d'adoption. Excédé par le "non-professionnalisme" de Carey, Widmark l'aurait roué de coups de pied dans une scène, refusant d'arrêter même après que Delmer Daves eut plusieurs fois crié "Coupez". Le film ne comporte aucune scène approchante : Carey fait partie des trois hommes de loi à la poursuite de Widmark au début, et meurt à la première bobine. Widmark lui plonge son couteau dans le ventre, après l'avoir désarçonné avec une branche de pin. Carey figure ensuite dans *Francis in the Haunted House*. Passer du rôle légendaire de *The Killing* à un film où il a moins de temps d'écran qu'un mulet parlant pourrait paraître humiliant. Mais demandez à Clint Eastwood si un sort similaire l'a gêné le moins du monde dans sa carrière. "C'est sur ce film-là que j'ai eu mes premières admiratrices, se souvient Carey. Des filles du Colorado, qui voulaient démarrer un fan-club. Elles auraient sûrement préféré avoir le mulet, Francis. Mais faute de mieux..."

Bayou, par contre, lui laisse la bride sur le cou, et représente son travail le plus flamboyant, préfigurant même les girations de pelvis de *The World's Greatest Sinner*. Harold Daniels, qui six ans plus tôt avait signé l'intrigant *Road*

1. *La dernière caravane* – Delmer Daves, 1956.

Block pour RKO, hérite ici d'une histoire idiote, mais tournée sur place dans le Sud, sans doute pour accommoder le douteux producteur établi à Mobile en Alabama – lequel n'hésitera pas à ressortir le film en 1961, augmenté d'ineptes plans de fesses, seins et petites culottes, pour le marché de plus en plus large d'esprit des drive-in. Le nom du producteur, M.A. Ripps, est au niveau de son remake porno soft, et de son titre : *Poor White Trash.* Mais cette version "augmentée" a joué plusieurs années sur le circuit, faisant près de dix millions de dollars d'entrées. Une doublure de Lita Milan y finit nue dans la boue, griffant une poitrine anonyme. Carey joue "Ulysses", un Cajun porté sur les chemises madras et les manches roulées sur les biceps. Il contrôle la seule épicerie du coin, donc la seule source de picrate pour l'incorrigible père de la jolie Lita Milan. L'horrible Ulysses fait du chantage sur le vieux pour avancer sa cause auprès de Lita, qui l'envoie paître tout en relevant ses pièges à crabes. Ce qui lui vaut, dans la version remaniée, de se faire violer sous la pluie, par doublure interposée, au cours d'une scène qui donne un nouveau sens à l'expression "tirer sur la corde".

Ulysses met trois minutes pour arracher la robe, trois minutes pour le soutien-gorge, six pour la culotte. Le tout filmé dans le style russelinien en vogue à cette époque – celui de *Beyond the Valley of the Dolls* et de *Faster Pussycat, Kill Kill.* Peter Graves, le père pendu de *La nuit du chasseur*, est l'ingénieur yankee en visite, qui s'éprend de Lita. Un bal cajun donne lieu à un numéro dansé par Tim Carey, qui, noir de sueur sous les aisselles, semble monté sur roulements à billes. Spasmodiquement, prenant de vitesse l'accordéon zydeco avec un jeu de jambes tout à fait inédit, il paraît s'entraîner pour ses futurs sommets psychobilly de *The World's Greatest Sinner.* Quant au combat final entre les deux rivaux, sans cesse repoussé, il a lieu lors d'un enterrement, sous les yeux des villageois endimanchés. Après quelques coups de poing, Carey s'empare d'une hachette, mais Graves l'étale d'une prise de karaté. Carey tombe le dos sur la hachette, mais personne ne prête la moindre attention à lui (la version "White Trash" insère même un plan de l'arme fichée entre ses omoplates, vaguement barbouillée en rouge, alors que le film est en noir et blanc). Ils quittent tous le cimetière, laissant Tim épinglé au sol comme un coléoptère.

*

"Stanley et Jimmy Harris ne croyaient qu'à moitié que j'allais me pointer à Munich pour *Paths of Glory*, confiait Carey en 1993. Mais je les ai bien eus, non ?" On peut dire ça. La contribution de Carey au film est généralement reconnue ("Asocial, moi ?"). Sa scène du "dernier repas", où il tue le cancrelat ; la longue marche vers le peloton d'exécution, où il gémit tout en labourant la manche du curé, joué par un habitué des rôles de flics bourrus et gangsters mal dégrossis, Emile Meyer. "Encore un qui pouvait pas m'encadrer. Il se plaignait que je lui laissais mes traces de dents à travers la manche de soutane... Et puis, dans le script, je n'étais pas censé parler en marchant. Kubrick, lui, ça lui plaisait. 'Roll it !' Mais en même temps, il me prenait à part : 'Tim, t'as intérêt à ce que cette prise soit bonne, parce que Kirk, il aime pas trop ce que t'es en train de faire.'"

Ce qu'il était en train de faire était tout bonnement du détournement, non seulement d'attention, mais de film. Il y a d'abord eu les cinquante-sept prises pour la "cène" du repas des condamnés. En 1993, James Harris demandait encore à ce que ces révélations soient juste "for background", et pas publiées. Kubrick et Tim étaient encore vivants [1].

1. Harris à l'auteur, 1992, dans son bureau sur Beverly Drive – et aussi à Grover Lewis, janvier 1993.

“Sur *The Killing*, Tim s’était bien conduit. Il n’avait que deux scènes, et on n’avait eu aucun problème avec lui. Si on avait su les tracas qu’il allait nous causer à Munich, jamais on ne l’aurait pris.” Ceci de la part d’un homme qui, par fidélité, engagera encore Carey pour son film de 1982, *Fast Walking*. “Le repas des condamnés était une de ces fameuses scènes à la Stanley, un seul plan-séquence. C’était compliqué, les acteurs passaient et repassaient les uns devant les autres, ils avaient plusieurs marques à respecter, pas mal de dialogue à dire – si quelqu’un se trompait, tout était à recommencer depuis le début. Ce jour-là, on a fait cinquante-sept prises – en grande partie à cause de Tim. Il ne comprenait pas que dans pareille situation, il ne pouvait pas tout d’un coup saisir une bouteille, ou se lancer dans une de ses improvisations, ou interrompre l’autre acteur. Stanley était la patience même, il savait qu’il était inutile de crier avec quelqu’un comme Tim [il fera la même chose plus tard sur *Dr Strangelove* avec Sterling Hayden, qui lui souffrait de trac et de trous de mémoire]. Mais les autres en avaient un peu marre. Et puis il y avait les plats ! C’était du canard, qui refroidissait tout le temps ; l’assistant n’arrêtait pas de me dire : ‘A votre avis, de combien de canards on va encore avoir besoin ?’ Un enfer, cette journée.”

Mais les ennuis avaient commencé bien avant. “D’abord, à peine arrivé, Tim m’a dit qu’il voulait immédiatement rentrer. ‘Je ne me sens pas bien ici, je veux être avec les gens de chez moi.’ Et moi je lui demandais : ‘Tim, de quoi tu parles, qu’est-ce que tu veux dire par les gens de chez toi ?’ ‘Les Noirs, les gens de Watts, par chez moi.’ Il voulait sortir avec des filles noires, et à Munich en 1957 ce n’était pas évident. Ensuite on s’est aperçu qu’il se prenait pour une sorte de rock star, toujours en t-shirt et pantalon noirs, veste de cuir et tout ça. Il avait persuadé la direction de l’hôtel où on était de le laisser chanter un soir au petit cabaret qu'ils avaient. Tim avait invité toute l'équipe. Kirk n'était pas encore arrivé à Munich, mais j'y suis allé avec Stanley et d'autres – on trouvait ça amusant. L'hôtel avait un programme régulier sur scène, dont une strip-teaseuse avec un numéro de baignoire. La fille était dans son bain moussant, quand Tim s'amène à l'improviste avec sa guitare, chante une version méconnaissable de 'Jambalaya', gesticule dans tous les sens, et pour finir saute dans la baignoire, à plat sur la fille. Consternation générale. Silence de mort, sauf la fille qui est devenue hystérique. Allemands comme Américains, on était en état de choc. Le pire, c'est qu'à cette époque la guerre était encore très présente dans l'esprit des gens là-bas, une équipe de cinéma américaine était censée marcher sur des œufs, il y avait toute une diplomatie à considérer. Alors, bonjour les relations publiques. Et ça n'a fait qu'empirer. Un autre soir, on était dans la salle à manger de l'hôtel, Tim s'amène vêtu d'un long manteau noir, claque des talons et hurle 'Heil Hitler !' à tue-tête. Inutile de dire que le lendemain, Tim changeait d'hôtel. Il s'ennuyait à Munich, il voulait de l'attention." Mais le pire était encore à venir. "C'était vers la fin du tournage, en frissonnait encore rétrospectivement le producteur en 1992. Un coup de téléphone me réveille en pleine nuit, il devait être quatre ou cinq heures. La police de Munich avait ce type qui prétendait être avec nous, il aurait soi-disant été kidnappé... Et là ça a été la catastrophe, il a failli nous faire tous expulser d'Allemagne."

La première page du journal local, l'*Abenzeitung* en date du 9 mai 1957, donne une idée de l'ambiance : *HALTET UNS NICHT ZUM NARREN !* ("Ne nous prenez pas pour des imbéciles"). Le titre s'accompagnait de deux photos, l'une de Carey au "Bar des Hôtels", un verre de lait à la main. Une autre montrait des hommes en lourds manteaux dans des barques et des canots pneumatiques, sur un petit lac. En gros, et sur trois colonnes, le journal faisait état des soupçons des autorités concernant l'histoire de Carey. La compagnie de production avait d'abord forcé les pompiers à draguer la Kleinhesseloher Zee, le lac du parc principal, après avoir découvert plusieurs notes de suicide laissées par Carey. L'acteur a plus tard été découvert ligoté et bâillonné dans un fossé par un cycliste. Carey prétendait avoir été assailli et forcé à monter dans une voiture, un revolver pressé sous le menton. Ayant refusé de collaborer à une demande de rançon, il aurait alors été ligoté et jeté de la voiture en marche. La police n'avait pour l'instant aucun indice pour douter des dires de l'acteur, mais les pompiers avaient déjà porté plainte contre Harris et compagnie, pour fausse alarme. Pas en reste, l'*Abenzeitung* exigeait de la compagnie hollywoodienne qu'elle offre une récompense pour trouver des témoins du kidnapping. L'éditorial laissait aussi entendre que si toute l'affaire s'avérait n'être qu'un canular publicitaire, les autorités n'auraient d'autre choix que d'expulser toute l'équipe de *Paths of Glory*.

"J'ai donc renvoyé Tim le lendemain, tout en gardant la nouvelle secrète. On avait encore des scènes avec lui, mais il n'y avait rien d'autre à faire."

*

Ironiquement, Kubrick et Timothy Carey ont tous les deux rencontré leurs épouses respectives à Munich sur ce fatidique tournage : Chritiane Harlan, qui chante à la fin du film à en faire pleurer les poilus, et est la fille du cinéaste allemand Veit Harlan (*Le Juif Süss*), deviendra Mme Kubrick, et le restera jusqu'à la mort de son célèbre époux. De même, Tim et Doris Carey resteront ensemble jusqu'à la fin. Elle faisait les chambres à l'hôtel où l'acteur avait atterri après s'être fait virer du palace où était descendue l'équipe. Et Kubrick, malgré les frasques de Carey à Munich, l'a repris pour *One-Eyed Jacks*, sans hésitation apparente. Brando non plus, qui lui a seulement demandé : "Tu vas encore m'asperger à la bière ?" Mais entre-temps, il y aura eu *House of Numbers* [1] pour MGM (dans lequel Carey est crédité sous la nomenclature très appropriée de "ricanant psychopathe") ; et un passage obligé chez Allied Artists, où le salaire était moins élevé, mais les rôles plus juteux. Dans *Revolt in the Big House*, une studieuse imitation de *Brute Force* par le capable R.G. Armstrong, Carey est le caïd de la taule, un lâche ramenard nommé Bugsy. On le trouve au début, pérorant avec ses mignons, en pleine séance d'haltères. Son tricot de peau laisse deviner plus de chair affaissée que de muscle, même si on le décrit comme "le mec qu'a du coffre" au nouveau prisonnier Gannon. Ce dernier (un Gene Evans gras-double et méconnaissable) est un rusé qui prendra son temps pour mettre Bugsy dans sa poche, lequel ne demande qu'à tomber dans le panneau : "Toi et moi on va faire la une des journaux !" Décidément une obsession personnelle. L'abruti est le premier à se faire dessouder en franchissant le portail nord lors de la révolte des prisonniers. En fait, Gannon l'a fomentée comme diversion, pour mieux s'échapper seul ; il se fera descendre plus tard dans une station de métro.

Ce "film pour hommes" est curieusement coécrit par Eugène Lourié, le chef décorateur de Renoir. Et c'est un vrai hospice pour seconds couteaux du cinéma : John Qualen joue Doc, qui fait partie des murs et est un peu la mémoire de l'endroit. Frank Ferguson joue le baveux de Gannon, pas très optimiste, et un jeune Robert Blake joue le "fish" mexicain compagnon de cellule de Gannon – bleubite mécanicien, c'est lui qui importe les mitraillettes

1. *La cage aux hommes* – Russell Rouse, 1957.

en pièces détachées, couvertes de cambouis. Le film progresse à la vitesse d'un glacier, surtout une scène où Blake donne du vague à l'âme sur dix minutes. Quant à l'autre prestation de Carey dans *The Boy and the Pirate* (United Artists), il suffit peut-être de dire que c'est filmé en "Perceptovision", et que l'acteur a été viré du tournage. Il jouait Morgan le pirate; Joe Terkel (autre abonné de chez Kubrick, jusqu'au barman de *The Shining*) faisait Abu le génie.

One-Eyed Jacks est un bon souvenir pour Carey. Il n'en a pas tant que ça. Brando avait repris le film après le départ de Kubrick, et Carey l'aimait bien. Il n'était pas "faux cul comme les autres". Mais il ne pouvait pas en dire autant du type "avec le nez comme un zob au milieu de la figure, mais oui vous savez bien, '*Don't leave home without it*', le mec des cartes de crédit American Express, oui c'est ça, KARL MALDEN ! Lui alors il pouvait pas me blairer. Il arrêtait pas de me coller des coups de latte. Et il avait pas l'air comme ça, mais il était costaud, la vache. Il disait toujours : 'Tu peux pas faire ça.' C'était son refrain. 'Tu peux pas faire ça.' Marlon, lui, il me poussait au crime. J'avais cette scène dans la cantina, au comptoir. Cette fille, dans le film j'avais déjà dansé avec elle, mais là c'est le matin, je la force à boire et à manger. Elle devait réagir, se mettre en pétard. Au lieu de ça, elle chialait à toutes les prises. Marlon me disait : 'Fiche-la en rogne.' Mais la fille, son mec était aussi dans le film [Larry Duncan, qui joue Modesto, l'ami de Brando qui s'est échappé du pénitencier avec lui], et il nous regardait. 'Marlon, si je vais trop loin, ce mec va me tuer.' 'T'inquiète, je me charge de lui', et il me dit d'enfoncer la figure de la fille dans le bol de chili devant moi. 'Marlon... y a des limites...' 'Fais-le, tu verras, ce sera bien.' Alors à la prise suivante, j'empoigne la fille par les cheveux et je lui colle le nez dans le chili. Ça lui a fait un choc, elle était drôlement en colère, et la scène était bonne, byootiful. Mais Karl Malden, lui, il a pas aimé : 'Marlon, tu peux pas faire ça. Encore un coup pareil et je quitte le film.' Il était choqué. Moi, c'était plutôt le copain de la fille qui m'inquiétait, mais Marlon s'en est débrouillé."

Carey joue "Harv", un personnage que personne à Monterey ne semble porter dans son cœur. On le voit d'abord lors de la fiesta, soûl, neutralisé par le shérif Dad Longworth (Malden). Ensuite il rejoint la danseuse de flamenco, pour une de ses danses de Saint-Guy. Arrive le matin, dans la cantina. Carey appelle Brando "Sonny boy". Après le coup du chili, celui-ci intervient avec une violence sidérante, étalant Carey de trois courts crochets au corps. "Relève-toi, sac à merde." Il laisse Carey à terre et s'éloigne en lui tournant le dos. Carey saisit le "scatter gun" du barman sous le comptoir (un court fusil à deux canons). "*Cuidado !*" crie Modesto, attention. Et Brando tue Carey de trois balles, de la façon la plus acrobatique qui soit : en extension et accroupi, se retournant en même temps, son bras contournant un pilier. C'est la plus réussie des quelques rares explosions de ce western contemplatif. Carey a juste eu le temps d'envoyer une charge de chevrotine dans la fenêtre. Une fleur rouge apparaît sur sa chemise blanche souillée, au milieu du dos.

"Marlon m'a dit : 'T'es le seul acteur qui bouge même quand t'es mort.'" C'est peut-être pour ça qu'il le laisse hors champ dans la version montée. Le barman (joué par le vétéran de western Ray Teal) remarque, admiratif : "Mister, you REALLY killed him." La danseuse, elle, crache sur le cadavre et lui fiche des coups de pied (décidément). "*Por fin !*" A part Katy Jurado et la frêle Pina Pellicer, il n'y a que des géants dans ce film : Slim Pickens, Ben Johnson, Karl Malden. Et pourtant Timothy Carey parait encore avoir une tête de plus qu'eux.

*

On notera que Carey n'a pas eu à souffrir du remontage effectué par Paramount après ce tournage grotesquement long et dispendieux. *One-Eyed Jacks* lui fournissait une belle carte de visite, mais l'acteur, décidément trop créatif pour son matricule, avait déjà décidé de prendre son destin en main, consacrant trois ans et 100 000 $ de sa poche à *The World's Greatest Sinner*, un film "produit, écrit, joué, réalisé et distribué par Timothy Carey". Distribué est un bien grand mot : il n'en existe qu'une copie, qui a été montrée neuf ou dix fois de par le monde en près de cinquante ans. Ce qui ne l'empêche pas d'être légendaire.

Carey joue Clarence Hilliard, un agent d'assurances qui s'ennuie dans la vie. Flashant un jour sur un concert de rock'n'roll, il s'achète une guitare et un costume en lamé – un peu comme à Munich. Stimulé par les bains de foule, il se fait appeler "God", et se met à prêcher. "On devrait tous être millionnaires. Tous être des dieux, chacun de nous des êtres suprêmes ! On devrait rien se refuser !" Aussi excessif et iconoclaste que paraît le sermon, c'est exactement ce que vend encore aujourd'hui et pour de vrai le Dr James Scott depuis quarante ans sur toutes les chaînes de télé bon marché du pays : cet ancien diplômé en éducation recyclé prédicateur se produit parfois avec un casque de football, mais toujours avec un groupe de rockabilly, et une jeune épouse blonde en mini-jupe qui hulule comme Wanda Jackson sur "Fujiyama Mama" ("*J'ai survolé Nagasaki, et Hiroshima/Les choses que je leur ai faites, baby, je peux te les faire aussi*"). Multimillionnaire, et en constant conflit avec le fisc américain, le Dr Scott achète des chevaux arabes et des voitures de sport, intimant à ses ouailles qu'il appartient à Dieu seul de lui dire quoi faire de son argent, et pas à eux. Parfois il pose le micro sur sa chaise. "Si je ne retrouve pas quarante mille dollars quand je reviens, j'arrête tout !"

Le succès de God/Clarence lui monte à la tête, il renie sa femme, dérouille sa fille, couche avec une mousmé de quatorze ans, séduit une vieille peau et lui pique sa fortune, et puis – quoi d'autre ? – se lance dans la politique. Sans aller jusqu'à la nudité, les scènes de sexe sont particulièrement glauques et fraîches dans l'approche. Un crotale sert de narrateur à tout ça. Le film se termine par un défi à Dieu (l'Autre) : ayant volé une hostie dans la cathédrale de San Gabriel, il la poignarde avec une épingle de façon répétée. "Saigne, si t'es Dieu ! Mais non, t'es qu'un QUIGNON DE PAIN !" Triomphe éphémère, néanmoins, puisque l'hostie cassée se met finalement à saigner, en telle abondance que Clarence doit fuir la maison inondée. Roll Over, Luis Buñuel. Cette séquence est filmée en couleurs, un des nombreux effets avant-garde bidon qui agrémentent cette œuvre diversement qualifiée d'"équivalent au cinéma de Jean Dubuffet et de son art brut" (Grover Lewis), ou de "film le plus ringard du monde" (Frank Zappa, sur le *Steve Allen Show*).

Ce dernier jugement rendait Tim d'autant plus saumâtre que Zappa était venu le chercher pour faire la musique. Il n'avait à l'époque ni contrat avec Verve, ni Mothers of Invention, ni même de barbiche – du moins aux dires de Carey, qui lui-même porte un faux bouc dans le film (au cirage, comme la moustache de Groucho). Quarante ans plus tard, Carey était encore ulcéré de la trahison du musicien : "Zappa n'a commencé à débiner le film qu'après avoir lu des critiques moqueuses ou dédaigneuses, mais le soir de la première à la Directors Guild sur Sunset Boulevard, il était tellement sous le choc qu'il s'est cogné dans une des portes en verre à la sortie, BANG, sans ralentir." La chanson-thème du film est même sortie en simple, sur Donna Records, avec "How's Your Bird" en face B, par Baby Ray and the Ferns. "Baby" Ray Collins était le premier vocaliste des Mothers of Invention ; et les

"Fougères", des musiciens tirés d'une fanfare de collège. Les deux morceaux, mortellement "collector", figurent sur un EP sorti par Rhino en 1983, *Rare Meat* (viande saignante). Quant au film, il a été montré ici ou là au fil des ans, notamment par Tom Luddy aux Pacific Film Archives de Berkeley, couplé avec *Un chien andalou*, et en 1979 à Ann Arbor, au cours du premier (et, jusqu'ici, seul) Timothy Carey Film Festival, trois nuits d'insanités comportant les trois films "réalisés" par l'acteur, plus *The Killing*, *Paths of Glory*, *Waterhole 3*, et *One-Eyed Jacks* – ses films préférés.

Entre-temps, il fallait bien vivre. C'est la période où Carey pêche les sirènes à la dynamite et joue Dakota Slim dans les films de plage d'Annette Funicello et Frankie Avalon. *Mermaids of Tiburon* était réalisé par un spécialiste des films de plongée, John Lamb (*Voyage to the Bottom of the Sea*, etc.), et assez titillant pour mériter une version "adulte" ultérieure, sous le titre d'*Aquasex*, en 1965. Dans l'original, les sirènes (dont une *playmate* de "Playboy") portaient des pastilles en forme de fleurs au bout des seins. Carey joue le sanguinaire Milo Sangster, qui dans son bateau de location jette par-dessus bord Pepe et sa guitare (Jose Gonzalez Gonzalez, le volubile Mexicain, fréquent compère de John Wayne dans les westerns), avant de décimer les sirènes aux explosifs. Le tout distribué par Art Films.

Dans *Convicts Four*, il était loin de faire partie des quatre, mais se retrouvait une fois de plus en prison. Ce curieux film Allied Artists – son dernier refuge – raconte l'histoire de Ben Gazzara, qui devient artiste reconnu en prison. *Convicts Four* était surtout impressionnant par les acteurs mécréants que le producteur réussissait à mettre sous les verrous, des deux côtés des barreaux : Vincent Price (en critique d'art), Ray Walston ("Iggy"), Rod Steiger ("Tiptoes"), Broderick Crawford (en directeur de prison), et Sammy Davis Jr. ("Wino"). Peut-être la seule fois où Carey s'est fait damer le pion au rayon cabotinage.

Seuls les westerns et les grands espaces semblent encore pouvoir s'accommoder de lui : *Rio Conchos* [1], *A Time for Killing* [2], *Waterhole #3* [3]. Dans ce dernier, avec James Coburn, Carey est mi-homme, mi-bouc, sans plus d'explication. Il joue aussi le prédicateur Lord High'n'Low dans *Head.* ("Personne ne s'en va quand je parle, sauf moi !") En apparence une satire des films musicaux comme *Help !*, et destiné à saboter la série télé des Monkees que Bob Rafelson avait lui-même créée, *Head* est un des films les plus vils de la période, pas seulement idiot et sinistre, mais symptomatique des airs supérieurs qui ne quitteront plus l'auteur de toute sa carrière, même durant ses heures fastes, entre *Five Easy Pieces* et *King of Marvin Gardens.* Son complice Nicholson est aussi à blâmer, ayant écrit les gags lamentables de *Head.* Les Monkees tombent des cheveux de Victor Mature comme des pellicules, Zappa pontifie sur un plateau de studio, Annette Funicello fait une apparition, Davy, Peter, Micky et Mike font un trip orientalisant, Teri Garr s'évanouit. Carey a le rôle le plus conséquent, après les Monkees.

Comme pour clore une époque qui en avait bien besoin, Carey figurera ensuite dans le dernier film d'Elvis, *Change of Habit*, comme propriétaire d'une gargote portoricaine. "Elvis est venu me trouver sur le plateau et m'a demandé : 'Tu serais pas le Timothy Carey qui a fait *The World's Greatest Sinner* ?' Moi j'en revenais pas. Elvis Presley ! Très simple, comme mec. Il m'a demandé si j'avais une copie en 16 mm, parce qu'il voulait vraiment voir le film chez lui, mais je n'en avais qu'une, et c'était du 35."

La carrière d'acteur de Tim ne dépend bientôt plus que

1. Gordon Douglas, 1964.
2. *La poursuite des tuniques bleues* – Phil Karlson, 1967.
3. *L'or des pistoleros* – Winston Graham, 1967.

de la bonne volonté des amis et admirateurs. Il joue un flic dans un De Palma des débuts, *Get To Know Your Rabbit.* "De Palma, il m'aimait pas beaucoup, peut-être parce que j'appelais toujours son film *Get to Know Your Rabbi.*" Tim apparaît en clochard à la porte de Debbie Reynolds et lui flanque une frousse bleue dans *What's the Matter With Helen?* Le cinéaste culte Curtis Harrington essayait de capitaliser sur la formule de *Whatever Happened to Baby Jane?*, cette fois avec le tandem Debbie Reynolds et Shelley Winters, cette dernière dans un rôle particulièrement ingrat de psycho-lesbienne folle du culte. "Debbie a toujours été chouette avec moi, se souvenait l'homme-bouc. Elle soutenait ce que je faisais. Un jour, bien plus tard, elle est passée sur l'émission de Johnny Carson, et je voulais promouvoir ce pilote que je venais de finir pour une série télé, *Tweet's Ladies of Pasadena.* Je voulais plus ou moins m'amener à l'improviste. J'avais mon billet pour assister à l'enregistrement, j'avais apporté ma pelote de laine et mes aiguilles à tricot, j'étais fin prêt, et Debbie, qui était prévenue, était d'accord. Quand ça a été son tour, je suis monté sur scène, j'ai fait mon numéro, avec ma pelote et mon crochet, les gens ont adoré, Johnny a adoré, mais l'autre comique invité, Don Rickles, il a pas adoré du tout, parce que tous les rires étaient pour moi et pas pour lui. Du coup, il a fait pression sur les producteurs pour couper mon segment. Mais Debbie m'a dit que j'avais été formidable. C'est comme la fois où je voulais chiper l'oscar de Marlon Brando avant qu'il monte le prendre, pour *On the Waterfront.* J'étais prêt, j'avais mon smoking, loué à Western Costume, mais le mec que je connaissais là-bas m'a tanné pour que je lui refile mon invitation. Vous vous rendez compte, ça aurait été BYOOTIFUL, moi qui monte les marches avant que personne puisse bouger, ZAP !, je me tire avec l'oscar ! Marlon aurait adoré, je suis sûr..."

En mars 1972, quand l'Academy a donné l'oscar à Brando pour *The Godfather*, Tim aurait sûrement été plus drôle que Sasheen Littlefeather, envoyée par l'acteur absent pour refuser le prix et délivrer un discours de dix minutes sur Wounded Knee et l'oppression des Indiens. Selon Carey, Coppola le voulait absolument pour le film. "Il voulait que je joue Lucca Brasi. Mais je ne pouvais pas, je faisais *Minnie et Moskowitz* pour John Cassavetes, et c'était plus important pour moi. John me disait que j'étais cinglé, qu'il fallait que je sois dans le film de Coppola. Finalement Lenny Montana a joué le rôle. Mais Francis a toujours voulu me faire travailler, ce sont les autres qui voulaient pas. Pour *The Godfather II*, Francis avait les coudées plus franches, à cause du succès du premier. Il voulait que je joue le gangster qui se fait descendre au début du film, en haut des marches. Je suis allé le voir à Paramount. J'étais avec Mario, mon fils, et il avait cette assiette de cannolis, moi j'avais amené une boîte d'autres pâtisseries italiennes. J'avais déjà le rôle, mais je voulais quand même jouer une scène pour eux. Ils étaient toute une bande dans son bureau, alors je me mets à parler tout bas dans ma barbe, et brusquement je sors un revolver, planqué sous les cannolis tout dégoulinants, et BLAM BLAM je tire sur Francis, BLAM BLAM, sur les autres. Et je titube, comme si j'étais touché à mort, et je tombe à la renverse sur Fred Roos, contre le bureau, les contrats qui valsent dans tous les coins et tout. Francis, une fois remis de sa frayeur, il adorait, 'Tim, c'est super', il disait. Mais Fred Roos, il a pas du tout apprécié. Fred Roos était important dans l'organisation, chef de production ou quelque chose, il s'est toujours arrangé pour que je ne joue jamais dans un film de Francis. Quand Francis a voulu m'engager dans *The Conversation*, Roos s'y est opposé. De toute façon, je ne pouvais pas, j'étais malade. Allen Garfield a eu le rôle.

"Mais cette fois-là à Paramount, il y avait un autre gars dans le bureau, un petit mecton tout nerveux, l'air vache et effrayé, comme s'il avait besoin de deux mesures de tonique chinois. Il disait rien, mais on voyait bien qu'il avait peur. C'était Martin Scorsese, je ne l'ai su qu'après. Mais c'était un de ces gars qui ont toujours peur, qui sont faibles. Comme Arthur Penn, qui n'a pas voulu de moi pour *Bonnie and Clyde*, alors que les scénaristes étaient pour moi (Robert Benton et David Newman m'avaient déclaré 'In' dans *Esquire*, et John Wayne 'Out', comme quoi je représentais la 'nouvelle sensibilité' de l'Underground, ou je ne sais quoi). Comme Stephen Frears, quand on lui a suggéré de me prendre pour *The Grifters*, parce que j'étais dans deux films de Kubrick écrits par Jim Thompson. FAIBLE ! Comme cet autre, là, Harvey Keitel. Et pourtant le metteur en scène, Quentin Tarantino, avait écrit un scénario qui m'était dédié, comme source d'inspiration. Moi, Roger Corman, Larry Tierney et quelques autres [1]. Mais le Harvey était la vedette, il avait droit de veto, et il ne voulait absolument pas de moi. FAIBLE!"

Interrogé sur ce point, Tarantino avoue qu'il aurait bien aimé avoir Tim Carey. "Mais il faut pratiquement ajuster le budget en conséquence, avec le temps qu'on perdra. Tim est une présence turbulente, sur un plateau... J'avais déjà assez de Larry..." C'est Lawrence Tierney qui joue le rôle brigué par Carey. Hasard ou non, le personnage s'appelle Cabot. Carey a ainsi raté le rôle de sa vie.

Il n'y avait que les faibles et les braves dans la cosmogonie de Timothy Carey. Seuls les braves étaient encore preneurs. Carey avait été plutôt créatif sur *Minnie and Moskowitz*, dans lequel il joue Morgan Morgan, l'homme

1. Le scénario de Tarantino pour *Reservoir Dogs* est dédié à Andre DeToth, Chow Yuen Fat, Jean Luc Goddard (sic), J.-P. Melville, et Lionel White, en plus de Corman, Tierney et Tim Carey (script copyrighté à la Writers Guild, octobre 1990, Dog Eat Dog Corporation).

assis en face de Seymour Cassel dans le restaurant, provoquant tension et discorde avec la serveuse, qui a besoin de la table, et avec Cassel, qui veut manger son sandwich en paix. "Voyez pas que je parle ?" dit Carey sans jamais rien commander. Il adorait Cassavetes, qui le considérait comme une sorte de Facteur Cheval de la caractérisation, et en conséquence ne lui refusait jamais rien. "Il m'a laissé faire à mon idée, plein d'autres prises, qu'il a malheureusement dû couper. C'était byootiful, encore mieux que ce qu'il a gardé." Cassavetes le reprendra pour jouer le gangster dans *The Killing of a Chinese Bookie*, qui force Gazzara à exécuter un contrat sur un preneur de paris chinois. Et il lui avancera de l'argent pour divers projets de télévision, comme le pilote pour *Tweet's Ladies of Pasadena*. Cassavetes adorait raconter des histoires sur Timothy Carey. Recevant l'équipe de "Cinéma-Cinémas" chez lui en été 1982 (la maison de *Love Streams*, sur Woodrow Wilson Drive), il ne voulait pas d'interview et poussait perversement les Français à contacter Tim Carey, "un bien meilleur artiste que moi !" Et de nous raconter comment Tim avait séquestré dans sa grange un étudiant de cinéma qui avait répondu à sa petite annonce pour aider au montage de *Tweet*. Carey montait soi-disant dans une grange au milieu des plumes de poulets. Et de raconter comment, au cours d'une projection de *Tweet* arrangée à Universal par faveur pour Cassavetes, Carey s'était posté à la sortie avec une batte de base-ball. C'était l'ami John qui disait que Carey avait perché de gentilles petites vieilles sur patins à roulettes et les avait poussées au milieu de la circulation dans les rues de Pasadena ; et qu'il s'était servi de la Rose Parade, le défilé de chars du jour de l'an, allant jusqu'à détourner à la sauvage la procession pour les besoins de son film.

Exagérations, ou simplement pas vrai, maintenait Carey, néanmoins attendri lorsqu'on lui faisait part de tout ça.

"John racontait ces trucs-là parce qu'il m'aimait." Et parce qu'il était le genre d'homme à vous dire, quand on lui demandait de filmer une lettre de cinéaste, "J'ai justement l'idée qu'il vous faut. Tout ce dont j'ai besoin, c'est d'une grand-mère, d'un bébé, et d'un revolver." Pas étonnant qu'il ait fourni les fonds pour le tournage de *Tweets's Ladies of Pasadena*, dans lequel Carey incarne un factotum inepte à qui les petites dames d'un cercle de tricot de Pasadena s'obstinent à faire confiance. Un peu comme Jerry Lewis dans *Le Zinzin d'Hollywood*, Tweet merde les moindres tâches et provoque le chaos général. Chaque épisode du feuilleton devait trouver Tweet dans une nouvelle capacité. Ou incapacité. "John m'aimait bien parce qu'on était pareils, lui et moi, jamais prisonniers de l'argent. Dans *The World's Greatest Sinner*, j'avais un plan sens dessus dessous – c'était un des effets. Et John, ça lui plaisait. Son attitude était, si quelque chose a l'air bien, OK, maintenant tourne-le à l'envers et regarde. Si ça paraît encore plus intéressant à l'envers, alors c'est que c'est vraiment bien."

*

Le réalisateur John Flynn aussi était parmi les aficionados pour qui Tim Carey représentait quelque chose. Flynn, auquel les frères Mirisch et Robert Wise ont mis le pied à l'étrier dans les années soixante, est l'auteur de quelques très bons films "intérimaires" cherchant à renouveler le genre policier ou criminel – à la fois originaux et respectueux du genre. En faisant le casting de *The Outfit*, basé sur un roman de Richard Stark du même titre, Flynn voulait rendre hommage au genre en engageant le plus possible de ces *character actors* qui lui avaient donné ses lettres de noblesse. "Le titre original fait référence à la mafia de Chicago. Ils l'appellent comme ça entre eux, mais on a changé le lieu à cause du budget. Je voulais faire le film comme si on était encore sous le régime des studios, qui bien sûr n'existaient plus que de nom. Mais pour le casting, j'aurais aussi bien pu dire : 'Passez-moi Hood Central, le service des malfrats.' Robert Ryan était le plus prestigieux, mais j'avais aussi Elisha Cook, Emile Meyer, Roy Johnson (qui est dans *Harper*, et dans *Chinatown*), Richard Jaeckel, Marie Windsor, et bien sûr la grande dame du film noir, Jane Greer, qui joue une très bonne scène au début, quand elle téléphone à son mari, alors qu'il est déjà mort. Je ne filme rien de la mort, que le chien qui aboie dans la maison.

"Et on voulait vraiment avoir Tim, pour ce qu'il représentait. Le mec qui tue le cheval. Tim est venu nous voir. Il voulait jouer le rôle de Robert Ryan ! Finalement il a eu un rôle plus important, rien qu'au point de vue minutage. Il a une scène avec Ryan. Il en a une belle avec Duvall, la scène du poker. Ensuite Duvall et Joe Don Baker braquent le poker du gangster que joue Tim, et il a une scène de mort. Tim n'a pas causé trop de tracas – un peu excentrique, peut-être *(rires)*. J'ai eu par contre beaucoup de mal à le faire mourir plus sobrement qu'il ne le voulait. Si je l'avais écouté, il aurait fait ça comme une marionnette avec les fils cassés. Il cherchait toujours à mettre plus d'énergie qu'il n'en fallait dans ses scènes, et toujours de l'intérieur. Mais ça valait le coup, et les désagréments aussi."

La dernière fois que John Flynn a vu Tim Carey, celui-ci a tenu à l'emmener déjeuner à Chinatown. "Ce n'est pas très loin d'El Monte, où il habitait. Et puis il avait l'air de bien connaître l'endroit – c'est là qu'il jouait, il m'a dit. On a déjeuné dans un très bon restaurant chinois, très simple et bon marché. Tim avait une tenue un peu voyante pour l'endroit : habillé, peut-être pas comme un vieux hippie, mais comme un vieil excentrique, avec, je me souviens, un chapeau à très large bord. Il m'a demandé si je voulais jouer dans un des clubs de jeu plus ou moins illégaux de Chinatown. Il avait l'air de connaître son affaire. Malheureusement, c'était l'après-midi, et l'homme qu'il connaissait n'était à aucun des trois endroits qu'on a essayés. Mais ils avaient l'air de le connaître. Je ne l'ai plus revu ensuite."

Carey retrouvera Joe Don Baker et Richard Jaeckel quatre ans plus tard dans *Speedtrap*, mais l'acteur était déjà plus ou moins sur la touche, n'apparaissant plus que dans des courts-métrages de son fan transi Joseph Steck, un ancien cameraman devenu artiste, auteur de *Tarzana*, avec son héros Tim en vedette. Quant à James B. Harris, il a failli jeter l'éponge après *Fast Walking*, un étonnant petit film réalisé dans une prison désaffectée du Montana en 1982, d'après le roman d'un ancien gardien de prison, Ernest Brawley. Ce joyau méconnu contient le rôle ultime pour James Woods, celui qui le définit le mieux, à son plus sinueux et amoral. Il joue "Fast Walking", baptisé ainsi par les autres gardiens pour ses airs de faux derche hippie. Il fume des joints, et bientôt se mêle d'un complot pour faire sortir de prison un meneur des Black Panthers (doublé d'un autre pour le faire assassiner, auquel l'entreprenant Fast Walking se mêle aussi). Le grand Tim McIntire est le gardien en chef, qui opère un bordel clandestin pour Mexicains dans une épicerie tenue par Susan Tyrrell. M. Emmett Walsh est un sergent de police, et la fascinante Kay Lenz se déshabille et fornique dans tous les coins, parfois sur Harley-Davidson. Timothy Carey joue "Bullet", un caïd déclinant, sur le point de perdre son contrôle des drogues qui entrent dans la prison. Même avec un rôle aussi réduit, Carey causa des tas de tracas à Harris, l'embarrassant aux yeux de sa vedette James Woods, pourtant pas manchot non plus dans les comportements hystériques.

Des années plus tard, Harris ne pouvait qu'en rire. "J'ai adapté un roman des débuts de James Ellroy [1], et on est restés en contact. Ellroy était absolument fasciné par Tim Carey, il ne se lassait pas de mes histoires sur lui. Il disait qu'il voulait le mettre dans un de ses livres, ou écrire un livre sur lui." L'artiste, lui, était depuis longtemps passé à autre chose. Sa dernière apparition au cinéma date de 1985, un livreur de pizza dans un horrible film austro-américain, *Echo Park*, avec Tom "Amadeus" Hulce. Mais pendant plus de douze ans, Carey a travaillé à son grand œuvre, le fruit de son obsession de toujours pour le pet, et la philosophie du pet. *The Insect Trainer* était l'histoire d'un homme accusé d'avoir causé la mort d'une bourgeoise en pétant trop fort. Mais c'était plus, pour Carey. C'était "le pet mis au pilori de l'histoire".

Durant l'hiver 1992-93, le journaliste Grover Lewis s'était mis en tête de percer le mystère Timothy Carey, ou, comme il disait, de "crocheter son verrou", après avoir assisté à une rare projection de *The World's Greatest Sinner* au Nuart Theatre de West Los Angeles. Carey était apparu en costume blanc, celui du film, s'était un peu trémoussé par terre, avait pesté contre Hollywood et les adorateurs de l'argent, mais, d'une voix faussement docte et fruitée, il s'était surtout lancé dans un long discours sur le pet. "Je suis aussi sérieux qu'une crise cardiaque sur ce sujet. Péter n'est pas une plaisanterie. Dans un monde meilleur, ça devrait nous donner du plaisir, puisque ça fait partie intégrante de notre système immunitaire. Ce n'est pas le bruit qu'il fait qui nous choque, mais l'odeur qui l'accompagne. Le pet est traître, parce qu'il peut frapper sans prévenir." Humour infantile, humour de cabinet. Carey avait terminé sa diatribe dérangée sur un long solo de cornet bien foireux. BLAAAAT.

1. *Blood on the Moon* ("Lune sanglante"), qui a donné *Cop*, le film de Harris en 1988.

Lewis était un peu découragé d'apprendre que l'énergumène qui lui avait fait tant impression dans ces films des années cinquante était devenu une sorte de gourou des fonctions naturelles. Même s'il le trouvait "un peu mou du melon, sinon carrément gaga", il s'obstinait à voir en lui un artiste primitif, et un homme primitif. Après bien des difficultés, il avait fini par obtenir une audience auprès de Carey dans sa modeste maison sur Weaver Street à El Monte, un faubourg prolétaire à l'est du centre-ville, qui ne doit sa notoriété qu'à sa proximité de l'hippodrome de Santa Anita, et au fait que la mère de James Ellroy a été découverte étranglée sous un buisson à quelques rues de là.

Même avec les culs-de-bouteille qui lui servaient de lunettes, Grover Lewis était légalement aveugle, et incapable de conduire. Après deux visites compagnées de sa femme, il m'avait demandé de le conduire chez l'acteur pour un dernier round sur Weaver Street. J'avais fait précéder l'intrusion d'un cadeau très apprécié de Carey : un enregistrement de son idole Salvador Dalí discourant sur l'ancien musée du pet à Palerme, accompagné d'une traduction sommaire sur les détails techniques comme les tubes à évacuer les vents des chambres nuptiales, et les pastilles à parfumer les prouts des élégantes.

"Garnier, la pet, sacrebleu, LA PET !" Coincé entre un guéridon et sa panse un peu flasque, une tasse de thé à la main et assourdi par un concert de perruches, je ne pouvais que rallier un sourire faiblard. Plus tard, rejoint par sa famille au presque complet, Carey ponctuait ses discours de longs pets inodores mais immanquables. Sa façon de soulever une hanche à chaque soulagement me faisait penser à une réplique mémorable qu'il avait dans *Waterhole #3* : "*Everytime ah cock mah gun...*" Chaque fois que j'arme mon pétard. Ses proches, eux, semblaient ne rien entendre, souriant béatement à tout ce qu'il disait. L'ami

Grover, lui, s'enquérait poliment de sa pièce *The Insect Trainer*, tout en prenant soin de rester sous le vent. Sa solennité vieux Sud offrait un contraste comique avec la scène ambiante, le vacarme des perruches et les foirades périodiques. L'entretien se poursuivit plusieurs heures, Carey répétant ses anecdotes avec variations, comme un musicien de jazz sur un riff connu. POUEEEEEET. Les choses tournèrent presque à l'aigre lorsque le phénomène nous enferma poliment mais fermement dans son salon pour un visionnage péremptoire de *Tweet's Ladies of Pasadena.* Ressortant un peu hagard de l'expérience une heure plus tard, Grover regagna la petite famille en titubant, murmurant seulement en passant devant l'acteur : "Pas ce que tu as fait de mieux, Tim." On pouvait tout lui dire, l'homme accueillait compliments et rejets avec le même sourire fixe – à la fois terrible et attachant.

Encore imposant de taille et de carrure, sa panse semblait néanmoins couler comme un glacier de sa poitrine émaciée. Doris, sa femme, avait préparé un vrai festin bavarois pour après – viandes froides, charcuterie et chou braisé. Seul des cinq enfants maintenant adultes, Romeo Carey manquait à l'appel, retenu sur un montage. De tous ses fils, Romeo était le plus dévoué au génie particulier de son père. Il filmait ses prestations publiques, et avait déjà réalisé *The Devil's Gas* ("Les vents du diable"), un court-métrage avec son père. Il l'aidait aussi à monter sa pièce sur le pétomane mis au pilori de la société. *The Insect Trainer* était en constant remaniement. Après deux "répétitions publiques" de son vivant, en partie subventionnées par un don du "petit mecton" Scorsese, la pièce de Carey – son testament artistique – a finalement été montrée à l'Heliotrope, un minuscule théâtre off off dans East Hollywood, le 30 mai 1996, l'acteur étant décédé entre-temps d'une attaque, le 11 mai 1994, jour d'anniversaire de son idole Salvador Dalí.

Lorsque Grover Lewis lui a demandé, en 1992, s'il regrettait quelque chose dans la façon assez téméraire – ou carrément casse-cou – dont il avait mené sa vie et sa carrière, Carey a réfléchi un moment. Puis, presque gravement : “Si c'était à refaire, je ne me retiendrais pas de péter. Je ne ferais pas l'hypocrite juste pour décrocher un rôle.”

23 / HOLLYWOOD FOREVER

Dans le grand hall à panneaux de bois clair et mobilier scandinave, les réceptionnistes de Hollywood Forever plaisantent en échangeant des bonbons. Au-dessus d'elles, une énorme horloge moderne est censée marquer l'éternité : une auréole au bout de l'aiguille des heures, une fourche au bout de celle des minutes. Un immense gentleman afro-américain, splendide dans son ample costume vert d'eau, fait nonchalamment les cent pas en parlant dans son portable. Un peu plus tard, un jovial vieillard arrive en polo, pantalon de sport et tennis, château branlant sur deux cannes à tremblote. Presque aussitôt, une jeune femme vient le rejoindre, qualifiée de "biographe" sur le badge qui lui barre le sein droit. Ils discutent de façon animée, en riant beaucoup.

Mais où sommes-nous ? Dans quelque purgatoire hollywoodien à la Lubitsch ? *Heaven Can Wait ? Stairway to Heaven ?* De fait, l'horloge pourrait être de lui. Mais, avec ses cheveux blonds bien coupés, son costume écru, sa chemise bleue col ouvert, ses chaussures Kenneth Cole et son sourire à vingt carats, on verrait mieux le nouveau propriétaire des lieux producteur ou acteur à la Paramount

(Robert Evans? Redford?) que jeune-turc des pompes funèbres. Tyler Cassidy peut d'ailleurs voir des fenêtres de son bureau le château d'eau du studio qui jouxte le vénérable cimetière qu'il a racheté pour une bouchée de pain en 1996. L'ancien Hollywood Memorial Park précède le studio de plus de vingt-cinq ans : en 1920, quelque 38 hectares inutilisés furent cédés pour l'établissement des United Studios, qui sept ans plus tard devinrent Publix-Paramount, le fief de Jesse Lasky et Alfred Zukor, d'une part, et FBO de l'autre – future RKO, sur une parcelle adjacente. Plusieurs luminaires Paramount sont directement (tré)passés à côté : Lasky lui-même repose dans le cimetière, Cecil B. DeMille, Adolphe Menjou, la vamp morphinomane Barbara LaMarr, la comédienne Bebe Daniels, et, peut-être le plus célèbre de tous, Rudolph Valentino.

Dans ses excellents mémoires, *Growing Up in Hollywood*, le cinéaste Robert Parrish décrit comment il assista, à l'âge de dix ans, le 7 septembre 1926, aux funérailles insensées de l'idole. Le jeune Parrish coupait tous les jours par le studio et le cimetière pour se rendre à l'école primaire sur Van Ness Avenue. Il en connaissait tous les gardiens, tous les fossoyeurs, et tous les trous de clôture. C'est du nid-de-pie d'un trois-mâts en carton-pâte stratégiquement échoué contre le mur non loin du Cathedral Mausoleum que le gamin put observer l'étonnant spectacle : plus de 10 000 personnes, principalement des femmes en noir éplorées, et des milliers de fleurs lâchées sur les limousines par un cascadeur en biplan. Valentino, dont la maîtresse et pleureuse en chef Pola Negri avait ramené la dépouille de New York en train, après une cérémonie funèbre déjà pandémonium à Manhattan, avait été hâtivement glissé dans la crypte vide prêtée par June Mathis, la scénariste-productrice qui avait découvert le "latin lover" en 1921 et en avait fait une vedette dans *The*

Four Horsemen of the Apocalypse [1]. Elle aussi était folle de lui, et lorsqu'elle est morte l'année suivante (d'indigestion), Valentino est passé de la crypte 1119 à celle d'à côté.

Tyler Cassidy est bien sûr fasciné par ce folklore. Mais cela n'explique pas tout à fait pourquoi un diplômé en littérature de l'université Columbia rachète, à 27 ans, un cimetière en faillite que l'Etat de Californie s'apprêtait à reprendre, la mort dans l'âme. Ni pourquoi, à deux pas du mausolée où est rangé comme dans un tiroir le gangster Bugsy Siegel ("FROM THE FAMILY", dit le marbre avec un humour un peu spécial), une simple pression du doigt fait surgir d'une borne électronique le crâne chauve de Samuel Goldwyn, qui parle de son "vieil ami" et ancien associé Jesse Lasky, dans le plus pur style d'outre-tombe "Cinéma-Cinémas". Ni pourquoi, au cours d'un enterrement juif-ukrainien dans la chapelle, le cher disparu apparaît souriant sur grand écran, aux accents de "Love Me Tender" par Elvis. Certes, Cassidy n'est pas étranger à l'industrie des pompes funèbres. Sa famille à St. Louis possédait treize cimetières, avant de se reconvertir dans les assurances il y a vingt ans. Mais lui-même n'avait jamais pensé être un jour dans l'industrie funéraire ; encore moins la révolutionner.

Cassidy parle doucement, une voix du Midwest, plate mais articulée. "Mon frère aîné Brent faisait sciences politiques dans le Missouri, et pour arrondir ses fins de mois il réalisait des vidéobiographies ; il appelait ça *Here's Your Life* et il démarchait au porte-à-porte. Quand je suis rentré de mes études à Columbia, je l'ai aidé à convertir ses archives en numérique. C'est en réfléchissant sur l'opération qu'on est tombés sur cette idée d'un cimetière virtuel. Au lieu d'un trou et d'une dalle de pierre, proposer

1. *Les quatre cavaliers de l'Apocalypse* – Rex Ingram, 1921.

un testament visuel, accessible sur le Net." Cassidy fait un geste en direction d'un "kiosque", comme ils appellent ça, une borne électronique vaguement réminiscente du monolithe noir de *2001*, sauf qu'elle est argentée et trône dans un vaste hall, une ancienne loge maçonnique reconvertie en studio de production : des techniciens y montent, grâce à un équipement SGI 3-D sophistiqué, des biographies digitales qui peuvent coûter de cinquante à plusieurs milliers de dollars, selon le *package* choisi. Les bios varient considérablement en fonction des matériaux fournis par les clients : photos, home movies, témoignages posthumes des amis et des proches. Ou, si c'est le futur cher disparu qui raque, un long interview de l'intéressé (de préférence avec une gironde donzelle, comme celle dans le hall, si le client est un homme).

"Au départ, on voulait seulement proposer ce service aux autres entreprises. Pour ce faire, en 1997 je suis allé à Las Vegas avec mon frère à la foire de l'industrie funéraire, où on a loué un stand. Avec notre prototype, ils nous ont pris pour des voyous. Ils en étaient encore à pousser du marbre. C'était l'époque d'une incroyable consolidation du business : trois géants se partagent la presque totalité du marché mondial. SCI (Service Corporation International, basé à Houston) a repris entre 40 et 60 % des pompes funèbres en France, par exemple. Vous ne le savez pas nécessairement, les établissements gardent souvent leur nom. Comme ici, de l'autre côté de la rue, l'enseigne indique Pierce Brothers, mais c'est SCI qui est propriétaire." C'est des salons funéraires de Pierce Brothers qu'est partie la dépouille de F. Scott Fitzgerald pour la Côte Est en 1940 après Noël, et que deux ans plus tard celle de John Barrymore a été chapardée par ses anciens compagnons de boisson, pour un canular resté célèbre (bien que sûrement apocryphe), repris par Blake Edwards dans son film *S.O.B.*

Selon le jeune président de Forever Enterprises, le triumvirat croque-mort multinational (Stewart, SCI, et le groupe canadien Loewen) prétendait l'industrie imperméable au changement. “J'ai entendu le responsable de SCI me dire qu'avec les baby-boomers, tout ce qu'ils avaient à faire c'était attendre qu'ils meurent. La manne n'est pas encore tombée, mais ces géants sont tous aujourd'hui en difficulté. Loewen s'est déclaré en faillite pour protection l'an dernier. Le prix de l'action SCI, qui a flotté jusqu'à 43 $, est tombé à 4. Car non seulement les baby-boomers ne sont pas encore morts, mais, comme consommateurs, ils sont habitués à ce qu'on les dorlote et qu'on les écoute. Il y a toute une culture de la confession aujourd'hui : les mémoires et les biographies se vendent bien, ça va de pair avec la culture people qui domine. Sur le câble, vous avez A&E, la Biography Channel, VH1, The History Channel. Toutes ces chaînes se nourrissent exclusivement de biographies filmées. C'est ce que les gens veulent, et nous aimons penser que, dans une petite mesure, c'est nous qui le leur avons suggéré. A Las Vegas, on a dit aux gros poissons : ‘Voilà l'avenir, les gens voudront bientôt plus que deux dates gravées dans du marbre. Ce qu'on va leur donner, c'est le trait d'union entre les deux dates : leur vie, en images.’”

On est à peine interloqué d'entendre ce blond capitaine d'industrie citer Bazin : “Dans *L'anthropologie des images*, André Bazin parle de l'image comme embaumement – d'abord la photo, ensuite le cinéma. Il m'a toujours semblé y avoir une application évidente à ce business. Mais il a fallu démontrer aux autres compagnies qu'on avait raison, et pour ça on avait besoin d'une vitrine. En 1998, j'étais à Los Angeles pour convaincre les gens de Rose Hill, un grand cimetière ici, de prendre notre service. Et avant de retourner (bredouille) à l'aéroport, je suis allé jeter un œil sur ce cimetière dont j'avais entendu parler, qui allait être vendu aux enchères. Vendu comme cimetière, pas comme immobilier, car la loi veut que l'Etat reprenne un cimetière en faillite et se charge de reprendre la suite. Ce n'est pas de gaieté de cœur que le Park and Recreation Service envisageait de racheter l'affaire, qui n'en était pas une. Mais ils étaient obligés. Moi j'ai eu immédiatement le coup de foudre. C'était l'année du deuxième El Niño, tout était inondé. Les deux lacs artificiels débordaient, les columbariums prenaient l'eau, rien n'était réparé. Beaucoup de tombes béaient, ou rebiquaient. Je me suis dit que ce n'était pas possible de pouvoir acheter tout ça pour le prix d'une seule maison de l'autre côté de la rue (350 000 $). En fait, j'aurais aimé juste pouvoir fermer les grilles, et m'installer dans une des soupentes."

Cassidy rit de bon cœur quand on lui fait remarquer qu'il a jusqu'ici dépensé plus de trois millions et demi de dollars pour rénover ce qui lui plaisait tellement en l'état. "Oui c'est vrai, encore que j'essaie de maintenir un juste milieu. On a redressé les stèles, celles qui étaient tombées, on a réparé les toitures, nettoyé les lacs, amené les canards et les oies. Mais je ne veux pas que tout soit au cordeau. Il n'y a qu'en Amérique que les cimetières juifs doivent être beaux et nickel ; partout ailleurs au contraire, la mort et la marque du temps doivent être présentes. Regardez les cimetières juifs à Venise, ou à Ferrare. Alors qu'à Forest Lawn, par exemple, tout est fait pour effacer les marques du temps, et pour suggérer l'éternité. Ce sont eux qui ont introduit les plaques horizontales à ras le gazon, pour faciliter la tonte. Cela a révolutionné le look des cimetières en Amérique pendant cinquante ans. Moi, je trouve ces tombes penchées et branlantes très romantiques."

Il y a les cendres de Peter Lorre dans le Cathedral Mausoleum qui occupent, avec celles de son épouse, un espace pas plus grand qu'une boîte à chaussures, et à hauteur de semelle aussi. Il y a le tombeau grand bassin de Douglas

Fairbanks, qui avait son studio à douze rues de là le long de Santa Monica Boulevard. Doug Fairbanks Jr. est venu le rejoindre il y a quelques années, réunion d'autant plus étrange qu'ils ne se sont jamais beaucoup vus de leur vivant, autant physiquement qu'en peinture. Devant le mausolée, à droite du lac, sont enterrés Tyrone Power, la mère de Charlie Chaplin, et Marion Davies, enfin délivrée de la protection de William Randolph Hearst : elle est dans le caveau qui porte le nom de sa famille à elle, Douras. Les tombes sont soit pharaonesques, comme celle de DeMille, soit d'une modestie surprenante : celle de Harry Cohn, par exemple, dont l'enterrement avait pourtant attiré une foule record ("Donnez-leur quelque chose qu'ils veulent vraiment voir, avait pipé un humoriste présent aux obsèques, les gens se déplaceront"). Malgré sa réputation d'enfoiré vindicatif et vulgaire, Cohn a en fait été un des nababs les plus regrettés du métier. Les sœurs Talmadge, Norma, Constance et Nathalie (femme de Buster Keaton), sont toutes les trois à l'abbaye des Palmiers. Tous les métiers du cinéma sont représentés : réalisateurs (Victor Fleming, Thomas Ince, Sidney Franklin), scénaristes (Dudley Nichols, Winston Miller), compositeurs (Victor Young, Nelson Riddle, Erich Wolfgang Korngold), chefs opérateurs (Harold Rosson, Arthur Miller, le grand cameraman de la Fox, oscar pour *How Green Was My Valley* [1]), costumiers (Adrian), jusqu'à un des frères Westmore, Ern, de la grande dynastie de maquilleurs, sans oublier un Peau-Rouge cascadeur (Iron Eyes Cody). Jayne Mansfield est près des roseaux en bout de lac, une dédicace évidemment en forme de cœur ("Nous vivons pour pouvoir t'aimer plus chaque jour"). Joan Hackett (*The Group*, *Will Penny*), avec "Tirez-vous, je dors" écrit sur sa plaque. Janet Gaynor est au *Septième ciel* avec son époux, Gilbert Adrian, qui a

1. *Qu'elle était verte ma vallée* – John Ford, 1941.

supervisé les costumes de tous les films MGM durant des années. A mariage blanc, grand sommeil blanc aussi. Et la tombe la plus triste : celle de Karl Dane, en bordure près d'une bouche d'incendie – le grand escogriffe de *The Big Parade*, de King Vidor, mort sans le sou en 1934. Enfin, la plus inattendue : celle de Jo Dassin, mort d'une crise cardiaque à Papeete, et rapatrié juste un bout de route seulement, pour être près de sa sœur, qui habitait le quartier. Une tombe très visitée.

"Nous sommes encore des petits poissons, comparés aux géants de l'industrie, s'amuse Tyler Cassidy en faisant visiter son empire, mais ils parlent beaucoup de nous. A la dernière foire de Vegas, il y avait plus de compagnies dot-com que de stands pour le granite ou pour le marbre. La plupart des compagnies funéraires offrent aujourd'hui une forme ou une autre de cimetière virtuel." Ce qui ne semble pas émouvoir ce jeune nabab malgré lui, qui s'est lancé depuis peu dans un vaste programme d'acquisitions, profitant d'un marché nettement favorable aux repreneurs : pas moins de huit cimetières à Chicago, plusieurs autres en Utah et dans le Missouri. Bientôt deux autres en Californie. "Mes associés ont l'air de s'en faire plus que moi au sujet de nos imitateurs. Mais on ne peut pas breveter ces choses-là. C'est comme l'automobile. Notre seule carte à jouer est de continuer d'innover, d'aller de l'avant. Nous avons l'opportunité de refondre ce business de fond en comble, de le repenser entièrement."

Ses associés sont jeunes et viennent presque tous de St. Louis. Tel Jay Boileau, un ami d'école, qui est vice-président chargé de la technologie et de la recherche. Chemisette manches courtes, cheveux en brosse et lunettes à monture noire, il a l'énergie et l'enthousiasme messianique d'un Mormon dessiné par Crumb. "Dans quelques années, s'excite-t-il, il y aura peut-être des centres Forever sans dépouilles dedans. Des endroits où célébrer la vie, pas la mort, où il y aura une pièce où vous pourrez rencontrer une représentation holographique de votre grand-père, par exemple, et il pourra vous parler d'outre-tombe. Pourtant, je crois qu'il y aura toujours ce besoin de garder quelque chose du défunt. On étudie en ce moment ce qu'on peut faire avec l'ADN. Il suffirait de juste préserver une cellule ou deux, on aurait la grille génétique, on aurait une trace. Et c'est une solution écologique, vu le manque d'espace en milieu urbain."

Il est difficile de réconcilier pareil discours avec le jeune homme qui vous conduit espièglement d'un bout à l'autre de son cimetière à bord d'une voiture de golf électrique, comme à Disneyland. Ou qui, nous confie plus tard l'employé dans le magasin de fleurs, n'aime rien tant que sortir en club le soir avec le corbillard Rolls-Royce de la compagnie, et qui a immédiatement contacté les ayants droit de Jim Morrison quand il a appris que sa concession n'allait peut-être pas être renouvelée au Père-Lachaise. Il l'aurait de bon cœur réinhumé gratuitement, si la concession parisienne n'avait été finalement accordée, moyennant argent pour le gardiennage. Tout lui serait donc bon pour la publicité ? Il éclate de rire : "Oh oui, mais là c'était personnel. Tout me serait bon pour rencontrer mon chanteur favori." Après tout, Los Angeles est la ville des bizarreries tous azimuts : Forest Lawn, le concurrent local des Cassidy et autre cimetière des stars, a déjà fait fort en ce domaine. Aimée Semple McPherson, la prêcheuse radiophonique, qui dans les années vingt était plus célèbre encore que Valentino, n'a-t-elle pas été enterrée avec un téléphone, et l'abonnement pour la ligne payé pour vingt ans par les ouailles, au cas où elle déciderait de revenir ?

C'est de ce milieu frappadingue que s'est moqué Evelyn Waugh dans sa satire, *Le cher disparu*, comme plus tard Tony Richardson et Terry Southern dans l'adaptation qu'ils en feront dans les années soixante. Tyler Cassidy, en bon étudiant en lettres, admire le livre, ainsi que l'exposé de Jessica Mitford sur les abus de l'industrie (*The American Way of Death*, un livre de 1963 qui a été réédité et réactualisé à la lumière de récents scandales et abus qui ont secoué l'industrie funéraire, lesquels feraient pâlir bien des épisodes du feuilleton *Six Feet Under*). "J'aime le livre, mais il n'est pas entièrement juste, estime Tyler Cassidy. Ce qu'elle a contribué à amener, par contre, et ce que j'applaudis, c'est une génération de consommateurs avisés ; ils pianotent sur le site Internet, voient ce qui est offert, étudient et comparent les prix. Et ça, c'est totalement nouveau dans le métier."

Hollywood et la position géographique du cimetière en plein cœur des studios lui fournissent évidemment la vitrine idéale pour ses innovations et expériences. Il ne lésine d'ailleurs pas sur les coups publicitaires. Il a fait ériger une borne commémorative à Hattie McDaniel, la mammy noire de *Gone With the Wind*, qui à sa mort en 1958 malgré ses souhaits n'avait pu être enterrée dans ce cimetière, alors fermé aux gens de couleur ; elle a échoué à Rosedale. Récemment, des projections de vieux classiques muets comme *The Sheik* ont eu lieu à la tombée de la nuit, devant une assistance jeune grimée et tatouée, vêtue "goth" en majorité. Juste du 16 mm, projeté contre le mur d'un caveau. Ce qui ne détonne pas avec la tombe de Johnny Ramone, ornée d'une terrifiante statue grandeur nature, noir réglisse, avec guitare et Perfecto. Et un "blurb" de Vincent Gallo sur le côté. Si cet aspect "theme park" peut choquer, il faut rappeler que dans les années vingt, lors des funérailles de Valentino, on vendait dans l'interminable queue d'attente des faux *serapes* comme en portait l'idole dans *Les quatre cavaliers de l'Apocalypse.* Alors quelle différence entre ça et le masque funéraire de Peter Lorre à vendre dans la boutique du fleuriste, près de l'entrée ?

Cassidy est prêt à tout pour transformer et valoriser ce qui était devenu depuis trente ans essentiellement un cimetière de quartier, dernière demeure des immigrants récemment arrivés à Hollywood de l'ex-Union soviétique (150 000 pour les seuls Arméniens, entre 1979 et 1986). Leurs tombes se reconnaissent aux effigies gravées à même le marbre, réalisées d'après photos par une espèce d'artiste pic-vert à la vitesse d'exécution stupéfiante. Il y a aussi un ou deux mausolées grands comme des piscines olympiques, de pur style stalinien, réservés à la mafia arménienne. Lorsque Cassidy est arrivé, cette clientèle était la seule qui restait. John Huston (enterré près de sa mère) et Mel Blanc (la voix de Bugs Bunny et de Woody Woodpecker) sont les seules célébrités à avoir choisi le cimetière ces vingt dernières années. Vincent Price a bien fait jeter les cendres de sa mégère d'épouse (l'actrice shakespearienne Coral Browne), mais sans cérémonie ni plaque, entre deux rosiers près du parking d'accueil.

Tyler Cassidy connaît tout ce monde-là, mais personne ne le fascine plus que son prédécesseur, le suave et éternel célibataire Jules Roth. Lorsqu'il est mort, on a retrouvé dans son bureau (qui comportait un bar très élégant extrêmement bien fourni) plusieurs clés du Playboy Club. Tout en s'agenouillant devant une caisse de lettres, photos et mémentos qu'il a réunis sur lui, Cassidy avoue caresser le projet d'écrire un livre sur ce personnage à épaisseur romanesque. “Roth était un escroc, il a réellement coulé l'entreprise, mais c'était aussi un roué qui possédait un charme extraordinaire. Il est mort quelques semaines avant que j'arrive, dans son sommeil, à 97 ans, et certains ont été choqués qu'on l'enterre ici, après tout ce qu'il avait fait. Mais depuis, je n'ai pas rencontré une seule personne pour en dire du mal. Il était très aimé du personnel, il était resté en bons termes avec toutes ses vieilles maîtresses. Il avait aussi beaucoup de goût, vous devriez voir sa maison sur

Laurel Canyon, très originale !" Cassidy a été jusqu'à louer une demeure non loin de l'adresse.

Ce débonnaire séducteur avait fait de la prison à San Quentin pour fraude boursière avant de devenir croque-mort. Connu à l'époque sous le nom de Jack Roth, il avait porté le chapeau pour le flamboyant escroc C.C. Julian dans un des nombreux scandales pétroliers qui secouèrent Los Angeles dans les années vingt. Condamné en 1932 à dix ans de réclusion, Roth s'était fait la malle au Canada, avant d'être rattrapé. Libéré sur pardon au bout de cinq ans, il trouve immédiatement un emploi au Hollywood Memorial Cemetery, sans doute une promesse qu'on lui avait faite pour qu'il aille en prison tranquillement sans en incriminer d'autres. En moins de trois ans, Roth avait réussi à racheter en sous-main les parts des principaux actionnaires. Le fait qu'il était devenu l'amant de la fille de l'un d'eux, Alta Phillips, y est peut-être aussi pour quelque chose. Ils sont restés liés durant plus de cinquante ans, même si Roth a aussi été marié à une ex-danseuse de hootchy-kootchie nommée Virginia Carville, et si on l'a beaucoup vu avec une actrice de second plan, Phyllis Lee Towers. Roth avait entre-temps acquis plusieurs autres cimetières et investi dans des entreprises plus risquées encore, si bien qu'il a englouti une grosse partie de l'*endowment fund* de chacun – le pourcentage des bénéfices qui, selon la loi, doit obligatoirement être mis de côté pour subvenir à l'entretien des tombes dans le futur.

Dans les années cinquante, Roth a même étudié la possibilité de forer sous chaque cimetière pour trouver du pétrole. Et en 1984, il a commis l'irréparable en vendant, pour près de neuf millions de dollars, les élégantes et irremplaçables pelouses tout le long du mur sur Santa Monica Boulevard – des centaines et des centaines de mètres remplacés par d'immondes "strip-malls" de mauvais aloi, garages, taco stands, et un parking qui sert de marché de la drogue le soir. Toute la statuaire en bronze du parc y est passée aussi, bazardée comme le reste. Certaines acquisitions, fiscalement déductibles, ont servi à l'achat d'un yacht de trente mètres, le *Queen of Sheba,* sur lequel notre séducteur trimbalait ses conquêtes jusqu'en Méditerranée. Mais malgré ses larcins d'envergure, Roth était aussi perçu comme une personnalité généreuse. Il prêtait fréquemment de l'argent à ses employés, et les avait presque tous couchés sur son testament. Mais lorsqu'il est mort en 1998, les coffres étaient vides, et Roth faisait l'objet d'une enquête du procureur général de Los Angeles. "Ce n'était pas le mauvais bougre, marmonne Cassidy, pensif. Il a juste fait des investissement mal avisés." Mais à voir ce jeune Gatsby des pompes funèbres refermer la caisse aux souvenirs dans la pénombre de son bureau hanté, on se dit qu'un jour il partira lui aussi, sinon sur un yacht, du moins sur d'autres eaux – comme celles de la fiction, par exemple. Jack Roth aurait fait un parfait personnage de film. L'irrépressible Warren Williams l'aurait incarné à la perfection. Mi-*matinee idol*, mi-*character*.

TABLE

Imprimé en France
FRHW011236210721
27778FR00025B/303